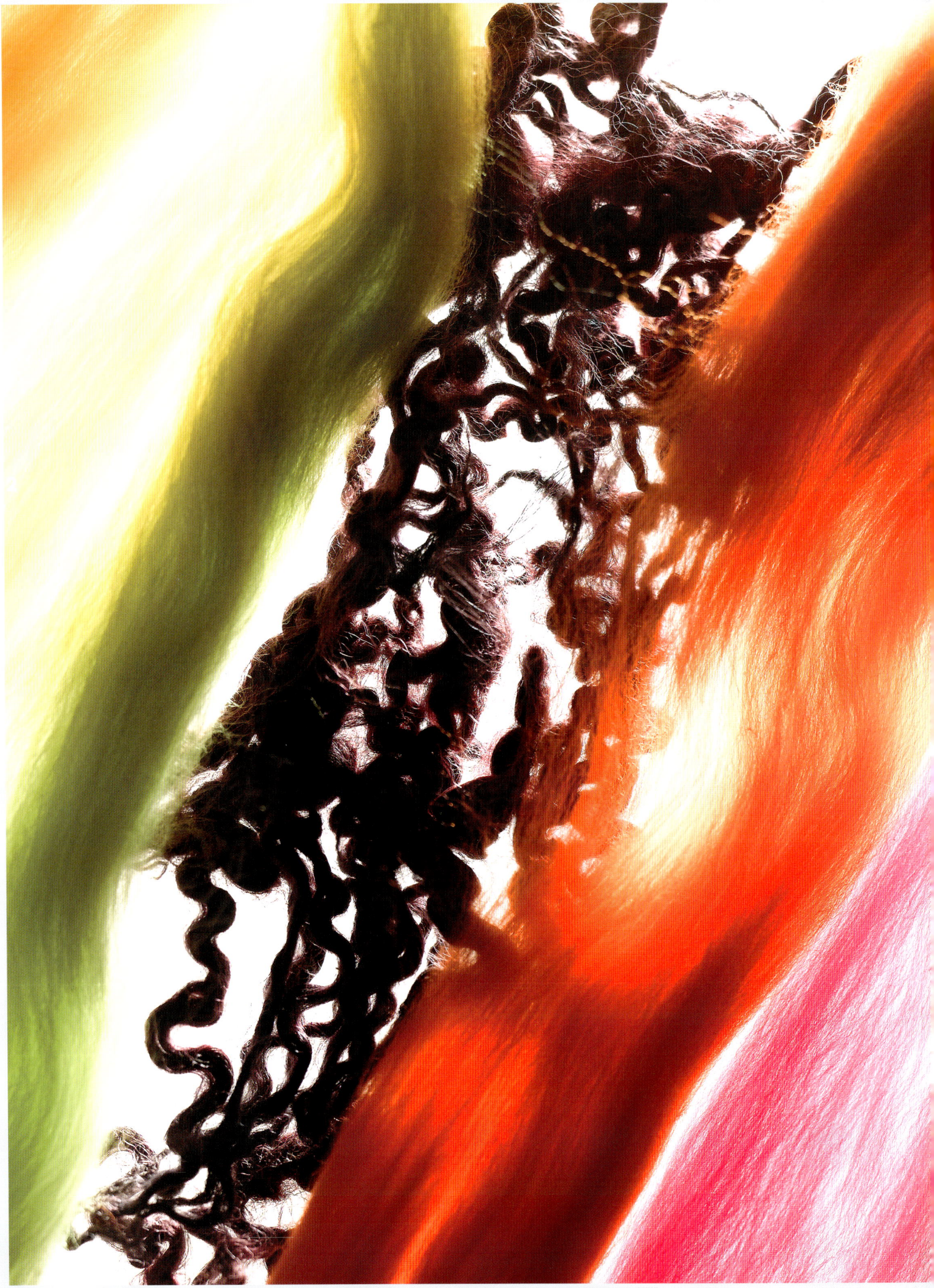

PRAXISWISSEN

Filzen

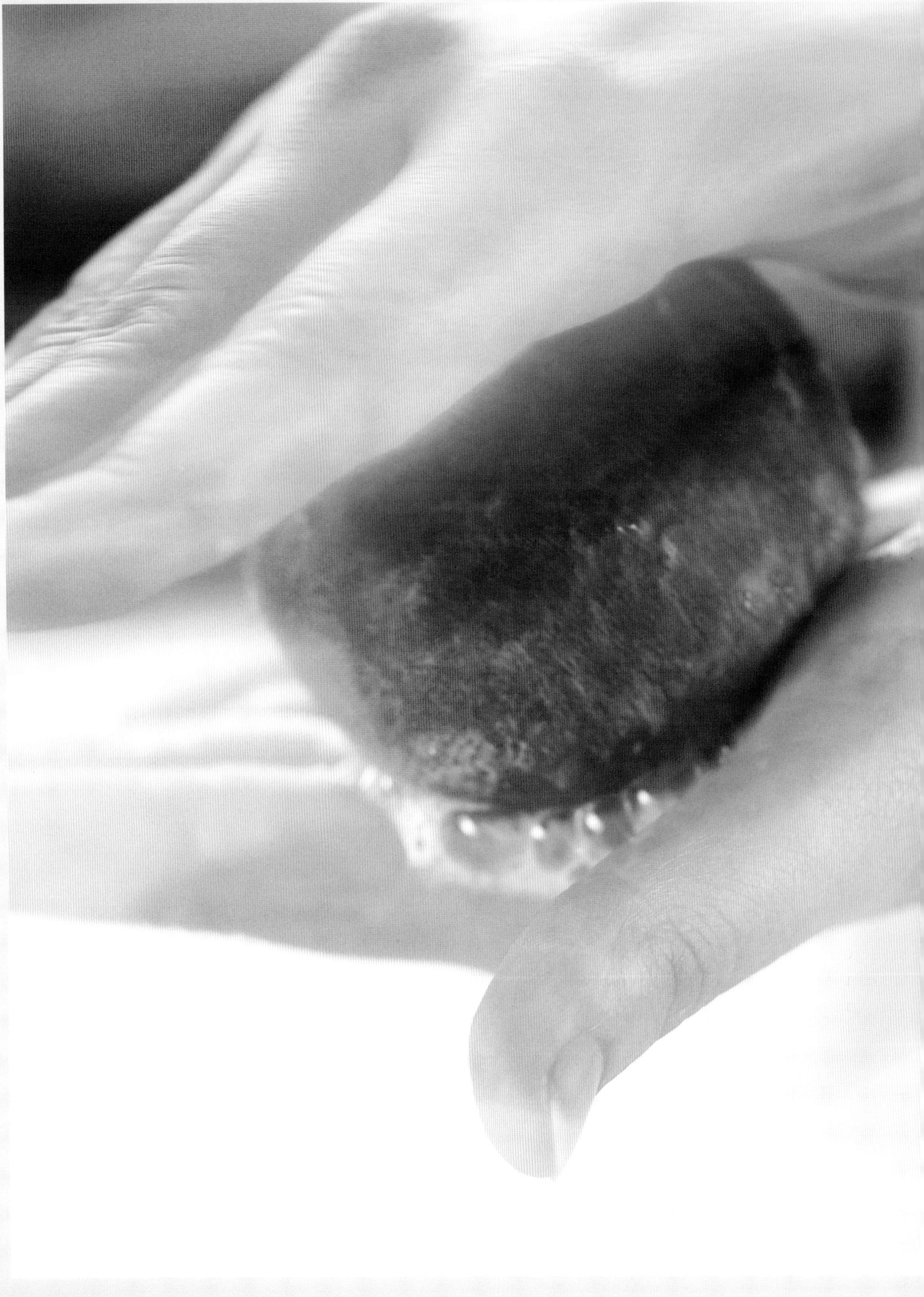

Liebe Leserinnen und Leser,

die Wurzeln des Filzens liegen tief in der Geschichte der Menschheit. Wie unsere Vorfahren auf die herausragende Eigenschaft der Wolle stießen, ist Stoff von Legenden. Während das Filzen für die Nomadenvölker Asiens immer zum täglichen Leben gehörte, geriet es in Europa im Zuge der Industrialisierung in Vergessenheit. Erst in den 1980er-Jahren lebte das Handfilzen wieder auf und hat in den letzten Jahren eine Erweiterung im Nunofilzen erfahren. Mit dem Befilzen von Stoffen stehen Filzkünstlern ganz neue Gestaltungsmöglichkeiten offen.

Eine Rückkehr des Filzens aus der Fabrik an den Handwerkstisch bildet das Trockenfilzen. Im 19. Jahrhundert entwickelte man Maschinen, die das Vernadeln von Wolle und somit das trockene Herstellen von Filzflächen ermöglichten. Ende des 20. Jahrhunderts experimentierten Künstler mit Nadeln solcher Maschinen und „erfanden" dabei das künstlerische Trockenfilzen, das im Anfertigen von Figuren seinen Höhepunkt findet.

Neben den Grundtechniken erfahren Sie in diesem Buch vieles aus der Geschichte des Filzens, über das Material und das wichtigste Zubehör ebenso wie über Farbe und Wirkung. Dank der praktischen Kapitelmarken am Seitenrand haben Sie schnellen Zugriff auf die gewünschten Filztechniken und Zusatzinformationen.

Dieses Buch richtet sich an Filzeinsteiger ebenso wie an fortgeschrittene Filzer. Ihnen allen soll es das Material und die verschiedenen Techniken näher bringen. Es soll zum Ausprobieren einladen und neue Möglichkeiten eröffnen. Es ist kein in sich abgeschlossenes Nachschlagewerk, vielmehr soll es ein Anfang sein für eine tiefergehende Beschäftigung mit dem Thema Filzen und den Weg „hinaus" weisen zu weiteren interessanten Informationsquellen, Publikationen und Künstlern.

Monique Rahner

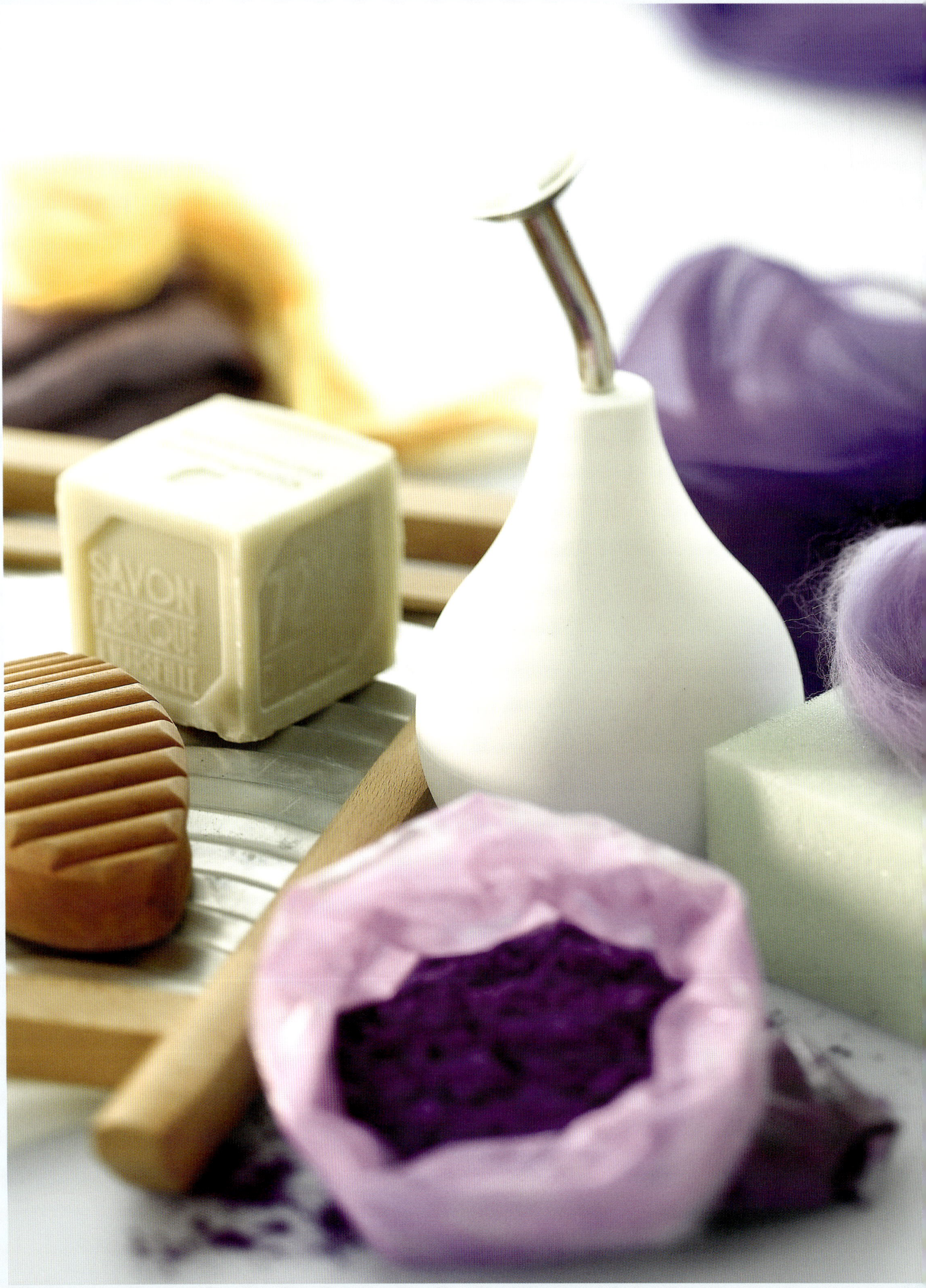
SAVON

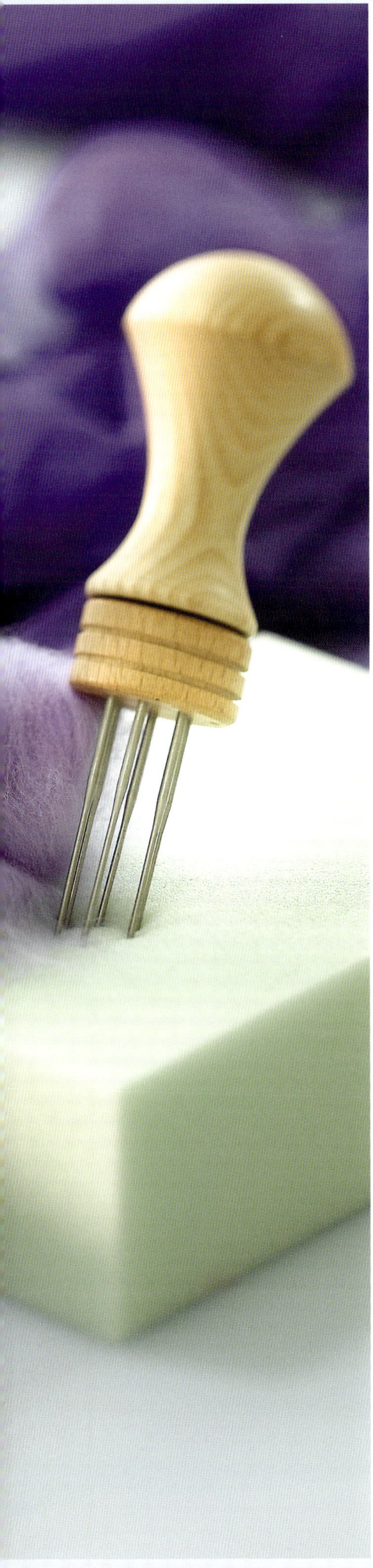

Inhalt

Geschichte

Material

Nassfilzen

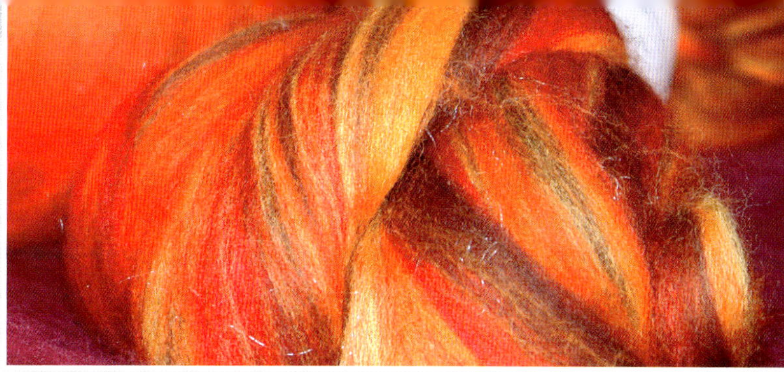

Nunofilzen

Trockenfilzen

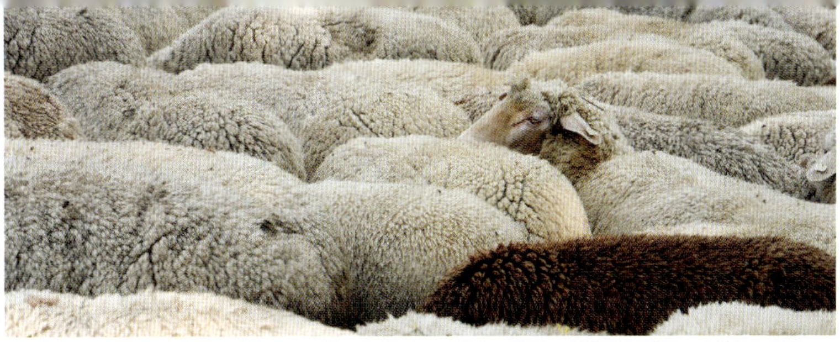

Tipps & Tricks

Galerie

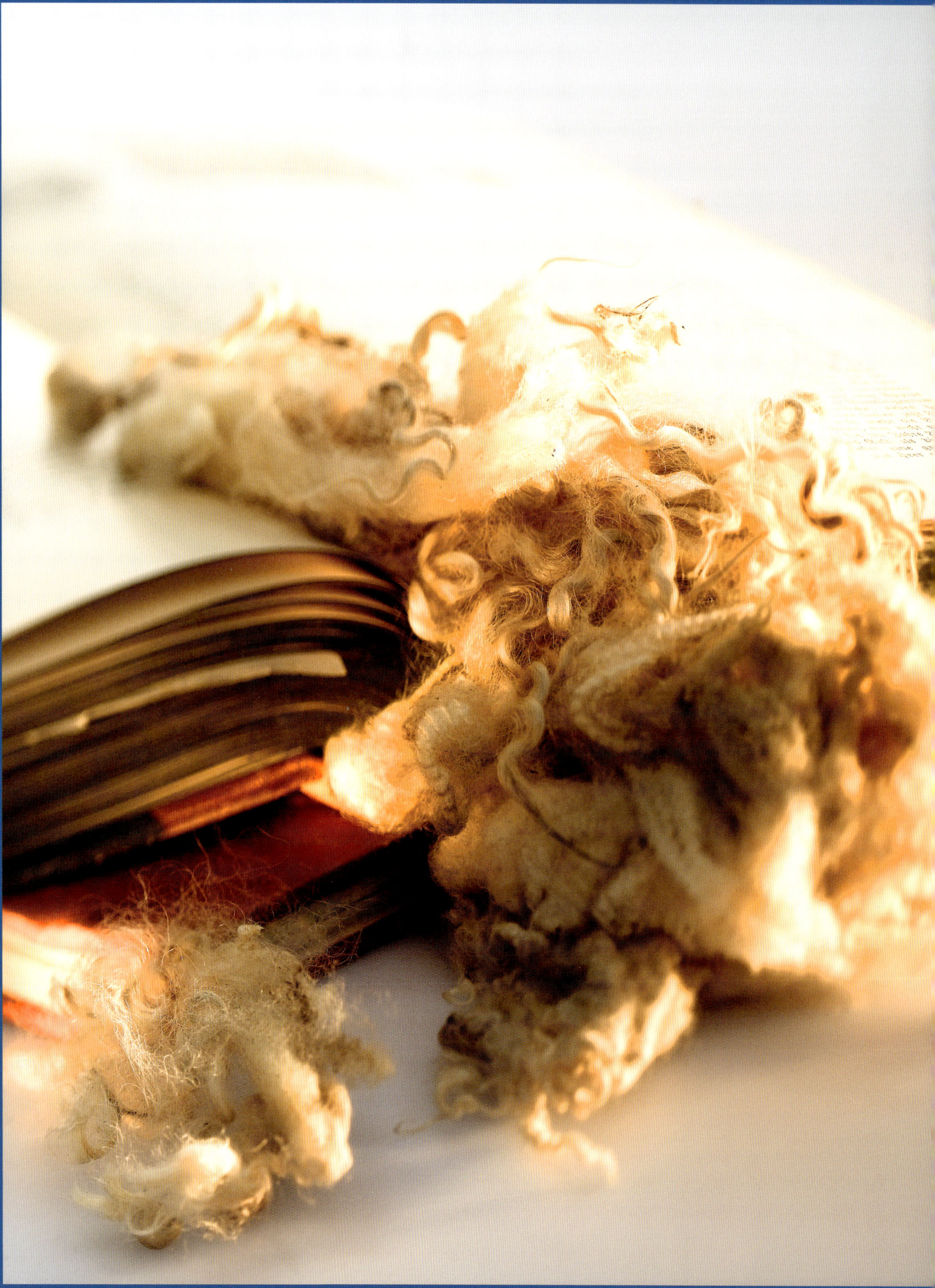

Geschichte

Um 8.000 vor Christus begannen die Menschen, Schafe zu domestizieren und zu züchten. Durch diesen Schritt stand das Material Wolle ständig und mit der Zeit auch in immer feiner werdenden Qualitäten zur Verfügung. Kunst- und kulturhistorisch wertvolle Filzfunde aus Pazyryk im sibirischen Altaigebirge belegen, dass Menschen bereits vor fast 2.500 Jahren Textilien filzten. Da die Arbeiten im Dauerfrost des sibirischen Bodens tiefgefroren waren, konnten sie die Jahrtausende bis heute überdauern.

Wie unsere Ahnen das Filzen einst entdeckten, darum ranken sich viele Legenden. Sicher ist nur, dass Filz seither ein wichtiger Teil des menschlichen Lebens geworden ist. Noch heute fertigt man daraus Wohnzelte nach Nomadenart ebenso wie Kleidung und Bodenbeläge. Mit den Installationen des deutschen Aktionskünstlers Josef Beuys hielt Filz in der zweiten Hälfte des 20. Jahrhunderts Einzug in die Museen und fast zeitgleich – durch die Wiederentdeckung der Kunst eurasischer Nomadenvölker – auch in das europäische Kunsthandwerk.

Filzen – ein Jahrtausende altes Kunsthandwerk

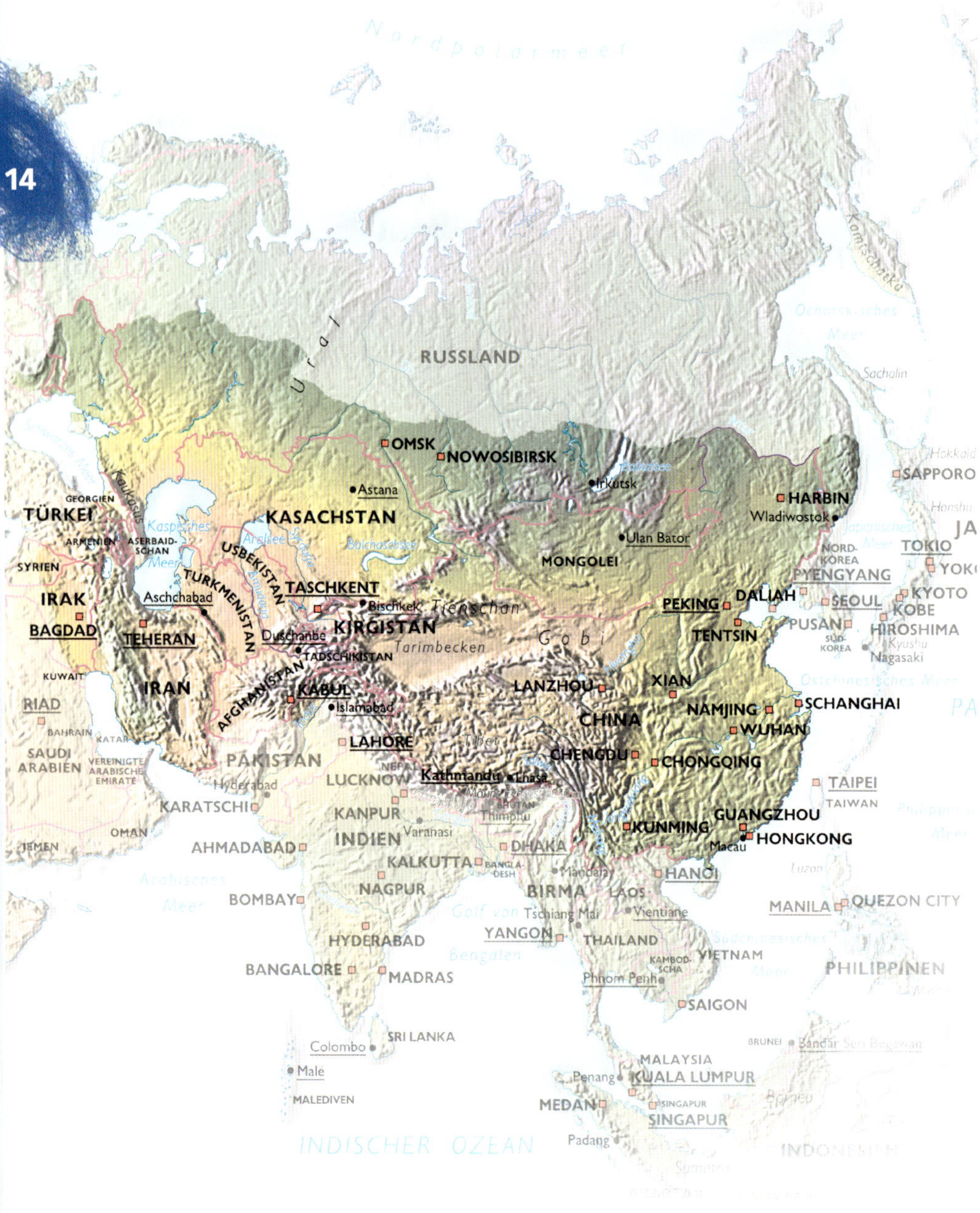

Als 1880 im beschaulichen Städtchen Giengen in Baden-Württemberg eine junge Schneiderin namens Margarete Steiff ihr „Elefäntle“ aus Filz nähte, ahnte sie nicht, dass sie mit ihrem Nadelkissen in Tierform das erste weichgestopfte Spieltier der Welt erschaffen würde. Und ihr war wahrscheinlich auch nicht bewusst, dass das Material, das sie in Giengener Filzfabriken für ihren Filzladen eingekauft hatte, eine beinahe 10.000-jährige Geschichte aufweisen konnte.

Das Geburtsland des Filzes liegt in Zentralasien im vormaligen mongolischen Reich. Von hier aus trugen Nomaden und Reitervölker den Filz in die Welt.

Filzzelte – Das traditionelle Heim nomadischer Völker

Die Jurte ist die traditionelle Wohnstätte in West- und Zentralasien. Noch heute lebt der Großteil der ländlichen und, zumindest für einen Teil des Jahres, der städtischen Bevölkerung der Mongolei darin. Auch in der kirgisischen Flagge, welche als zentrales Element die Dachkrone einer Jurte zeigt, drückt sich die fortwährend große Bedeutung der traditionellen Behausung aus. Das Wort Jurte kommt aus dem Türkischen (yurt) und bedeutet Lagerplatz, Vaterland, Heimat oder Wohnort. Das Wohnzelt ist die ideale Heimstadt für ein Leben in der Steppe, ebenso wie für halbnomadische Verhältnisse. Die Jurte bietet Schutz vor Sonne und Nachtkälte, einen sozialen Treffpunkt rund um den Herd und Sicherheit vor wilden Tieren; zugleich ist sie leicht zu bewegen, wenn der Weideplatz oder der Wohnort gewechselt werden muss. Durch den Wärme- und Frischluftkreislauf, der durch den offenen Dachkranz entsteht, bietet die Jurte außerdem ein optimales Raumklima.

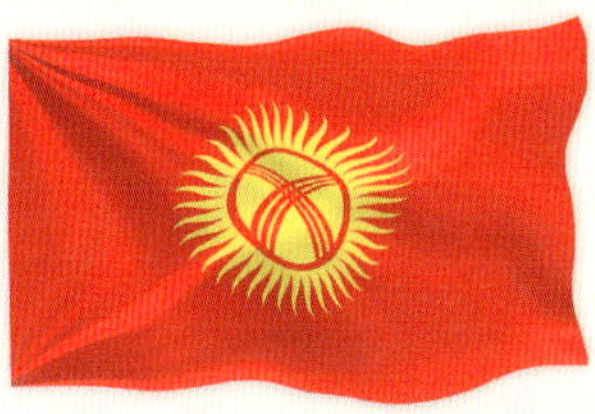

Die Dachöffnung der Jurte, Tjunddjuk genannt, ist in der kirgisischen Flagge abgebildet.

Es gibt zwei Arten von Jurten: die mongolische und die türkische. Bei der ersten sind die Dachbalken im unteren Teil gerade, bei der zweiten gebogen.

Eine Jurte lässt sich in weniger als einer Stunde auf- bzw. abbauen und kann leicht auf zwei Pferden oder Kamelen transportiert werden. Die Konstruktion ist genial einfach. Die Wand besteht aus einem biegsamen Scherengitter, das Dach aus einem Gerüst aus gekrümmten Holzstangen, die oben durch einen zentralen Ring zusammengehalten werden. Als Hülle dienen eine oder mehrere Lagen Filz und ein weißes Tuch. Eine Lage Filz ist etwa 1–2 cm dick und hat die Isolierfähigkeit von einer 6 cm dicken Ziegelwand. Im Inneren werden die Wände mit Filzteppichen behängt. Der Eingang der Jurte ist traditionell nach Süden ausgerichtet.

Die einzelnen Bereiche sind genau verteilt: Wichtigstes Element ist der in der Mitte stehende Herd zum Heizen und Kochen, von dem ein Rohr durch den Dachkranz nach außen ragt. Gegenüber dem Eingang befindet sich die „Rote Ecke" mit Truhen und Schränken, in denen die Wertgegenstände aufbewahrt werden. Links ist der Frauenbereich mit den Haushaltsgeräten und der Spielecke für die Kinder, rechts haben die Männer ihren Bereich mit Saumzeug, Jagdzubehör und Waffen. Wenn man von einer Familie in die Jurte eingeladen wird, sollte man keinesfalls auf die Türschwelle treten oder die Zeltseile berühren. Das gilt als schlechtes Omen! Man muss nicht in die Mongolei reisen, um einen neugierigen Blick in eine Jurte zu werfen. Mit den preisgekrönten Filmen „Tuyas Hochzeit" und „Urga" kann man auch vom heimischen Sofa aus ein Bild vom Leben in der mongolischen Steppe bekommen.

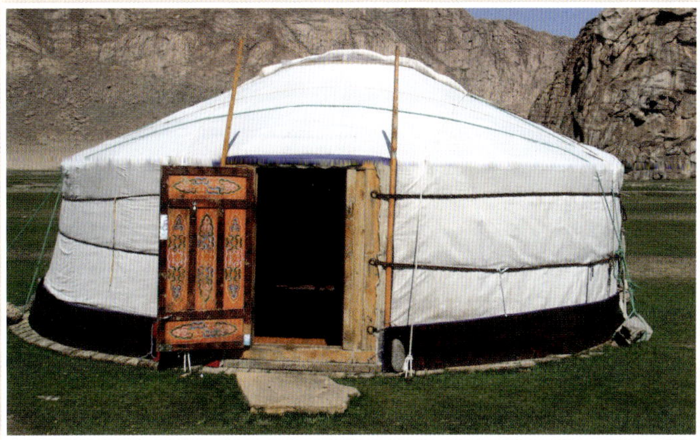

Die Jurte ist das traditionelle Heim eurasischer Steppenvölker. Sie lässt sich von einer vier- bis sechsköpfigen Familie innerhalb weniger Stunden auf- und abbauen.

Die älteste Textilie der Welt

Niemand kann sagen, wie das Filzen einst entdeckt wurde. Vielleicht nahmen unsere Ahnen das Phänomen an Schafen, Ziegen oder anderen Tieren wahr, deren verfilztes Fell sie sammelten. Oder sie stießen zufällig auf die Filzeigenschaft von Wolle, wie es in verschiedenen Legenden behauptet wird. Wissenschaftler schätzen, dass das Anfertigen von Filz schon in der mittleren Steinzeit, etwa 8.000 Jahre vor Christus, begann. Damit wäre Filzen kulturgeschichtlich älter als Spinnen und Weben und der Filz die älteste Textilie überhaupt.

Ideales Material für Nomaden

Die Herkunft des Filzes liegt nach chinesischen Chroniken in Zentralasien. Die Überlieferungen bezeichnen die Gegend als „Land des Filzes". Von hier aus brachten viehzüchtende Nomadenvölker den Filz nach China, Indien und Europa. Das Material spielt bei wandernden Hirten und Reitervölkern seit Urzeiten eine wichtige Rolle, denn für seine Herstellung braucht man nur wenige Hilfsmittel und ist man an keinen Ort gebunden. Zum Filzen sehr großer Bahnen genügte es, die Wolle in feste Tücher zu rollen, zu verschnüren und stundenlang hinter dem Pferd durch die Steppe zu ziehen.

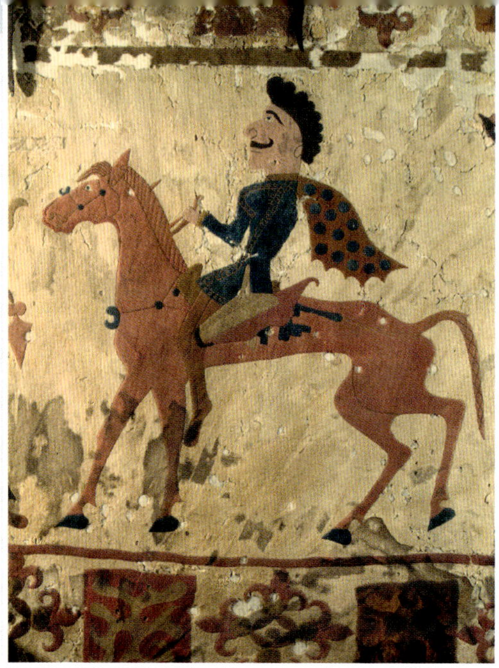

Teppich (Detail). Filz; appliziert. 640 cm x 450 cm. Pazyryk-Kultur. 5.-4. Jahrhundert v. Chr., Eremitage St. Petersburg.

Zudem befriedigt Filz das Grundbedürfnisse nach Wärme, Behausung und Ruhe. Dazu kommt die isolierende Eigenschaft des Materials: Es bietet nicht nur Schutz vor Kälte, sondern gleichermaßen auch vor Hitze. Ein gutes Beispiel hierfür sind die noch heute gebräuchlichen Wohnzelte der Mongolen und Kirgisen, die sogenannten Jurten. Deren Wand und Dach bestehen aus Filzbahnen, die winters wie sommers ein gleichmäßig angenehmes Klima bieten. Auch Kleidung, wie Mäntel, Hüte, Socken und Schuhe, stellen die Nomaden her; ebenso Teppiche und Wandbehänge.

Während keine Zeugnisse darüber vorliegen, dass in Neuseeland, Afrika oder Amerika in früher Vorzeit gefilzt wurde, sind für den vorderasiatischen Raum Belege aus Çatalhöyük, einer Grabungsstätte in der Hochebene von Konya im heutigen Zentral-Anatolien (Türkei), erhalten. Die Überreste von Filz, die dort in einer neolithischen Siedlung ausgegraben wurden, stammen aus dem 6. Jahrtausend vor Christus. Es dürfte schwierig sein, noch ältere Belege zu finden, denn Filz unterliegt dem Kreislauf der Natur und verrottet unter Einwirkung von Mikroorganismen und Sauerstoff.

Die kostbarsten Funde

Die kostbarsten frühgeschichtlichen Zeugnisse wurden im südsibirischen Altaigebirge entdeckt, wo sie rund 2.500 Jahre im Dauerfrost überdauert haben. Sie stammen aus den zwischen 600 und 200 vor Christus angelegten Skythen-Gräbern von Pazyryk und zeugen von der Kunstfertigkeit des frühen Reiternomadenvolkes, das im ersten Jahrtausend vor Christus im eurasischen Steppengürtel nördlich des schwarzen Meeres lebte. Die skythischen Filzwerke sind heute in der Eremitage in Sankt Petersburg zu sehen.

Nach den Worten des griechischen Geschichtsschreibers Herodot lebten die Skythen am Ende der Welt, inmitten von „ausgeschütteten Federn, die die Erde und die Luft erfüllen und den Ausblick versperren". Er meinte damit umherwirbelnde Schneeflocken, denn „acht Monate im Jahr herrscht ein Frost von unerträglicher Strenge". Im Laufe der Zeit weitete sich der Lebensraum der Skythen wohl aufgrund klimatischer Veränderungen immer weiter nach Westen aus. So kam es bald zu Berührungspunkten mit den Griechen und zu einem engen Austausch zwischen der griechischen Hochkultur und der skythischen Nomadenkultur.

Satteldecke. Filz und Pferdehaar; appliziert. 119 cm x 60 cm. 5. Jahrhundert v. Chr., Eremitage St. Petersburg.

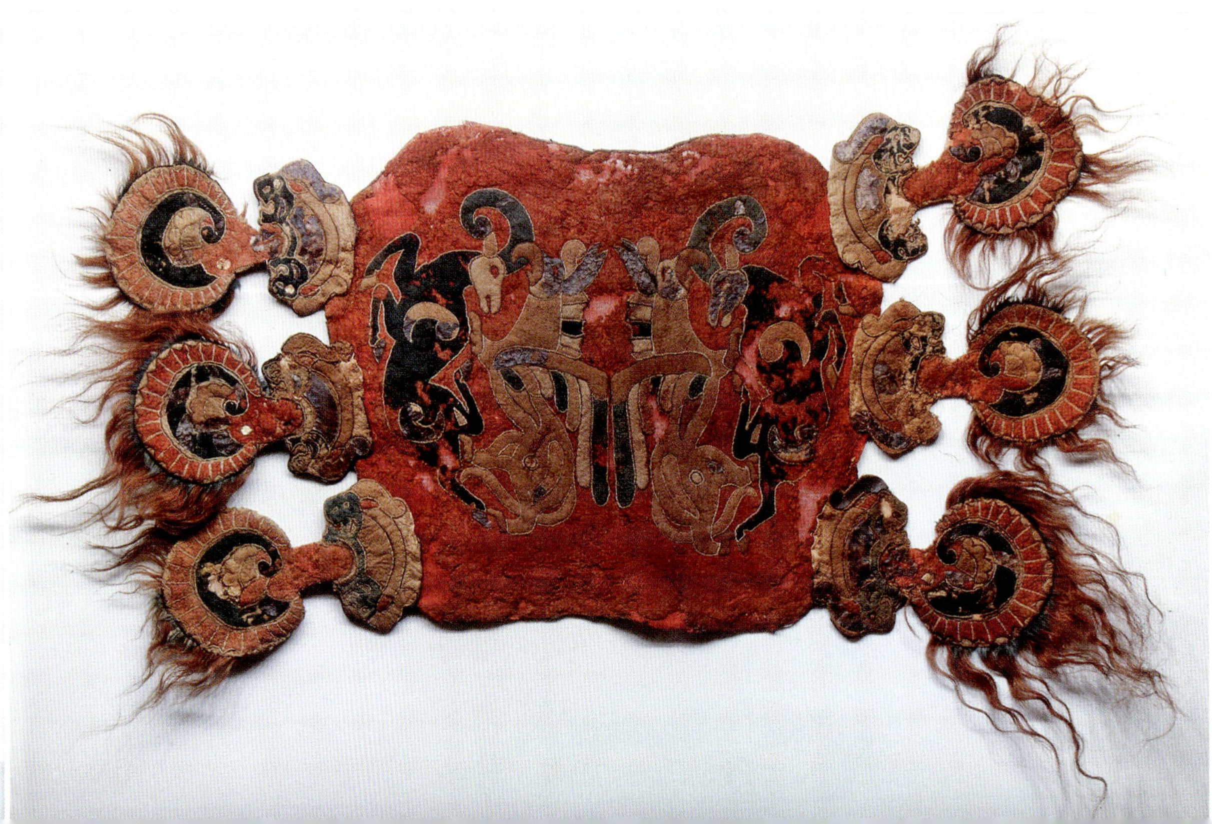

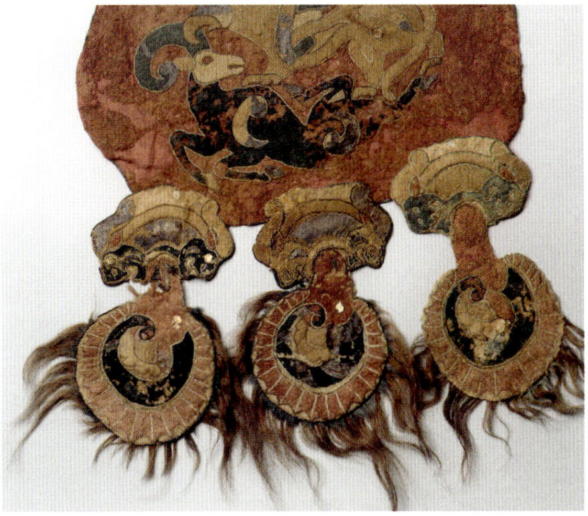

Satteldecke (Detail). Filz und Pferdehaar; appliziert. Pazyryk-Kultur. 5. Jahrhundert v. Chr., Eremitage St. Petersburg.

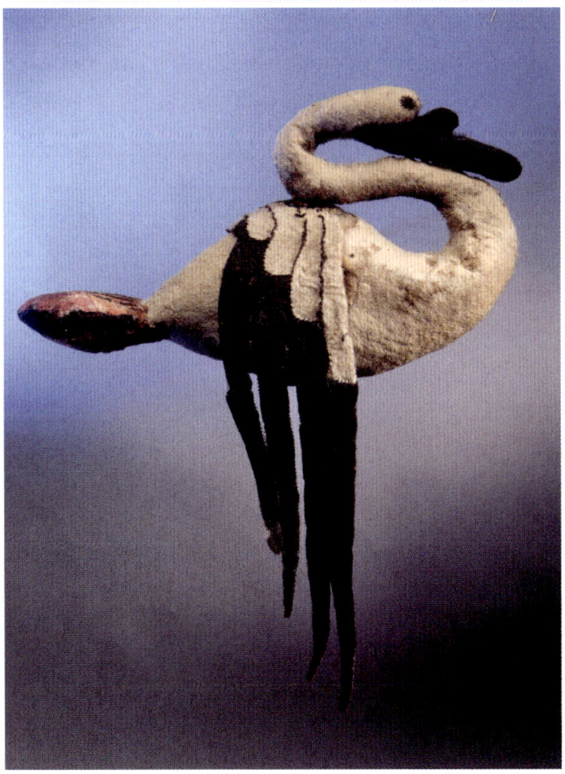

Schwan. Filz; appliziert. Höhe 30 cm. Pazyryk-Kultur. 5.-4. Jahrhundert v. Chr., Eremitage St. Petersburg.

Die 1949 im Dauerfrost von Pazyryk geborgenen, etwa 2.500 Jahre alten Textilien bestechen durch ihre Lebendigkeit und den Detailreichtum der Muster, durch die Eleganz und die Leuchtkraft ihrer Farben und begeistern mit der dynamischen Darstellung von Tieren und Reitern auch den modernen Betrachter.
Zu besichtigen in der Eremitage in Sankt Petersburg sowie auf einem virtuellen Rundgang auf deren Internetseite (www.hermitagemuseum.org).

Filzhandwerk in Europa

Auch die Alten Griechen und nach ihnen die Römer haben sich die schützenden Eigenschaften des Filzes zunutze gemacht. Der griechische Dichter Hesiod schreibt über Filzhüte und Winterschuhe aus Leder, die mit Filz gefüttert waren, Homer berichtet in der Ilias von Odysseus, dass er einen aus Leder genähten und mit Filz gefütterten Helm trug.

Die Römer lernten die Technik des Filzens von den Griechen. Die Filzkappen, Pileus genannt, die sie freigelassenen Sklaven verliehen, wurden zum Sinnbild der Freiheit. Die Schafhaltung hatte in der römischen Landwirtschaft einen hohen Stellenwert, vor allem für die Woll- und Milchgewinnung. Ein wichtiger Faktor für die Schafzucht war die Wollqualität. Aus Textilfunden geht hervor, dass Mischwolle dominierte, es aber auch Kurz- und Feinwolle gab.

Unter römischem Einfluss konnte im antiken Britannien bereits zu Beginn des ersten Jahrtausends eine gut organisierte Wollindustrie aufgebaut werden, die ermöglichte, dass dort im 3. und 4. Jahrhundert bereits misch- bis feinwollige, unpigmentierte Wolle erzeugt werden konnte. Die Schafe, die diese Wolle lieferten, sollten die Grundlage für die florierende britische Wollproduktion im Mittelalter bilden.

Im Früh- und Hochmittelalter waren in Europa vor allem grob- bis mischwollige Schafvliese erhältlich, feine Wollsorten waren selten und teuer. Relativ feine Wolle kam aus England, sie wurde hauptsächlich nach Flandern (Belgien) und Italien exportiert und dort zu feinem Wolltuch verarbeitet.

Das Zentrum der Feinwollproduktion lag jedoch in Spanien. Bereits die Phönizier und die Römer hatten feinwollige Schafe nach Spanien eingeführt, ab dem 8. Jahrhundert legten die Mauren durch verstärkte Einfuhr und intensive Zucht die Basis für das berühmte spanische Merinoschaf. Bis 1751 konnte Spanien das Monopol auf Feinwolle halten, da die spanische Schafzucht unter dem Schutz des spanischen Königs und des einflussreichen Verbands adliger Schafzüchter, Mesta, stand. Die Ausfuhr der begehrten Tiere war unter Androhung der Todesstrafe untersagt. Erst nach Verbot des Erlasses verbreitet sich das Merinoschaf in Europa und seine Schafwolle konnte zum dominierenden Wolltyp werden.

In Deutschland waren es im Mittelalter vor allem die Hutmacher, die Filz nutzten. Sie stellten Kappen, aber auch Kleidung und Filzsocken her, die weit verbreitet waren. Die bekannten Hausschuhe aus Filz, die sogenannten Filzpantoffeln, wurden von Schuhmachern genäht, die die Textilie dafür von Hutmachern bezogen. Der erste echte Filzhut mit rundem Kopfteil und hochgebogener, runder Krempe wurde etwa in der zweiten Hälfte des 18. Jahrhunderts in England gefertigt. In Skandinavien stellte man primär Filzsocken mit festgenähten Ledersohlen her.

Traditionelle kirgisische Teppiche

Seit über 2000 Jahren fertigen kirgisische Nomadenfrauen aus der Wolle von Schafen, Ziegen und Yaks in wochenlanger gemeinsamer Arbeit Filzteppiche, mit denen sie die Böden und Wände ihrer Jurten schmücken – die berühmten Shyrdaks.

Die Ornamente der kostbaren Teppiche stellen abstrahierte Formen aus der Tier- und Pflanzenwelt der Bergsteppe dar, wobei jedes Muster eine symbolische Bedeutung hat und beispielsweise Erfolg oder Glück ins Haus bringen soll. Ursprünglich waren die meisten Teppiche in Schwarz-Weiß gefertigt, seit dem späten 20. Jahrhundert wählt man auch andere Farben. In der Regel ist die Farbigkeit eingeschränkt, aber immer kontrastreich. Rot-blaue Teppiche symbolisieren Erde und Wasser, rot-weiße sollen der Fruchtbarkeit zuträglich sein. Auch dezentere Kombinationen wie Braun-Weiß sind beliebt.

Beim Herstellen von Shyrdaks werden aus zwei unterschiedlich farbigen Filzplatten Ornamente ausgeschnitten, entgegengesetzt zusammengelegt und mit einem Doppelzopfstich zusammengenäht. Das Filzmosaik wird dann auf ein gleich großes Stück Filz aufgesteppt, sodass ein doppellagiger Teppich entsteht. Die Technik ist sehr materialsparend, denn sie ermöglicht eine Verwendung der Filze ohne jeden Abfall.

Wie ein typischer kirgisischer Teppich entsteht, zeigt ein etwa zehnminütiges Video „Shyrdak – Herstellung von Filzteppichen in Kirgistan" auf Youtube (www.youtube.com).

Übrigens: In Kasachstan nennt man diese Mosaik-Teppiche Syrmak. Nassgefilzte Teppiche ohne Steppnähte werden Alakiiz genannt.

In der Türkei arbeitet man mit Vorfilzmustern, die mit Wolle belegt und in der Rolltechnik gefilzt werden. Diese Teppiche heißen Keçe.

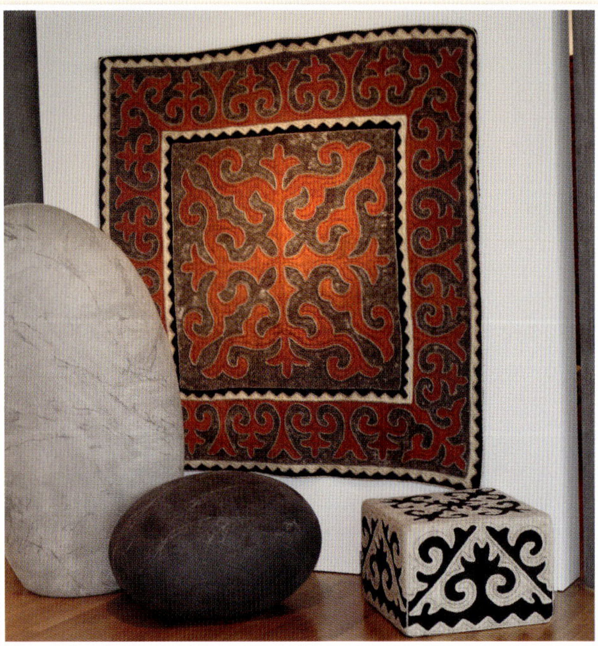

Ein kirgisischer Teppich in der traditionellen Zweifarbigkeit mit symmetrischen Mustern, die aus dem Leben der Steppenbevölkerung erzählen.

Ab dem 19. Jahrhundert geriet das Filzen von Hand in Europa in Vergessenheit, denn nun konnte warme Kleidung industriell gefertigt werden und die Wohnungen waren immer öfter beheizt. Anders als bei den asiatischen Steppenvölkern, die nie aufhörten, dem Filzhandwerk nachzugehen, wurde in Europa die Filztradition nur an wenigen Orten, insbesondere in Ungarn und Skandinavien, bewahrt.

Die Wiederentdeckung des Filzens

Mitte des 20. Jahrhunderts spielte die kleine Stadt Giengen, in der Margarete Steiff 1980 ihren ersten Filzelefanten genäht hatte, noch einmal eine Rolle in der Filzgeschichte, als Joseph Beuys neben Fett und Kupfer das Material Filz kunstfähig machte. Für den Künstler Beuys war Filz als Schutz und Wärmespeicher das Medium eines ganzheitlichen Erkenntnisprozesses, der Filzhut war sein Markenzeichen. Das Material für seine berühmt gewordenen Installationen erstand Beuys in Giengen bei den Vereinigten Filzfabriken.

Ende der 1970er Jahre rückte das Handfilzen wieder in das Bewusstsein der Kunsthandwerker. Auslöser war die Wanderausstellung „The Art of the Feltmaker", die 1979 von Mary E. Burkett initiiert wurde. Sie hatte auf einer Iranreise die handwerklichen Filztechniken wiederentdeckt und eine Sammlung bis dahin unbekannter Filzteppiche und -objekte zusammengestellt. Die Ausstellung und vor allem der dazu herausgegebene Katalog lösten bei Kunsthandwerkern und Liebhabern weltweit eine Begeisterungswelle aus, die bis heute anhält.

Entdeckung des trockenen Filzens

Anders als das traditionelle nasse Filzen ist das trockene Filzen mit der Nadel erst seit wenigen Jahren im künstlerischen Bereich bekannt. Über 100 Jahre lang verband man mit dieser Technik allein die Nadelfilzmaschinen aus der Industrie.

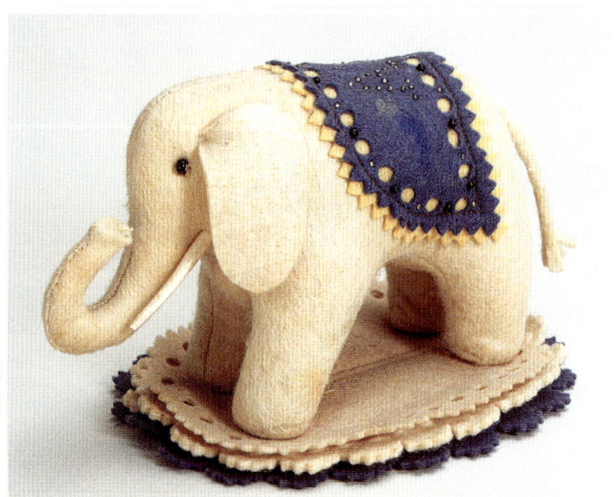

Margarete Steiffs „Elefäntle" von 1880, Steiff-Museum Gingen.

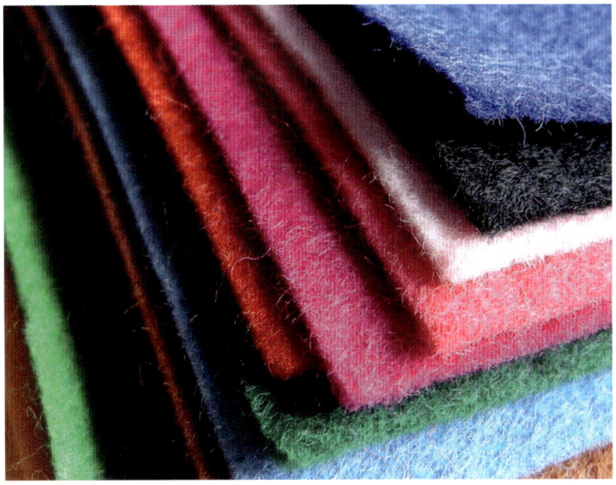

Aus der Fabrik ins Reich der Fantasie: Nadelfilz.

Die erste industrielle Filzmaschine wurde ca. 1866 von der Firma Bi-Water in Leeds, England, gebaut. Im Zuge der Industrialisierung entwickelte man damals für alle möglichen Arbeitsgänge Maschinen: In der Textilindustrie waren dies Maschinen zum Spinnen, Weben und Filzen. Mit Filzmaschinen wurde fortan Nadelfilz in großen Matten hergestellt. Das Verfahren ist bis heute ähnlich, die Breite der Filzstoffe wird allerdings stetig größer.

Beim industriellen Verfilzen sind bis zu 250.000 Nadeln an einer sogenannten Nadelplatte befestigt. Diese Platten werden entweder einseitig oder gegeneinander von zwei Seiten in eine Lage textile Fasern eingestochen und herausgezogen, während sich das Material bewegt.

In den 1950er und 1960er Jahren gewann Nadelfilz durch den Aufschwung von Chemie- und Synthetikfasern stark an Bedeutung. Mit den neuen Fasern wurden zahlreiche neue Einsatz- und Anwendungsbereiche erschlossen. In der Industrie wird Nadelfilzen dort eingesetzt, wo hohe Temperatur- und Altersbeständigkeit, Verrottungs- und extreme Reiß- und Abriebsfestigkeit sowie Beständigkeit gegen Chemikalien gefordert werden.

Im künstlerischen Bereich erschöpft sich der Einsatz der Filznadel nicht auf das Nadeln von Flächen. Vielmehr werden Filznadeln gerne zum Modellieren von plastischen Arbeiten wie Figuren und Tieren verwendet. Das soll aber nicht heißen, dass Flächen ein Kinderspiel wären. Ganz im Gegenteil: Diese sind von Hand recht schwierig - und vor allem langwierig - zu nadeln.

Die Pioniere des Trockenfilzens sind die Amerikaner Eleanore und David Stanwood von „ArtFelts", die etwa 1980 mit Nadeln aus einer alten Filzfabrik experimentierten. Sie brachten die Technik Ayala Talpai bei, die davon begeistert das erste Buch zum Nadelfilzen von Hand veröffentlichte: „The Felting Needle - from Factory to Fantasy" (www.fiberfanatics.com). So gelangte das Filzen mit der Nadel von der Fabrik in die Wohnzimmer, wo es seither die Fantasie von Klein und Groß beflügelt.

Ein Material für alle Fälle

Filz ist nicht nur ein sehr altes, sondern auch ein außerordentlich vielseitiges und flexibel einsetzbares Gewebe. Man kann nahezu alles aus Filz anfertigen: Kleidung, Schmuck, Wohnaccessoires, Figuren, Gebrauchsgegenstände. Aber ebenso lässt sich Filz, wie jeder andere Wollstoff, zum Schneidern verwenden. Neben der modisch-dekorativen hat Filz eine praktisch-technische Seite, wovon der Einsatz als Parkettschoner oder Dichtungsring, als Öler zur Schmierung von Maschinen, als Abstreifer beim Walzen oder als Geräuschdämmer in Klavieren zeugt.

Inzwischen ist die künstlerische Bearbeitung des Materials über seine ursprüngliche Verwendung hinaus immer vielfältiger und virtuoser geworden. Filz wird als Objekt oder als raumprägende Installation, als Zeichnung oder als Malerei verarbeitet, mit anderen Materialien, wie Stoff und Pflanzenfasern, kombiniert und entwickelt dabei Qualitäten, die von undurchlässig-fest bis hin zu luftig-transparent reichen. Eine weitere Eigenschaft des Filzes darf nicht vergessen werden: Er ist herrlich kuschelig. Noch heute ist Filz neben allem anderen ein beliebtes Material für Spielzeug, genauso wie damals, als Margarete Steiff das Material für ihr weißes „Elefäntle" mit der himmelblauen Satteldecke auf dem Rücken wählte.

Filz ist ...

ökologisch

- nachwachsend
- benötigt keine chemische Behandlung
- biologisch abbaubar

ökonomisch

- auf allen Kontinenten erzeugbar
- mit wenig Zusätzen verarbeitbar

ganzheitlich

- bietet neben der gestalterischen und handwerklichen Entfaltungsmöglichkeiten auch körperliche Entdeckungslust

ZEIT

0 – 9000 vor Christus

- RÖMISCHES REICH
- GERMANEN
- KELTEN
- ANTIKES GRIECHENLAND
- FRÜHE HOCHKULTUREN IN CHINA
- ALT-BABYLONISCHES Reich
- ALTES ÄGYPTEN
- frühe Hochkulturen in MESOPOTAMIEN, Sumerischer Stadtstaat
- JUNGSTEINZEIT IN EUROPA
- JUNGSTEINZEIT IN VORDERASIEN, NEOLITHISCHE REVOLUTION

SCHAFZUCHT

- hoher Stellenwert der Schafhaltung für Woll- und Milchproduktion im römischen Reich
  verschiedene Fellfarben (grauschwarz, grau, dunkelbraun, rot)
  Mischwolle dominiert, aber es gibt auch Kurz- und Feinwolle
- Verbreitung des Wollschafs über Mitteleuropa und Südskandinavien
- Wolle wird dominierende Textilfaser
- Wollschafe in Ägypten
- Unterscheidung zwischen Fleisch- und Wollschaf, zwischen brauner und weißer Wollfarbe
- Tonstatue eines Wollschafs
- erste Hausschafe in Europa
- Domestizierung des Mufflons, wahrscheinlich in der Gegend des heutigen Irak

FILZEN

- Römer fertigen „pileus", Filzkappe
- Filzbeigaben in skythischen Gräbern in Pazyryk, Altaigebirge
- Alte Griechen tragen Filzhüte und mit Filz gefütterte Schuhe und Helme
- Filzüberreste aus Çatalhöyük, Türkei
- Entdeckung des Filzens

WELTGESCHICHTE

- Erfindung des Alphabets (1100 v. Chr)
- Seidenherstellung in China (ab 2350 v. Chr)
- Peruaner bauen Baumwolle an
- Bau der Cheops-Pyramide (2580 v. Chr)
- Erfindung des Rades
- Erfindung der Keilschrift
- Erfindung der schnelldrehenden Töpferscheibe
- Sumerer machen aus Flachs Leinen
- erste Städte: Jericho und Çatalhöyük

ZEIT: 0 – 100 – 200 – 300 – 400 – 500 – 600 – 700 – 800 – 900 – 1000 – 1100 – 1200 – 1300 – 1400 – 1500 – 1600 – 1700 – 1800 – 1900 – 2000

RÖMISCHES REICH – GERMANEN – FRÜHES MITTELALTER – WIKINGER – HOCHMITTELALTER – SPÄTMITTELALTER – NEUZEIT – NEUESTE GESCHICHTE

SCHAFZUCHT

hoher Stellenwert der Schafhaltung für Woll- und Milchproduktion im römischen Reich

verschiedene Fellfarben (grauschwarz, grau, dunkelbraun, rot)

Mischwolle dominiert, aber es gibt auch Kurz- und Feinwolle

Wollindustrie wird in Britannien aufgebaut, vorrangig misch- bis feinwollige, unpigmentierte Wolle

florierende Wollproduktion in Britannien

in Europa verbreitete Landschafrassen liefern überwiegend grob- bis mischwolliges Vlies für gröberes glattes Tuches sowie walkbare Stoffe
echte Mischwolle, Kurzwolle und Feinwolle sind selten und teuer

711 Mauren führen Feinwollschafe nach Spanien ein, Basis für die Merinozucht

Spanien ist Zentrum für Zucht feinwolliger Schafe

Kreuzung der spanischen Merinoschafe mit nordafrikanischen Berberschafen zum feinwolligen Merinoschaf (nach dem Berberstamm Beri-Merines)

relativ feine Wolle aus Britannien wird in Flandern und Italien zu feinen Wolltüchern verarbeitet

Veredlung des spanischen Merinos durch marokkanische Schafe

Export spanischer Merinozuchtschafe ist bei Todesstrafe verboten, feine Wolle kommt bisher nur aus England und Spanien

Kreuzung feinwolliger englischer Rassen mit einheimischen Rassen

1751 Verbreitung des Merinos in Europa, Kreuzung mit einheimischen Rassen, Feinwolle wird zum dominierenden Wolltyp

1765 Export von Merinoschafen nach Sachsen

1775 Export von Merinoschafen nach Österreich

1816 Sächsisches Merino

die feinsten Merinowollen kommen heute aus Australien und Neuseeland

FILZEN

Römer fertigen „pileus“ Filzkappe

Dschingis Khan nennt turkmongolische Stämme „in Filzzelten lebende Generationen“

Türken fertigen Mevlivi-Derwische (Kopfbedeckungen)

Blütezeit des Filzens in der Türkei

Engländer fertigen ersten Filzhut mit rundem Kopfteil

1866 erste industrielle Filzmaschine von Bi-Water, England

1950/60 industrielles Nadelfilzen gewinnt an Bedeutung

1958 Josef Beuys setzt zum ersten Mal Filz und Fett ein

1979 Aufleben des Handfilzens nach Ausstellung „The Art of Feltmaker“

1980 Entdeckung des künstlerischen Nadelfilzens

WELTGESCHICHTE

105 Erfindung des Papiers

Völkerwanderung nach Hunneneinfall in Europa

Mongolen unter Dschingis Kahn erobern Asien und Osteuropa

1348/49 Pest in Europa

1450 Erfindung des Buchdrucks

1492 Entdeckung Amerikas

1517 Luthers Thesen zum Ablasshandel, Reformation

19. September 1783: Erste „bemannte“ Heißluftballonfahrt mit Hahn, Ente, Schaf. Nach acht Minuten landen Ente und Schaf unversehrt, der Hahn mit gebrochenem Flügel: Das Schaf hatte ihn getreten.

Industrialisierung, Baumwolle in Textilindustrie

Bürgerliche Revolution

1889 Eröffnung des Eiffelturms

ab 1990 Globalisierung

Geschichten und Legenden

Um die Entstehung des ersten Filzes ranken sich verschiedene Legenden. Vielleicht war es ganz einfach: Unsere Vorfahren in der Steinzeit könnten ihre Behausungen oder ihr Bettlager mit Tierfell ausgelegt haben, das unter Einwirkung von Feuchtigkeit, Wärme und Bewegung zu einer Matte wurde. Möglicherweise wurde so die herausragende Eigenschaft von Schafwolle entdeckt, sich untrennbar zu verbinden. Aber lieber als diese nüchterne Erklärung sind uns Geschichten und Legenden:

Legende vom Heiligen Clemens

Eine Legende belegt den Heiligen Clemens, vierter Bischof von Rom, als Schutzheiligen der Filzmacher und beschreibt die Komponenten des Filzens. Als er vor den Römern aus Alexandrien fliehen musste, soll der Heilige zur Schonung seiner Füße Wolle in die Sandalen gelegt haben. Am Ende seines Weges war die Wolle durch die Feuchtigkeit und Wärme der Füße und die mechanische Bearbeitung beim Treten zu Filz geworden.

Der persische Schäfer

In Persien erzählt man sich, dass der Sohn des Königs Salomon den Filz erfunden hat. Er war Schäfer und überzeugt, aus der Wolle seiner Schafe Stoff herstellen zu können. Als ihm das mit allem, was er ausprobierte, nicht gelingen wollte, weinte er vor Wut und trat auf der geschorenen Wolle herum. Dadurch gelang ihm doch noch sein Vorhaben und er fertigte unbewusst den ersten Filz.

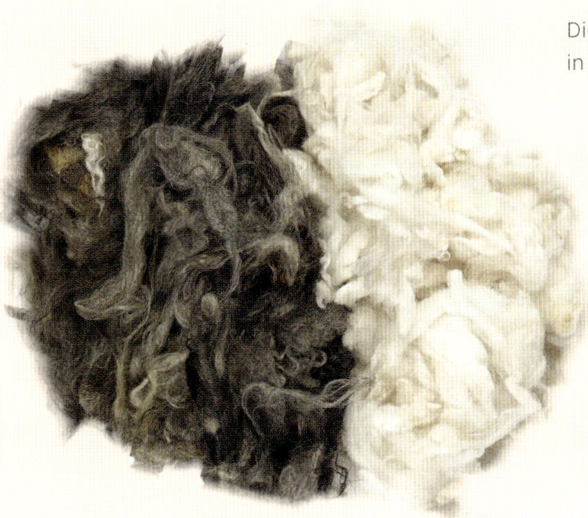

Noahs Filz

Mehrere Geschichten sehen in Noah den Erfinder des Filzes.

Als Noah seine Arche gebaut hatte, soll er Schafwolle auf den Holzplanken ausgelegt haben, damit die Tiere weich und bequem liegen konnten, bis die Sintflut vorbei war. In den 40 Tagen und Nächten drängten sich die Tiere auf der Wolle, sie urinierten und stampften mit den Füßen darauf herum. Dabei verbanden sich die Wollfasern zu einem festen Vlies, und der Filz war entstanden.

Nach einer anderen Legende war es Noahs Frau, die ihrem von Rückenschmerzen geplagten Mann etwas Gutes tun wollte, die Schafe scherte und ihm deren Wolle aufs Bettlager legte. Als der Regen aufhörte und die Tiere und Menschen die Arche verlassen konnten, fanden sie in Noahs Bett eine Filzmatte statt der Wolle vor. Durch Körperschweiß, Wärme und unruhige Nächte voller Hin- und Herwälzens hatte Noah die Wolle zu Filz werden lassen.

Wie Beuys auf den Filz kam

Im Jahr 1944 geriet ein Kampfflugzeug vom Typ JU 87 mit einem jungen Soldaten aus Krefeld an Bord östlich von Freifeld, heute Snamenka, in einen Schneesturm und stürzte über der Krim ab. Während der Pilot beim Absturz ums Leben kam, überlebte ein junger Mann, ein gewisser Joseph Heinrich Beuys, den Unfall schwer verletzt. Angeblich bargen ihn Krimtataren aus dem Flugzeugwrack und pflegten ihn zwölf Tage lang, bis er in ein deutsches Lazarett überstellt wurde.

Diese Nomaden hüllten Beuys nach seinen Angaben in Filzdecken, um ihn vor dem Erfrieren zu retten: „Ich erinnere mich an den Filz, aus dem ihre Zelte gemacht waren, an den scharfen Geruch von Käse, Fett und Milch. Sie rieben meinen Körper mit Fett ein, damit die Wärme zurückkehrte, und wickelten mich in Filz ein, weil Filz die Wärme hält", so lautet eine der bekanntesten Legenden der Kunsthistorie.

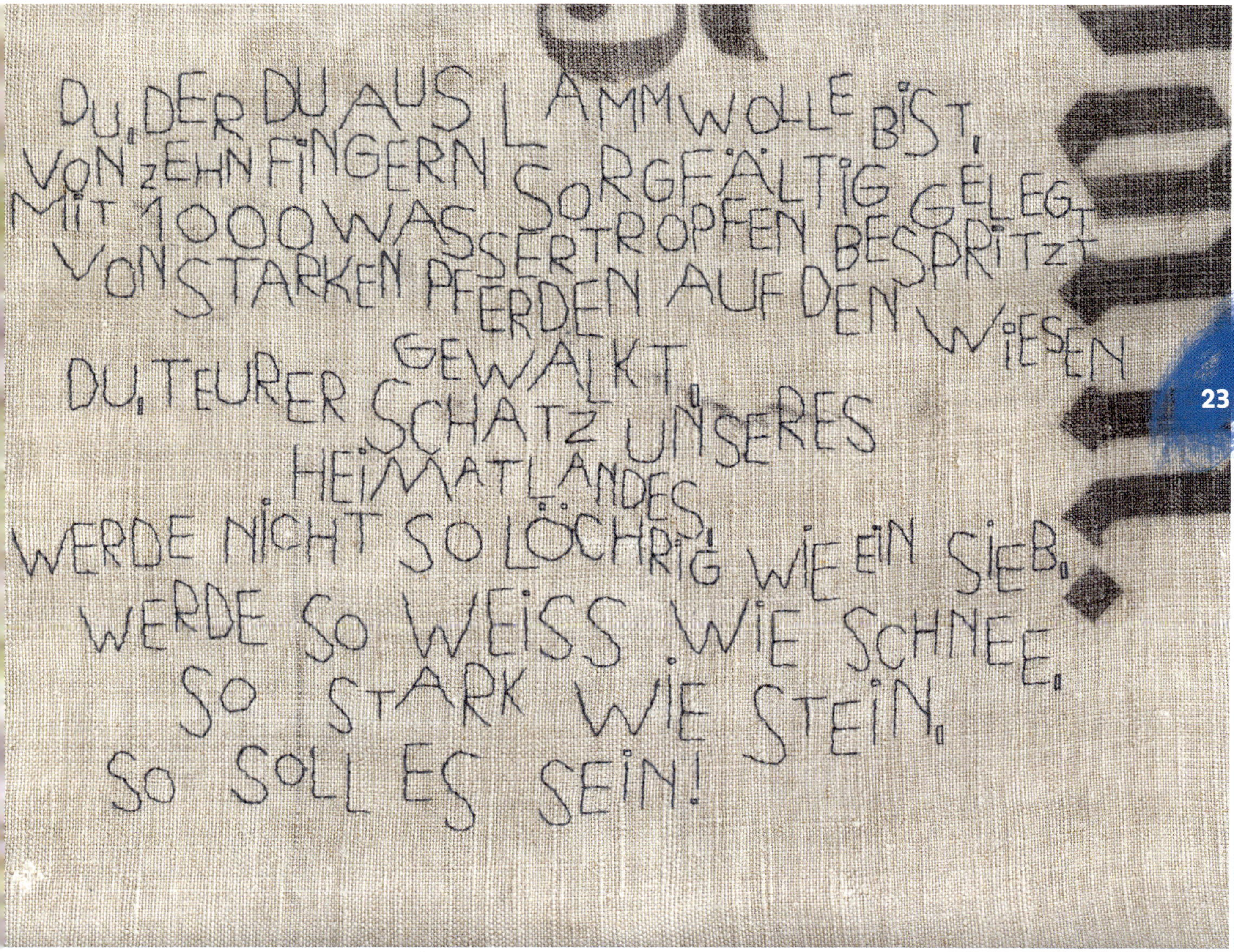

Filzspruch, gestickt von Bärbel Hohnstädt.

Für die Nomadenvölker Mittelasiens war Filz Halt und Haus, die Grundlage ihrer Kultur und spielte im Ritual ihrer Religion eine wichtige Rolle. Form, Muster und Farbe hatten ihre Bedeutung. So ist Weiß die Farbe der Reinheit und der Kraft. Dschingis Khan soll auf einer weißen Filzdecke seine Triumphe zelebriert haben, Bräute nahmen auf einer weißen Filzdecke Platz und auch die Gebetsdecken waren weiß. Die große Bedeutung des Materials Filz wird in diesem mongolischen Spruch zum Ausdruck gebracht.

Filzkunst besichtigen

Museen

Beuys Werke sind unter anderem in seiner Geburtsstadt Krefeld im Kaiser-Wilhelm-Museum und im Museum Kurhaus Kleve ausgestellt. Ein umfangreicher Werkkomplex des Künstlers ist außerdem im Block Beuys im Hessischen Landesmuseum in Darmstadt zu sehen.

Die Filzfunde von Pazyryk befinden sich im Eremitage-Museum in Sankt Petersburg. Auf der Internetseite des Museums (www.hermitagemuseum.org) können Sie diese bei einem virtuellen Rundgang besichtigen. Sie finden sie im Erdgeschoss in den Sälen mit Kunst der Nomaden der Altairegion (Hall of the Culture and Art of the Nomadic Peoples of the Altai Region: 6th to 4th Centuries BC).

Turm des Gedenkens – Filzkunstwanderweg.

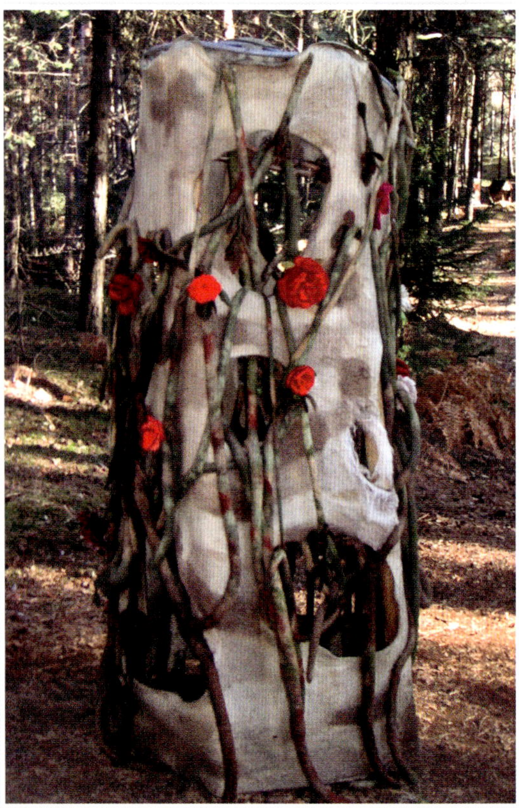

Weitere empfehlenswerte Museen sind beispielsweise:

- Deutsches Textilmuseum Krefeld (über www.krefeld.de)
- Hutmuseum im Museum im Gotischen Haus in Bad Homburg (über www.bad-homburg.de)
- Museum für Kunst und Gewerbe Hamburg (www.mkg-hamburg.de)
- Tuchmachermuseum Bramsche (www.tuchmachermuseum.de)
- Museum für angewandte Kunst Frankfurt/Main (www.museumangewandtekunst.de)
- Museum für angewandte Kunst Köln, (über www.museenkoeln.de)
- Grassi – Museum für angewandte Kunst, Leipzig (www.grassimuseum.de)
- Westsächsisches Textilmuseum Crimmitschau (www.saechsisches-industriemuseum.com) mit geführten Rundgang durch die Herstellung
- Musée du feutre in Mouzon, Frankreich (über www. mouzon.fr)
- Viktoria und Albert Textilmuseum in London (www.vam.ac.uk)

Ausstellungskataloge

Wenn die Ausstellung längst vorbei ist, bleibt der Ausstellungskatalog:

- Abbot Hall Art Gallery, Mary E. Burkett: Art of the Felt Maker. Kendal (England) 1979
- Deutsches Textilmuseum Krefeld, Katharina Thomas: Filz – Kunst, Kunsthandwerk und Design. Arnoldsche Verlagsanstalt GmbH 2001 (Katalog zur Ausstellung „Europäische Filzkunst")

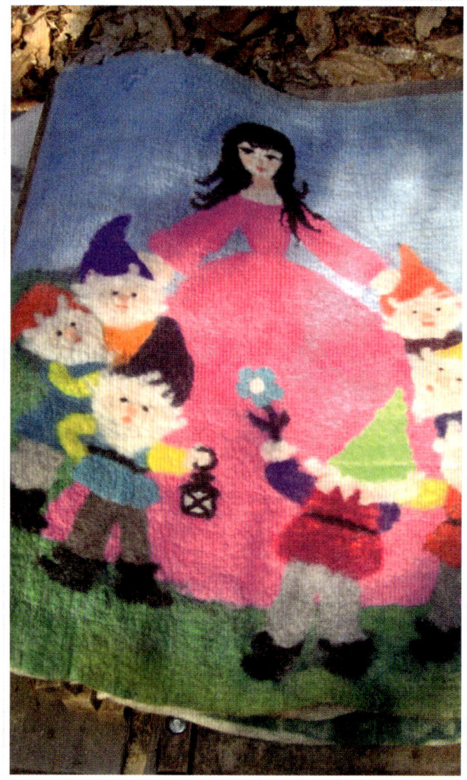

Schneewittchen mit den sieben Zwergen – Filzkunstwanderweg in Tisens, Südtirol.

- Pfalzmuseum Forchheim, Ausstellungskatalog „Element Filz". Maro Verlag 2008 (bestellbar über Filznetzwerk e. V.)
- Entwürfe. Zeitschrift für Literatur: „Filz". Ausgabe 25, Zürich 2001

Filzkunstwanderweg

Eine einzigartige Verknüpfung von Natur, Kunst und Erlebnis bietet der Internationale Filzkunstwanderweg am Vorbichl in Tisens (Südtirol, Italien). Der einstündige Rundweg führt durch einen schönen Mischwald, in dem am Wegesrand eine Reihe von Kunstwerken angebracht sind. Informationen unter www. merano-suedtirol.it.

Online-Galerien

Abwechslungsreich, inspirierend und informativ ist ein Bummel durch die Webpräsenz des Wolllieferanten Filzrausch (www.filzrausch.de), die neben Filzlexikon und Filzforum auch eine Filzgalerie mit zeitgenössischer Kunst bietet.

Eine weitere sehr gute Übersicht über gegenwärtige Filzkunst und Filzkünstler finden Sie beim Filznetzwerk e. V. (www.filznetzwerk.de), mit vielen Veranstaltungstipps.

Daneben bieten auch die International Feltmakers Association (www.feltmakers.com) und das European Textile Network (www.etn-net.org) Onlinegalerien und Veranstaltungskalender.

Filz ...

anschmiegsam archaisch AUTHENTISCH beschützend bunt chaotisch dicht elegant emotional expressiv filigran formbar FLAUSCHIG ganzheitlich heilend handgearbeitet heimelig inspirierend individuell jederzeit kompakt kräftig kuschelig leicht MAGISCH nachhaltig originell pudelwohl qualitativ robust rustikal SANFT tiefgründig umweltfreundlich verführerisch WEICH wertvoll witzig zart

Filz auf ...

englisch – felt

finnisch – huopa

französisch – feutre

italienisch – feltro

niederländisch – vilt

norwegisch – filt

russisch – wójlok/fetr

spanisch – fieltro

türkisch – keçe

ungarisch – nemez

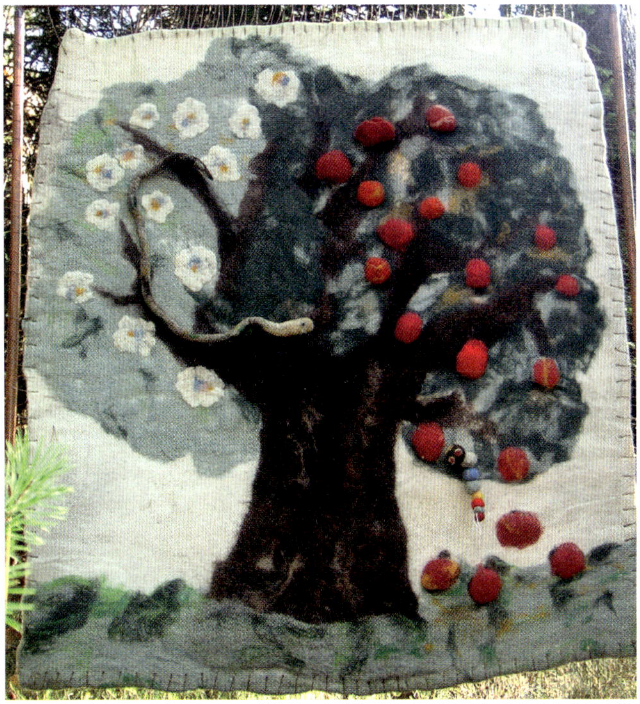

Baum der Erkenntnis – Filzkunstwanderweg.

Weiterführende Literatur

- Marlene Lange: Filzkunst. Tradition und Experiment (2003)
- E. D. Phillips: The Royal Hordes: Nomad Peoples of the Steppes (1965)
- Julia Voss: „Wo Beuys den Filz fand" (FAZ Net 28.12.2009)
- Manfred Herrsching: 7000 Jahre Handwerk und Technik. Enzyklopädisches Sachlexikon unserer technischen Kultur (1986)
- Ausstellungskatalog des Tuchmachermuseums Bramsche: Gesponnen & Verwoben – Textiles zu Zeiten von Römern und Germanen
- Vereinigte Filzfabriken Giengen; www.vfg.de
- Filzfabrik Gustav Neumann, Braunschweig; www.neufilz.de
- zum Trockenfilzen: ArtFelts, www.artfelts.com/history Wizpick, www.wizpick.com

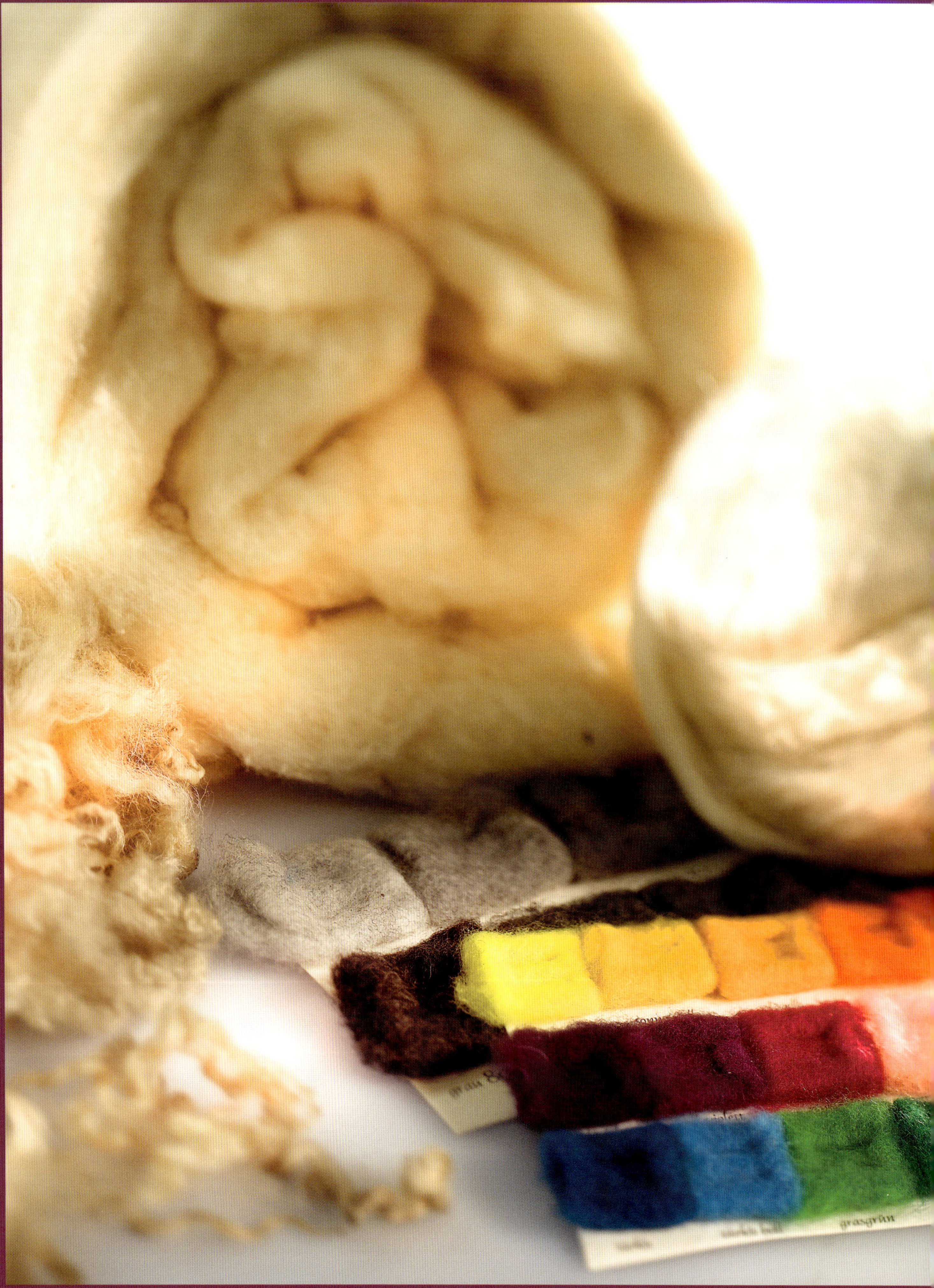
grasgrün

Material

Ein Blick in Lexika und Wörterbücher gibt uns einen Einblick in die Beschaffenheit des Materials Filz. Laut Brockhaus ist Filz ein „Textilerzeugnis aus Wolle und/oder anderen Tierhaaren, die sich beim Walken unter Einwirkung von feuchter Wärme, Druck und Seife umschlingen“. Auch die Brüder Jacob und Wilhelm Grimm verzeichneten Filz bereits in ihrem Deutschen Wörterbuch. Sie nennen ihn „verdichtete Wolle“ und erklären: „Filz ist nun hauptsächlich die gekrempte, gekrempelte wolle der schafe oder auch das haar anderer thiere, wie der hasen, rehe, ziegen, kaninchen“.

Ganz gleich, in welcher Filztechnik Sie arbeiten – Nass-, Nuno- oder Trockenfilzen –, die Grundlage ist immer Schafwolle. Diese liegt zuerst als Rohwolle vor und muss für das Filzen aufbereitet werden, bis schließlich durch Sortieren, Zupfen, Waschen, Trocknen und Kardieren eine Wolle mit den optimalen Eigenschaften zum Filzen daraus wird. Im Handel ist bereits aufbereitete Wolle in der Flocke, im Vlies, im Kammzug sowie als Kardenband oder als Nadelvlies erhältlich. Daneben gibt es Edeltierhaare, Seide und Pflanzenfasern. All diese Wollqualitäten und Materialien haben spezifische Eigenschaften und Verwendungsmöglichkeiten, die man beim Filzen kennen und beachten sollte, um optimale Ergebnisse zu erzielen

Was ist Filzwolle?

Der Begriff Wolle wird international nur für Wolle vom Schaf verwendet. In Bezug auf das Filzen sollte man noch einschränken: für Wolle vom Wollschaf, denn Wolle von Milch- oder Fleischschafen ist wenig geeignet.

Wolle ist in der Regel weiß, manchmal grau, braun, schwarz oder rötlich. Sie besitzt einen gewissen Glanz, welcher bei groben Wollsorten durch die grob geschuppte Struktur der Faseroberfläche und die daraus resultierende bessere Lichtbrechung größer als bei feiner Wolle ist. Aufgrund ihrer Kombination aus Feinheit, Biegsamkeit und Kräuselung sind Wollfasern sehr gut filzend.

Der Wolle aus der Region den Vorzug geben

Es gibt viele Schafarten, wobei nur das Vlies weniger Schafrassen optimal zum Filzen geeignet ist. Die weltweite Nummer eins der Wolllieferanten ist das Merinoschaf, dessen Wolle sehr fein und besonders gut filzend ist. Unter ökologischen Gesichtspunkten sollten Sie versuchen, Wolle aus der Region zu verarbeiten und damit die heimischen Wolllieferanten und Wollanbieter zu unterstützen. Das deutsche Merinolandschaf etwa gibt sehr gut filzende Wolle, ebenso wie das Bergschaf aus dem Alpenraum. Grobe, langfasrige Wollsorten, wie die der Heidschnucke oder des Zackelschafs, können besondere Akzente setzen. Allein zum Arbeiten sehr feiner, weicher, fließender Stoffe ist die Wolle des australischen Merinoschafes unübertroffen.

In der Regel werden Schafe einmal im Jahr, um Pfingsten herum, geschoren, manche langwolligen Schafe auch noch ein zweites Mal im Herbst. Besonders beliebt ist die Wolle der ersten Schur des Lammes nach etwa sechs Monaten, die sogenannte Erstlingswolle. Die bis dahin nicht geschnittenen Fasern geben eine weiche, seidenartige Wolle und filzen „schon beim Ansehen“.

Je nach Verfügbarkeit, Verwendungswunsch und persönlicher Vorliebe kann aus den unterschiedlichsten Aufbereitungsformen der Wolle von den gewaschenen Wollflocken über die kardierte Wolle im Vlies bis hin zur glatt gekämmten Wolle im Kammzug gewählt werden.

Auch Haare anderer Tiere verfilzen

Liest man im „Deutschen Wörterbuch“ der Brüder Grimm unter dem Stichwort Filz, so lernt man, dass im 19. Jahrhundert nicht nur mit Schafwolle gefilzt, sondern „auch das haar anderer thiere, wie der hasen, rehe, ziegen, kaninchen“ verwendet wurde. Auch heute noch erhalten Sie bei Wolllieferanten unter der Bezeichnung Edeltierhaare die Haare anderer Tiere zum Filzen. Diese Wollen werden vor allem aus dem Fell des Angorakaninchens, der Angoraziege (Mohair), der Kaschmirziege, des Alpaka, des Kamels und der Mohairziege gewonnen. Bei Alpaka, Kamel und Mohair lässt sich nur die ausgekämmte Unterwolle wie Wolle verwenden, bei Mohair und Kamel nur die Wolle von jungen Tieren.

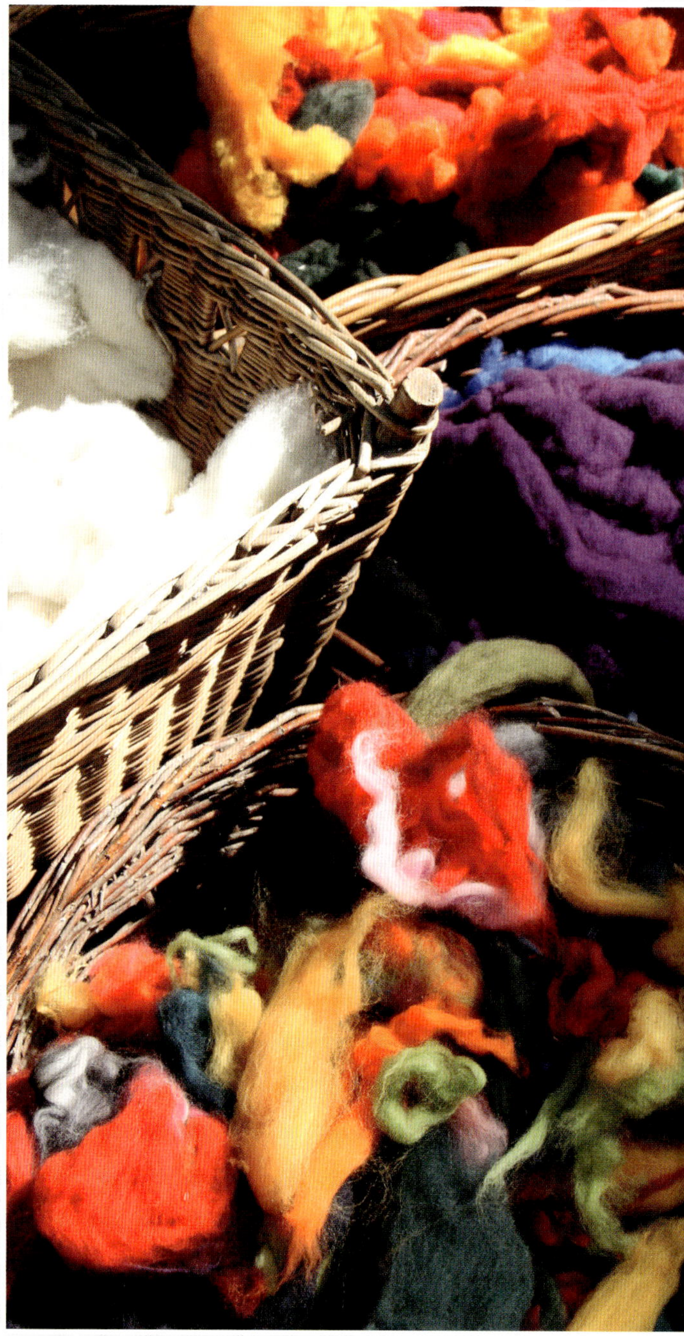

Gewaschene und gefärbte Schurwolle.

Gütesiegel für reine Schurwolle

- wasserabweisend
- feuchtigkeitsabsorbierend
- geruchsmindernd
- wärmend
- atmungsaktiv
- schwer entflammbar
- dämpft Schwingungen
- schalldämpfend
- antistatisch
- rückfedernd
- dehnbar, aber formstabil
- beständig gegen Falten
- schmutzabweisend
- waschbar bei 40 °C, wenn entsprechend behandelt
- waschbar ohne Formverlust, wenn entsprechend behandelt
- Handwäsche, bei entsprechender Aufbereitung
- natürlich, nachhaltig, biologisch abbaubar

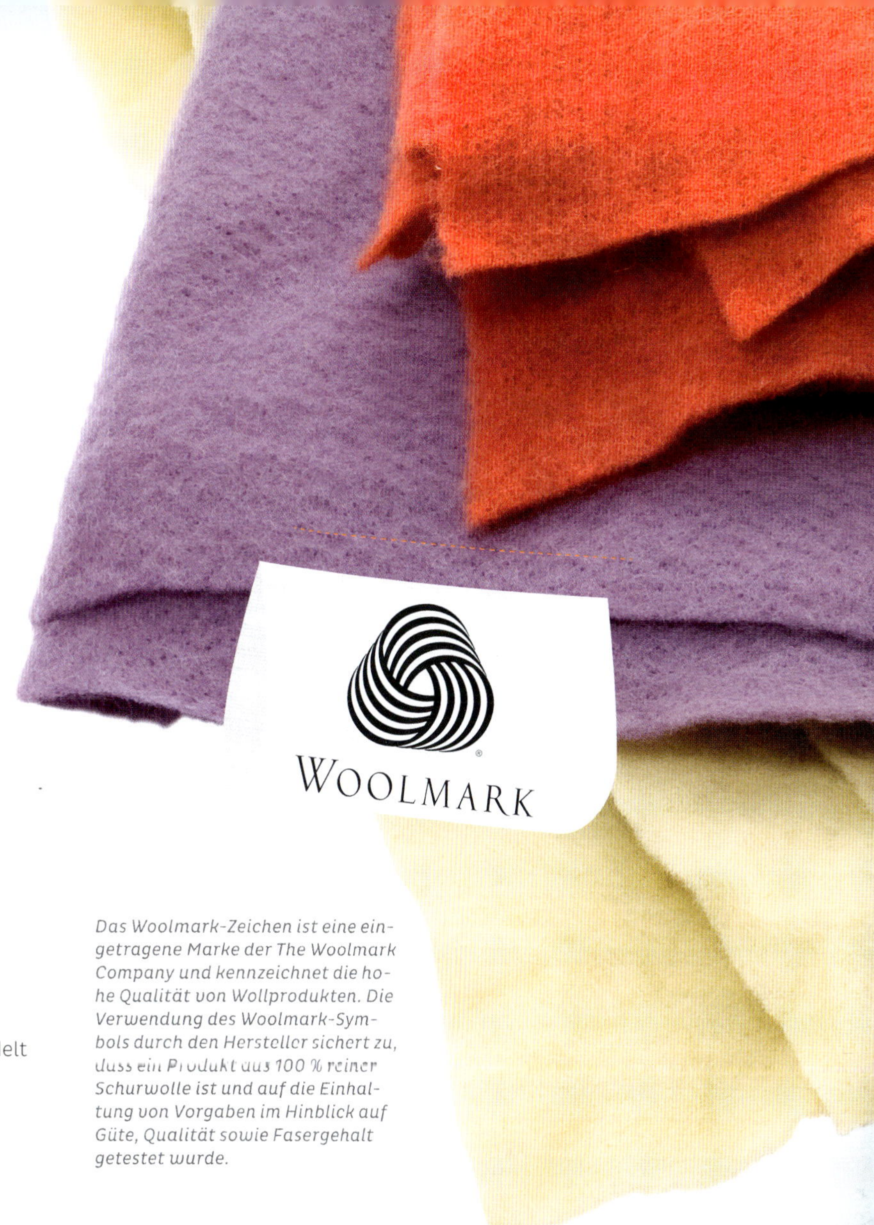

Das Woolmark-Zeichen ist eine eingetragene Marke der The Woolmark Company und kennzeichnet die hohe Qualität von Wollprodukten. Die Verwendung des Woolmark-Symbols durch den Hersteller sichert zu, dass ein Produkt aus 100 % reiner Schurwolle ist und auf die Einhaltung von Vorgaben im Hinblick auf Güte, Qualität sowie Fasergehalt getestet wurde.

Was der Volksmund sagt ...

AUS GROBER WOLLE WIRD NIE FEINES TUCH.

Wolle liegt sich zu Mist, Flachs zu Seide.

DIE WOLLE NEHMEN SAMT DER HAUT IST KEINER OBRIGKEIT ERLAUBT.

Eigene Wolle wärmt am besten. Gestohlene Wolle wärmt nicht lange.

Was Wolle trägt, wird geschoren.

Wer die Wolle schert vor Servatius, dem ist die Wolle lieber als das Schaf.

Die Wollhaartypen

Das „Fell“ des Wollschafes besteht aus verschiedenen Haar- beziehungsweise **Fasertypen**. Durch die Jahrtausende lange Züchtung des Schafes hat sich sein ursprüngliches Fell zu einem Vlies mit langen und je nach Schafrasse unterschiedlich feinen und gekräuselten Wollhaaren umgebildet, die Fellhaare fehlen fast vollständig. Die zum Filzen bevorzugten Fasern sind die Wollhaare.

Wollbezeichnungen

Außer nach der Faserstärke lässt sich die Wolle auch nach ihrer Gewinnung unterscheiden.

Schurwolle oder Schweißwolle
Wolle vom lebenden Tier.

Erstlingswolle oder Lammwolle
Wolle aus der ersten Schur nach sechs Monaten.

Jährlingswolle
Wolle von der ersten oder zweiten Schur nach zehn bis zwölf Monaten.

Haut-, Schlacht-, Schwitz- oder Mazamat-Wolle
Wolle, die nach dem Schlachten gewonnen wird; kann der Qualität der Schurwolle gleichgesetzt werden.

Sterblingswolle
Meist minderwertige Wolle von kranken und verendeten Schafen.

Kalk- oder Gerbwolle
Erheblich geschädigte Wolle, die nach dem Gerben durch längeren direkten Kontakt mit Alkalien gewonnen wurde.

Reißwolle
Wird aus bereits benutzten Textilien wiedergewonnen, „Recyclingwolle“.

Diese sind markfrei und besonders biegsam. Bei mischwolligen Schafen kommen zwischen den Wollhaaren allerdings des Öfteren dicke, teilweise markhaltige Grannenhaare vor. Generell sind markhaltige Haare in hochwertigen Wollen nicht erwünscht, da sie weniger geschmeidig sind und aufgrund von Lufteinschlüssen das Licht anders reflektieren.

Bei manchen Schafrassen enthält das Vlies einen Anteil an solchen anderen Haaren; das beeinträchtigt sowohl die Filzeigenschaft der Wolle als auch ihre Haltbarkeit. So enthält das Vlies asiatischer Mischwollschafe zum Beispiel Grannenhaare, welche die Wolle zwar gut filzend, gleichzeitig aber weniger widerstandsfähig machen. Denn bei Bewegung arbeiten sich die festeren Grannenhaare aus der Fläche heraus, weshalb diese nicht so strapazierfähig ist und leicht Löcher bekommt.

Wollhaare, auch Flaumhaare genannt, werden aus der dichten, sehr feinen, meist gekräuselten und dicht an der Haut wachsenden Unterwolle gebildet. Die markfreie Wollfaser ist biegsam, elastisch und kann bis zu 15 cm lang werden. Die Wollhaare sind, aufgrund der Anpassung an Temperaturschwankungen, im Winter zahlreicher als im Sommer.

Grannenhaare sind die Lang- oder Oberhaare, welche die Unterwolle bedecken. Sie sind fast glatt, fest, kaum gewellt und enthalten teilweise markhaltige Fasern. Sie werden bis zu 30 cm lang.

Die vereinzelt auftretenden **Stichelhaare**, auch Kurz- oder Borstenhaare genannt, sind kurze, spröde, markhaltige Fasern, die eine stützende Funktion haben. Besonders harte und lange Stichelhaare bilden die Mähne und den Schweif. Vereinzelt stehende Sinnes- oder Leithaare, wie sie am Mund oder an der Augenpartie auftreten, stellen einen besonderen Felltyp dar.

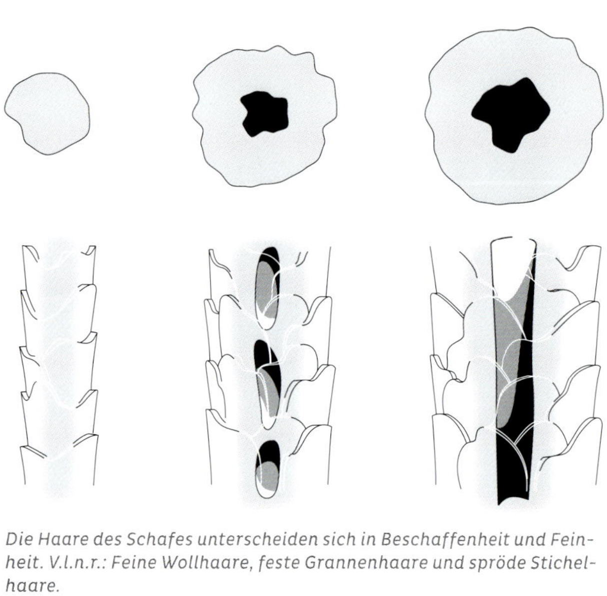

Die Haare des Schafes unterscheiden sich in Beschaffenheit und Feinheit. V.l.n.r.: Feine Wollhaare, feste Grannenhaare und spröde Stichelhaare.

Vom Schaf zur Wolle

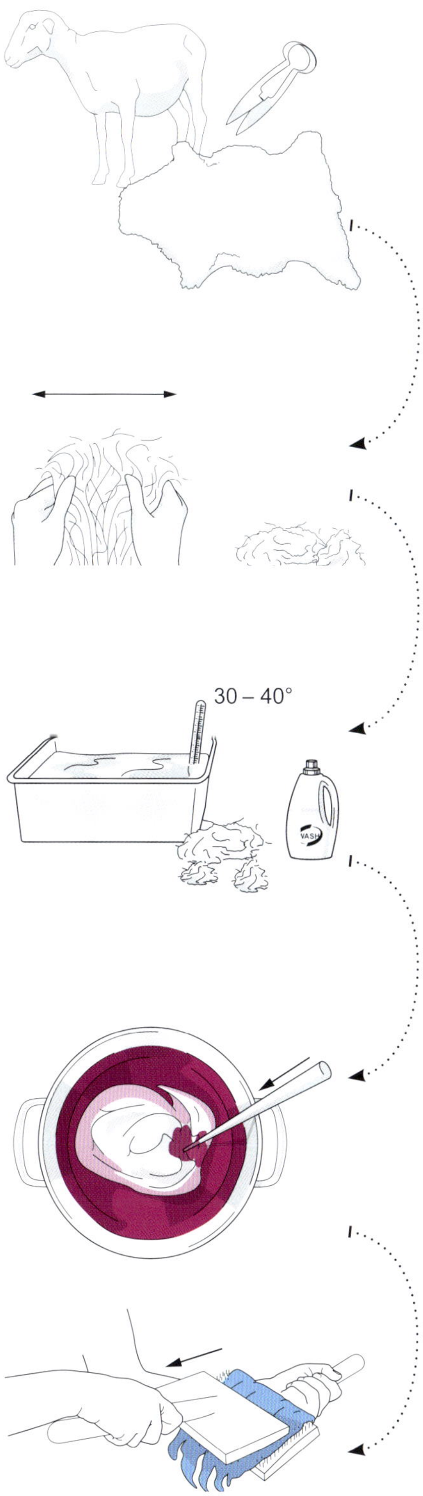

Ehe aus der Wolle des Schafes Wolle zum Filzen wird, braucht es einige Arbeitsschritte: Das Scheren des Schafes, das Sortieren der Wolle, das Waschen, das Färben, das Trocknen – und schließlich das Kardieren.

Ehe aus dem Fellkleid des Schafes Wolle zum Filzen wird, braucht es bestimmte Arbeitsschritte, die uns beim bloßen Einkaufen kommerziell aufbereiteter Wolle gar nicht mehr bewusst sind. Um ein tieferes Verständnis für die Wollgewinnung und den Umgang mit Wolle zu erlangen, lohnt es sich, einmal bei allen Arbeitsgängen dabei zu sein. Bis auf das Scheren des Tieres, das nur von Fachleuten ausgeführt werden sollte, können Sie alle Arbeitsschritte selbst ausprobieren. Alles, was Sie benötigen, ist ein Vlies vom Schaf. Beim Aufbereiten der Wolle gibt es viel zu entdecken: Während man die Wolle sortiert, lassen sich die unterschiedlichen Qualitäten des Wollvlieses gut erspüren. Beim Waschen und Färben begreift man rasch, warum die Wolle so wenig wie möglich bewegt werden soll, denn hier besteht die Gefahr, dass man sie schon vor dem eigentlichen Filzen verfilzt. Schließlich wird die Wolle getrocknet und mithilfe von Handkarden oder einer Kardiermaschine aufgelockert und gekämmt.

Eins: Scheren

Mit einer elektrischen Schermaschine dauert die Schur fünf bis zehn Minuten und erfordert je nach Tier und Technik 80 bis 150 Züge. Von ungeübter Hand können die Schafe bei der Schur leicht verletzt werden. Frisch geschorene Schafe sollten für einige Tage sowohl vor praller Sonne als auch vor Dauerregen geschützt werden. Je nach Witterung kann es ihnen bis zum Nachwachsen ihres Fells nämlich bitterkalt werden. Daher stammt auch der Begriff Schafskälte, ein Kälteeinbruch, der in Mitteleuropa regelmäßig um den 11. Juni auftritt. Zu dieser Zeit sind die Schafe schon geschoren worden, sodass sie dann besonders frieren und anfällig sind.

Auf Youtube (www.youtube.de) findet man unter den Suchbegriffen „Schaf scheren“ bzw. „shearing sheep“ zahlreiche Videoclips, die den Prozess des Scherens zeigen. Innerhalb der auf der Seite gegebenen Videoempfehlungen finden sich außerdem noch viele weitere interessante Beiträge zur Schafzucht und zur Wollverwendung.

Es lohnt sich, einmal bei einer Schafschur dabei zu sein! Ist die Außenseite des Vlieses durch Pflanzen, Staub und Einstreureste gelblich-grau gefärbt, kommt beim Scheren die saubere Innenseite zutage, der goldene Wollfetttröpfchen (Lanolin) einen elfenbeinfarbenen Schimmer verleihen. Das frisch geschorene Vlies ist noch warm von der Körperwärme des Schafs und aufgrund des hohen Lanolingehalts beinahe feucht. Auch die Hände und Unterarme des Scherers glänzen vom Wollfett.

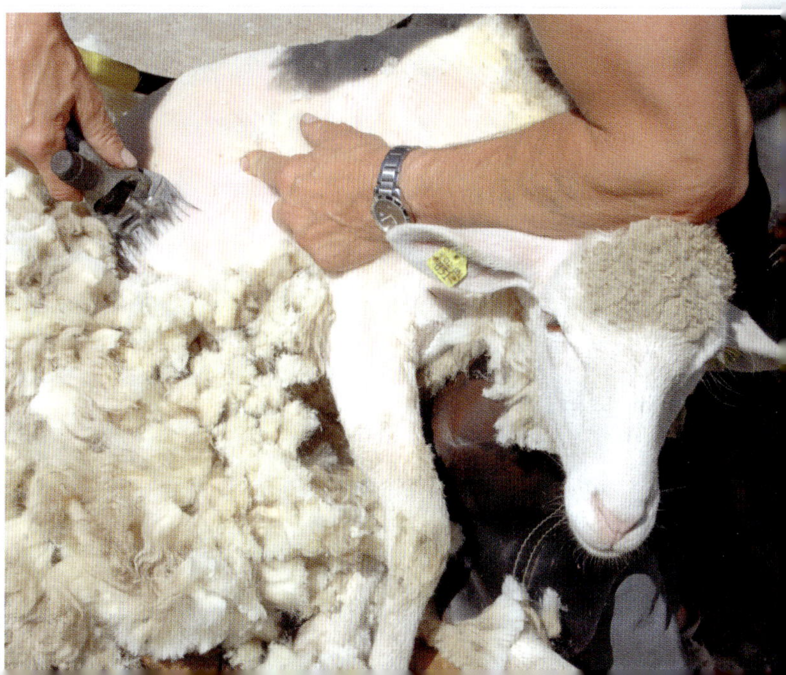

Im Detail: Das Wollvlies

Beim Scheren versucht der Schafscherer, das Vlies möglichst zusammenzuhalten. Die beste und gleichmäßigste Wolle kommt von den Schultern, den Flanken und den Halsseiten. Die Wolle von den Beinen, Backen und dem Schwanz wird gesondert in Stücken geschoren. Das Vlies macht ca. 80 Prozent des Schurgewichts aus, der Rest ist Abfallwolle (Locken, Leisten, Brandwolle).

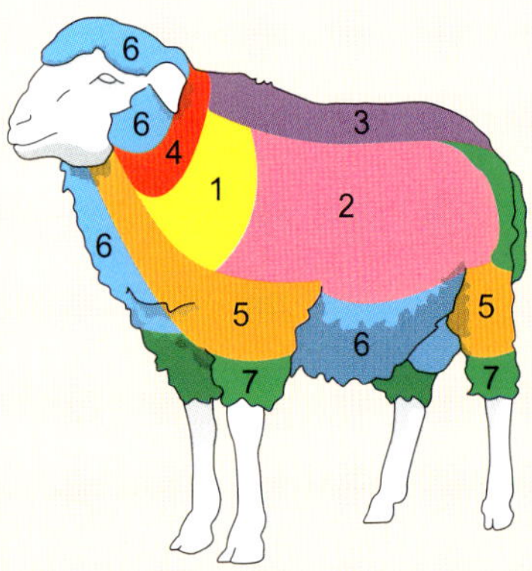

Die Ziffern bezeichnen die schrittweise Qualitätsabnahme der Wolle: Je höher die Zahl ist, desto geringer ist die Qualität.

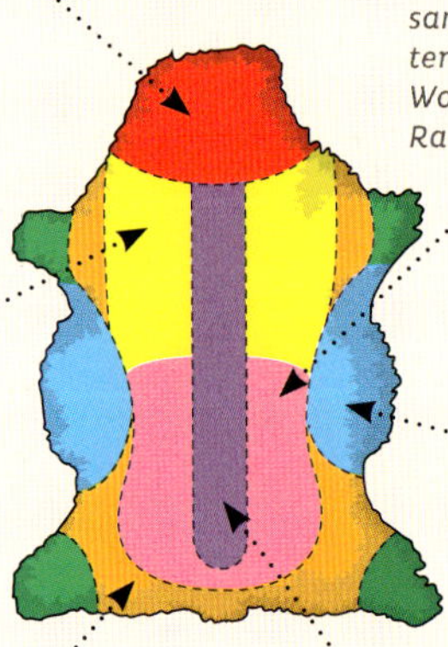

Zwei: Sortieren und Zupfen

Ab jetzt können Sie den Weg aktiv begleiten. Nach dem Motto „Die Guten ins Töpfchen, die Schlechten ins Kröpfchen ..." erfolgt das **Sortieren** und **Zupfen** der Wolle, am besten häufchenweise nach der Herkunft aus dem Vlies. Entfernen Sie besonders verschmutzte Stellen sowie verknotete und vergilbte Spitzen. Dann zupfen und ziehen Sie die Stapel (Büschel) seitlich, gegen die Faserrichtung, auseinander, sodass Gras, Heu, Stroh und andere Verunreinigungen herausfallen.

Drei: Waschen

Die Ansichten und die Traditionen gehen beim **Waschen** der Wolle auseinander. Manche meinen, das enthaltene Fett und der Schweiß des Schafes seien beim Filzen von Vorteil, da diese beim Auflösen in warmem Wasser Seife bilden, die das Verhaken der Fasern begünstigt. Diese Funktion erfüllt jedoch Seifenlauge ebenso. Gerade bei sehr unreiner Rohwolle kann der Schmutz sogar das Verbinden der Fasern verhindern. Durch das Waschen vermeiden Sie außerdem Schmutz auf den Karden und anderen Hilfsmitteln sowie in der Atemluft. Selbst wenn Rohwolle sauber scheint, sollte sie vor längerem Lagern (mehr als ein Jahr) gewaschen werden. Altes Wollfett macht das Material für das Kardieren zäh; außerdem kann die Wolle sich mit der Zeit verfärben. Zudem ist der Befall durch Motten bei gewaschener Wolle geringer, weil das Ungeziefer schmutzige Wolle bevorzugt.

Beim Waschen wird die Wolle in Portionen von nicht mehr als einem Kilogramm durch leichtes Drücken und Auseinanderziehen gereinigt. Ist sie besonders schmutzig, weichen Sie sie über Nacht ein. Nehmen Sie dazu weiches Regenwasser. Das ist bestens dafür geeignet und außerdem gut für die Umwelt, da Sie kein Trinkwasser verbrauchen.

Ist das Wasser nach dem Waschen sehr schmutzig, den Vorgang wiederholen. Die Wolle nach dem Einweichen gut abtropfen lassen. Wenn sie danach kardiert werden soll, die Wolle trocknen lassen und durch Zupfen auflockern.

Nach dem Waschen hat die Wolle ihren etwas strengen „Naturgeruch" verloren.

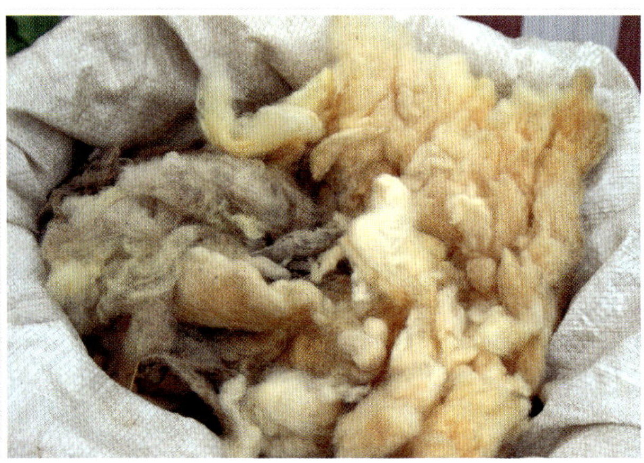

Rohwolle sollte man vor dem Filzen waschen.

Vier: Färben

Die natürlichen Farben der Wolle reichen von lichtem Weiß über Wollweiß, Braun- und Grautöne bis hin zu Schwarz. Wer etwas Abwechslung in die Farbpalette bringen möchte, kann die Wolle mit Pflanzen- oder chemischen Farben **färben**. Zwar lassen sich auch mit industriell gefärbten Fasern die gewünschten Farbtöne und Schattierungen erzielen, doch können Sie mit den nötigen Kenntnissen über das Färben die gesamte erforderliche Farbpalette selbst herstellen. Die Farbschattierung variiert je nach Struktur, Grundfarbe und Aufnahmefähigkeit der Faser. Alle Stadien von Wolle können gefärbt werden: die Rohwolle, das Wollvlies bzw. der Kammzug, der Filz und die fertigen Objekte.

Beim Färben mit Pflanzenfarben bekommen Sie einen Einblick in das Naturgeschehen. Sie können den Jahreskreislauf beim Sammeln der Materialien verfolgen und Ihre Kenntnisse über einzelne Farben vertiefen. Häufig bleiben diese dem Auge zunächst verborgen. So ergibt manch strahlend rote Blüte nur ein schwaches Rosa, wohingegen Wurzeln wie Krappwurzel oder Rotholz für leuchtende Töne sorgen. Gelbe Färbestoffe sind in vielen Pflanzen erhalten, weshalb die Palette an Gelbtönen nahezu unerschöpflich ist. Die einzige europäische Pflanze, die Blau färbt, ist der Färberwaid, für ein kräftiges Blau wird jedoch die indische Indigopflanze gewählt. Mit den drei Grundfarben Rot, Blau und Gelb kann man durch Mischen der Naturstoffe eine Vielzahl unterschiedlicher Farbtöne erzielen. Schurwolle nimmt Farbstoffe sehr gut an. Damit diese aber tief in die Wollfasern eindringen, muss die Wolle gebeizt werden, zum Beispiel mit Kalialaun oder Weinsäure, bevor sie im Farbsud gefärbt wird.

Hinweis: Mit Pflanzenfarben gefärbte Wolle lässt sich unter Umständen schwieriger nass filzen als ungefärbte oder chemisch gefärbte Filzwolle. Sie wird beim Färben meist stark erhitzt, wodurch ein Teil des Filzprozesses bereits erfolgen kann. Zum Nadelfilzen ist mit Pflanzenfarbe gefärbte Wolle hingegen sehr gut geeignet. Einige Rezepte für das Färben mit Pflanzen erhalten Sie unter Tipps und Tricks ab Seite 167.

Einfaches chemisches Färben gelingt mit Säurefarbstoffen, das sind giftfreie und für Menschen unbedenkliche Pigmente. Nicht geeignet zum Färben von Wolle sind Batikfarben, sie sind stark alkalisch und zerstören das Material. Nur bedingt empfehlenswert sind Farben für alle Textilarten – aufgrund ihrer geringen Haltbarkeit. Säurefarben hingegen bieten eine hohe Licht- und Waschbeständigkeit. Sie sind auch zum Drucken und zum Bemalen von Seide einsetzbar und halten, nicht gemischt, mehrere Jahre.

Wichtig beim Färben ist, dass die Wolle nicht mehr als nötig bewegt wird, denn sie verfilzt nicht durch Wärme allein, sondern durch die Kombination aus Wärme, Feuchtigkeit und Reibung. Durch das Verwenden eines Dampftopfes lässt sich die Bewegung auf ein Minimum reduzieren.

Wolle waschen

Sie brauchen:

› gezupfte Wolle vom Schafvlies › großes Gefäß/Wanne › reichlich Wasser › Thermometer › Kernseife oder Flüssigwaschmittel › Fliegengitter/Moskitonetz › Waage mit Grammeinteilung › klarer Essig

① Bad vorbereiten

Leicht verschmutzte Wolle können Sie ohne Waschzusatz waschen. Bei stärker verschmutzter Wolle oder solcher, die gefärbt werden soll, Kernseife oder etwas Flüssigwaschmittel zugeben. Für 1 kg Wolle benötigt man etwa 100 g Kernseife (geraspelt und in heißem Wasser aufgelöst) oder einen Esslöffel Waschmittel. Etwa 30–40 °C warmes Wasser in eine Waschwanne geben und den Waschzusatz hinzufügen. Das Gefäß muss groß genug sein, damit die Wolle darin schwimmen kann. Geben Sie immer die Wolle ins Wasser und nicht das Wasser auf die trockene Wolle.

② Einweichen und Waschen

Die Wolle ca. 10 bis 20 Minuten einweichen, damit sich Verschmutzungen lösen können. Die Einwirkzeit nicht zu lange ausdehnen, weil das Wollfett in kühlem Wasser wieder erhärtet. Dann die Wolle durch leichtes Herunterdrücken und Auseinanderziehen sanft waschen. Das Wasser ablaufen lassen (gegen Verstopfung von Abflussrohren durch Wollfasern helfen Auffangsiebe für Abflüsse). War die Wolle sehr schmutzig, den Vorgang noch einmal wiederholen.

③ Spülen

Die Wolle anschließend mehrmals mit frischem, klarem, etwa 30–40 °C warmem Wasser spülen. Die Wolle jeweils 20 Minuten im Wasser ruhen lassen. Nicht mit kaltem Wasser „abschrecken“, dabei verliert Wolle ihren Glanz. Dem letzten Spülgang etwas Essig zusetzen, um vorhandenes Alkali zu neutralisieren.

④ Trocknen

Die Wolle anschließend wie auf Seite 35 beschrieben trocknen. Vor dem Färben oder Kardieren wird sie noch einmal durch Zupfen aufgelockert.

Wolle färben

Sie brauchen:

› gewaschene Wolle › Farbpulver › Flüssigwaschmittel › klarer Essig › warmes Wasser › Gummihandschuhe › Waage mit Grammeinteilung › Messbecher mit Millilitereinteilung › Glasstab zum Umrühren › große Wanne zum Waschen der Wolle › großer Topf (10 l, kein Aluminium oder Gusseisen) › Messbecher › Backpulver

① Wolle einweichen

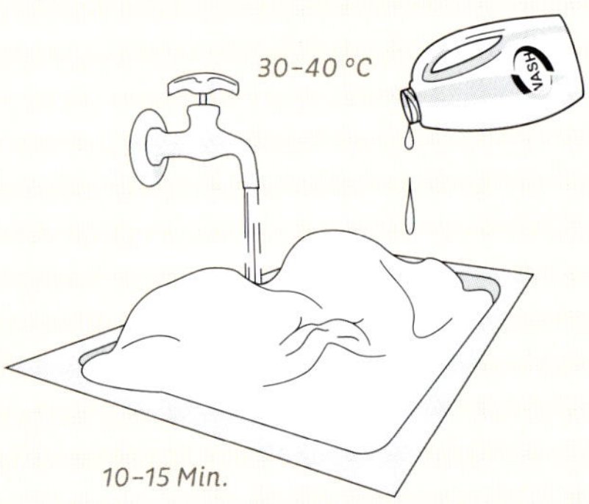

Zur Vorbereitung die Wolle etwa 10–15 Minuten lang in warmem Wasser einweichen, dem ein viertel Teelöffel Flüssigwaschmittel zugefügt wurde (siehe → Wolle waschen).

② Farblösung anrühren

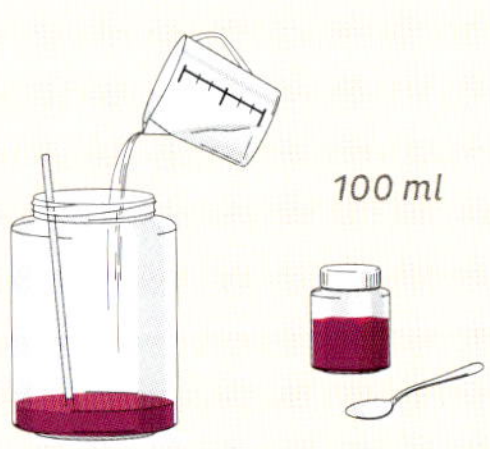

Für einen kräftigen Farbton: Pro 100 g Wolle benötigt man etwa 1 g Farbpulver (ca. 1 gestrichener Teelöffel). Geben Sie das Farbpulver in den Messbecher und rühren Sie es mit etwa 30 ml heißem Wasser mit dem Glasstab an, bis das Pulver und evtl. vorhandene Klümpchen vollständig aufgelöst sind. Den Messbecher dann vorsichtig auf 100 ml auffüllen.

③ Wolle ausdrücken

Die Wolle sanft ausdrücken. Sie sollte feucht, aber nicht nass sein.

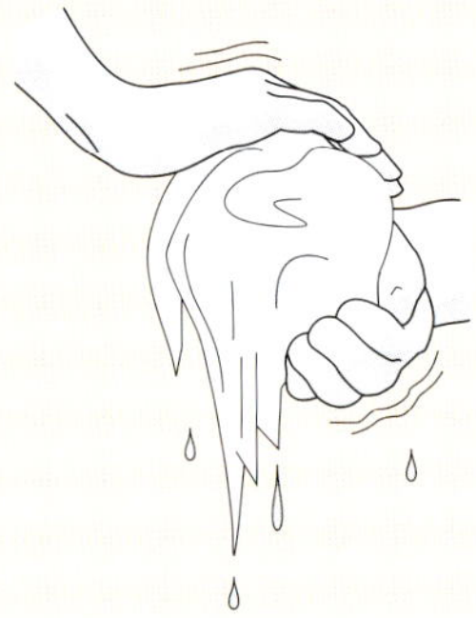

④ Farbbad vorbereiten

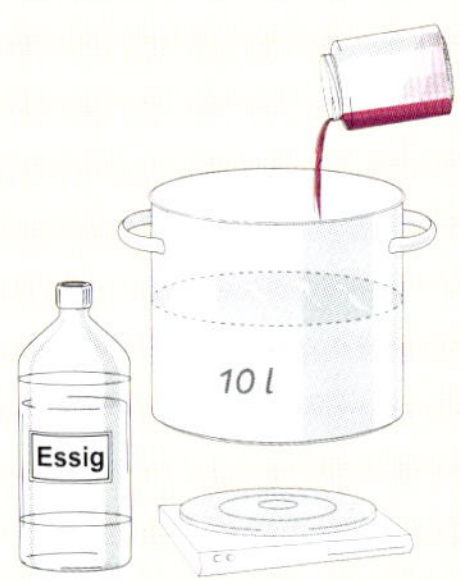

Geben Sie ausreichend Wasser in den Topf, damit die Wolle später ganz davon bedeckt ist. Die Farblösung und pro Liter Wasser einen Esslöffel klarer Essig in das Wasser geben und gut umrühren.

⑤ Wolle ins Farbbad geben

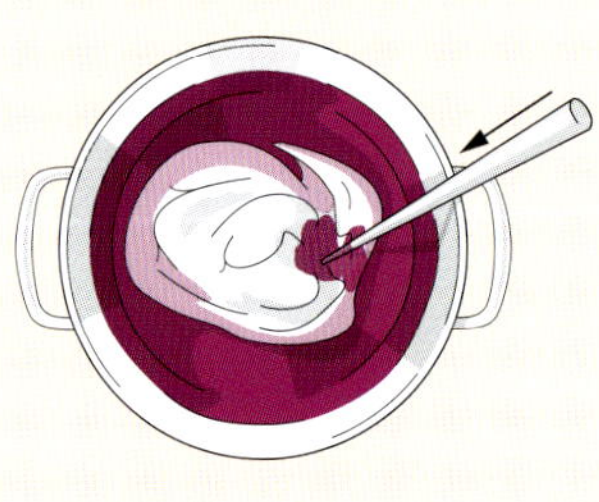

Erst dann die Wolle in das Farbbad geben; vorsichtig in das Wasser drücken, nicht umrühren.

⑥ Färben

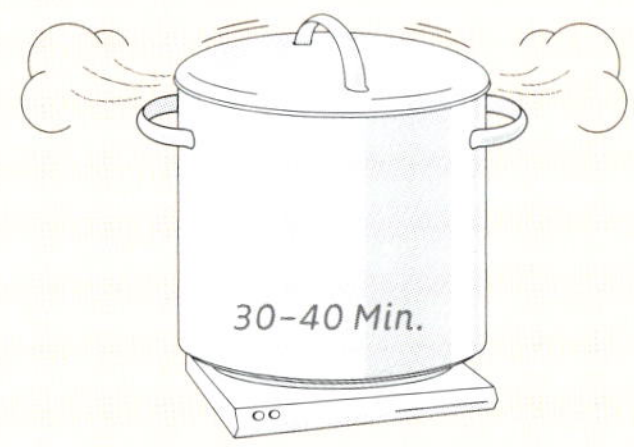

Das Farbbad langsam zum Kochen bringen. Die Wolle bei mittlerer Hitze etwa 30–40 Minuten kochen lassen, dabei ab und zu vorsichtig umrühren, damit die Färbung gleichmäßig wird. Danach einige Tropfen Essig ins Farbbad geben. Das Farbbad abkühlen lassen, die Wolle herausnehmen und mit warmem, klarem Wasser ausspülen.

⑦ Nachbehandlung

Lassen Sie die Wolle dann weiter abkühlen und spülen Sie sie mit lauwarmem Wasser noch einmal nach, bis das Wasser klar bleibt.

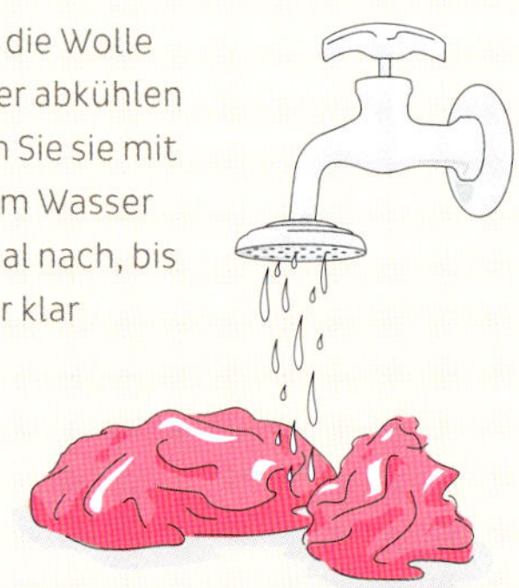

⑧ Trocknen

Das überschüssige Wasser aus der Wolle drücken und anschließend die Wolle trocknen. Ehe das Farbbad weggeschüttet wird, 1 bis 2 Teelöffel Backpulver hinzugeben, um die Säure zu neutralisieren.

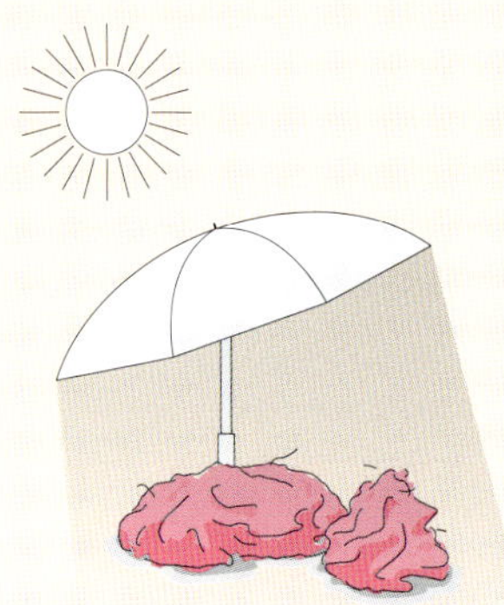

Variante Regenbogen-Färbung

Legen Sie hitzebeständige Frischhaltefolie faltenfrei auf dem abgedeckten Arbeitsplatz aus und fixieren Sie sie an den Schmalseiten mit etwas Klebeband. Die feuchte Wolle darauf flach ausbreiten (ohne darüber zu streichen, Verfilzungsgefahr). An den Außenkanten ein paar Zentimeter Folie unbedeckt lassen. Die bunten Farblösungen partienweise im gewünschten Abstand mit einer Spritze auftragen. Beachten Sie dabei, dass sich die Farben stellenweise überlagern und vermischen können. Aus manchen Farben, wie Rot und Blau, Orange und Grün oder Lila und Gelb entsteht dabei Braun, aus sehr dunklen Farben Schwarz.

Nun die Klebebänder entfernen, die Ränder der Folie nach innen einschlagen (damit beim späteren Zusammenrollen keine Farbe herausgedrückt wird) und die Wolle samt Folie aufrollen. So wird die Wolle in ein Wasserbad in den Kochtopf gegeben. Nach dem Färben entrollen und die Wolle wie ab Schritt 6 (links) beschrieben weiter behandeln.

Hinweis: Um eine Verschmutzung oder Verfärbung des Arbeitsbereiches zu vermeiden, sollte die Arbeitsfläche mit Zeitungspapier oder Plastikfolie abgedeckt werden. Eine Schürze oder Arbeitskleidung ist ebenfalls empfehlenswert. Zum Schutz Ihrer Gesundheit sollten Sie die Färbeutensilien nicht mehr im Haushalt verwenden. Sorgen Sie während des Färbens für eine gute Durchlüftung des Raumes und vermeiden Sie das Einatmen der Dämpfe. Bewahren Sie die Färbemittel außerdem in eindeutig beschrifteten Behältern kühl und trocken auf und stellen Sie sicher, dass sie außerhalb der Reichweite von Kindern sind.

Fünf: Trocknen

Nach dem Waschen oder Färben muss die Wolle getrocknet werden. Zum **Trocknen** die Wolle zuerst gut abtropfen lassen und anschließend das überschüssige Wasser sanft herausdrücken. Schütteln Sie die Wollbüschel luftig aus und lagern Sie sie an einem trockenen Ort. Legen Sie sie dazu auf Zeitungspapier oder auf einen Wäscheständer. Alternativ können Sie sie in Drahtkörbe oder Netze geben. Während der warmen Jahreszeit können Sie die Wolle im Halbschatten im Freien trocknen. Legen Sie sie aber nicht in die pralle Sonne, weil dort die Fasern durch die Bildung von Wasserstoffperoxyd spröde werden können.

Hinweis: Schneller geht es, wenn Sie die Wolle nach dem Ausdrücken in einen Kopfkissenbezug einknöpfen und in einer Waschmaschine oder einer Wäscheschleuder (nicht im Wäschetrockner, darin verfilzt sie!) einige Sekunden schleudern. Dann die Wolle wie beschrieben zum Trocknen auslegen.

Sechs: Kardieren

Der letzte Schritt auf dem Weg vom Vlies zur Wolle ist das **Kardieren** der Fasern. Eine ordentlich kardierte Wolle ist einerseits notwendig für einen gleichmäßig dünnen Filz und andererseits der Ausgangspunkt für Aufbereitungen wie Kardenband und Kammzug. Beim Kardieren werden die wirren, teilweise noch zusammenhängenden Wolllocken (Stapel) gelöst, miteinander vermischt, gereinigt und aufgelockert.

Der Begriff Kardieren kommt von der Kardendistel, die man ursprünglich zum Kämmen der Wolle verwendete. Den Vorgang nennt man auch Kardätschen oder Kratzen. Wird der Vorgang maschinell durchgeführt, spricht man von Krempeln.

Die Geräte, die zum Kardieren verwendet werden, sind mit kurzen gebogenen Häkchen besetzt, in denen sich die Wollhaare verfangen und voneinander lösen. Nach Möglichkeit sollte die Wolle beim Kardieren warm sein, da das Wollfett dann weich und das Material leichter zu bearbeiten ist. Sie können die Wolle zum Erwärmen in einem Korb vor die Heizung stellen. In der warmen Jahreszeit können Sie auch einfach draußen in der Sonne arbeiten.

Für größere Arbeiten (zum Beispiel für dünne Filze) werden immer Qualitätsmischungen kardiert. Das bedeutet sowohl, dass die Wolle von verschiedenen Teilen des Schafvlieses gemischt wird, wie auch, dass Wolle anderer Vliese eingemischt wird. Anderenfalls kann der fertige Filz Ränder bekommen, unterschiedlich schrumpfen oder schneller verschleißen. Sie können die verschiedenen Wollen auf Haufen sortieren und beim Kardieren dann von jedem Haufen etwas nehmen.

Das Kardieren mit Handkarden ist eine kontemplative Arbeit, die etwas Zeit in Anspruch nimmt. Diese Technik eignet sich für kleinere Mengen, bei denen man eine gleichmäßige Qualität wünscht. Bei größeren Mengen lohnt sich die Verwendung einer Kardiermaschine, die man bei Wollhändlern ausleihen kann, oder der Auftrag an einen Kardierbetrieb. Allgemein ist es schwer, durch eigenes Kardieren ein dünnes, gleichmäßiges Vlies zu erhalten. Wollen Sie dünne Filze anfertigen, ist es empfehlenswert, fertig kardierte Vliese in einem Kardierbetrieb zu kaufen.

Hinweis: Durch das Kardieren können auch verschiedenfarbige Fasern gemischt werden, wodurch schön melierte Wollvliese entstehen (→ melieren).

Kardieren

... mit Handkarden

Beim Kardieren mit Handkarden können kleine Mengen Wolle für das Filzen vorbereitet werden. Sie brauchen immer zwei leicht gebogene Karden, die mit ihren aufgesetzten Metallhaken wie große Drahtbürsten aussehen. Das Kardieren ist ein simpler Vorgang: Eine kleine Menge Wolle wird auf eine Karde gelegt, dann wird die andere aufgesetzt und anschließend beide in entgegengesetzter Richtung auseinandergezogen. Dies wird so oft wiederholt, bis es ganz mühelos geht.

Sie brauchen:

› 2 Handkarden › gewaschene und gezupfte Wolle

① Haltung

Am besten das linke Bein über das rechte schlagen, damit dieses beim Arbeiten mit den Karden nicht im Weg ist. Dann die erste Handkarde mit den Haken nach oben in die linke Hand nehmen und auf das linke Knie legen. Der Handgriff zeigt dabei vom Körper weg, die Finger liegen oben am Griff. Die zweite Karde liegt mit den Haken nach unten in der rechten Hand, wobei der Handrücken nach oben zeigt.
Allgemein gilt: Die Karden bleiben stets in der gleichen Hand und werden mit dem gleichen Handgriff gehalten. Zum Entleeren eines Kardierkammes wird dieser immer vom Körper weg ausgestrichen.

② Wolle auflegen

Die Wolle mit dem Wurzelende in Richtung des Handgriffs auf die linke Karde legen und etwas festdrücken, damit sie in den Stahlhäkchen der Karde hängen bleibt. Nicht zu viel Wolle nehmen, das macht das Kardieren langsamer und mühevoller, nicht schneller!

③ Kardieren beginnen

Nun die Vorderkante der rechten (oberen) Karde etwa in die Mitte des unteren Kammes setzen und einmal zu sich ziehen. Die Kämme nur so fest aufeinanderdrücken, dass die Stahlhäkchen die Wolle durchstreichen. Dabei die Karden parallel zueinander halten, sonst verhaken und ruinieren sich die Stahlhäkchen. Den oberen Kamm deshalb auch nicht zu tief ziehen oder verwinkeln. Auf dem oberen Karden bleibt nach dem ersten Zug etwas Wolle hängen.

④ Weitere Züge

Beim zweiten Zug die obere Karde etwas höher auf der unteren ansetzen, sodass die Mitte des unteren Kammes gegen den oberen arbeitet. Dann mit weichen, rhythmischen und bogenförmigen Zügen weiter kardieren. Nach vier bis fünf Zügen wird die Wolle gewendet. Effektiver als mehrmals zu ziehen ist übrigens, die Wolle häufiger zu wenden.

⑤ Ausrichten zum Wenden

Damit die Wolle von beiden Seiten gleichmäßig kardiert wird, übertragen Sie sie nun vom unteren (linken) auf den oberen (rechten) Kardierkamm. Dafür die rechte Karde umdrehen, sodass die Stahlhäkchen nach oben zeigen. Der Griff zeigt zum Körper. Die andere Karde vom Knie abheben und wenden, sodass die Häkchen nach unten zeigen, der Handgriff ist ebenfalls zum Körper gerichtet. Die Häkchen beider Kämme sind nun in die gleiche Richtung gewinkelt.

⑥ Wolle von links nach rechts wenden

Nun die linke Karde mit einem gewissen Druck von der Innenkante der rechten Karde nach außen schieben. Die Wolle bleibt dabei an der rechten Karde haften.

⑦ Kardieren fortsetzen

Die Karden wieder in Grundposition bringen und die Wolle abermals kardieren (siehe Schritt 3 und 4).

⑧ Wolle wenden vorbereiten

Danach die Wolle von der rechten Karde auf die linke wenden. Dafür die linke (obere) Karde wie die rechte (untere) ausrichten und mit der Griffkante an die Vorderkante der unteren ansetzen.

⑨ Wolle wenden

Die linke Karde zum Körper ziehen, dabei wechselt die Wolle auf die linke Karde.

⑩ Kardieren fortsetzen

Das Kardieren und wechselseitige Wenden der Wolle so lange fortsetzen, bis die Wolle zu einem feinen, gleichmäßigen Vlies geworden ist.

⑪ Wolle lösen

Zum Schluss entleeren Sie den oberen Kamm, wie vorher beschrieben, sodass die Wolle im unteren liegt. Dann ziehen Sie den oberen Kamm ganz leicht und ohne Druck zu sich, dabei bleibt das Vlies leicht in der oberen Karde hängen. Noch einmal ganz sanft zu sich ziehen, damit es sich löst und lose auf der unteren Karde zu liegen kommt. Von dieser kann es nun in Richtung der Stahlhäkchen abgehoben werden.

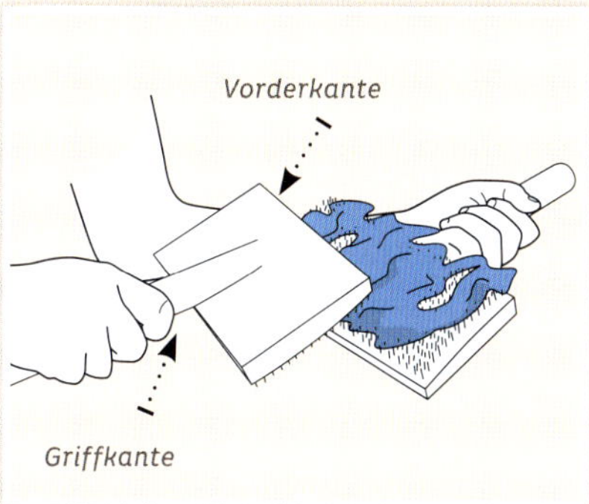

(2) Die Wolle auflegen.

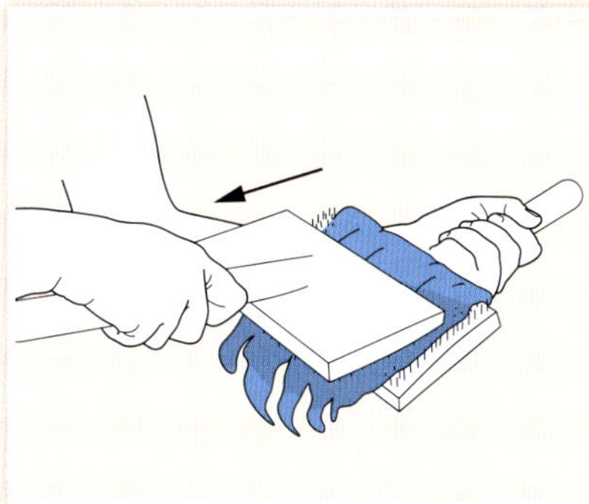

(3) Der erste sanfte Zug.

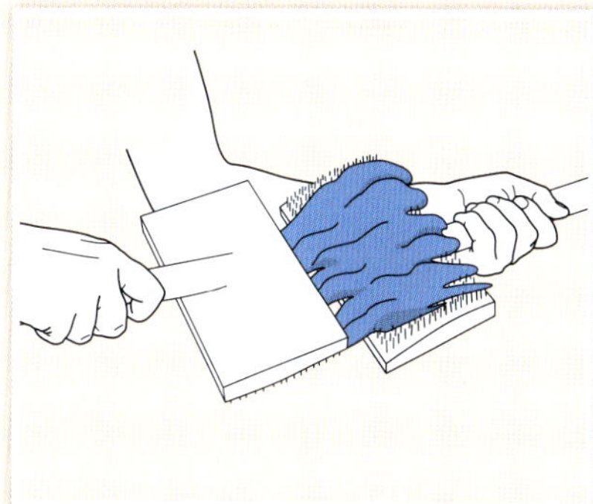

(4) In rhythmischen Zügen fortfahren.

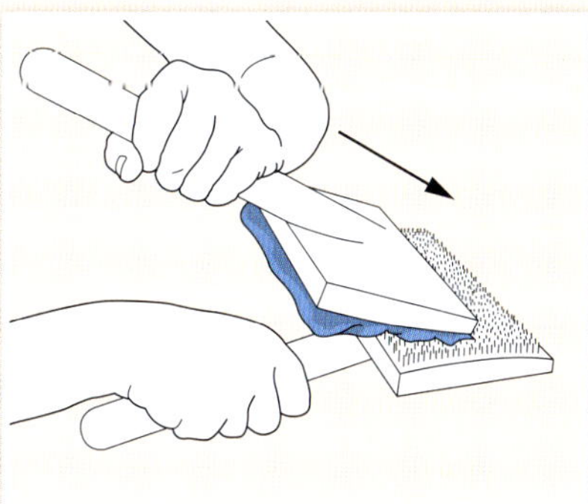

(5) Karden ausrichten zum Wenden der Wolle.

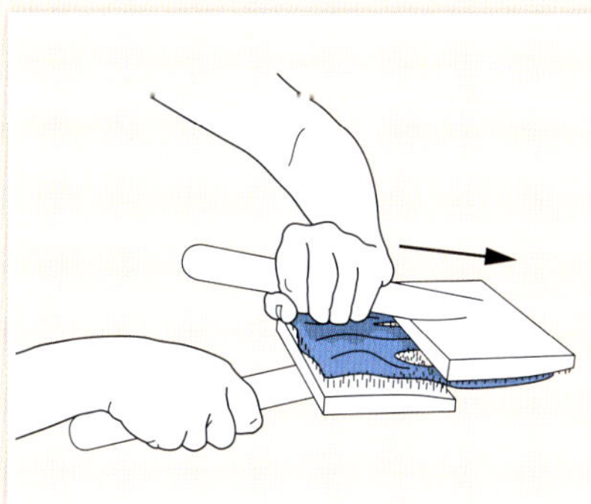

(6) Wolle wenden.

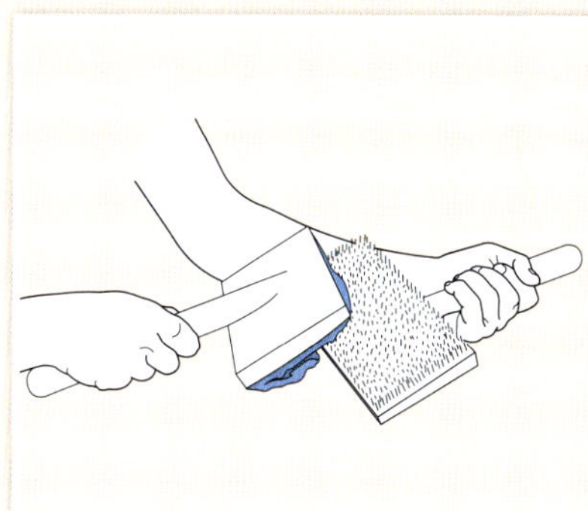

(7) Kardieren fortsetzen.

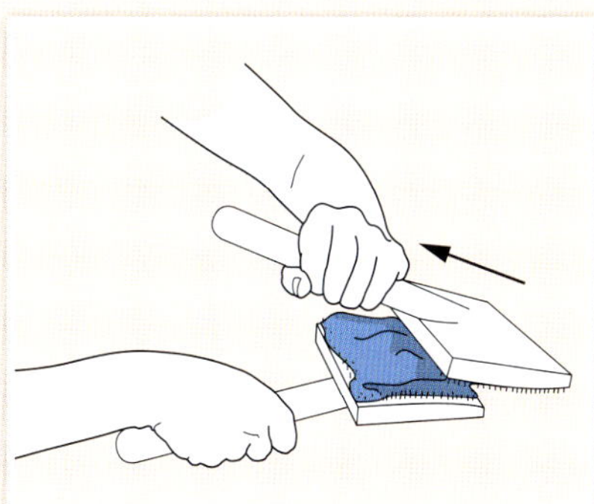

(8) Weiteres Wenden vorbereiten.

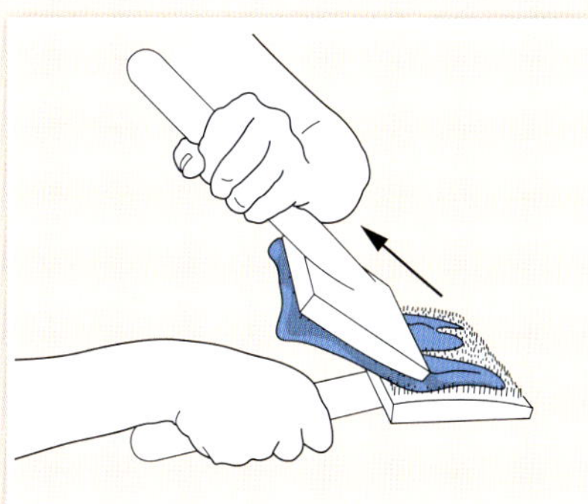

(9) Wolle abermals wenden.

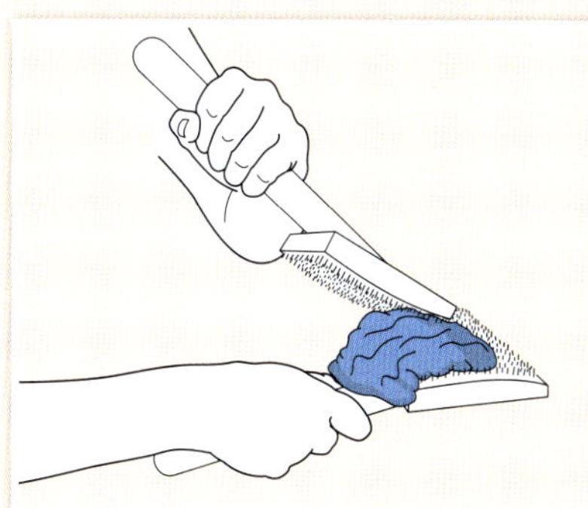

(11) Kardiertes Vlies ablösen.

... mit der Kardiermaschine

Das Kardieren mit einer Kardiermaschine geht deutlich schneller vonstatten als mit Handkarden. Hier arbeiten zwei mit Metallhäkchen besetzte Walzen gegeneinander. Achten Sie immer darauf, dass nicht zu viel Wolle angelegt und eingezogen wird, sonst verstopfen die Walzen. Sobald die große Walze voll ist, löst man das Vlies. Die meisten Wollen müssen zwei- oder mehrmals kardiert werden. Kardiert wird die Wolle, wenn sie von der kleinen Walze auf die große gelangt. Sobald sie auf dieser ist, erfolgt kein weiteres Kardieren mehr.

Sie brauchen:

› Kardiermaschine › gewaschene und gezupfte Wolle

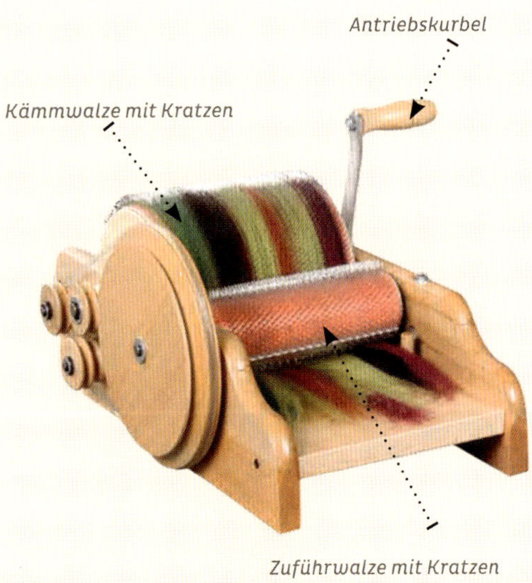

① Handhabung

Legen Sie eine handgroße Menge Wolle mit dem Wurzelende in Richtung des Handgriffs direkt vor die kleine Walze. Die Fasern mit der linken Hand zurückhalten und herunterdrücken, während Sie mit der rechten Hand kurbeln. Das ist nötig, damit nicht zu viele Fasern gleichzeitig unter die Walze gelangen und diese verstopfen. Halten Sie die Fasern aber wiederum auch nicht zu sehr fest, sonst wickeln sie sich nur um die kleine und gelangen nicht zur großen Walze.

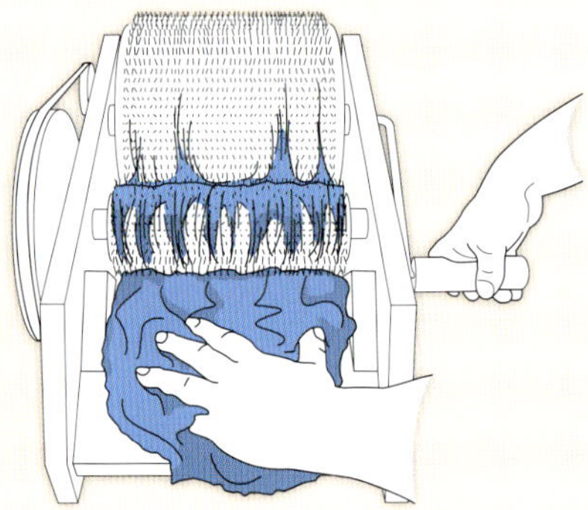

② Kardieren

Bei korrektem Druck werden die Fasern unter der kleinen Walze hindurch auf die große transportiert, nur wenige bleiben dabei auf der kleinen Walze hängen. Geben Sie nach und nach Wolle zu, bis eine ca. 1,5 cm dicke Schicht auf der großen Walze entstanden ist.

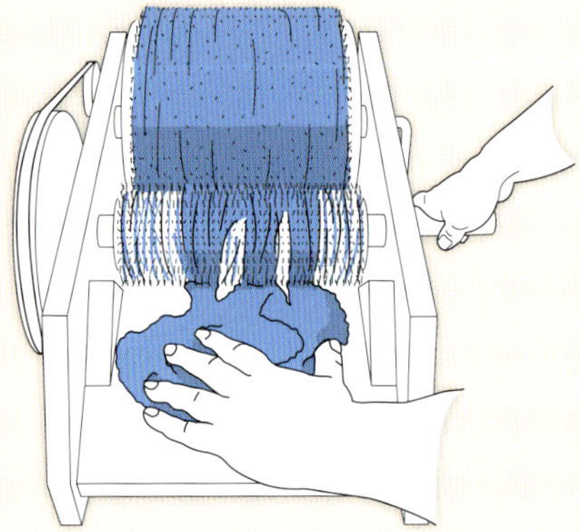

③ Vlies lösen

Sobald die große Walze voll ist, eine dünnere Stelle des Vlieses nach oben drehen. Unter diese waagrecht zur Walze ein festes Hölzchen oder eine Ahle schieben, die Wolle anheben und einreißen.

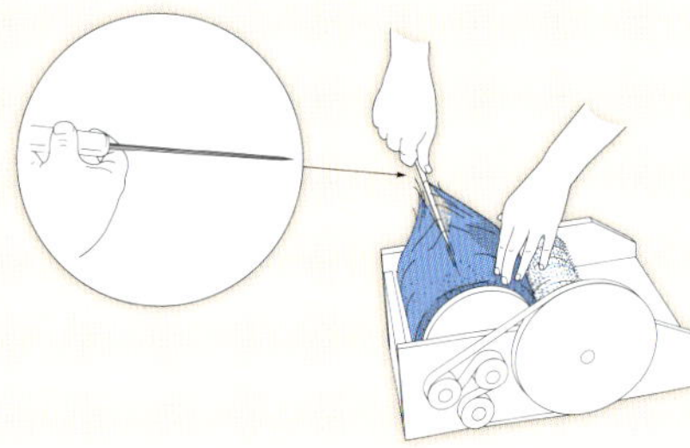

④ Vlies abheben, Sichttest

Das Vlies mit dem Hilfsmittel abheben, gegen das Licht halten und überprüfen, ob es gleichmäßig ist. Anderenfalls walzen Sie es ein weiteres Mal durch die Kardiermaschine. Dazu trennen Sie es vorher senkrecht in zwei Lagen. Die Lagen nacheinander durch die Kardiermaschine kurbeln. Wenn beide auf der großen Walze sind, das Vlies wieder lösen, prüfen und gegebenenfalls ein weiteres Mal kardieren.

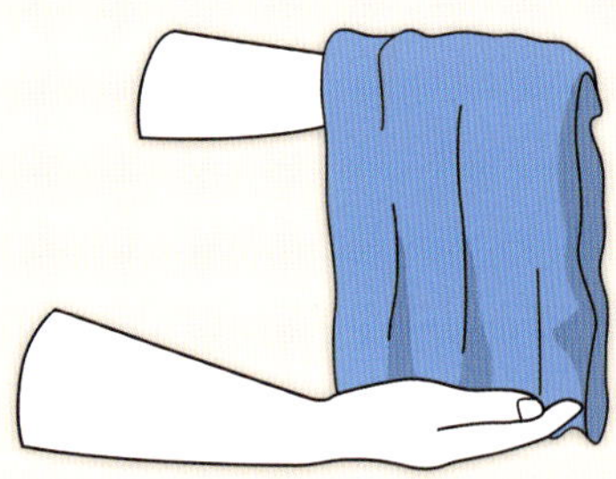

Die wichtigsten Schafrassen

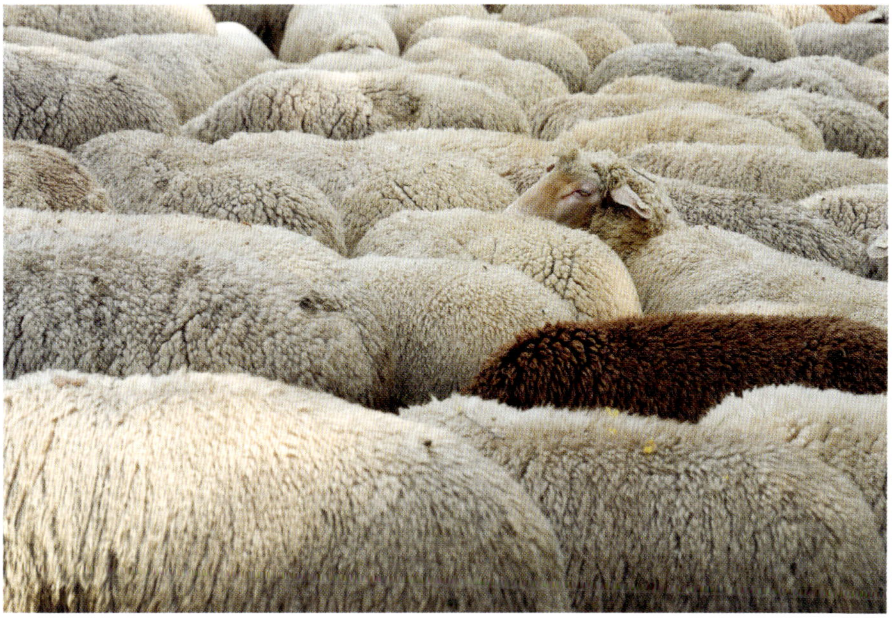

Schafe gelten als die ältesten Nutztiere des Menschen, bereits vor 10.000 Jahren begann man, das Wildschaf zu domestizieren. Als Urvater des europäischen Hausschafes gilt der Mufflon. Seit Anbeginn werden die Tiere selektiert, gekreuzt und nach bestimmten Kriterien gezüchtet. Weltweit gibt es heute über 200 verschiedene Schafrassen, in Deutschland werden etwa 15 Rassen gehalten. Entsprechend ihrer Nutzung werden die Schafrassen in verschiedene Gruppen unterteilt:

Landschafrassen

Landschafrassen zeichnen sich durch ihre gute Fruchtbarkeit und Widerstandsfähigkeit aus. Typische Vertreter dieser Rasse sind das Merinolandschaf, das Bentheimer Landschaf, das Coburger Fuchsschaf, die Heidschnucke, das Jakobsschaf und die Skudde. Zu den Landschafrassen zählen auch die Bergschafrassen wie Tiroler Bergschaf, Juraschaf, Weißes Alpenschaf und Walliser Schwarznase, welche besonders robust, sehr fruchtbar und alptauglich sind. Des Weiteren zählt man auch die sogenannten „gefährdeten Schafrassen" zu den Landschafrassen. Das sind Schafrassen, die durch ihre geringe Population vom Aussterben bedroht sind, wie das Rauwollige Pommersche Landschaf oder das Alpine Steinschaf.

Milchschafrassen

Sie zeichnen sich durch besonders hohe Milchleistung und eher geringe Bemuskelung aus. Wichtige Vertreter sind das Ostfriesische Milchschaf und das Lacaune Schaf. Die Wolle ist nicht zum Filzen geeignet.

Fleischschafrassen

Diese Rassen weisen eine besonders gut ausgeprägte Muskulatur auf. Man setzt sie vor allem zur Produktion von Qualitätslämmern als Kreuzungspartner mit den fruchtbaren Landschafrassen ein (Muttertier Landschafrasse – Vatertier Fleischschafrasse). Die wichtigsten Vertreter sind das Schwarzköpfige Fleischschaf, Suffolk und Texel. Die Wolle ist nicht oder nur bedingt zum Filzen geeignet.

Merinorassen

Unübertroffen, wenn es um bestens filzbare Wolle geht, sind Merinoschafe (dazu zählen auch Merinolandschafe).

Hinweis: Weiterführende Informationen und ausführliche Beschreibungen der verschiedenen Schafrassen finden Sie auf den Internetseiten der Schafzuchtverbände (siehe Seite 41).

Die richtige Filzwolle auswählen

Nicht jedes Tierhaar filzt gleich gut, vielmehr spielen eine vollwertige Ernährung des Tiers, Spurenelemente des Bodens sowie das Klima eine Rolle für die Qualität der Wolle. Je nach Herkunftsregion fällt deshalb die Wolle selbst gleicher Schafrassen unterschiedlich aus. Ein paar Faustregeln sind:

- Auf kargen Böden gedeihen kaum kräftige, dichte Pelze.
- In rauem Klima wird die Wolle gröber als in mildem Klima.
- In feuchten Regionen ist die Wolle gröber, länger und schwächer gekräuselt.
- Merinoschafe, die in trockenen Gegenden leben, geben eine sehr feine, sehr gut filzende Wolle.

Feinheitsgrad	übliche Bezeichnung	Faserdicke in Mikron (mic)	Faserlänge in Millimenter (mm)
AAA	(Merino) extrafein	bis 17 mic	60–70 mm
AA	(Merino) sehr fein	18–19 mic	80–100 mm
A	(Merino) fein	20–21 mic	80–100 mm
A/B	Merino gewöhnlich	22 mic	110–120 mm
B	sehr feine Crossbreds	23–24 mic	90–120 mm
C I	feine Crossbreds	25–26 mic	110–140 mm
C II	gute mittlere Crossbreds	27–28 mic	100–170 mm
D I	mittlere Crossbreds	29–30 mic	150–200 mm
D II	grobere Wollen	32–33 mic	150–250 mm
E I	grobe Wollen	34–35 mic	250–300 mm
E II	sehr grobe Wollen Cheviot Landrassen	36–40 mic	250–320 mm

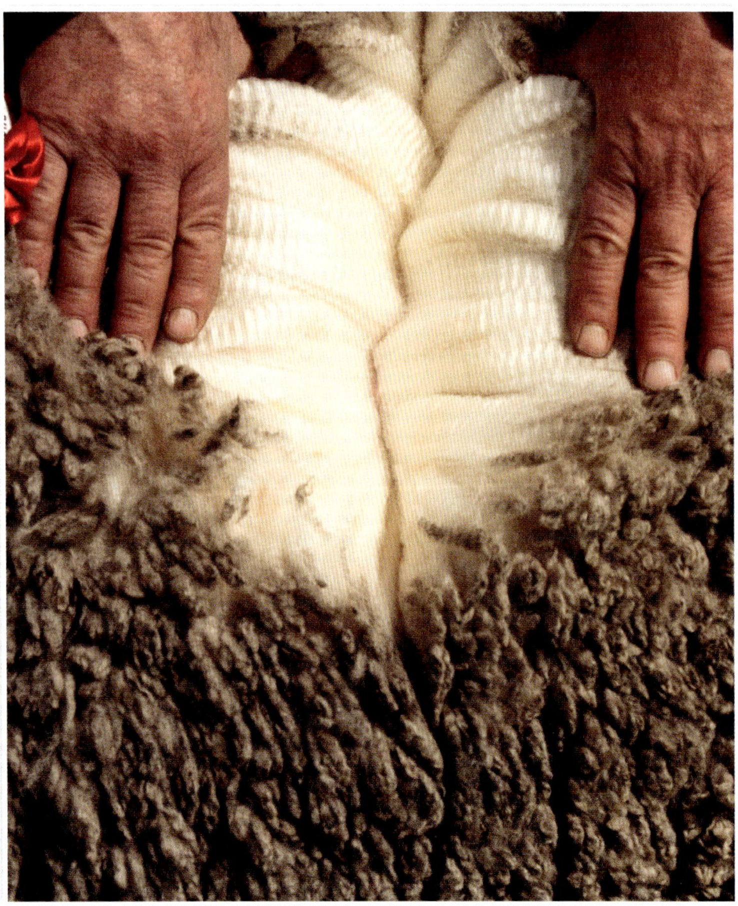

Hinweis: Die Tabelle gibt detaillierte Angaben zur Feinheit der Wolle je nach Wollqualität. Qualitätsübergreifend ist bei Händlern auch eine Einteilung in sechs Feinheitsgrade gebräuchlich: superfein (14–16 mic), extra fein (17–19 mic), sehr fein (20–23 mic), fein (24–28 mic), mittelfein (29–32 mic) und grob (32–36 mic).

Je feiner, desto hochwertiger

Die **Feinheit der Wolle** wird in Wollklassen unterteilt. Die Qualitätsangaben richten sich nach der Feinheit der Wollhaare, der Zahl der Kräuselbogen pro Zentimeter sowie der Haarlänge. Die Qualitätsstufe A ist die höchste Klasse, mit steigendem Buchstaben wird die Wolle gröber.

Die Faserdicke wird in Mikron angegeben. Ein **Mikron** (mic) ist ein Mikrometer (µm), also 0,001 mm. Die Einzelangaben, beispielsweise zur Faserdicke, sind unterschiedlich in den verschiedenen Ländern. Als Richtlinie können die in der Tabelle angeführten Feinheitsgrade dienen (nach Josef Lösch: Fachwörterbuch Textil).

Kurz und kraus filzt gut

Neben der Feinheit der Wolle sind **Faserlänge** und Kräuselung wichtige Kennzeichen. Allgemein sagt man:

- Je mehr Schuppen auf einer Faser sind und je krauser, feiner und elastischer diese ist, desto leichter entsteht eine zusammenhängende Fläche.
- Je kürzer die Faser ist, desto besser filzt sie.

Die „natürliche Länge" der Wolle ist die Stapelhöhe, also die Länge der gekräuselten Faser, die „wahre Länge" kann davon bei sehr gekräuselten Fasern stark abweichen. Die Kräuselung lässt sich bei handelsfertiger Wolle kaum beurteilen, weil die Wollfasern beim Kardieren und Kämmen gestreckt wurden. Im Filzprozess „erinnern" sich die Fasern jedoch wieder an ihre natürliche Lockung und kräuseln sich, was das Verbinden zu einem festen Faserverbund ermöglicht.

Watteartige Wolle filzt nicht

Auch der **Glanz** sagt etwas über die Wolle aus. Je feiner die Wolle ist, desto schwächer ist aufgrund der feineren Schuppenstruktur und/oder stärkeren Kräuselung ihr Glanz.

Ist die Wolle allerdings glanzlos und watteartig, fühlt sie sich zäh und schaumgummiartig an, dann stammt sie vom Fleischschaf, wie Texel, und ist nicht empfehlenswert. Auch die glatte Wolle von Eiderschaf und Milchschafen ist nicht empfehlenswert.

Gut hingegen ist Wolle, die glänzt, gekräuselt bis groblockig ist und deutliche, zusammenhaltende Stapel bildet.

Hinweis: Der Anteil von Fleischschafwolle im Filz macht ihn gebündelter und dicker, aber auch porös und durchlässig. Diese Wolle lässt sich schwer filzen, eignet sich aber gut als Stopfwolle, elastische Zwischenschicht oder Isolierung.

Des Weiteren spielt die Verwendung eine entscheidende Rolle, also, was Sie aus der Wolle anfertigen wollen. Ein Blick auf typische Filzarbeiten des Herkunftslandes des Materials kann Hinweise über dessen Eignung geben. So fertigen mongolische Nomaden aus grannenhaltigen Mischwollen vorwiegend Teppiche an; da diese keiner Bewegung ausgesetzt sind, arbeiten sich die festeren Grannenhaare nicht aus der Fläche heraus.

Nicht zuletzt unterscheidet sich die Wolle je nach Händler. Aus diesem und den oben genannten Gründen ist vor allem vor dem Nassfilzen immer eine → Filzprobe zu empfehlen, um die individuellen Eigenschaften Ihrer Wolle beim Filzen und Schrumpfen zu erfahren.

Augen auf beim Wollekauf

Damit Sie viel Freude mit Ihrer Wolle haben, sollten Sie – besonders beim Kauf von Rohwolle oder eines ganzen Wollvlieses – auf einige Fakten achten:

- Ist die Wolle vom Wollschaf?
- Erfolgte die Fütterung artgerecht?
- Stammt das Vlies vom lebenden Schaf?
- Wurde das Schaf gesäubert, bevor es geschoren wurde?
- Wurde das Schaf fachgerecht geschoren?
- Wurde die Wolle sortiert und richtig gelagert?

Adressen von seriösen Schäfern erhalten Sie bei Schäfervereinigungen und Schafzuchtverbänden.

Schafzuchtverbände

- Vereinigung Deutscher Landesschafzuchtverbände e.V. (VDL), www.schafe-sind-toll.com
- Österreichischer Bundesverband für Schafe und Ziegen, www.alpinetgheep.eu
- Schweizerischer Schafzuchtverband, www.caprovis.ch
- Gesellschaft zur Erhaltung alter und gefährdeter Haustierrassen e. V., www.g-e-h.de

Die Wollqualitäten

Durch Kreuzung der Schafrassen wurde ihr jahreszeitlicher Fellwechsel mit dünnem Sommer- und dickem Winterpelz unterbrochen und die Wolle immer feiner, dichter und länger. Die **Wollqualitäten** reichen heute von feinen Garnen für hochwertiges Tuch über Streichgarne für Loden und Tweed bis hin zu gröberen Materialien zur Anfertigung von Wandbehängen und Teppichen.

Diese Wollfasern bieten je nach Klima unterschiedliche Dicken, auch wenn sie von ein und demselben Schaf stammen. Trockene, warme Gebiete sind die Voraussetzung für feine Wolltypen, weshalb in Mitteleuropa nur mittlere Feinheiten von etwa 28 Mikron erreicht werden können. Allgemein ist Wolle zwischen 16 und 50 Mikron dick. Zum Vergleich: Ein menschliches Haar hat durchschnittlich 75 Mikron.

Unter dem Stichwort Wollqualitäten unterscheidet man in Feinwolle, Crossbred und Cheviot – oder, vereinfacht ausgedrückt: feine, mittlere und grobe Wolle. Zusätzlich kann noch nach Wolle von Langwoll-, Kurzwoll- und Haarschafen klassifiziert werden. Langwollschafe zeichnen sich durch einen Haarwuchs von 18 bis 40 cm aus. Zu ihnen zählen unter anderem das englische Leicester-Schaf (feinwollig) und das Lincoln-Schaf (grobwollig). Die Wolle von Kurzwollschafen ist unter 6 cm lang. Dazu zählt beispielsweise das Suffolk (Crossbred). Bei Haarschafen, wie dem afrikanischen Kamerunschaf, unterliegt das kurze Deckhaar einem vollständigen Haarwechsel. Diese Wolle ist jedoch für das Filzen ohne Bedeutung.

Feinwolle

Die Wolle des Merinoschafs ist die weichste unter den Schurwollen. Inzwischen stammt mehr als die Hälfte der weltweiten Schafpopulation von Merinoschafen ab oder ist eine Kreuzung von Merino.

Besonders feine Merinowolle kommt aus Australien. Während bei der europäischen Schafzucht die Verbesserung des Fleisches vorrangig war, konzentrierte sich die australische Zucht auf die Wolle; wohl auch, weil die australischen Siedler keine andere Wahl hatten, denn mit den alten Segelschiffen war ein Export von Fleisch undenkbar. So arbeitete man über die letzten 200 Jahre hinweg an der Verbesserung der Schafwolle, um immer mehr und immer feinere Wollfasern zu erhalten. Die australischen Merinowollfasern sind maximal 21 Mikron stark, eng gekräuselt („hochbogig") und dadurch sehr elastisch und kürzer als andere Fasern. Aus dieser hoch feinen Merinowolle entsteht feiner Filz, der nicht kratzt und sehr gut isoliert. Merinowolle ist besonders gut geeignet für alles, was mit der Haut in Kontakt kommt, wie für Kleidung, Schmuck, Kissen und Decken.

Zum Feinwollbereich zählen auch die englischen Langwollschafzüchtungen Romney und Leicester. Langwollschafe sind bestens angepasst an Kälte und Regen. Sie stammen meist aus England, Schottland oder Neuseeland. Ihr Vlies ist auch bei Handspinnern sehr populär.

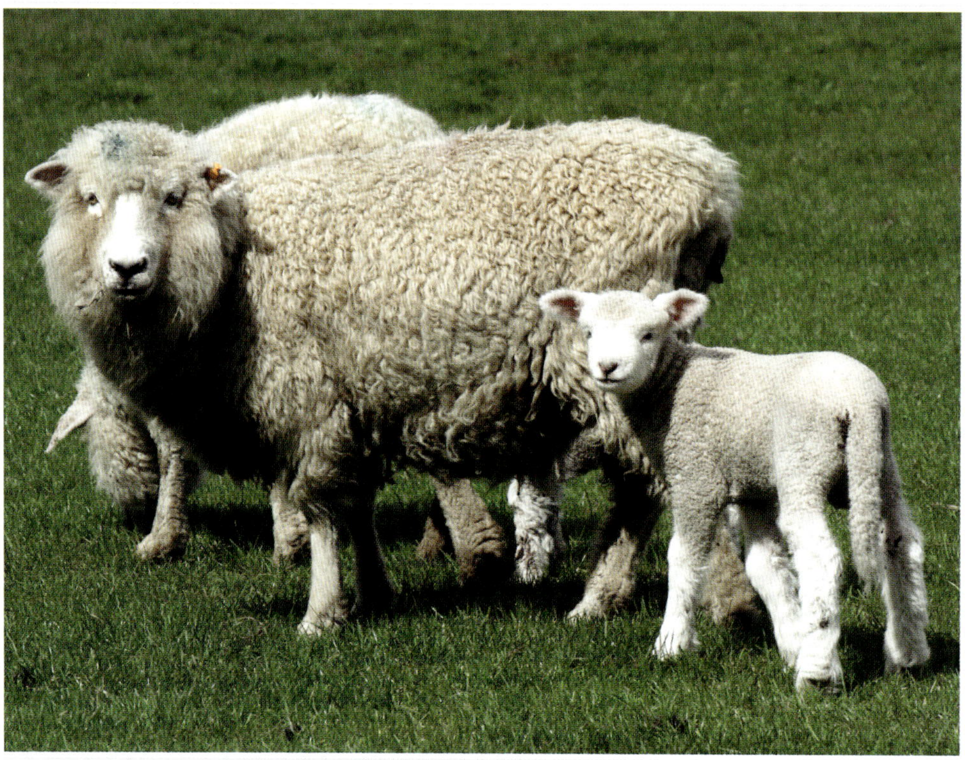

Feinwollschafe wie Merinos geben die delikateste Wolle.

Crossbred

Als Crossbre(e)d (auch **Schlichwolle**) wird die mittelfeine Wolle aus Kreuzzucht-Schafrassen bezeichnet. Feine Crossbred-Wollen sind 23 bis 26 Mikron, mittlere 27 bis 30 Mikron und grobe über 30 Mikron stark.

Crossbred ist die Zusammensetzung aus den englischen Wörtern für „Kreuzung" (cross) und „züchten" (breed). Zu dieser Gruppe gehören neben Wollschafen wie Lincoln und Corriedale auch Schafe, die wegen ihres Fleisches und der Milch gehalten werden, wie Texel- und Eiderschaf oder das englische Suffolk.

Die Wolle hat nur spurenweise markhaltiges Oberhaar, ansonsten markfreies Unterhaar und dämmt relativ gut.

Cheviot

Unter Cheviot (auch **Mischwolle**) ist Wolle von grobwolligen Schafen, deren mittlerer Faserdurchschnitt im Allgemeinen mehr als 36 Mikron beträgt, zusammengefasst. In die Gruppe gehören beispielsweise die Heidschnucke oder das aus Persien stammende Karakul.

Mischwolle enthält längeres markhaltiges Oberhaar und reichlich markfreies Unterhaar. Der Anteil an Grannenhaar kann die Wolle, wenn sie durch Bewegung strapaziert wird, brüchig machen. Diese Wolle ist lang, wenig gekräuselt („flachbogig") und grob; weshalb sie das Gefühl des Kratzens hervorrufen kann. Durch ihre Struktur dämmt sie Wärme weniger als die anderen Sorten.

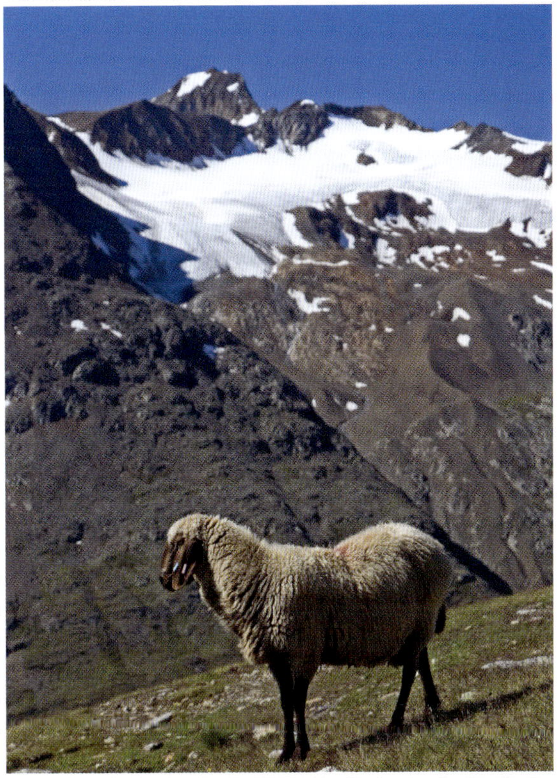

Die Wolle von Kreuzzuchten wird Crossbred genannt (im Bild ein Schweizer Bergschaf).

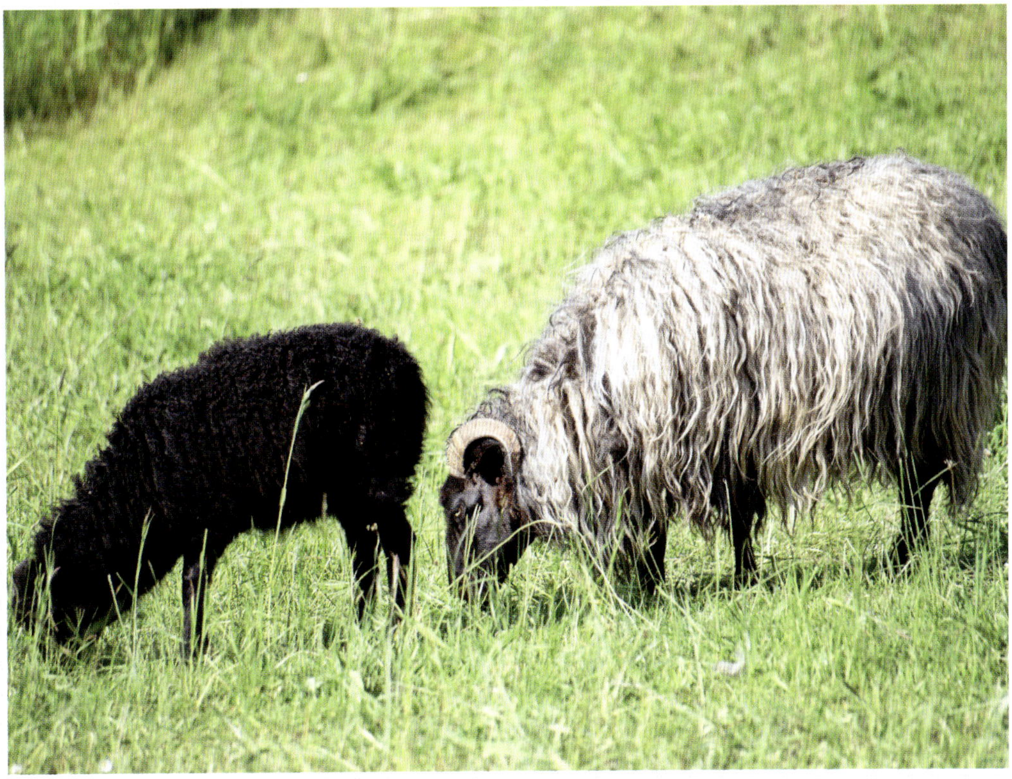

Die Qualität der Schafwolle hängt außer von der Rasse unter anderem auch von der Ernährung und dem Klima ab, in dem das Schaf lebt.

Cheviots wie die Heidschnucke geben grobe Wolle.

Auf einen Blick:

	Merino	Merinolandschaf	Bergschaf	Alpenschaf
Typ			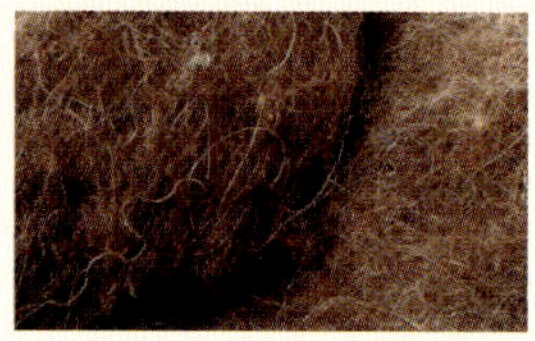	
Herkunft	Australien auch Neuseeland, Südafrika, Südamerika	Deutschland	Alpenraum/Österreich	Alpenraum/Schweiz
Eigenschaften	› filzt am schnellsten, beliebteste Wolle im Handfilzen › gibt äußerst feine, weiche, fließende Filze mit sehr glatter Oberfläche › Australier haben die feinste, geschmeidigste Qualität (ab 14 Mikron), gewöhnliche Merino-Qualität hat 22 Mikron › Wollen aus Südafrika, Neuseeland und Südamerika sind weniger fein und z.T. stumpfer, Einsatz v.a. für Objekte (nicht für Bekleidung)	› aus der Kreuzung spanischer Merino- und deutscher Landschafe entstanden, 26–28 Mikron › gut filzende einheimische Wolle, Verarbeitung dauert etwas länger	› feste und robuste Wollsorten, 32–36 Mikron › gut filzend und formstabil › schöne Sortierungen von cognacfarbener bis brauner Wolle vom Braunen Bergschaf; weiße Wolle vom Tiroler Steinschaf	› verbreiteteste Sorte in der Schweiz › gut filzend beim Nass-, sehr gut filzend beim Nadelfilzen › Einkreuzungen von Merinolandschafen (Württemberg) und Ile-de-France-Schafen (Frankreich) in einheimische weiße Landrassen › Wolle des Weißen Alpenschafes (WAS) ist reinweiß, gekräuselt, fein bis mittelfein und gut gestapelt, kann aber als kratzend empfunden werden › grober strukturiert (eine zu fasrige Oberfläche kann mit einer hauchdünnen Schicht Merinowolle überfilzt werden)
Anwendung	› für Anfänger und Kinder (extrafeine kurzfasrige Wolle im Vlies zieht schnell zusammen) › für glatte Oberflächen (auch als Decklage auf rauen Wollen) › für hautnahe Kleidung, Schmuck, Kissen und Decken › zum Nass- und Nunofilzen	› für beständige Flächen, zum Formfilzen › auch zum Trockenfilzen geeignet	› für Anfänger › für strapazierfähige Pantoffeln und Stiefel, Taschen, Hüte, Teppiche › zum Nass- und Trockenfilzen	› Universalfilzwolle › zum Nass- und Trockenfilzen geeignet › auch für Hausschuhe, Jacken, Taschen

Welche Wolle wofür?

	Gotlandschaf	Leicester	Wensleydale	Karakul
Typ	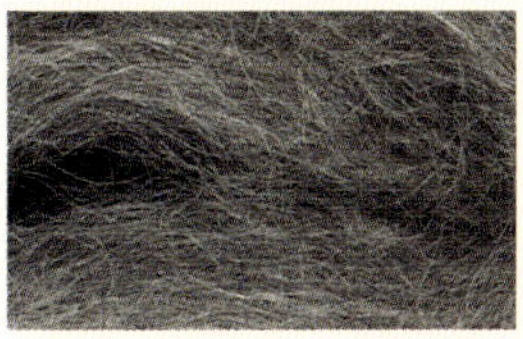	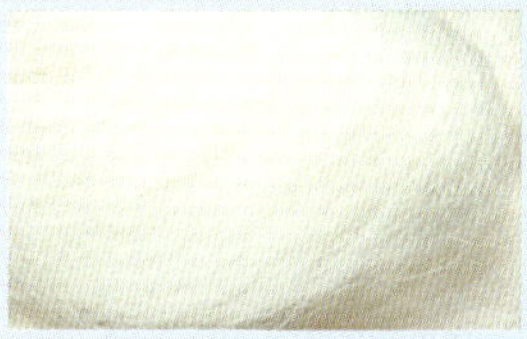	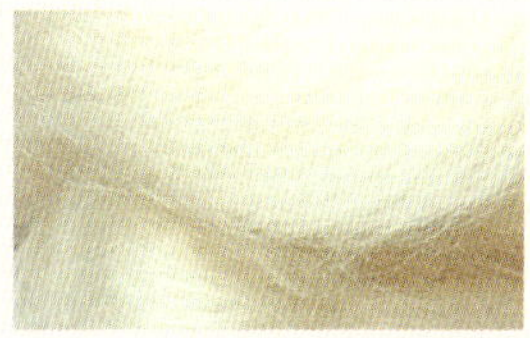	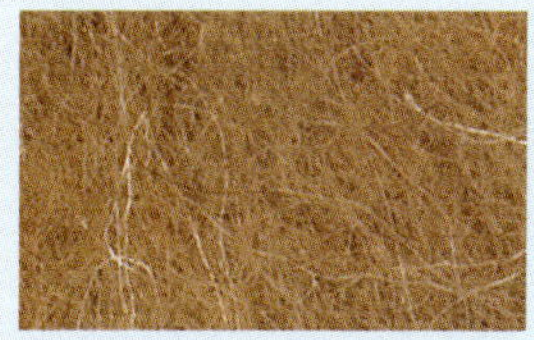
Herkunft	Schweden/Skandinavien	England/Neuseeland	England/Schottland	Asien/Südafrika
Eigenschaften	› feste Wolle mit weicher, feiner, kurzer Unterwolle und längeren, kaum gekräuselten Grannenhaaren, die sich beim Filzen herausarbeiten › samtig-seidig › in verschiedenen Grauschattierungen › Anteil der Grannenhaare darf nicht zu hoch sein, damit die Unterwolle sie festhalten kann › muss sehr lange gewalkt werden für Gebrauchsgegenstände, haart und schrumpft stark › Gotland-Locken (Schur erfolgt samt Unterhaar) können ausgezupft oder mit dem feinen Unterhaar eingefilzt werden › hochwertig, weich und sehr gut filzend ist Gotland-Lammwolle (grannenfrei)	› englische Langwollschafe mit mittelgrober Wolle aus der Region Leicester › hat schönen seidigen Glanz und deutliche Stapel › gibt strukturierten Filz › Leicester-Locken sind in ihrer Struktur etwas fester und gedrehter als Wensleydale-Locken › in Neuseeland ist eine Kreuzung aus Leicester und Lincoln verbreitet (Corriedale, 30 Mikron)	› englische Langwollschafe aus einer Kreuzung von Leicester und Teeswater › filzt einfach und schnell › Wolle wird nicht geschoren, sondern mit der Schere abgeschnitten › hell glänzende, fein gelockte Wolle, gilt als edelste Handspinnsorte Englands	› mittelfeine bis grobe grannenhaltige Wolle › gut bis sehr gut filzend durch Kombination aus stabilen Grannenhaaren und feinen Unterhaaren › wird sehr hart und dicht, wenn man sie lange genug walkt › gibt feste, strukturierte Filze (Strukturwolle) › in Braun- und Schwarztönen erhältlich
Anwendung	› klassische Starterwolle › zum Nass- und Trockenfilzen › für Pantoffeln, Fäustlinge, Hüte, Taschen, Spielsachen, Teppiche, Kunstobjekte › Locken für Haare, Mähnen, Bärte und Effekte	› zum Nass- und Trockenfilzen › für Haare und edle Effekte	› für hauchdünne, transparente Filze aus gekämmten Wollvliesen › Effekte mit naturbelassenen Locken	› zum Nassfilzen für Teppiche, Taschen, Hausschuhe, Bälle, Tiere, Objektgestaltung › auch zum Trockenfilzen

Wollaufbereitungen

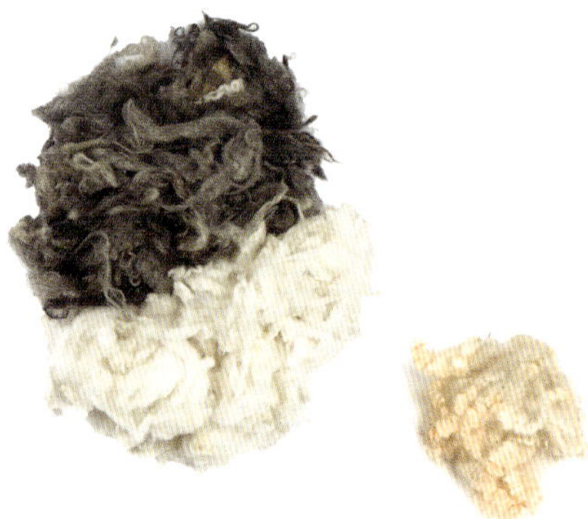

gewaschene Wolle in der Flocke

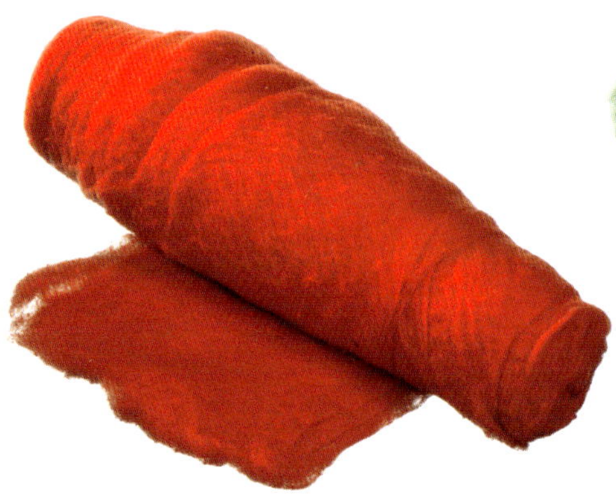

Wolle im Vlies

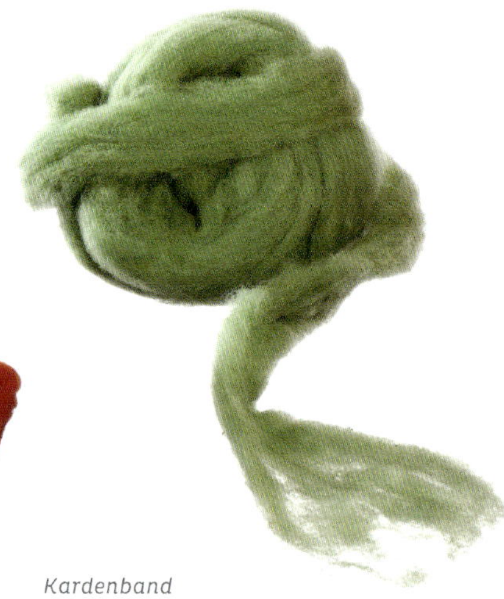

Kardenband

Die authentischste und meist auch günstigste Aufbereitungsform ist die gewaschene **Wolle in der Flocke**, also unkardierte Wolle. Hier ist die natürliche Kräuselung des Schafhaares noch vorhanden und die einzelnen Fasern hängen wie bei frisch geschorener Wolle zusammen. Unreinheiten, wie zum Beispiel Pflanzenreste, können ebenfalls noch vorhanden sein, denn diese werden erst beim Kämmen der Wolle vollständig beseitigt.

Sie erhalten die Wollflocken mit unterschiedlich starker Kräuselung in Naturtönen von Weiß bis Braun sowie gefärbt in vielen bunten Farben. Die Länge und die Kräuselung variieren je nach Schafrasse. Die Mindestabnahmemenge beträgt je nach Lieferant bzw. Händler ab 100 g pro Farbton oder Sortierung.

Mit den Flocken lassen sich Haare und Bärte von Figuren sowie Tierfelle gestalten. Oder sie werden für interessante Strukturen in die Fläche eingefilzt beziehungsweise zur Betonung der Abschlusskante an den Rand angefilzt.

Kleine Wollvliese haben Sie vielleicht schon selbst mit Handkarden oder der Kardiermaschine angefertigt. Ähnlich verläuft der Vorgang in Kardierereien, allerdings entstehen deutlich größere, mehrere Lagen dicke Vliese, die auch Krempelflor genannt werden. Deren Breite und Dicke variiert je nach Hersteller. Die **Wolle im Vlies** ist noch nicht ganz sauber, kleine Faserknötchen oder Schmutz können darin noch eingeschlossen sein, auch sind noch kurze Fasern enthalten. Die Wollfasern sind hier fast vollständig getrennt und liegen kreuz und quer durcheinander. Die natürliche Kräuselung der Wolle ist noch erhalten.

Die Vliese werden zum Verkauf auf Rollen gewickelt und in Mengen von 500 g oder 1 kg abgegeben. Chemisch gefärbte Wollvliese sind in einer breiten Farbpalette erhältlich. Hier erhalten Sie auch kleinere Mengen ab 100 g. Beim Nassfilzen können Sie mit der Wolle im Vlies sofort loslegen: Einfach die Wolle in wenigstens zwei – besser drei, dann schrumpft die Wolle gleichmäßiger – dünnen Schichten im rechten Winkel zueinander auslegen.

Durchläuft ein Wollvlies in der Fertigung einen weiteren Arbeitsschritt, wird daraus ein **Kardenband**. Qualitativ besteht zwischen der Wolle im Vlies und dem Kardenband kein Unterschied, denn für die Herstellung des Kardenbands wird das Vlies lediglich durch eine Art überdimensionalen Trichter zu einem Band zusammengeführt. Es lässt sich leicht in kürzere Abschnitte auseinanderzupfen. Durch dachziegelartiges Auslegen werden beim Nassfilzen unterschiedliche Dicken in den einzelnen Büscheln ausgeglichen und gleichmäßige Flächen geschaffen.

Wie beim Vlies werden zum Filzen mindestens zwei Schichten kreuzweise ausgelegt. Das Kardenband enthält ebenso wie das Vlies noch kurze Fasern, die die Ursache für Pillingbildung sein können. In letzter Zeit geht die Produktion und Verwendung von Kardenband immer stärker zurück.

Wolle im **Kammzug** (auch Strangwolle genannt) sieht auf den ersten Blick sehr ähnlich wie Kardenband aus, beim genauen Betrachten fallen aber die langen, feinen, parallel nebeneinander liegenden Fasern auf. Auch enthält Kammzug keine Knötchen oder Unreinheiten mehr.

und Verwendung

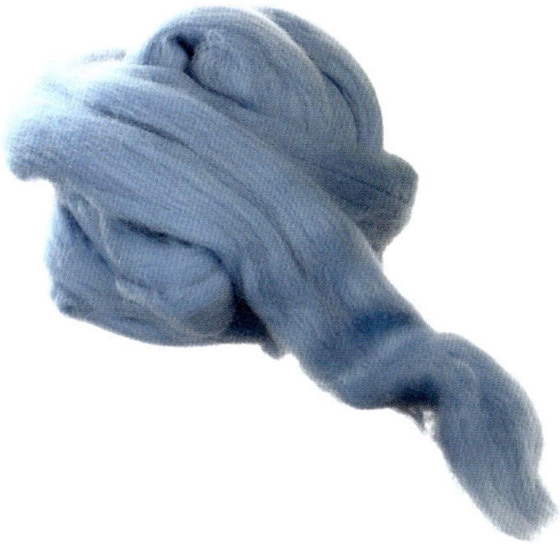

Wolle im Kammzug

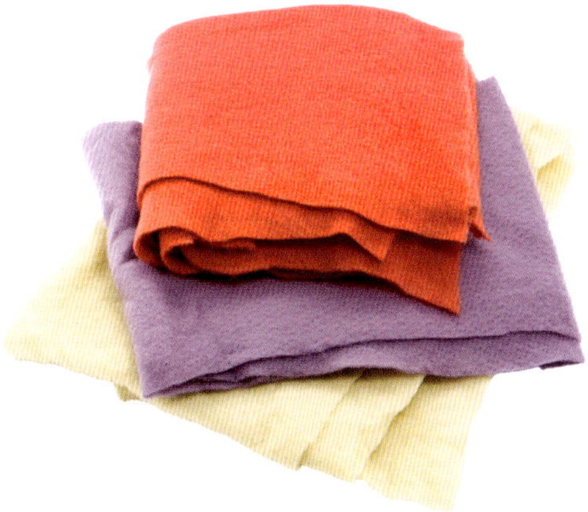

Nadelfilzvlies

Wolle können Sie in den unterschiedlichsten Aufbereitungen kaufen, von der gewaschenen Rohwolle bis hin zum fein gekämmten Kammzug. Das mach preislich einen Unterschied, aber auch der Einsatz des Materials spielt eine Rolle: So lassen sich Schnüre am einfachsten aus Kammzug, Flächen am schnellsten aus Vlies filzen.

Zum Anfertigen des Kammzugs wird das Vlies zu einem dünnen Band zusammengefasst, durchläuft dann aber einen Kammstuhl, in dem kurze Fasern ausgekämmt und die langen Fasern noch feiner und glatter gezogen und dabei gleichmäßig ausgerichtet werden. Durch das Strecken der Wolle geht die natürliche Kräuselung der Fasern verloren (die Wolle „erinnert" sich daran aber beim Nassfilzen wieder). Mit Kammzug lassen sich in der Nassfilztechnik sehr feine, glatte Flächen arbeiten. Die Wolle wird dafür dachziegelartig in mindestens zwei Schichten kreuzweise ausgelegt.

Immer beliebter wird **Nadelfilzvlies**. Sie erhalten es auch unter dem Namen Vorfilz, der, was die Herstellung betrifft, allerdings irreführend ist. Nadelfilzvlies entsteht aus Merinowolle oder Merino-Seidenmischung im Vlies, das in einem weiteren Arbeitsgang durch leichtes maschinelles Nadeln verfestigt wird. Damit kann direkt, ohne langwieriges Auslegen der Wolle, Filz in der Nassfilztechnik hergestellt werden. Es lässt sich wie nassgefilzter → Vorfilz einsetzen: als Grundlage für Kleidung, zum Zuschneiden akkurater Formen zum Einfilzen beim Nassfilzen oder Auffilzen beim Nunofilzen. Nadelfilzvlies ist auch als Hintergrund für nadelgefilzte Bilder verwendbar.

Aufbereitung	**Verwendung**
Wolle in der Flocke	› Ausgangswolle zum Kardieren, für Unterbauten zum plastischen Arbeiten beim Nass- und Trockenfilzen › Wolllocken für Effekte
Vlieswolle	› für alle Arbeiten beim Nass-, Trocken- und Nunofilzen › Flächen können direkt herausgetrennt werden
Kardenband	› für die meisten Arbeiten › muss vor dem Auslegen gezupft werden › enthält viele kurze Fasern, neigt dadurch zu Pillingbildung › findet bei Filzern immer weniger Beachtung
Kammzug	› besonders feine Qualität › muss vor dem Filzen gezupft und ausgelegt werden › beim Nassfilzen für die meisten Arbeiten einsetzbar, Schnüre und Ringe lassen sich damit am einfachsten machen › Einsatz schwierig bei plastischen Arbeiten › für Nunofilzen › weniger geeignet zum Trockenfilzen
Nadelfilzvlies	› als Vorfilzersatz › für Flächen und Hintergründe › zum Nass- und Nunofilzen

Kurz und knapp – andere Wollen

Texel

Die Fleischschafrasse stammt von der holländischen Insel Texel. Mitte des 19. Jahrhunderts wurden in widerstandsfähige Landschafe englische Rassen eingekreuzt, um einen besseren Fleisch- und Wollertrag zu erzielen. Die Wolle von groberer Qualität (33 bis 35 Mikron) eignet sich zum Spinnen und für Textilfüllungen, zum Filzen jedoch nur bedingt (als Kern oder Zwischenlage).

Schnucken

Heidschnucken finden sich oft in der Lüneburger Heide, man erkennt sie an den gebogenen Hörnern. Die kleine Landschafrasse hat ein graues bis dunkelfarbenes, grobwolliges Vlies. Weiße hornlose Heidschnucken werden Moorschnucken genannt, ihr Haarkleid ist grob und weiß. Verbreitungsgebiete der Tiere sind Hochmoorgebiete und Magerwiesen in Nord- und Mitteldeutschland.

Coburger Fuchsschaf

Widerstandsfähige alte Landschafrasse vor allem im süddeutschen Raum. Das Vlies wird ab dem fünften Lebensmonat heller, behält aber seinen rötlichen Stich, was es zum „Goldenen Vlies" macht. Schlichtwollige Schafe von groberer Qualität (33 bis 36 Mikron).

Skudde

Dieses Schaf ist ähnlich anspruchslos wie die Heidschnucke. Es kommt aus dem Baltikum und ist als das „Schaf der Wikinger" bekannt. Der Name bedeutet so viel wie „ärmlich". Das Schaf ist überwiegend grauweiß und schlichtwollig (C/D-Qualität).

Eiderwolle

Sie stammt vom Weißköpfigen Fleischschaf, das zur Fleischgewinnung rund um den norddeutschen Ort Eider gehalten wird (Eiderstätter Marschschaf). Die Rasse entstand im 19. Jahrhundert durch Einkreuzung verschiedener englischer Fleischschafrassen (wie Leicester, Lincoln, vor allem aber Cotswold) in das bodenständige Marschschaf der Nordseeküste. Ideal zum Spinnen, aber nicht geeignet zum Filzen, kann allerdings als Kern für Bälle verwendet werden.

Märchenwolle

Dieser Begriff ist die gängige Bezeichnung für pflanzengefärbte Alpenwolle. Sehr gut zum Trockenfilzen geeignet, beim Nassfilzen dagegen etwas schwieriger zu handhaben.

Stopfwolle

Dies ist eine kurzfasrige naturweiße Wolle (von Fleischschafen), in deren Fasern Luft eingeschlossen ist, was sie sehr elastisch macht. Füllt Kissen, Puppen und vieles mehr sehr gleichmäßig.

Woll-Bambus-Mischungen

Robuste, mittelfeine Fasermischung für stabile Arbeiten, wie Filzskulpturen, Hausschuhe und Taschen. In verschiedenen Naturtönen von Wollweiß über Braun bis Schwarz erhältlich.

Woll-Seiden-Mischungen

Seide allein filzt nicht, deshalb wird sie mit Wolle gemischt. In verschiedenen Farben und Variationen erhältlich, beispielsweise mit gefärbter Wolle und weißen Seidenfasern oder beiderlei gefärbten Fasern.

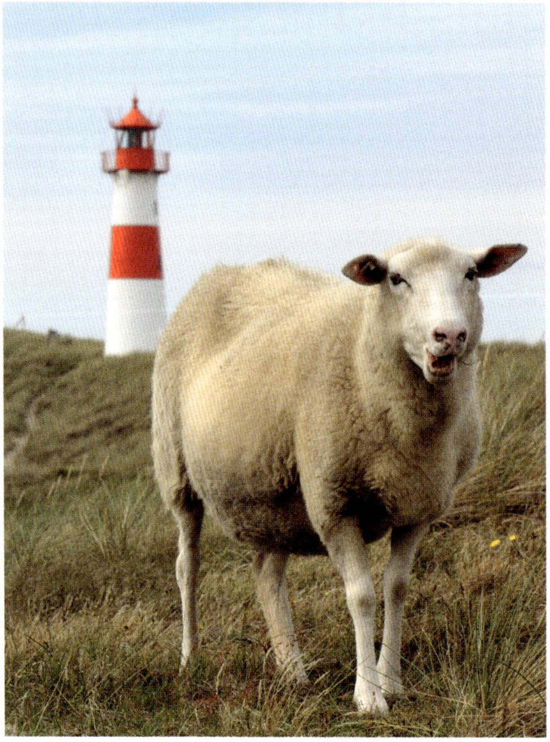

Eiderschafe werden auf Deichen gehalten. Sie halten das Gras kurz, mit ihren Hufen trampeln sie den Boden fest.

Edeltierhaare

Neben der Schafwolle können Sie auch mit anderen Tierhaaren filzen. Das natürliche Tierhaar besteht aus → Grannen- und → Wollhaaren. Zum Filzen werden die groben Oberhaare entfernt und nur das sehr feine, weiche Wollhaar verwendet, das mit Schafwolle gemischt wird. Zum → Nass- und → Nunofilzen geeignet.

Angora ist das Haar des weißen Angorakaninchens, nicht der Angoraziege. Es heißt so, weil sein Haar dem der Ziege gleicht. Frühere Namen sind Seidenhase, Kaschmirkaninchen oder Rupfhase. Je nach Herkunft und Zucht ist das Fell unterschiedlich fein; es wird entweder durch Auskämmen oder Scheren gewonnen. Die in Deutschland und Österreich gezüchteten Kaninchen haben ein Fell, das ein feines Wollvlies bildet, und werden alle zwei bis drei Monate geschoren. Die Bedingungen für beste Qualität sind eine saubere, ausreichend große Stallung, regelmäßige Pflege und ein verletzungsfreies Scheren.

Mohair stammt von der Angoraziege. Je jünger die Ziege ist, desto feiner ist das Haar. Zum Filzen verwendet man nur ausgekämmte Unterwolle von jungen Tieren. Die Wolle ist weiß und glänzend, etwas grober als die des Angorakaninchens und lässt sich gut färben. In unseren Breiten ist die Zucht der Ziege nicht möglich, da sie empfindlich gegen Nässe ist.

Kaschmirwolle hat ihren Namen nach der Herkunft aus der Region Kaschmir. Die Ziege lebt in den Höhen des Himalajas, der Mongolei und Chinas. Die Kaschmirziege zeichnet sich durch ihre weiche, lange, feine Unterwolle aus, die zu den dünnsten Tierhaaren gehört (nur ca. 14 bis 19 Mikron). Die wertvollen Unterhaare werden einmal pro Jahr von Hand geschnitten, wobei jährlich pro Tier nur ca. 150 bis 200 Gramm Wolle gewonnen werden können. In der Natur kommt die Wolle in Grau, Weiß, Braun und Schwarz vor. In Europa werden fast ausschließlich weiße Tiere gezüchtet, weil sich diese Wolle am besten färben lässt.

Kamelhaar stammt aus dem gelblich bis rötlich-braunen Fell des in Asien und Afrika beheimateten Kamels (Trampeltier). Die Haare des Tieres werden weder geschoren noch ausgekämmt, sondern fallen im Frühjahr büschelweise aus und werden eingesammelt. Zum Filzen wird nur das Flaumhaar von unter einem Jahr alten Tieren verwendet.

Eine weitere Kamelart ist das **Alpaka,** das im Gegensatz zum Trampeltier etwa alle zwei Jahre wie ein Schaf geschoren wird. Das Vlies zeichnet sich durch seine Feinheit und seine große Dichte aus. Auch beim Alpaka ist die Wolle der Jungtiere am beliebtesten. Sie ist in den Naturfarben Weiß, Grau und Haselnussbraun erhältlich. Das Gros der weltweiten Alpakawollproduktion stammt aus Peru, Bolivien und Chile.

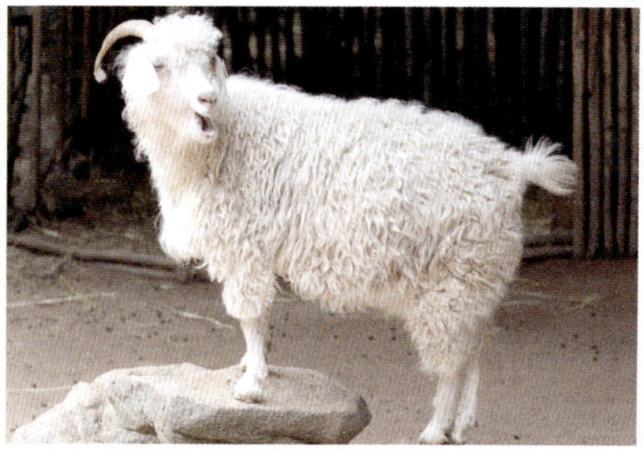

Angoraziege

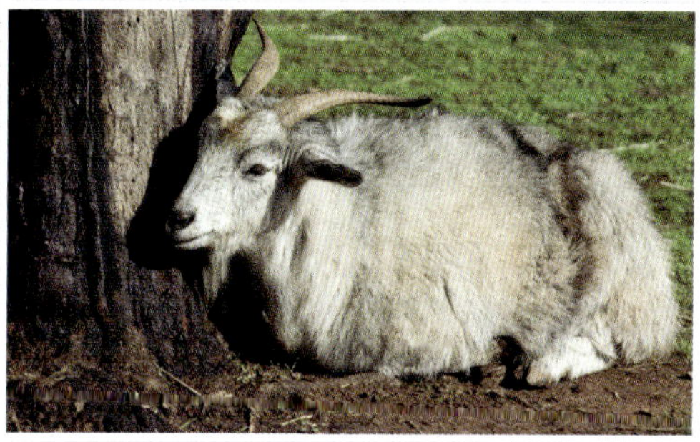

Kaschmirziege

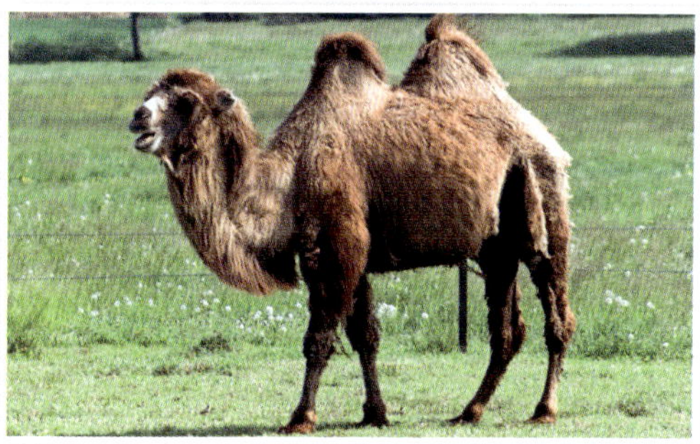

Kamel

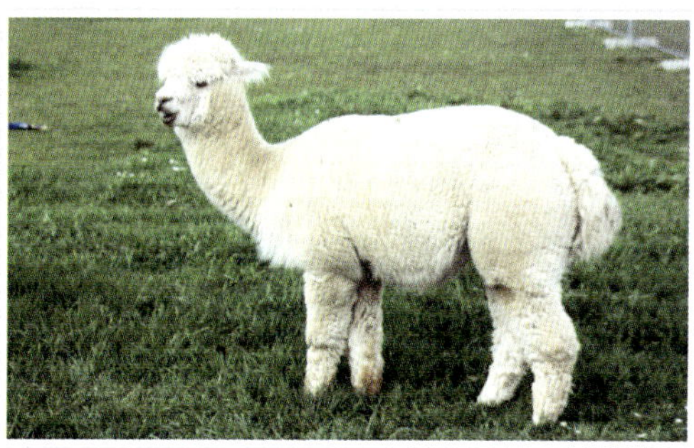

Alpaka

Nicht nur mit der Wolle des Schafes lässt sich filzen. Gut geeignet sind auch die Haare des Angorakaninchens, der Angora- bzw. der Kaschmirziege sowie des Kamels und des Alpakas.

Seiden- und Pflanzenfasern

Alle Filzwolle-Anbieter haben auch Seiden- und Pflanzenfasern im Programm. Diese filzen selbst nicht, können aber effektvoll eingefilzt werden. Für das Arbeiten mit nichtfilzenden Fasern sollten Sie sich Folgendes als Faustregel merken: Nicht mehr als 10 bis 30 Prozent solcher Fasern verwenden, damit sich die Schafwolle noch zu einem festen Filz verbindet.

Bei Seide unterscheidet man zwischen Tussah- und Maulbeerseide, jeweils benannt nach der Raupenart (Tussah- und Maulbeerspinner), aus deren Kokons die Seide gewonnen wird. Seide erhalten Sie in verschiedenen Aufbereitungsformen, auch als farbige Woll-Seiden-Mischungen.

Für das Filzen eignen sich Pflanzenfasern im Kammzug. Sie können vor dem Einfilzen gefärbt werden und ergeben interessante Oberflächen.

① **Baumwolle** weiß, einfärbbar, auch als Flocken zum Stopfen

② **Bambuskammzug** (Viskosefasern) naturfarben, einfärbbar, auch als Wolle-Bambus-Mischung

③ **Schappe-Seide** Wildseide im Vlies, ergibt noppige Oberflächen

④ **Kokosfasern** rotbraun, auch als Farbstoff verwendbar

⑤ **gefärbte Seidenmischung** in vielen Farben

⑥ **Maulbeerseide-Nappen** breiter Kammzug für großflächige Arbeiten, ergibt glatte Oberflächen

⑦ **Throwser Waste** spinnwebenähnliche Seidenfasern zum Einfilzen, Färben und zur Seidenpapierherstellung

⑧ **Silk Carrier Rods** Maulbeerseidenstücke zum Einfilzen und Färben

⑨ **Kapokfasern** naturfarben, zum Füllen

⑩ **Ramie** weiß, lange seidig-glänzende Fasern

⑪ **Leinen** naturfarben oder weiß, einfärbbar

⑫ **Hanf** naturfarben, einfärbbar

Kurz und knapp ...

Maulbeerseide, auch Zuchtseide genannt, weist eine feine und gleichmäßige Fadenstruktur auf, die ihr einen edlen Glanz verleiht. Sie erkennen sie am Weißton.

Tussahseide, auch Wildseide genannt, wird von lebenden Insekten gewonnen. Sie ist glanzärmer, rauer im Griff und weist eine naturgelbe Färbung sowie Noppen und Unregelmäßigkeiten auf.

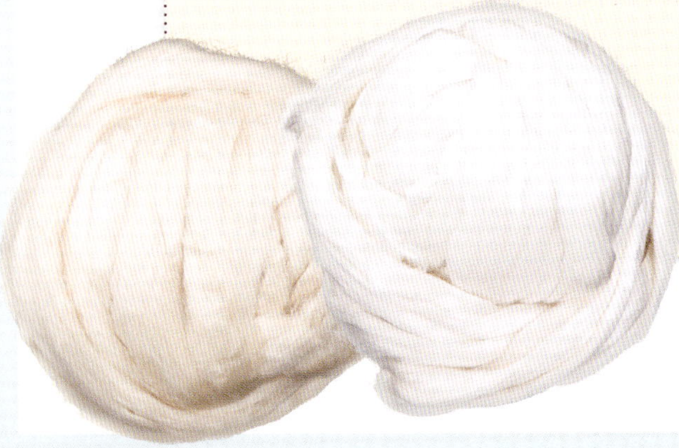

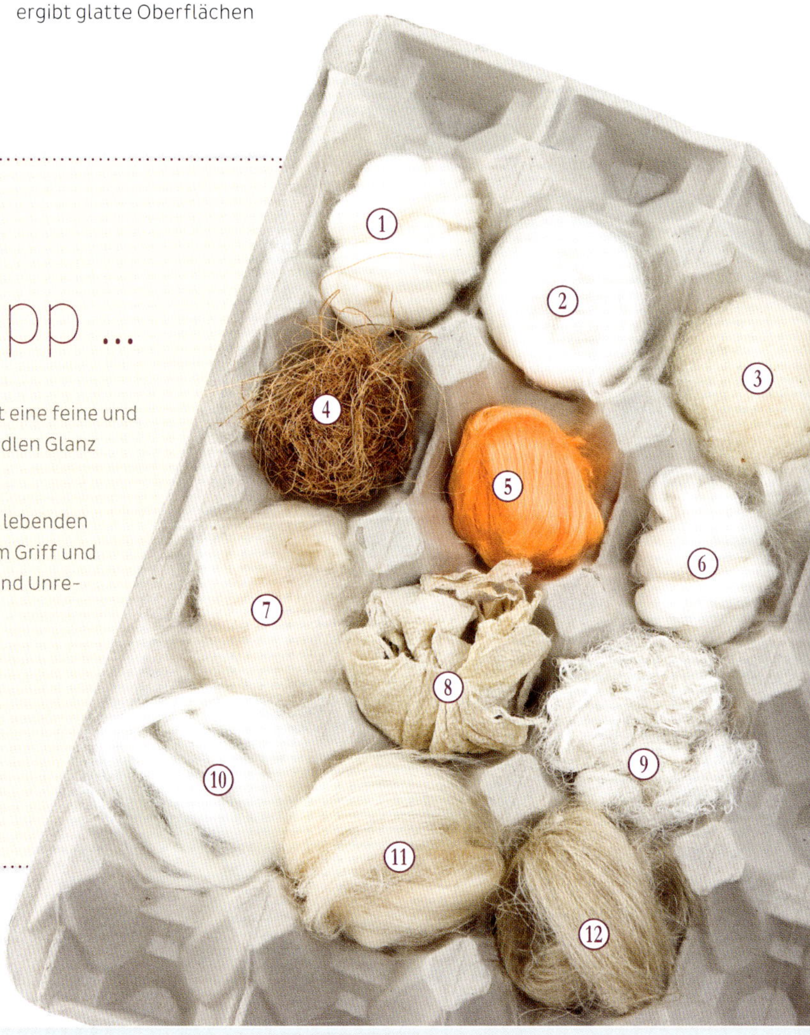

Bezugsquellen

Deutschland

Filzrausch
Frieder Glatzer
Hagenweg 2b
37081 Göttingen
Tel.: 0551/675 15
www.filzrausch.de
→ Filz- und Spinnwolle in vielen Farben und Sorten, Filzzubehör, Stoffe zum Befilzen, pflanzliche Farbstoffe, Bücher, Kurse

Die Wollfabrik
Gert. Huppertz GmbH & Co. KG
Lürriper Straße 373-375
41065 Mönchengladbach
Tel.: 02161/60 30 59
www.die-wollfabrik.de
→ Filzwolle, Filzzubehör, Nadel-vlies, Multicolor-Kammzüge, Schurwoll- und Seidenstoff, Kurse

Schmidt & Bleicher OHG
Lintzingsweg 3
35043 Marburg
Tel.: 06421/95 81 00
www.ideen.com
→ Große Auswahl an Materialien für Nunofilzen und Seidenmalen. Umfangreiche Ideensammlung mit vielen Projektvorschlägen. Verkauf an Künstler/Gewerbetreibende. Sortiment für Endverbraucher bei jeromin-shop.de und monimo.de

Seehawer und Siewert
Heuberger Hof 1
73108 Rottenburg am Neckar
Tel.: 07472/30 19
www.naturfasern.com
→ Vliese und Naturgarne ab 1 kg, Farbstoffe; liefert nur an Läden, Werkstätten, Schulen und Kursleiter

Schäfergenossenschaft Finkhof e.G.
St.-Ulrich-Straße 1
88410 Bad Wurzach
Tel.: 07564/93 17 11
www.finkhof.de
→ Märchenwolle, pflanzengefärbter Wollfilz

Hinweis: Bezugsquellen ohne Anspruch auf Vollständigkeit.

Traub Wolle
Schorndorfer Straße 18
73650 Winterbach
Tel.: 07181/709 10
www.traub-wolle.de
→ Filzwolle in vielen Farben und Sorten, Filzzubehör, Tücher, Farbstoffe, Bücher

Wollwerkstatt Wollknoll
Sonja Fritz
Forsthausstraße 7
74420 Oberrot-Neuhausen
Tel.: 07977/91 02 93
www.wollknoll.de
→ Filzwolle in vielen Farben und Sorten, Filzzubehör, Tücher, Farbstoffe, Bücher, Kurse und Ausbildung

Schweiz

Wollkarderei Ettlin
Sporgasse 1
9474 Grabs
Tel.: (0041) 081/771 52 86
www.wulle-shop.ch
→ naturfarbene und gefärbte Schurwolle im Vlies

Wollspinnerei Vetsch
Bahnhofstraße 253
7231 Pragg-Jenaz
Tel.: (0041) 081/332 13 72
www.wollspinnerei.ch
→ extrafeine Merinowolle, Vliese, Filznadeln, Nadelfilzvlies

Spycher-Handwerk AG
Untere Bäch 420
4953 Schwarzenbach/Huttwil
Tel.: (0041) 062/962 11 52
www.spycher-handwerk.ch
→ Filzwolle, Filzzubehör (auch Hut- und Schuhformen aus Styropor), Seide und Stoffe, Schaukarderei, Übernachten in der Jurte

Österreich

Regensburger GmbH
Lehnpuit 2-4
6441 Umhausen
Tel.: (0043) 05255/52 93
www.schafwolle.com
→ Alpennaturwolle, Tiroler Bergschaf im Kammzug und Vlies, naturfarben und gefärbt, Wollwaschanlage, Kardierservice

Huber Wolle
Schafwollwarenerzeugung
Bruckdorf 167
5571 Mariapfarr
Tel.: (0043) 06473/82 79
www.huber-wolle.at
→ Vlieswolle, naturfarben und gefärbt, auch Kardierservice für eigene gewaschene Wolle

Hugo Jordan
Handweberei und Spinnerei
6252 Breitenbach/Tirol
Tel.: (0043) 05338/767 00
www.jordan-teppiche.at
→ Vlieswolle, Märchenwolle

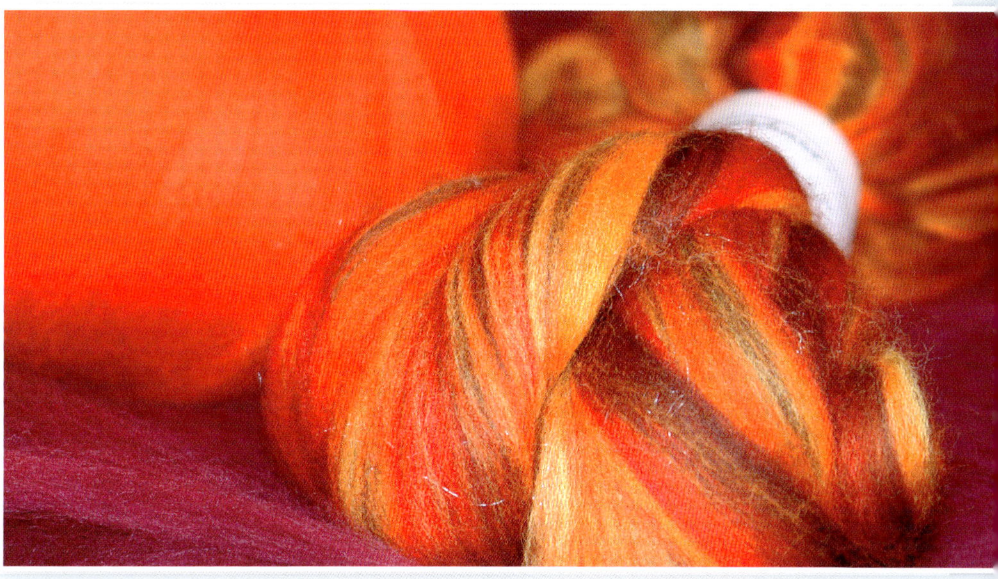

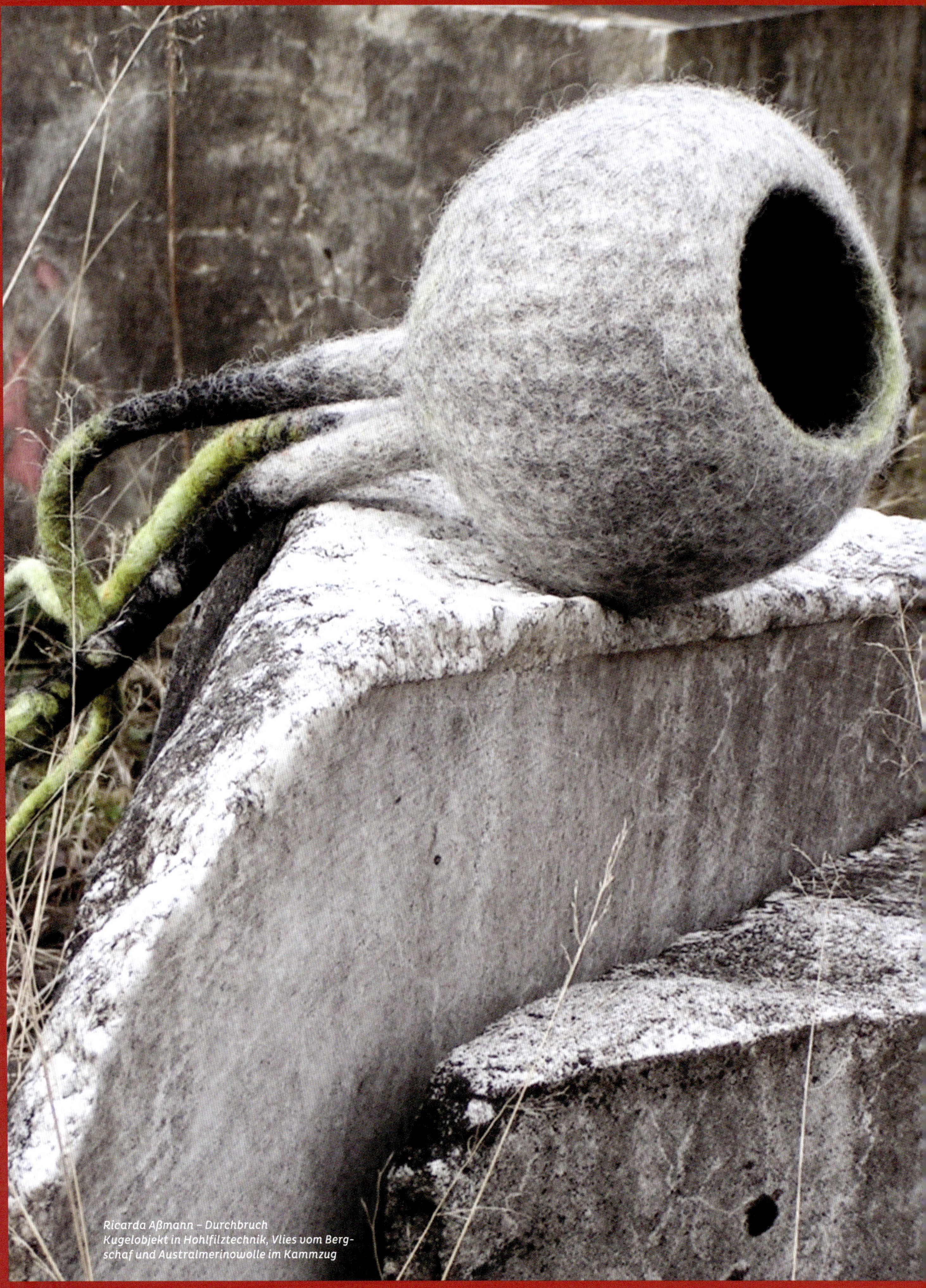

Ricarda Aßmann – Durchbruch
Kugelobjekt in Hohlfilztechnik, Vlies vom Bergschaf und Australmerinowolle im Kammzug

Nassfilzen

Viele Legenden ranken sich um die Entstehung des ersten Filzes. Selbst wenn die historische Wirklichkeit sie widerlegt, so nennen doch alle diese Geschichten die korrekten Zutaten, die für das Anfertigen von Filz nach traditioneller Art vonnöten sind: Feuchtigkeit, Wärme, Druck und Bewegung. Durch dieses Quartett entsteht aus unversponnenen Wollfasern der Filz.

Das althergebrachte Nassfilzen wird in zwei Methoden unterteilt: in die aus Asien stammende Rollmethode und in die aus Skandinavien stammende Reibemethode. Beide Wege führen zu einem festen Filz. Jede Technik hat jedoch ihre besonderen Stärken, über die Sie auf den kommenden Seiten mehr erfahren.

Wie Sie die Grundtechniken des Filzens in der Praxis einsetzen können, vermitteln Schritt-für-Schritt-Anleitungen. Ob Kugel, Fläche, Schnur oder Hohlkörper, ob Schmuck, Puschen oder Filzfiguren – alles, was Sie beim Anfertigen eigener Arbeiten wissen müssen, wird dort anschaulich erklärt.

Unterstützung beim Filzen können Sie sich von Haushaltsgeräten holen. Was kurios klingt, könnte schon bald schöne Gewohnheit werden: Ab Seite 118 lernen Sie, wie sich die kleinen Helfer aus Küche, Bad und Werkstatt effektiv einsetzen lassen.

Wie Wolle verfilzt

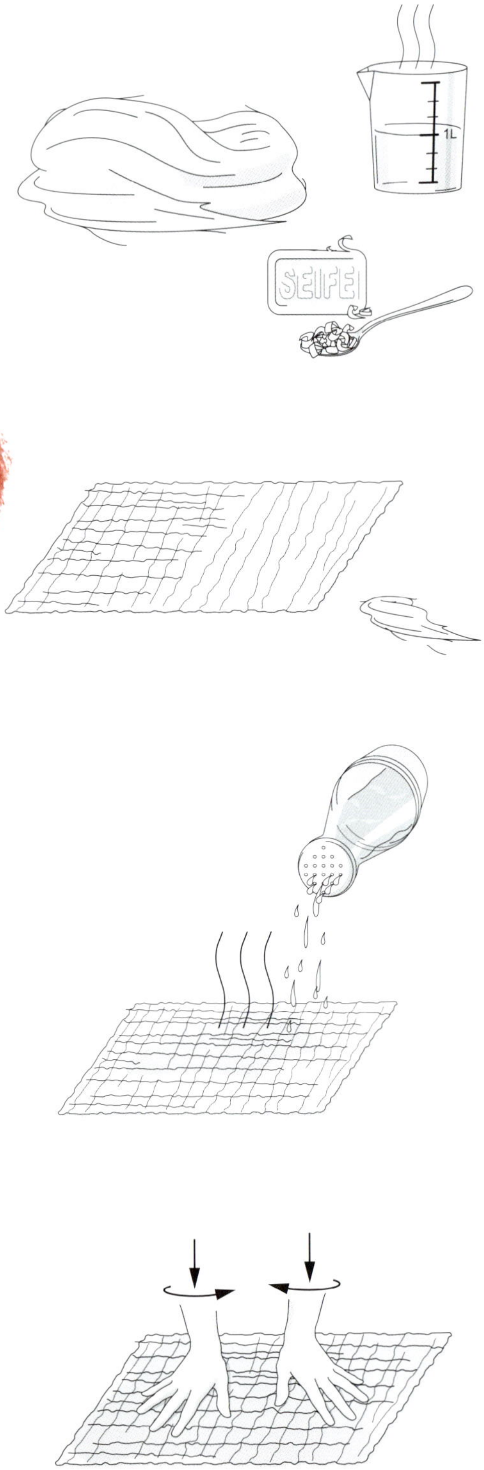

Unversponnene Schafwolle wird zu Filz, wenn auf die kreuz und quer liegenden Wollhärchen Feuchtigkeit, Wärme, Druck und Reibung einwirken.

Es wirkt wie Zauberei, wenn aus unversponnenen Tierhaaren durch Zugabe von Seifenlauge und das Reiben und Drücken mit den Händen ein fester Faserverbund entsteht, in dem die Fasern ganz eng beieinander liegen und untrennbar ineinander verkeilt sind. Um zu verstehen, wie aus den lockeren, ungeordneten Wollfasern Filz werden kann, muss man sich die Wollfasern selbst sowie den Filzvorgang einmal genauer anschauen.

Die Oberfläche der Wollfasern ähnelt einem Palmenstamm

Die Oberfläche der Wollfasern ist mit Schuppen bedeckt, die alle in eine Richtung, nämlich zur Faserspitze, zeigen und dachziegelartig übereinander liegen. Die Fasern ähneln einem Palmenstamm. Solch eine Schuppendecke ist unter den textilen Fasern nur bei → Schafwolle und → Edeltierhaaren zu finden. Baumwolle hat naturgemäß keine Schuppen und kann somit nicht filzen. Auch menschliches Haar verfilzt nicht selbst, außer es ist sehr gelockt.

Die Schuppen sind bereits unter einem einfachen Mikroskop erkennbar und fallen je nach Fasertyp und Schafrasse unterschiedlich groß aus. Wird die Wolle mit heißem Seifenwasser besprenkelt, gerieben und gedrückt, entsteht Wasserdampf, der durch die feinen Kanäle der äußeren Faserschicht in die Faser dringt, was ein Anschwellen derselben und ein Abspreizen der Schuppenschicht bewirkt.

Das Aufrichten der Schuppen ist unabdingbar für den Filzprozess, denn die abgespreizten Schuppen ermöglichen das untrennbare Verkeilen der Fasern, indem sie wie Widerhaken ein Zurückrutschen derselben während des Filzens verhindern. Dadurch ziehen sich die Wollfasern immer weiter zusammen, das Vlies schrumpft und der feste Verbund entsteht.

Die Wollfasern wandern immer in Richtung Wurzelende

Kommt Bewegung in die feuchten Wollfasern, beginnen diese zu „wandern", jede bevorzugt in Richtung ihres Wurzelendes. Sie verkeilen sich dabei ineinander und können nicht mehr zurückgleiten, da sich ihre gegen die Faserspitze gerichteten Schuppen „dagegenstellen". So wird die Wolle mehr und mehr zusammengezogen, sie wird fester und schrumpft.

Unterstützt wird der Filzprozess durch das kreuzweise Auslegen der Wolle. Mindestens zwei Schichten Wolle sollten im rechten Winkel zueinander aufeinander gelegt werden; für hauchzarte Arbeiten genügen sehr dünne Schichten. Durch das so entstandene Wirrwarr der Fasern verhaken sie sich leicht ineinander. Lägen sie alle in die gleiche Richtung, würden sie alle in eine Richtung streben und könnten sich beim „Wandern" nicht ineinander verhaken.

Feuchtigkeit und Wärme sind wichtig

Stetige Feuchtigkeit ist für den Filzprozess unentbehrlich. Dafür genügt schon wenig Wasser. Ein Zuviel kann sogar hinderlich sein, weil die Fasern dann „aneinander vorbei schwimmen" können. Deshalb sollte auch überschüssiges Wasser immer aus dem Filz herausgedrückt werden, bevor man ihn walkt.

Die Temperatur der Flüssigkeit ist bedeutsam für die Geschwindigkeit des Filzprozesses. Ideal ist eine Temperatur von 40–45 °C. Wird das Wasser über die Wolle gegeben, kühlt es schnell ab, weshalb der Richtwert in der Praxis vereinfacht lautet: So warm wie möglich, aber noch erträglich für die Hände.

Aufbau von Wollfasern

Unter dem Mikroskop ähnelt die Oberfläche einer Wollfaser einem Palmenstamm. Wie bei diesem sind die schuppenartigen Zellplättchen der Außenschicht einander überlappend angeordnet und zeigen in eine Richtung.

Diese Hülle der Wollfaser nennt man Schuppendecke (Cuticula), sie besteht aus drei Schichten: Epicuticula (Außenhäutchen/ widerstandsfähige Membranschicht, sehr hart und dicht), Exocuticula (sehr hart) und Endocuticula.

Kaltes reines Wasser wird von den Schuppen abgewiesen. Wasserdampf hingegen kann durch das Außenhäutchen dringen und das Abspreizen der Schuppen bewirken. Das löst den Filzprozess der Wollfasern aus, da es die Wolle filzwillig macht. Wasserdampf entsteht auch, wenn warme Seifenlauge auf die Fasern gegeben und Bewegung ausgeübt wird.

Die Schuppendecke einer Wollfaser besteht aus drei Schichten: dem Außenhäutchen Epicuticula, der Mittelschicht Exicuticula und der inneren Schicht Endocuticula. Diese Außenhaut nennt man Rindenschicht, sie hüllt den Faserstamm ein.

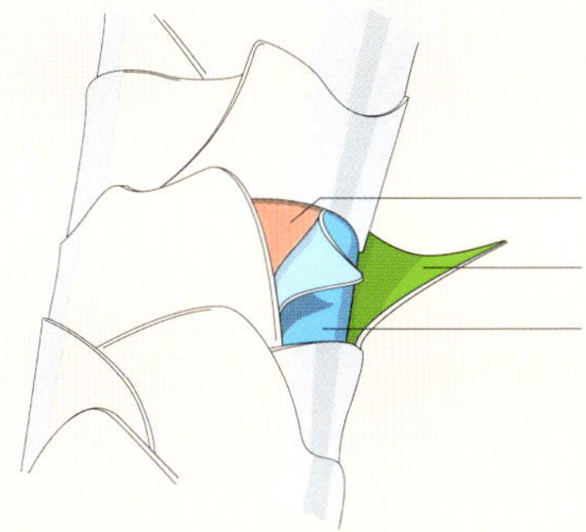

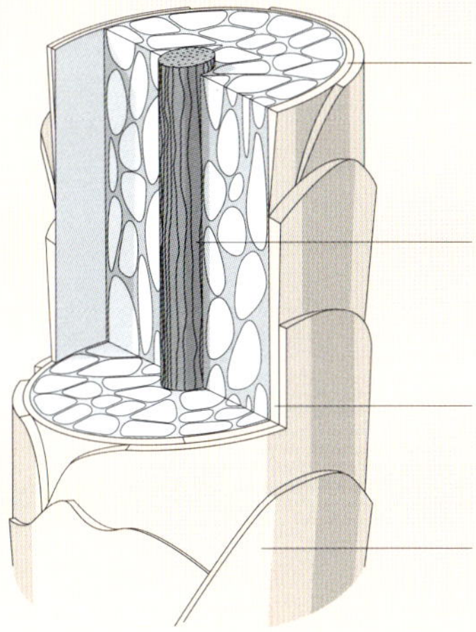

Ein Blick in die Wollfaser: Die Schuppenzellen sind die Außenhaut der Rindenschicht, die den Faserstamm, auch Spindelzellenschicht (Cortex) genannt, umschließt. Im Inneren befindet sich bei Grannen- und Stichelhaaren der Markstrang (Medulla), bei feinen Wollhaaren fehlt er.

Hinweis: Für das Filzen von naturbelassener Rohwolle, also ungesäuberter Wolle direkt vom Schaf, ist Seife nicht erforderlich. Hier genügt heißes Wasser. Beim Reiben der Fasern bildet sich in der Rohwolle aus den enthaltenen Fettsäuren und Schweißsalzen Seife, welche die glättenden Fette auf den Fasern löst und ermöglicht, dass sich die Schuppen aufrichten. Bei kommerziell aufbereiteter Wolle, also solcher, die bereits gereinigt, kardiert und gefärbt wurde, kann die Wolle selbst keine Seife mehr bilden, weil sie zu sauber dafür ist. Deshalb gilt der Spruch, „Wolle filzt auch ohne Seife, es dauert nur länger", bei diesen Wollen nicht. Je sauberer die Wolle ist, desto mehr Seife wird benötigt, für handelsübliches Material etwa 1 Esslöffel pro Liter Wasser.

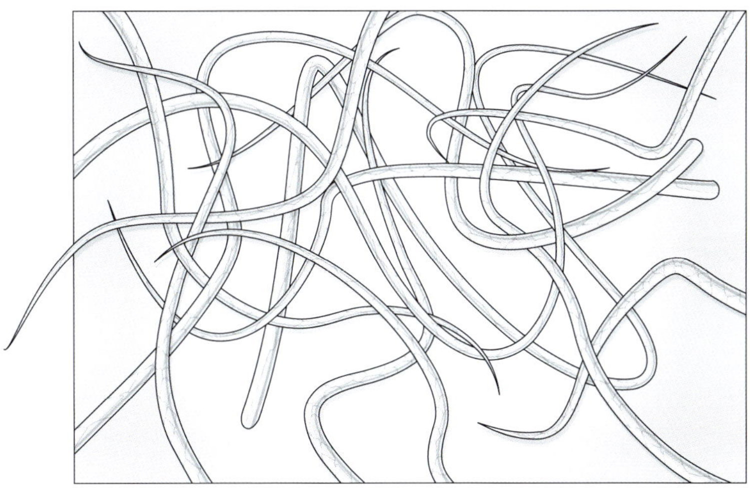

Während sich jede Faser ihren Weg sucht, wird die Ordnung innerhalb der Fläche aufgehoben, eine chaotische, feste Verbindung entsteht. Die Fasern bewegen sich jeweils in Richtung Wurzel und dabei verkeilen sie sich durch die aufgestellten Schuppen untrennbar ineinander.

Kreatives Schaffen mit allen Sinnen

Filzen, insbesondere Nassfilzen, ist kreatives Schaffen mit allen Sinnen. Wenn unversponnene Fasern mit Gefühl, Kraft und Geduld zu Filz verarbeiten werden, entspannen sich Körper und Seele.

Das ganze Tun und Sein ist in diesem Moment auf den Filzprozess ausgerichtet: Man sieht die Wolle in ihren natürlichen oder wunderbar leuchtenden Tönen. Man fühlt die weiche, warme, seifige Masse unter den Händen. Tier- und Naturdüfte erfüllen den Raum, während mit ganzem Körpereinsatz die Wolle bearbeitet wird. Das Belohnungsgefühl kommt beim Filzen schnell, denn die eingebrachte Körperkraft ist unmittelbar am Filzobjekt erlebbar.

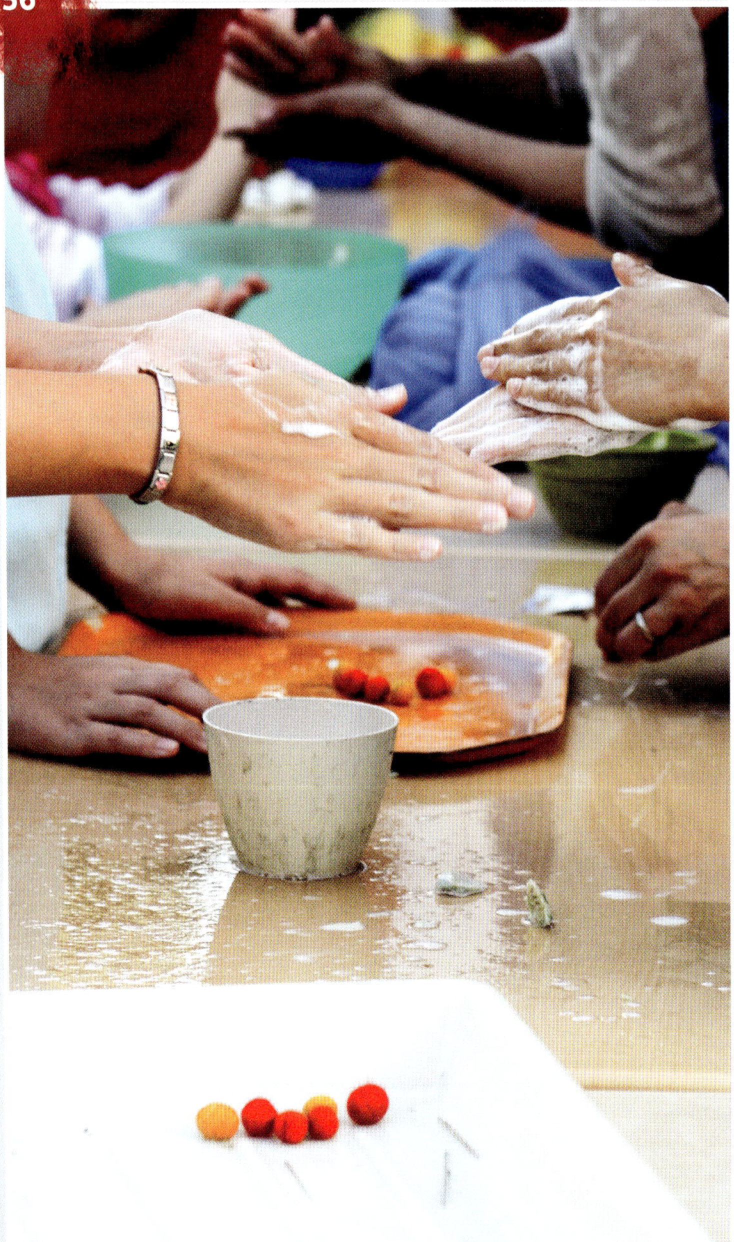

Wahrnehmung, Konzentration und Durchhaltevermögen fördern

Filzen ist abwechslungsreich, ständig bewegt sich etwas unter den Händen. Vor allem zu Beginn muss man den Filzprozess genau verfolgen, um zu erspüren, wie lange sanft und ab wann mit mehr Kraft gearbeitet werden muss. Fortwährend verfolgen die Augen das Tun der Hände und kontrollieren es. Ganz nebenbei werden so beim kreativen Schaffen die Wahrnehmung und die Konzentration gefördert – und man erlangt eine verbesserte Selbstkontrolle.

Filzen hat eine therapeutische Wirkung. Man lernt, eine natürliche Autorität anzuerkennen: die des Materials. Beim Filzen ist unterschiedliches Handeln in den unterschiedlichen Arbeitsgängen erforderlich, jedes genau zu seiner Zeit. Nur wer das akzeptiert, erreicht das gewünschte Ergebnis. Ganz nebenbei wird bei diesem Prozess auch das Durchhaltevermögen gefördert. Der Genuss, etwas mit den eigenen Händen zu schaffen, führt dazu, dass man auch beenden will, was man begonnen hat.

Beim Filzen ist man mit Leib und Seele dabei. Mit dem positiven Erleben des kreativen Schaffens steigt auch das Selbstwertgefühl. Während die Gedanken und Gefühle in das Objekt einfließen, das die eigenen Hände erschaffen, öffnet sich die Umwelt. Vor allem das Anfertigen von Gebrauchsgegenständen und Geschenken vermittelt das Gefühl, etwas Sinnvolles zu tun, gebraucht zu werden, und ist damit die Quelle eines freudigen Daseins.

Bewegliche Hände sind der Schlüssel zu beweglichem Denken

Filzen ist auch gut für den Kopf, sind doch bewegliche Hände der Schlüssel zum beweglichen Denken. Während man alles Erforderliche tut, um aus Fasern ein Gewebe zu fertigen, wird nicht nur die Feinmotorik gefördert, sondern trägt das Tun auch zu einer differenzierten Ausreifung des Gehirns bei und das logische Denken wird geschult. Voraussetzung dafür ist, dass Handlungen in einer sinnvollen Reihenfolge ablaufen und durchschaubar sind, wie es beim Filzen der Fall ist.

Ob Klein oder Groß, ob zappelig, unruhig, unkonzentriert oder bedrückt: Beim Filzen vergessen wir uns selbst im ruhigen, konzentrierten, rhythmischen Arbeiten. Die Muskulatur entspannt sich, das Gemüt wird leicht, wir regenerieren, lernen uns selbst besser kennen und schöpfen Kraft für den Alltag.

Das Filzen kommt einer Meditation nahe: In sich versinken, der Geist beruhigt und sammelt sich, die Aufmerksamkeit wird gebündelt. Das schafft Raum für kreative Schöpfungen.

Die Leitsätze des Nassfilzens

Das A und O eines schönen Filzes ist das gleichmäßige Auslegen der Wolle.

Die Wolle nur mit trockenen Händen auslegen und die Restwolle an einem trockenen Platz aufbewahren.

Beim Filzen auf das Material hören: Ist der Filz zart und lose, ganz sanft behandeln; wird er fester und stabiler, härter bearbeiten.

Klebt die Wolle an den Händen oder fühlt sie sich rau an, einfach die Hände einseifen und weiterfilzen

Die Temperatur der Seifenlauge sollte so warm wie möglich, aber noch erträglich für die Hände sein. Nicht das angegebene Mischungsverhältnis von Seife und Wasser überschreiten.

Sobald die Wolle angefilzt ist, kann jederzeit pausiert werden.

Nassen Filz immer in der Sandwichtechnik wenden, sonst reißt er oder die Fasern verschieben sich. Bei großen Stücken zu zweit arbeiten.

Feine Wolle für Körpernahes und grobe Wolle für Robustes verwenden.

Eine Form immer erst fertig aufbauen, dann erst mit dem Filzen beginnen.

Teile, die angefilzt werden sollen, brauchen ungefilzte, am besten trockene Wollenden. Sie können nur auf Flächen gefilzt werden, die noch weich und offen sind, deren Fasern sich also noch nicht fest verbunden haben.

Nur leicht angefilzte Flächen (Vorfilz) lassen sich auffilzen, und auch nur auf Flächen, die selbst noch nicht geschlossen sind.

DIE WOLLE BEHÄLT DIE FORM, DIE SIE BEIM TROCKNEN HAT. DAS GEFILZTE OBJEKT ALSO GEGEBENENFALLS AUSSTOPFEN, ABSTÜTZEN ODER ÄHNLICHES.

Feinfasrige Wolle schrumpft stärker als grobfasrige.

Dünn ausgelegte Wolle schrumpft stärker als dick ausgelegte.

In der Rolltechnik gefilzte Werkstücke schrumpfen weniger als in der Reibetechnik angefertigte.

Wolle schrumpft immer in die Richtung, in die gewalkt wird, deshalb das Werkstück gleichmäßig bearbeiten und drehen und wenden.

Arbeitsplatz vorbereiten

Die Wahl des Arbeitsplatzes richtet sich nach der Häufigkeit des Filzens, der Größe des Werkstücks, der Technik, mit der gearbeitet wird, sowie danach, ob Sie alleine oder in Gesellschaft filzen. In der Nähe des Arbeitsplatzes sollte auf jeden Fall heißes Wasser zur Verfügung stehen. Im Sommer bietet sich ein warmer, windstiller Platz im Freien an.

Für Kleinigkeiten

Am Anfang genügt ein Platz in der Küche oder im Badezimmer. Werkstücke wie Blüten, Hausschuhe und andere kleine Dinge lassen sich in der Reibemethode auf der Spülbeckenablage filzen. Wenn Sie am Tisch arbeiten, können Sie ein Tablett, einen großen Blumentopfuntersetzer oder eine Gummiautomatte als Unterlage verwenden und den Tisch gegebenenfalls mit einer festen Folie oder einem Wachstuch schützen.

Wassersicher

Beim Anfertigen größerer Stücke in der Reibetechnik, wie Skulpturen, Taschen oder Pantoffeln, sollten Sie die Tischplatte zum Schutz wasserempfindlicher Böden wannenartig erhöhen. Dazu eignen sich Handtuch- oder Zeitungspapierrollen und Rohrdämmungen aus dem Baumarkt (sogenannte Isoschalen/Dämmschläuche).

① Das „Baumaterial“ mit Malerkrepp an zwei Längs- und einer Schmalseite des Tisches fixieren.

② Stabile Folie, ein Wachstuch oder einen Duschvorhang darüber legen. An der offenen Schmalseite die Abdeckung überhängen lassen; hier wird sie zusammengezogen, sodass das Wasser in einen Eimer auf dem Fußboden oder auf einem Hocker ablaufen kann. Oder Sie schließen alle Seiten der „Wanne“ und saugen das Wasser nach und nach mit Putzlumpen auf. Doch Vorsicht beim Arbeiten mit Nadel und Schere! Achten Sie darauf, dass Sie die Folie nicht beschädigen. Eventuell entstandene Löcher in der Folie können mit Gewebeband repariert werden.

Tipp: Geometrisch gemusterte Unterlagen bilden eine gute Orientierung beim Filzen von Werkstücken mit geraden Kanten, zum Beispiel Bildern.

Für die Rolltechnik

Beim Filzen in der Rolltechnik benötigen Sie nicht unbedingt erhöhte Kanten wie oben beschrieben, denn die Wolle sollte nur angefeuchtet, nicht durchnässt werden. Ist Ihr Arbeitsplatz zu klein, um das Werkstück vor dem Einrollen komplett auszulegen, kann in der **„Platzsparmethode“** gearbeitet werden. Die Unterlage an die vordere Tischkante legen und – soweit der Platz reicht – die Wolle auslegen. Dann die ausgelegte Fläche bis auf einige Zentimeter am Ende anfeuchten und zusammenrollen. Anschließend die Wolle weiter auslegen, bis die gewünschte Länge erreicht ist.

Hinweise: Immer ausreichend Handtücher bereithalten. Sie helfen beim Wegwischen von überlaufendem Wasser sowie beim Abtrocknen der Hände, bevor neue Wollflocken ausgerissen und aufgelegt werden, und sie dienen als Unterlage beim Trocknen.

Achten Sie auf eine gesunde Körperhaltung! Halten Sie den Rücken gerade und lassen Sie die Schultern locker hängen. Wenden Sie Kraft nur dort an, wo sie benötigt wird: in den Händen oder, beim Rollen, in den Unterarmen.

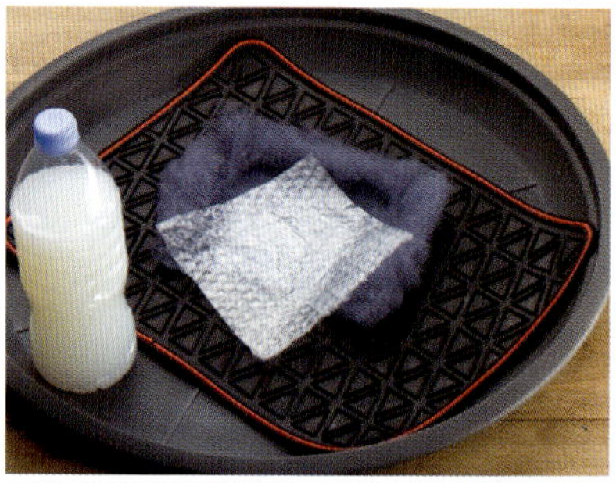

Genügt für kleine Arbeiten. Auf der Automatte rutscht das Werkstück nicht weg, in den Vertiefungen kann sich das Wasser sammeln. Der XXL-Untersetzer schützt vor Überschwemmungen.

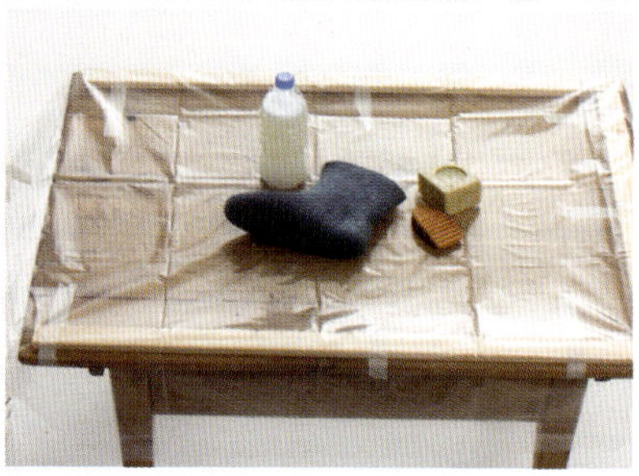

Schutz vor einem nassen Fußboden bietet bei großen, wasserreichen Arbeiten eine Tischkonstruktion mit erhöhten Rändern.

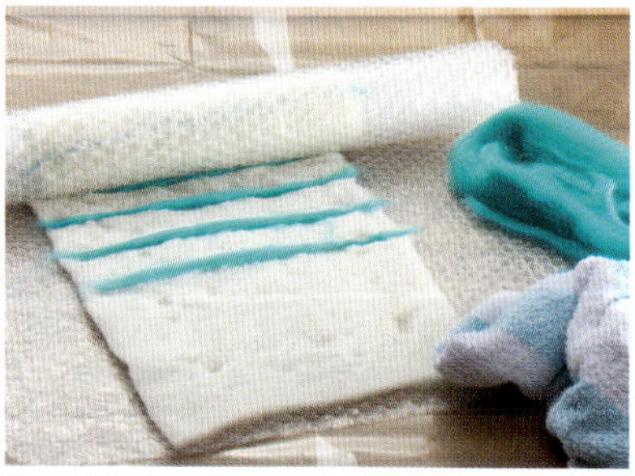

Platzsparmethode – Langes auf kurzen Flächen filzen.

Seife und Seifenlauge

Je sauberer die Wolle ist, desto mehr Seife müssen Sie zusetzen, denn die Wolle hat – anders als im Rohzustand – nach dem → Waschen keine eigenen seifenbildenden Fettsäuren und Schweißsalze mehr, die für die Filzbarkeit wichtig sind.

Die Zugabe von Seife dient der Veränderung des pH-Wertes des Wassers.

Zum Filzen kann jede Seife verwendet werden, solche aus Olivenöl wird jedoch besonders geschätzt, da sie weich bei der Verarbeitung und besser verträglich für die Hände ist als Schmierseife oder Kernseife. Spülen Sie die Filzarbeit nach dem Walken immer mit Essigwasser aus, um die Seife zu neutralisieren und den normalen pH-Wert der Wolle wiederzuerlangen.

Das Mischverhältnis:

- ½ bis 1 Esslöffel (5 bis 10 Gramm) Olivenöl-seife auf 1 Liter warmes Wasser
- 1 Esslöffel Schmierseife auf 1 Liter warmes Wasser

Wolle hat im Naturzustand einen pH-Wert von 3 bis 6, in diesem Bereich ist sie ausbalanciert und gegenüber chemischen Reaktionen träge. Durch Seife wird das Wasser basisch, der pH-Wert liegt bei 10 bis 12.
Wolle lässt sich auch im sauren Bereich bei einem pH-Wert von 1 bis 2 verfilzen, dazu wird statt Seife Molke (oder Urin, den zum Beispiel Nomaden nutzen) dazugegeben. Die saure Variante eignet sich aber nur für die Rolltechnik, da die Wolle beim Reiben ohne schmierende Seife zu rau werden würde.

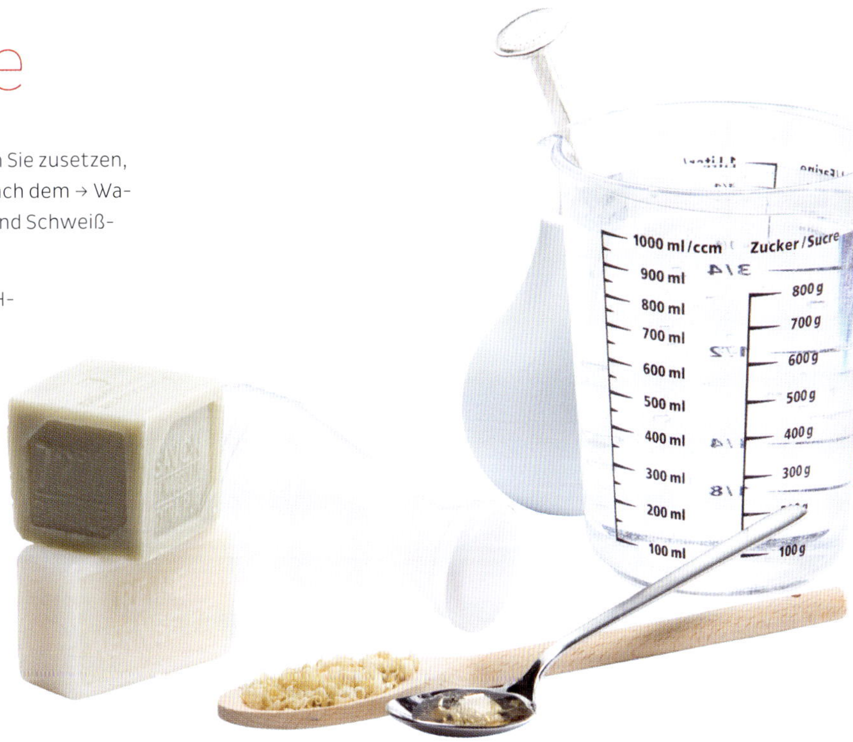

Zutaten zum Herstellen von Seifenlauge sowie Hilfsmittel zum Befeuchten der Wolle. Wer weder Wäschesprenger noch Ballbrause hat, kann eine Plastikflasche verwenden und Löcher in den Deckel bohren (siehe links). Bei der Nuno-Rolltechnik wird nur wenig Feuchtigkeit benötigt. Hier ist eine Sprühflasche ideal.

Hinweise: Nicht zu viel Seife ins Wasser geben, denn wenn der pH-Wert der Wolle über 12 steigt, schwellen die Wollfasern unbegrenzt an. Sie werden brüchig und beginnen sich zu zersetzen, wenn sie zusätzlich durch heißes Wasser erhitzt werden.

Haarshampoo und Spülmittel haben einen pH-Wert von etwa 7 und können bei feinen Wollen eingesetzt werden, allerdings besteht das Risiko, dass die Wolle durch die in diesen Mitteln enthaltenen Zusätzen an wasch-aktiven Tensiden und Detergenzien wasserfreundlich wird, das heißt, dass ihre Oberfläche das Wasser nicht mehr abweist, sondern durchlässt.

Wasser und Wassertemperatur

„So warm wie möglich", ist die Devise. Wolle verträgt Temperaturen von 40 bis 45 °C, darüber hinaus verlieren die Fasern ihre Elastizität und natürliche Kräuselung. Da das Wasser in der Wolle aber schnell auskühlt, kann es zwischen 50 und 70 °C warm sein, bevor es angegossen wird. Vermeiden Sie das „Abschrecken" der Wolle mit kaltem Wasser. Das macht sie spröde.

Das Wasser auf einer Warmhalteplatte oder in einer Thermoskanne warm halten. Für Filzgruppen lohnt sich die Zweckentfremdung eines Einkochautomaten.

Hilfsmittel für alle Nassfilzarbeiten

① Unterlage

Decken Sie nicht wasserfeste Arbeitsplätze vor dem Filzen mit einer wasserundurchlässigen Folie ab. Darauf eine Automatte oder eine Antirutschmatte legen. In ihren Vertiefungen kann sich überschüssiges Wasser sammeln. Oder in einer Kofferraumwanne (Autozubehör) arbeiten. Mobil sind Sie mit einem großen Blumentopfuntersetzer oder einem Kunststofftablett (für kleine flache Arbeiten wie Blüten oder Figuren bis ca. 30 cm geeignet). Dazu immer eine Schüssel mit großem Durchmesser bereithalten, in die Sie überschüssiges oder erkaltetes Wasser abgießen können. Außerdem benötigen Sie bei allen Nassfilzarbeiten zwei bis drei Handtücher.

Hinweise: Halten Sie eine zweite Automatte zum Wenden der Filzarbeit bereit! Wenn Sie Pantoffeln oder anderes paarweise filzen, benötigen Sie drei Unterlagen: für jede Pantoffel eine sowie eine weitere zum Wenden.

Sie können seitlich in den Untersetzer ein Loch zum Ablaufen des Wassers bohren (im Freien, auf wasserfestem Untergrund, siehe → Arbeitsplatz).

② Walkhilfsmittel

Beim Walken werden die Fasern verdichtet, sodass ein fester Verbund entsteht. Zum Beschleunigen des Vorgangs und zum Schonen der Hände lassen sich Reibehilfsmittel wie Walkmaus oder Waschbrett sowie Schlaghilfsmittel wie Fleischklopfer oder Pfannenwender verwenden. Damit die Arbeit beim Walken nicht wegrutscht, wird die Unterlage (Automatte) auf ein feuchtes Handtuch gelegt. Gewalkt und geschlagen wird erst, wenn die Filzoberfläche fest ist.

Hinweis: Statt der Walkmaus können Sie auch einen Massageroller oder einen Pferdestriegel aus Gummi verwenden.

③ Bügeleisen

Dampfbügeleisen zum Dämpfen und Glätten der Filzflächen. Ein Tuch zwischen das Bügeleisen und den Filz legen.

④ Folie und Netzstoff

Das Anfilzen ist eine diffizile Sache; wirkt zu viel Reibung auf die Fläche, verschieben sich die Fasern und Löcher können entstehen. Was hilft: Luftpolsterfolie (Noppen zur Wolle gerichtet), Klarsichtfolie oder Fliegengitter zum Schutz auflegen und darauf reiben.

Handcreme, Einmalhandschuhe

Das lange „Wasserbad" beim Filzen kann empfindliche Hände strapazieren. Wenn Sie darunter leiden, versuchen Sie es mit dünnen Einmalhandschuhen aus Latex (Apotheke). Nach dem Filzen die Hände eincremen, damit sie nicht austrocknen.

⑤ Waage

Sie wird zum Ermitteln der Wollmenge und Erfassen des Wollverbrauchs benötigt.

⑥ Drahtbürste

Sie eignet sich zum Aufrauen der Oberfläche vor dem Korrigieren von Löchern oder zum Aufflauschen von Filzteilen.

⑦ Filznadel, Nadel, Garn, Bandmaß

Filznadeln werden verwendet, um trocken aufgebauten Figuren und Tieren ersten Halt zu geben sowie Muster und Filzlagen vor dem Nassfilzen locker zu verbinden. Während des Nassfilzens lassen sich mit einigen gezielten Stichen filzunwillige Partien verbinden und Muster nachbessern. Mit Nadel und nicht filzendem Garn können Sie Vorfilzmuster aneinander heften. Das Bandmaß dient zum Ausmessen von Längen, Breiten, Dicken, Tiefen und Umfängen.

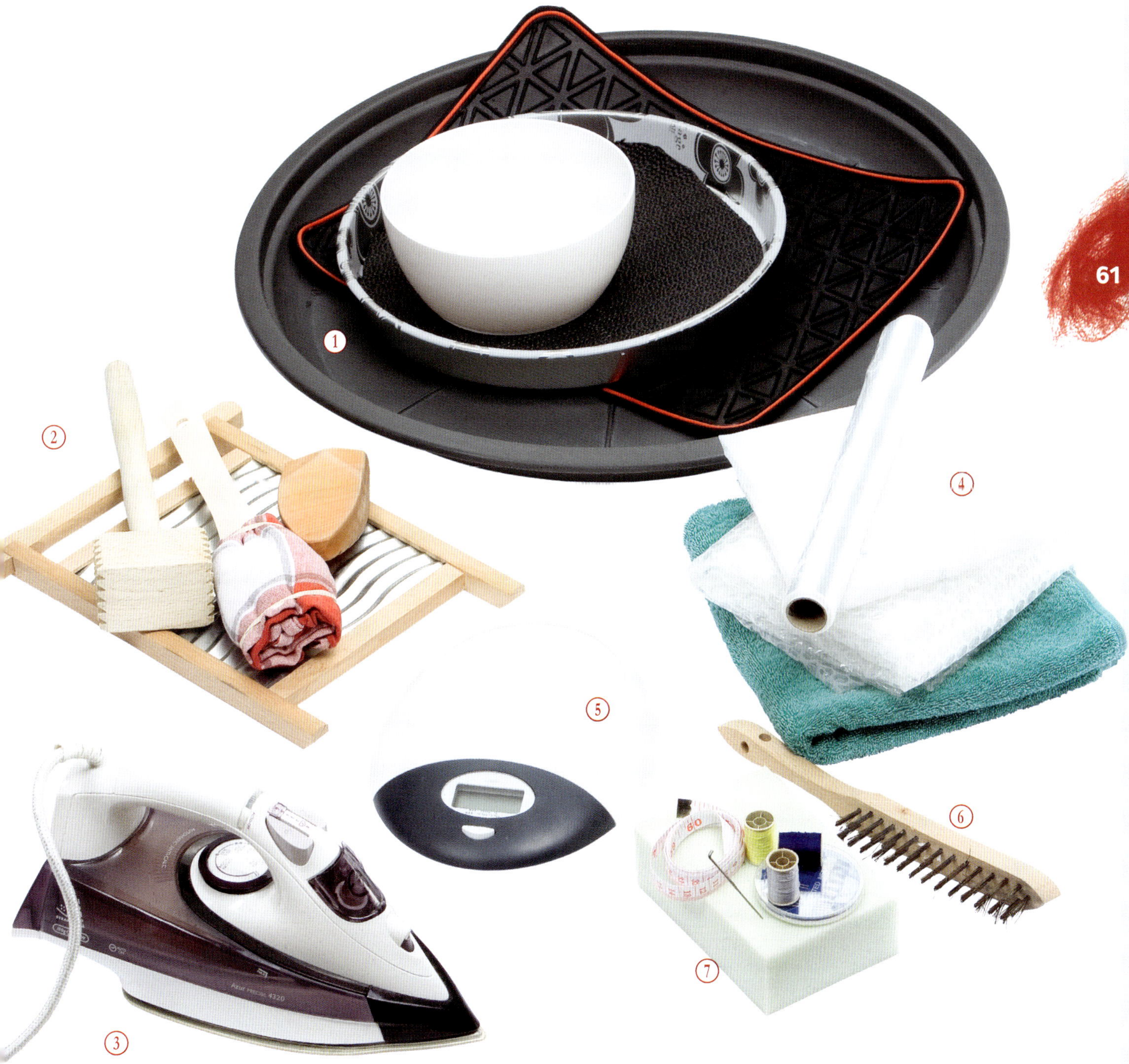
1
2
3
4
5
6
7

Hilfsmittel für spezielle Techniken

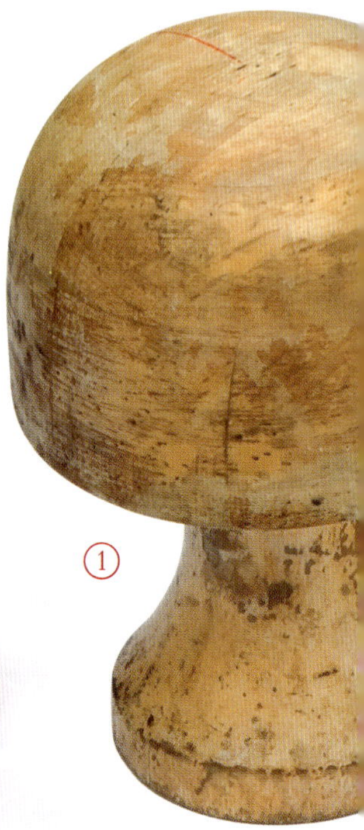

①

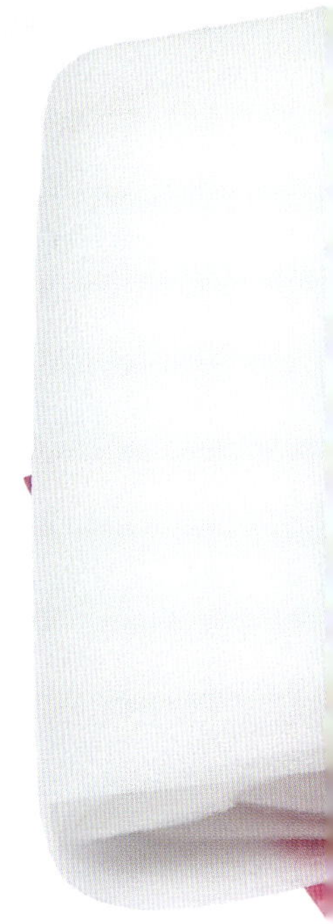

① Formhilfsmittel

Hier unterscheiden sich die Anwendungen: Einige Hilfsmittel werden direkt umfilzt, andere erst zum Ausformen nach dem Anfertigen von Hohlkörpern mit Schablonen eingesetzt. Man arbeitet im ersten Fall also von Anfang an plastisch, im anderen zuerst flach. Auf beide Weisen entstehen nahtlos gefilzte Hohlkörper.

Styroporformen, Dosen und andere wasserfeste Materialien werden umfilzt für Behältnisse und Gefäße. Nach dem Anfilzen den Filz aufschneiden und ein etwas kleineres, baugleiches Modell der Form einsetzen. So kann die Wolle richtig zusammenschrumpfen und ein fester Filz entstehen. Den Schnitt grob zunähen, dann weiterfilzen.

Hutköpfe aus Holz oder Styropor werden eingesetzt, um einen mit Schablone gefilzten Hohlkörper plastisch auszuarbeiten. Als Ersatz lässt sich jede wasserfeste Form verwenden, für rundliche Arbeiten etwa ein Ball (auf Tontopf oder Kochtopf setzen, damit er nicht wegrollt), für eckige ein Eimer.

Schusterleisten werden verwendet, um einen Hohlkörper plastisch auszuarbeiten, wenn der Träger(fuß) nicht greifbar ist. Sie sind recht schwer erhältlich und teuer. Sie können sich mit einer selbstgebastelten flachen Schuhform aus Holz oder Styropor behelfen, um die richtige Schuhgröße zu erreichen. Das Ausformen erfolgt dann beim Tragen. Die besten Ergebnisse garantiert das Arbeiten am Fuß des Benutzers.

② Zeichen- und Schablonenmaterial

Diese Hilfsmittel werden vor allem für die Hohlkörpertechnik benötigt. Als Schablonenmaterial eignet sich **Trittschalldämmung** (im Baumarkt in verschiedenen Stärken erhältlich, für kleine Filzarbeiten die dünnste Qualität verwenden), **Moosgummi** oder **Luftpolsterfolie** (Noppenfolie). Bei Letzterer lassen sich die Kanten etwas schwerer erspüren. Das Motiv mit einem wasserfesten Stift auf das Schablonenmaterial zeichnen und ausschneiden.

③ Bambusrollo, Leinentuch, Gardinenstoff, Plastikfolie, harter Kern

Diese Hilfsmittel werden für die Rolltechnik benötigt. Für kleine Arbeiten genügt eine Bastmatte. Das **Leinentuch** sollte etwa doppelt so groß wie die Filzarbeit sein, so kann man es vor dem Einrollen darüber schlagen.

Der **Gardinenstoff** wird vor dem Befeuchten und Einrollen auf die Wolle gelegt, damit beim Aufgießen der Seifenlauge und Herausdrücken der Luft nichts verrutscht. Plastikfolie zu einem Päckchen packen und damit von der Mitte nach außen in kreisenden Bewegungen über das Netz gleiten, bis alle Luftblasen herausgedrückt und die Wolle gleichmäßig feucht ist. Dann den Netzstoff wieder abnehmen. Auch andere Synthetikstoffe, wie ein **Fliegengitter**, lassen sich dafür verwenden – Hauptsache, die Maschen sind nicht zu eng.

Der feste Kern – Besenstiel, Rohrisolierung oder ein zweites, fest aufgerolltes Rollo – sorgt dafür, dass sich die Arbeit nicht verbiegt und senkrechter Druck auf die Fasern ausgeübt wird. Je schwerer der feste Kern ist, desto größer ist der Druck auf die Fasern.

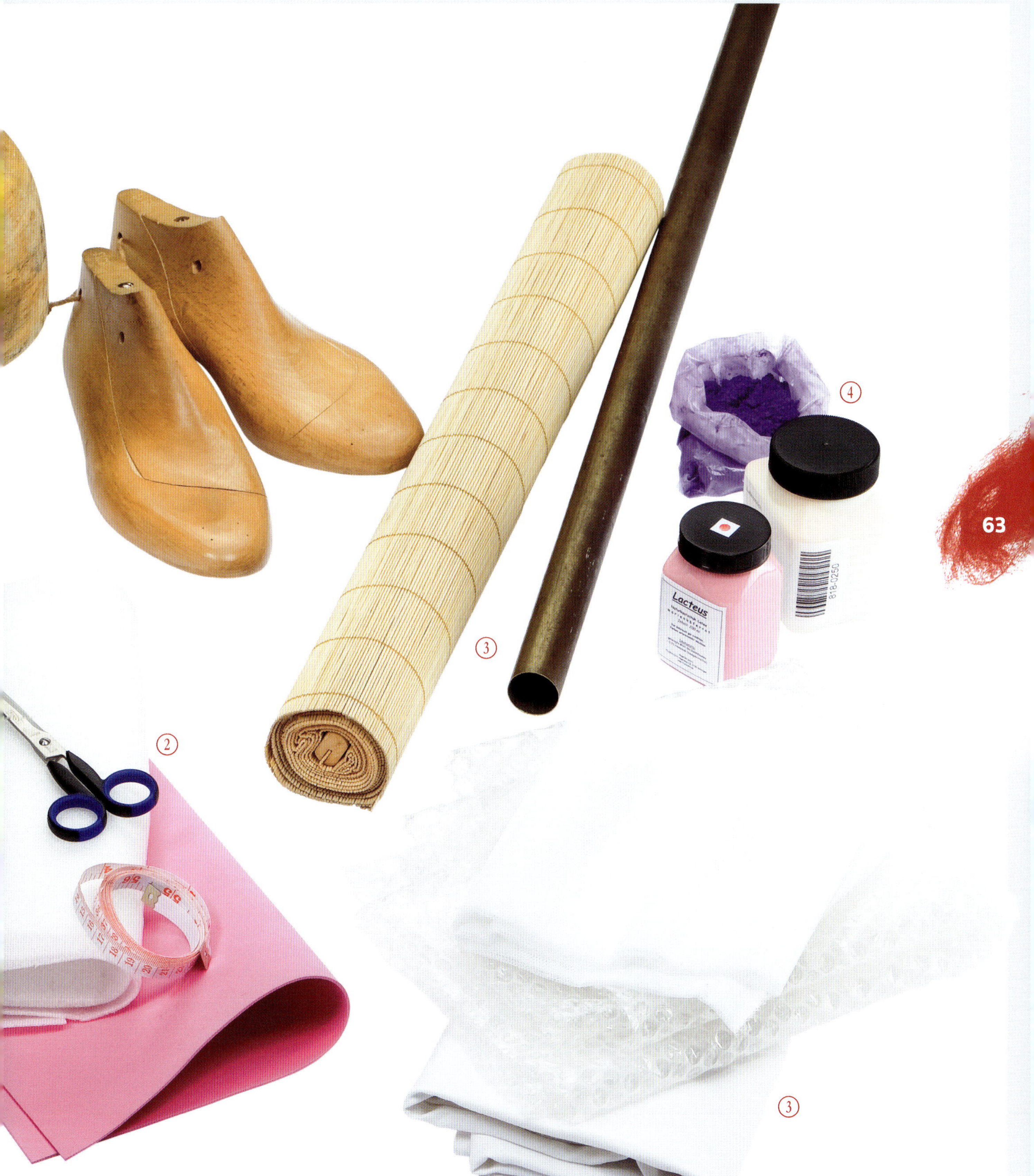

④ Latexmilch und Pigmente

Latexmilch wird als Schuhsohle auf Pantoffeln gestrichen. Das macht diese haltbarer. Sie kann mit **Pigmentpulver** gefärbt werden.

Für Schuhgröße 39 braucht man etwa 3 Esslöffel Latexmilch und ½ Teelöffel Pigment. Die Masse auf die Sohle pinseln und zwei Stunden trocknen lassen.

Schrumpf, Filzdauer und Materialmenge

Während sich lockere Wollfasern unter der Einwirkung von heißem Wasser, Seife und Bewegung zu Filz verbinden, zieht sich das Material beim Verfestigen zusammen, was das charakteristische Schrumpfen bewirkt.

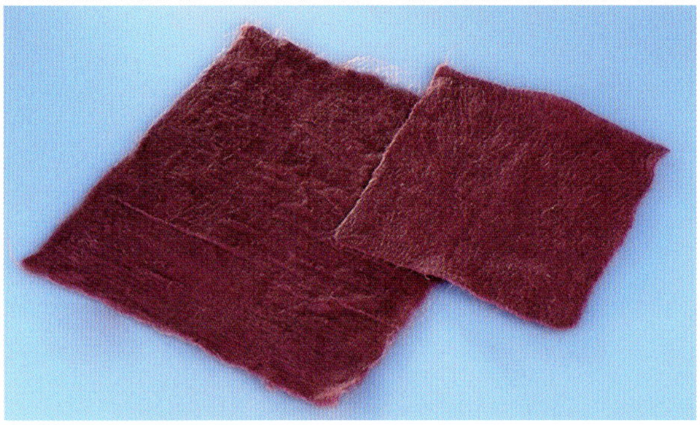

Den Effekt kennt man vom Wäschewaschen: Auch Lieblingspullover mit hohem Wollanteil schrumpfen gerne in der Waschmaschine, wenn das Wasser zu warm, zu viel Waschmittel beigefügt oder das Waschprogramm nicht schonend genug ist. Ist der Ausgang beim Filzen durchaus erwünscht, so ist es doch bei vielen Arbeiten wichtig, den Schrumpffaktor zu kennen, bevor man losfilzt. Pauschal voraussagen lässt sich das Verhalten der Wolle nur grob.

So schrumpft Vlieswolle etwa um ein Viertel, Kammzug um ein Drittel. Feinfasrige Wolle schrumpft mehr als grobfasrige, und dünn ausgelegte Wolle stärker als dick ausgelegte. Auch die Technik spielt eine Rolle: Arbeiten in der Rolltechnik schrumpfen weniger als Arbeiten in der Reibetechnik. Sicher gehen Sie allein mithilfe einer Filzprobe, denn je nach Wollsorte, Wollqualität, Filztechnik und Filzverhalten verhält sich das Material ganz unterschiedlich.

Filzprobe

① Wolle abwiegen

Für die Filzprobe etwa 15 g Wolle abwiegen und dachziegelartig in zwei um 90 Grad versetzte Schichten zu einer 20 cm x 20 cm großen Fläche → auslegen.

② Befeuchten und Uhrzeit notieren

Von außen nach innen mit Seifenlauge befeuchten und noch einmal nachmessen. Ist die Fläche durch das Befeuchten größer geworden, die Ränder umschlagen, sodass sie wieder 20 cm x 20 cm groß ist. Zu kleine Flächen entsprechend auseinanderziehen. Die Uhrzeit notieren.

③ Anfilzen

Nun die Fläche in der Roll- oder Reibetechnik filzen, bis sich die Wolle verfestigt hat.

④ Walken

Dann beginnt das Walken in einem Tuch. So lange walken, bis die Wolle nicht mehr schrumpft. Sie merken das auch daran, dass Sie das Material nicht mehr auseinanderziehen (stretchen) können. Herausstehende Ecken oder Ähnliches durch gezieltes Reiben anpassen. Aber Vorsicht mit zu kräftigem Reiben: Bisweilen geht das Schrumpfen äußerst schnell! Nach Beendigung des Walkens wieder die Uhrzeit notieren. So bekommt man ein Gefühl dafür, wie lange der Filzprozess dauert.

⑤ Maß nehmen

Den Filz auswaschen, zwischen Handtüchern die Flüssigkeit herausdrücken und wieder glatt auslegen. Die Fläche ausmessen und das Maß notieren.

Schrumpffaktor berechnen

Mithilfe der Filzprobe lässt sich der Schrumpffaktor berechnen. Angenommen, die ausgelegte Fläche war 20 cm x 20 cm groß, dann beträgt das Ausgangsmaß 20 cm. Nach dem Schrumpfen war die Fläche nur noch 14 cm x 14 cm groß. Das Schrumpfmaß beträgt also 14 cm. Daraus ergibt sich für die Berechnung des Schrumpffaktors:

$$\frac{\textbf{(Ausgangsmaß – Schrumpfmaß) x 100}}{\textbf{Ausgangsmaß}} = \textbf{Schrumpffaktor in Prozent}$$

das heißt: $\frac{20\text{ cm} - 14\text{ cm} \times 100}{20\text{ cm}} = 30\,\%$

Auslegemaße berechnen

Mit dem errechneten Schrumpffaktor lässt sich berechnen, wie groß Sie eine Fläche auslegen müssen, um ein gewünschtes Maß zu erzielen. Im folgenden Beispiel beträgt die Wunschgröße der Fläche 20 cm x 20 cm. Die Zielgröße ist also 20 cm.

Neben dem Wunschmaß benötigen Sie noch einen zweiten Wert: den Rechenfaktor, also das Hundertstel des Schrumpffaktors:

$$\frac{\textbf{Schrumpffaktor}}{\textbf{100}} = \textbf{Rechenfaktor}$$

das heißt: $\frac{30\,\%}{100} = 0{,}3$

Nun können Sie das Auslegemaß berechnen:

$$\frac{\textbf{Zielgröße}}{\textbf{1 – Rechenfaktor}} = \textbf{Auslegemaß}$$

das heißt: $\frac{20\text{ cm}}{1 - 0{,}3} = \frac{20\text{ cm}}{0{,}7} = 28{,}5\text{ cm}$

Die Fläche sollte 28,5 cm x 28,5 cm groß ausgelegt werden, damit sie nach dem Filzen 20 cm x 20 cm groß ist.

Hinweis: Wenn das Musterstück kein Quadrat ist, die Maße für Länge und Breite separat berechnen.

Wollmenge berechnen

Anhand des Teststückes können Sie auch den benötigten Wollbedarf errechnen. Sie brauchen dazu:

- Länge und Breite des Zielobjektes für die Flächenberechnung – beispielsweise 30 cm x 40 cm, das entspricht 1200 cm^2
- Länge und Breite des Teststücks für die Flächenberechnung – 14 cm x 14 cm, entspricht 196 cm^2
- Gewicht des Teststückes – 15 g

So sieht die Berechnung der benötigten Wollmenge aus:

$$\frac{\textbf{Fläche Zielobjekt x Gewicht Teststück}}{\textbf{Fläche Teststück}} = \textbf{Wollmenge}$$

das heißt: $\frac{1200\text{ cm}^2 \times 15\text{ g}}{196\text{ cm}^2} = 91\text{ g}$

Sie brauchen also für eine 30 cm x 40 cm große Fläche, die in ebenso vielen Schichten und in der gleichen Technik wie das Teststück gefertigt wird, 91 g Wolle.

Zupfprobe

Ob der Filz bereits fest genug ist, um das Walken – also das Arbeiten mit mehr Druck – zu beginnen, lässt sich am besten wie folgt testen: Ziehen Sie mit Daumen und Zeigefinger an der Filzoberfläche. Hebt sich die Fläche, ist der Filz fest genug. Lassen sich einzelne Fasern herausziehen, ist der Filz noch nicht fest genug und Sie müssen noch weiter filzen.

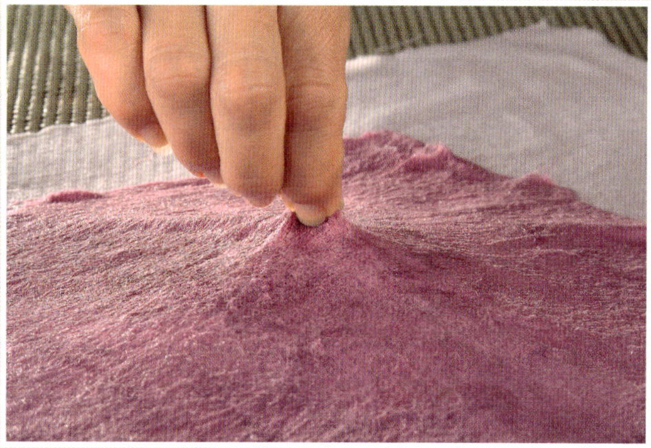

Die Fläche ist fest gefilzt, wenn sich keine Fasern mehr aus der Oberfläche lösen.

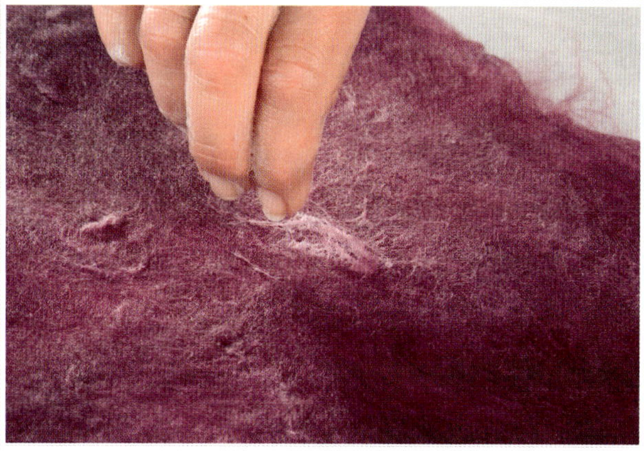

So nicht! Solange Sie Fasern herausziehen können, darf die Arbeit noch nicht gewalkt werden.

Der Filzprozess im Überblick

Auswahl der Wolle

↓

Entscheidung für Roll- oder Reibetechnik

↓

Filzprobe

↓

Wolle auszupfen

↓

Wolle (dachziegelartig) auslegen

↓

mindestens zwei Schichten im rechten Winkel zueinander auslegen

↓

Wolle befeuchten

↓

Luft herausdrücken

↓

sanft anfilzen von allen Seiten

↓

Zupfprobe

↓

walken

↓

Seife ausspülen

↓

zum Neutralisieren mit Essigwasser nachspülen

↓

in Form ziehen, eventuell ausstopfen oder Teile abstützen

↓

trocknen

↓

eventuell dämpfen und mit Mottenschutz versehen

Wolle auszupfen

Das A und O eines schönen Filzes ist das Auszupfen der Wolle. Während Sie das benötigte Stück Vlieswolle einfach aus der Fläche ausreißen können, wird Kammzug in gleichmäßige Strähnen gezupft und auf eine bestimmte Art und Weise als Fläche ausgelegt (→ Wolle auslegen). Nehmen Sie sich Zeit für diese Arbeitsschritte, denn nur eine gut vorbereitete Wollfläche ergibt einen schönen, gleichmäßigen Filz.

Kammzug auszupfen

Beim Kammzug lässt sich die Wolle nur auszupfen, wenn der Halteabstand der Hände etwa anderthalb Wolllängen beträgt, das sind 10 –15 cm. Zum Zupfen den Strang locker in der linken Hand halten und mit der rechten das ausgedünnte Strangende greifen. Dabei nicht mit spitzen Fingern zupfen, sondern die Fasern zwischen Handballen und Fingern greifen und herausziehen. Die Büschel müssen für eine regelmäßige Filzfläche gleichmäßig dick und breit sein. Das braucht etwas Übung.

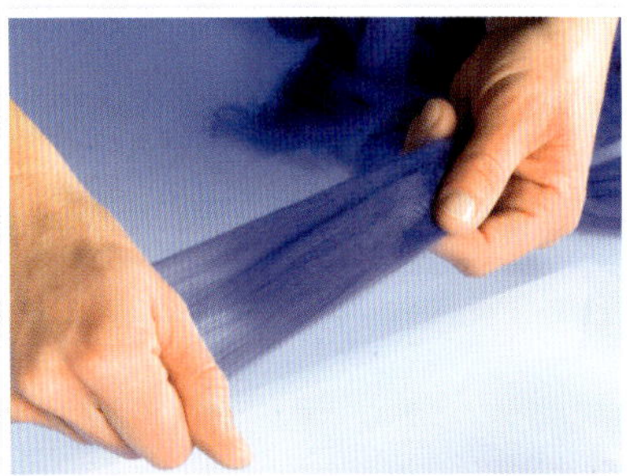

Abtrennen eines Wollstrangs.

Vlieswolle abtrennen und zupfen

Ein Vliesstück lässt sich einfach in der benötigten Größe von der Rolle abreißen. Wickeln Sie die entsprechende Menge Vlieswolle von der Rolle ab und reißen (rupfen) Sie sie in Form, beispielsweise mithilfe einer aufgelegten Schablone.

Vliese sind häufig unregelmäßig stark, das erkennen Sie durch Ertasten mit der flachen Hand, indem Sie das Stück gegen das Licht halten. So sind manche Stellen einer ausgelegten Fläche dünner. Auf diese dünneren Stellen werden kleine Wollflocken auflegt, die Sie aus einem Vlieswollestreifen zupfen. Nicht mit spitzen Fingern, sondern wie beim → Kammzug mit der flach geschlossenen Hand zupfen.

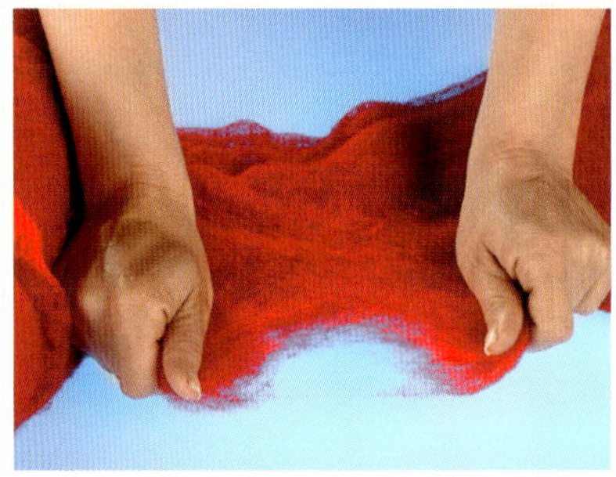

Vlies immer reißen, nicht schneiden.

Wolle melieren

Für lebendig wirkende Flächen wird die Wolle vor dem Auslegen meliert, dafür benötigen Sie Büschel in verschiedenen Farbnuancen einer Farbe. Die Farbnuancen werden vermischt, indem Sie aus den Büscheln einzelne Strähnen herausziehen, alles wieder zusammenlegen und erneut Strähnen herausziehen, bis Ihnen die Mischung zusagt.

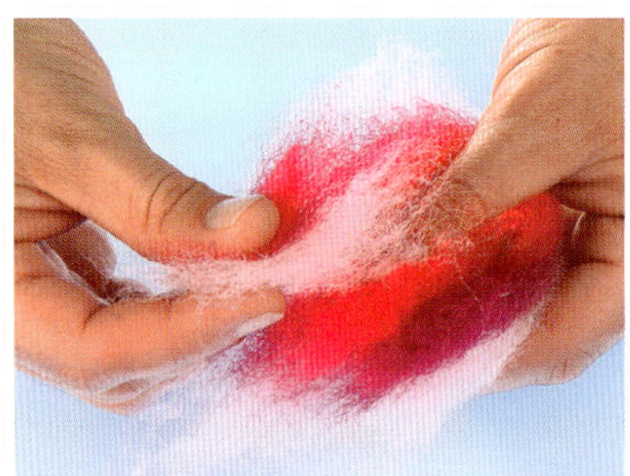

Wolle lässt sich melieren, hier Vlieswolle.

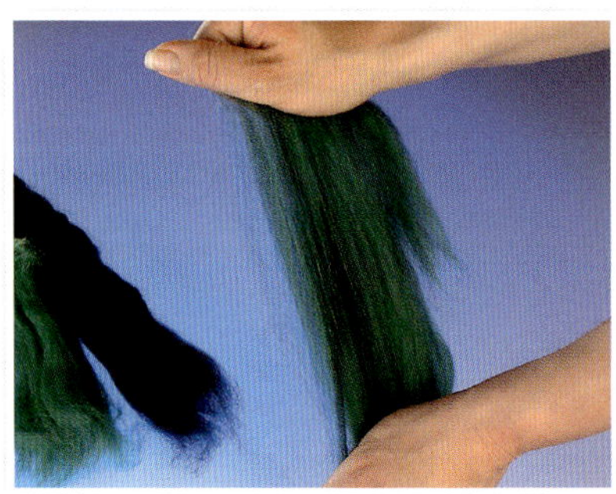

Melieren von Kammzug.

Wolle auslegen

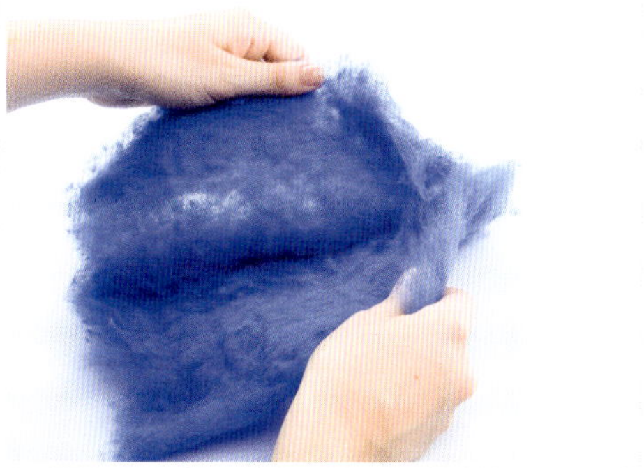

Optimalerweise trennt man Vlieswolle in dünne Lagen und legt sie versetzt aufeinander.

Vlieswolle auslegen

In Vlieswolle liegen die Fasern bereits durcheinander, sodass Sie diese von der Rolle verwenden können. Damit sich die Fasern optimal verfilzen, teilen Sie das Vlies der Länge nach und legen die Schichten im rechten Winkel aufeinander. Je nach gewünschter Dicke noch weitere Lagen kreuzweise auflegen. Achten Sie darauf, dass die Gesamtzahl der Schichten gerade ist, damit ein gleichmäßiges Schrumpfen gewährleistet ist.

Vlies ist oft unregelmäßig; an dünnen Stellen müssen Sie noch Wollflocken auflegen.

Kammzug auslegen

Kammzug muss vor dem Auslegen in gleichmäßige, kleine Büschel gezupft werden (→ Kammzug auszupfen). Diese Büschel werden nebeneinander in einer Reihe gelegt, bevor die nächste Reihe ausgelegt wird. Dabei sollten sich die Reihen dachziegelartig überlappen und die dünnen Enden der Büschel der neuen Reihe etwa zur Hälfte die zuvor ausgelegte Reihe bedecken. So gleichen sich die dünneren und stärkeren Teile gegenseitig aus, zudem stehen die Fasern leicht schräg, was das Zusammenfilzen begünstigt.

Will man dickere Flächen filzen, können die einzelnen Reihen noch weiter übereinander liegen. Steil liegende dünne Büschel sind besser als dicke, flach liegende Büschel, die man, um das gleiche Ergebnis zu erreichen, lange walken muss.

Flächen auslegen

Der fertige Filz wird nur so gleichmäßig, wie Sie die Wollschichten auslegen. Dieser Arbeitsschritt ist entscheidend, um dickere und dünnere Stellen oder sogar Löcher zu vermeiden.

Ein gleichmäßiger Filz, der sich beim Schrumpfen der Wolle nicht verzieht, entsteht am ehesten aus einer chaotischen Anordnung der Fasern. Wenn Fasergruppen gleich ausgerichtet sind, also alle Fasern waagerecht gelegt sind, verdichtet sich auch der Filz in diese Richtung und schrumpft dementsprechend.

Deshalb ist es besser, viele dünne Schichten im rechten Winkel zueinander auszulegen als wenige dicke, denn in jeder dieser dünnen Schichten durchdringen sich die Fasern.

Je nach Form der Filzarbeit kann sich auch das Auslegen der Wolle unterscheiden; so ist es bei runden Flächen anders als bei winkligen, bei Schnüren anders als bei Bällen. Auch ob Sie Kammzug oder Vlieswolle verwenden, spielt bei einigen Formen eine Rolle (siehe Tabelle auf der nächsten Seite).

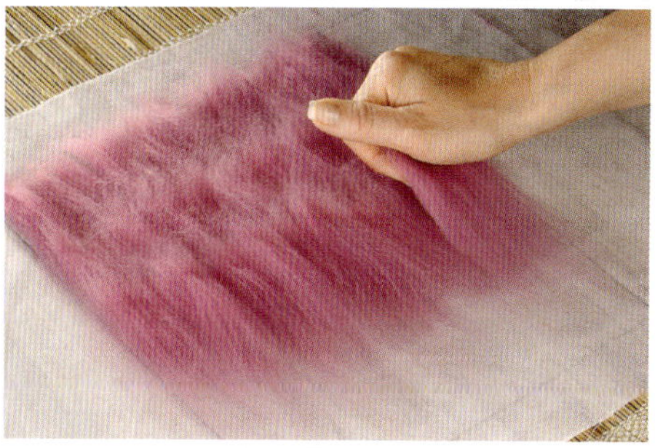

① *Die Fasern dachziegelartig auslegen.*

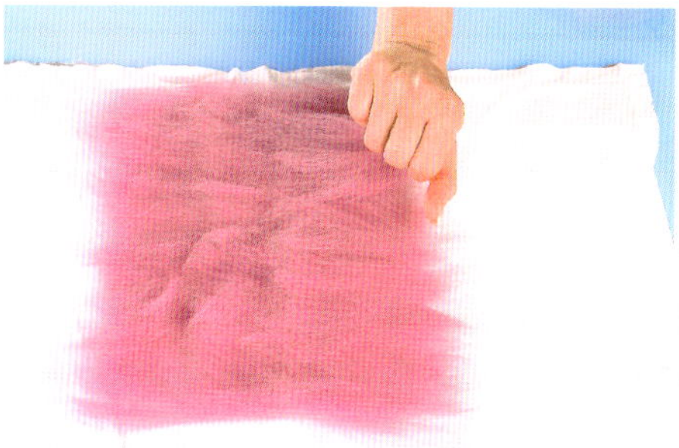

② *Die zweite Schicht liegt im rechten Winkel auf der ersten.*

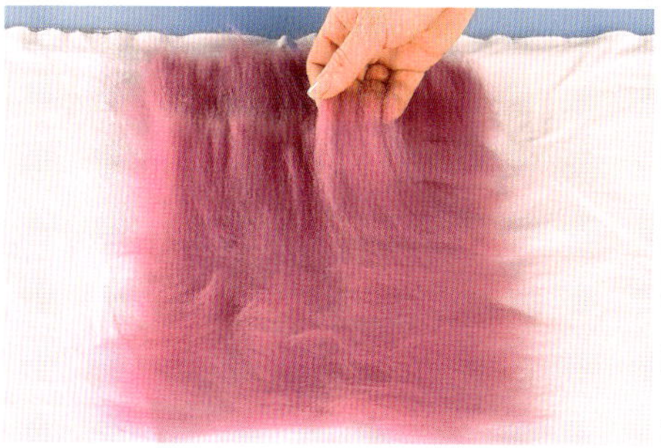

③ *Damit die Kanten nicht dünn auslaufen, die jeweils äußeren Fasern gegenverkehrt auflegen.*

Form	Auslegemuster	Erläuterung
Recht- winklige Flächen	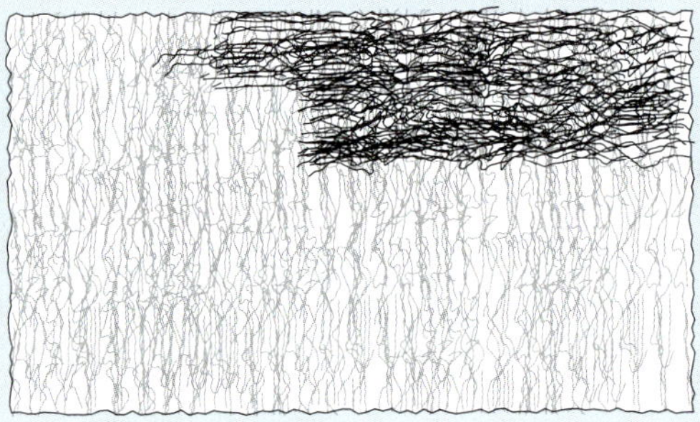	**Vlies und Kammzug:** Kreuzweise auslegen, also eine Schicht im rechten Winkel auf die andere setzen.
Runde Flächen	**Kammzug** 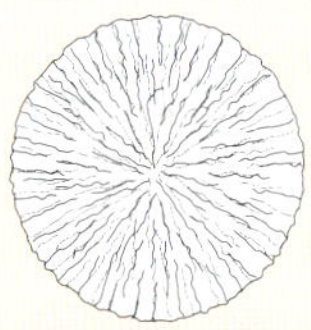 (1) 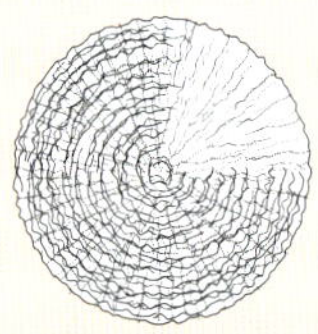 (2) **Vlies** 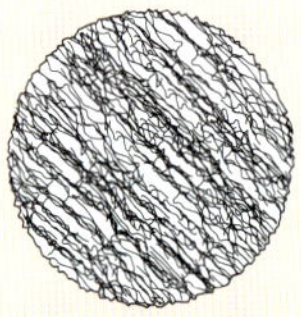 (1) 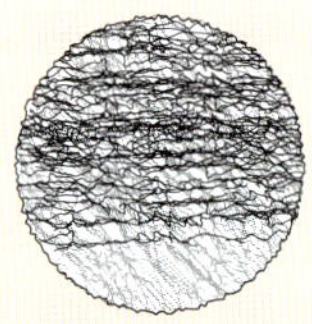 (2) 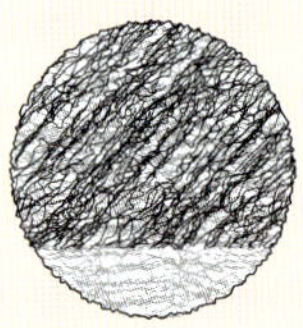 (3) 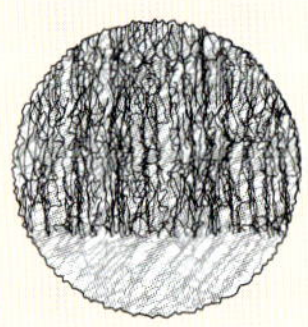 (4)	**Kammzug**: Die Fasern folgen der Form. Bei beiden Lagen den Mittelpunkt des Kreises beachten und halten. Erste Schicht: Fasern strahlenförmig vom mittleren Ring nach außen setzen; zweite Schicht: in Kreisen von innen nach außen legen. Gilt auch für Ovale oder andere stark gerundete Flächen. **Vlies:** Ein loses Vlies in Schichten teilen und kreuzweise auslegen. Ein festeres Vlies sollte besser in der „Winkelmethode“ verarbeitet werden: Das Vlies in so viele Schichten wie möglich teilen, dann 180 Grad durch die Anzahl der Schichten dividieren und sie im entsprechenden Winkel versetzt aufeinander legen, bei drei Schichten also um 60 Grad, bei vier Schichten um 45 Grad versetzt (siehe Abbildung).
Schnur	**Vlies** 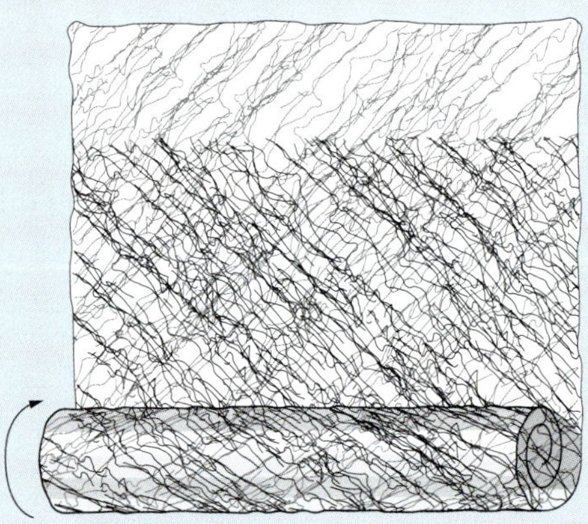	**Kammzug:** Schnell und einfach – einen Strang in gewünschter Dicke abtrennen. **Vlies:** Zwei sich diagonal kreuzende Schichten aufeinander legen und eng aufwickeln. Durch das diagonale Auflegen verhält sich die Schnur beim Verdichten richtungsneutral.

Form	Auslegemuster	Erläuterung
Hohlkörper – einfache Form	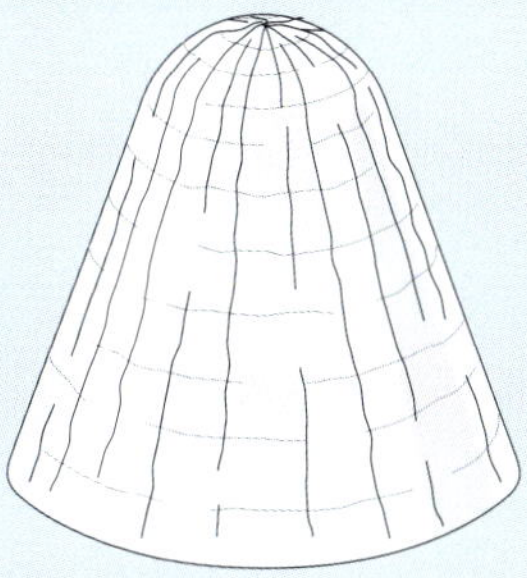 **Kammzug** 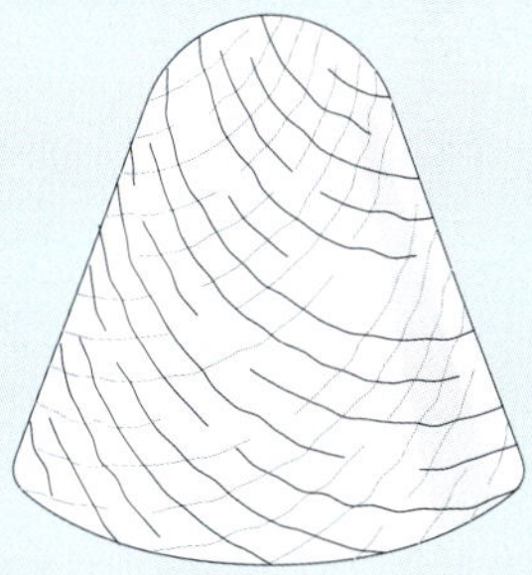 **Vlies**	**Kammzug:** Bei den einzelnen Lagen abwechseln zwischen Längsfasern, die zur oberen Spitze verlaufen, und Querfasern, die in Ringen rund um die Form laufen. **Vlies:** Alle Fasern verlaufen diagonal, die jeweils folgende Schicht kreuzweise zur vorhergehenden.
Hohlkörper – kurvenreiche Form	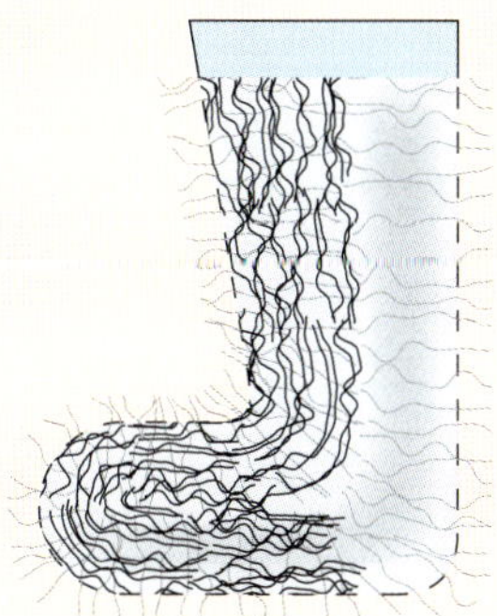 **Kammzug** 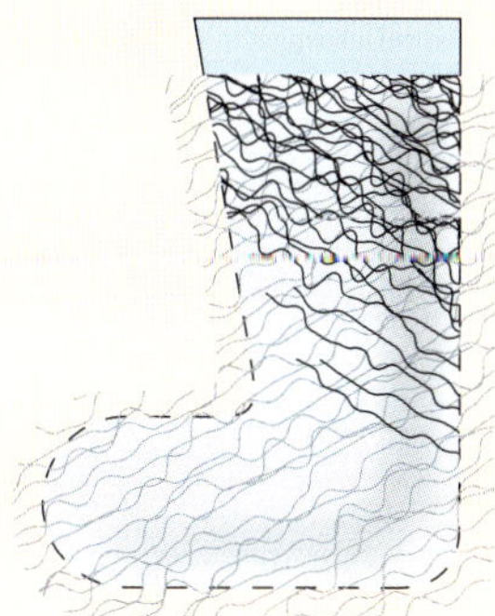 **Vlies**	**Kammzug:** In der ersten Schicht folgen die Fasern der Form quer zur Schablonenkante und stehen über (hier hellgrau). In der nächsten Schicht sind sie randbündig und folgen der Form längs zur Schablonenkante. **Vlies:** In dünnen Lagen diagonal versetzt auflegen.
Plastische Figuren	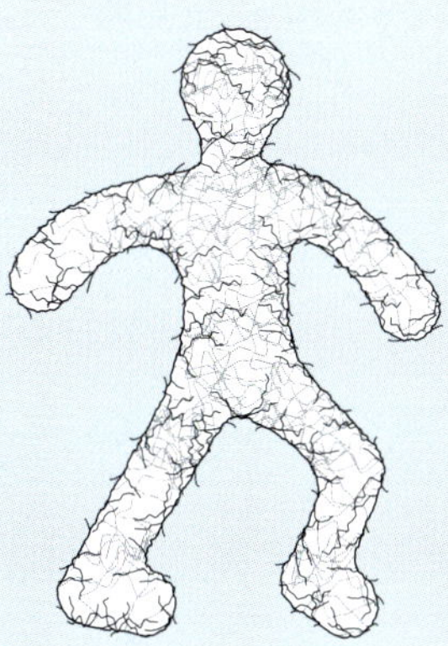 **Kammzug** 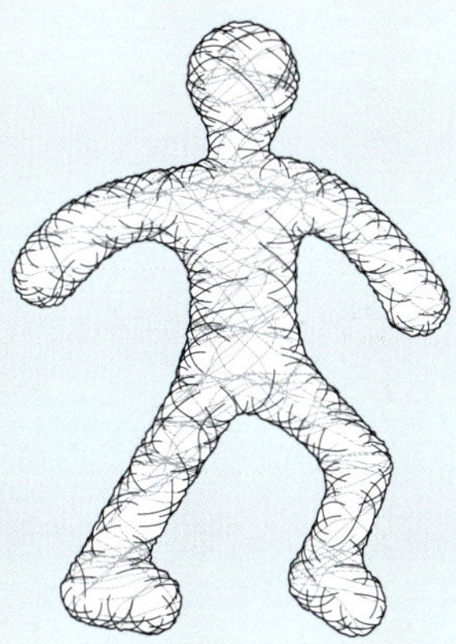 **Vlies**	**Kammzug:** mit einem Kern aus chaotisch angeordneten kurzen Fasern arbeiten und diesen mit einer Schicht Kammzug bedecken, dabei der Form folgen. Die Verdichtung folgt dem Faserverlauf. **Vlies:** Eignet sich am besten. Immer der Form folgen.

Die Grundtechniken

Der Filzprozess setzt sich aus dem Anfilzen und dem Walken der Wolle zusammen. Das **Anfilzen** bezeichnet den Arbeitsschritt, bei welchem die Oberfläche des Materials verfestigt wird. Es ist ein behutsames Arbeiten mit wenig Druck. Vor allem, wenn die Wolle mit den Händen gerieben wird, verschieben sich die Fasern leicht und es können Löcher entstehen.

Das **Walken** erfolgt, sobald die Oberfläche verfestigt ist. Als Walken wird das Verfestigen der Fasern bezeichnet. Es geschieht entweder durch Reiben, Rollen oder sogar in der → Waschmaschine. Auch kann man, wenn die Oberfläche fest genug ist, mit einem Walkholz darüber reiben oder die Fasern mit einem Schlagholz schlagen (→ Walkhilfsmittel). Beim Walken wird also mehr Kraft und Reibung auf die Fasern ausgeübt, wodurch sie sich immer stärker verkeilen, was sich im Schrumpfen des Materials ausdrückt.

Während des Walkens lassen sich auch Falten in den Filz einarbeiten. Dazu den Filz entsprechend zurechtlegen und so lange über die Falte reiben, bis sie fixiert ist.

Je nach Vorliebe, gewünschtem Ergebnis und Objektform können Sie sowohl beim Anfilzen als auch beim Walken zwischen zwei Techniken wählen: der Roll- und der Reibetechnik.

Roll- und Reibetechnik

Wird die Wolle mit der Hand gerieben, nennt man die Filzmethode Reibetechnik. Die Technik eignet sich für alles, was man „im Auge" behalten möchte, sowie für alles Plastische.

Bei der Rolltechnik, der traditionellen nomadischen Filzmethode, wird die Fläche zusammen mit einer Bambusmatte und/oder einem nichtfilzenden Tuch oder einer Folie aufgerollt und durch Vor- und Zurückrollen bearbeitet. Diese Methode eignet sich besonders für große, dünne Filzarbeiten wie Teppiche, Tücher und Meterware, kann aber auch für alle anderen flachen, flexiblen Werkstücke eingesetzt werden. Also auch für Hohlkörper, die eine weiche Schablone als Kern haben.

Es ist nicht das Rollen allein, das für den Filzprozess verantwortlich ist, sondern ebenso der Druck, der dabei ausgeübt wird. Die Fasern werden beim Rollen nicht von allen Seiten, sondern nur senkrecht zusammengedrückt, weshalb die Wolle in der Rolltechnik weniger schrumpft. Auch können die Fasern nicht vollständig in ihre natürliche Kräuselung zurückkehren, was die Oberfläche glatter macht.

Hinweis: Sie können die Rolltechnik auch nur zum Walken einsetzen. Dabei entstehen glatte, dünne, kompakte Filze. Weil der Filz nur von oben und unten gedrückt wird, bleibt er dünn und geht in der Länge und in der Breite weniger ein.

Rolltechnik

Sie brauchen:

› Filzwolle › Seifenlauge › Bambusrollo mit Leinentuch (oder Luftpolsterfolie, anderes nicht filzendes Tuch) › Gardine › Haushaltsgummis oder Bänder zum Zubinden

① Wolle auslegen und befeuchten

Das Bambusrollo ausbreiten und ein leicht angefeuchtetes Tuch darauf auslegen, das etwa doppelt so groß wie die Filzarbeit ist. Die Wolle auslegen und mit heißer → Seifenlauge von außen nach innen befeuchten. Es genügt, wenn die Wolle aussieht, als würde sie schwitzen. Sie sollte nicht zusammengefallen und tropfnass sein, denn dann bilden sich beim Rollen leicht Falten.

② Einrollen vorbereiten

Die Filzarbeit in das Tuch einschlagen. Es bleibt oben offen, damit die Luft aus der Wollfläche entweichen kann und weniger Falten entstehen.

③ Mit Kern einrollen

Einen festen Kern auf das Bambusrollo legen (Rohrisolierung, Holzpfahl, zweites Rollo, Metallrohr, je schwerer, desto weniger Druck muss man selbst aufbringen). Ist das Rollo lang und die Filzarbeit kurz, kann der separate Kern gespart und stattdessen ein Teil des Rollos eng aufgewickelt werden, bevor die Filzfläche eingewickelt wird.
Der Kern sorgt dafür, dass sich das Rollo beim Vor- und Zurückrollen nicht durchbiegt, was zu einem unterschiedlich starken Verfilzen der Wollfasern und damit zu einem Verziehen der Fläche führen würde. Deshalb ist es auch wichtig, das Rollo außen zu greifen und parallel zu führen.

④ Verfestigen

Das Rollo zwei- bis dreimal mit den Unterarmen vom Körper wegrollen, ...

⑤ Weiter verfestigen und fixieren

... bevor Sie es wieder zu sich heben. Dabei wird die Rolle verfestigt. Dann mit Haushaltsgummis oder Schnüren an den Seiten fixieren.

⑥ Rollen

Die Rolle mit den Unterarmen 2–3 Minuten lang (etwa 100 Mal) vor- und zurückrollen, wobei zu Beginn wenig Druck ausgeübt wird.

⑦ Fläche schrittweise drehen

Die Rolle öffnen, die Filzarbeit glatt streichen und die Ränder in Form ziehen. Die Fläche im Uhrzeigersinn um 90 Grad drehen und wieder einschlagen. Abermals wie in den Schritten 3 bis 6 beschrieben bearbeiten.

⑧ Rückseite bearbeiten

Danach die Filzarbeit wenden und alle Arbeitsschritte auf der Rückseite wiederholen (siehe Schritt 7).

Zum Wenden großer Stücke den überstehenden Teil des Rollos über die Arbeit falten (Knickkante nahe der Kante des Modells). Das Rollo zusammenrollen bis nahe der Modellkante, sodass die Arbeit fest „eingespannt" wird. Mit einer Hand oben das Rollo und die Werkstückkante packen, mit der anderen unten in die Mitte greifen. Die Matte straff ziehen und quer herumdrehen.

⑨ Nach Zupfprobe walken

Eine → Zupfprobe machen. Lassen sich die Wollfasern nicht mehr herausziehen, mit dem **Walken im Tuch** beginnen. Dazu die Filzarbeit auf ein Handtuch oder Leintuch legen, mit heißem Wasser besprenkeln und aufwickeln. Dann zwei bis drei Minuten lang kräftig rollen, dabei die Rolle nicht verbiegen (ggf. einen dünnen Kern, zum Beispiel ein Rundholz, einwickeln). Wie zuvor in Schritt 7 beschrieben danach die Arbeit öffnen, in Form ziehen, drehen, aufrollen und so rundum sowie von der Rückseite weiterbearbeiten. So lange wiederholen, bis das Filzstück die gewünschte Größe hat. Gegen Ende hin allerdings öfter aufrollen und kontrollieren sowie die einzelnen Intervalle verkürzen.

⑩ Spülen und trocknen

Zuletzt die Arbeit ausspülen und mit Essigwasser neutralisieren. Auf Handtüchern an einem warmen, schattigen Platz trocknen.

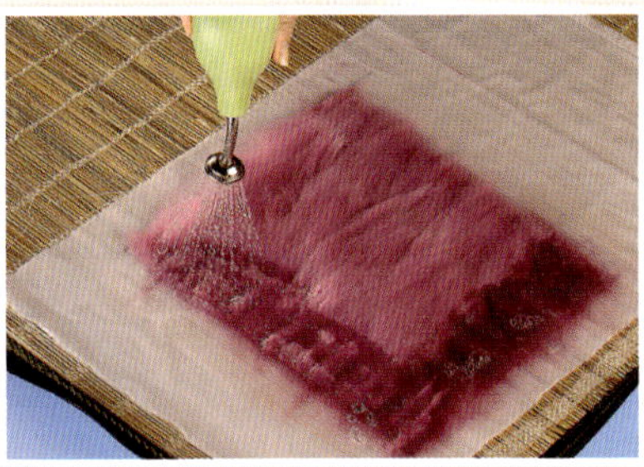

① Die Wolle mit heißem Seifenwasser befeuchten und ...

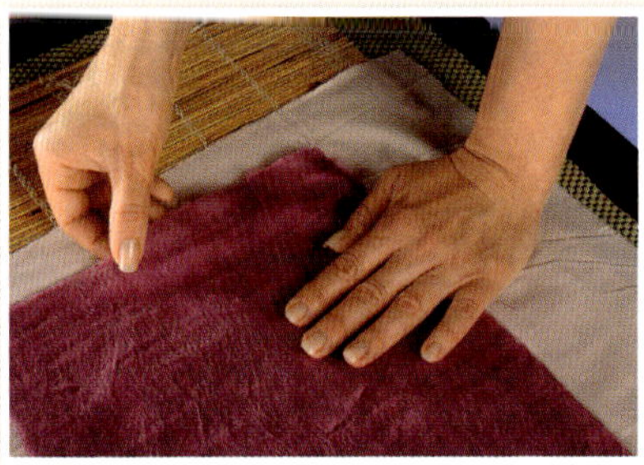

⑦ Nach dem Rollen öffnen, die Filzfläche glatt ziehen, drehen, wieder einrollen ...

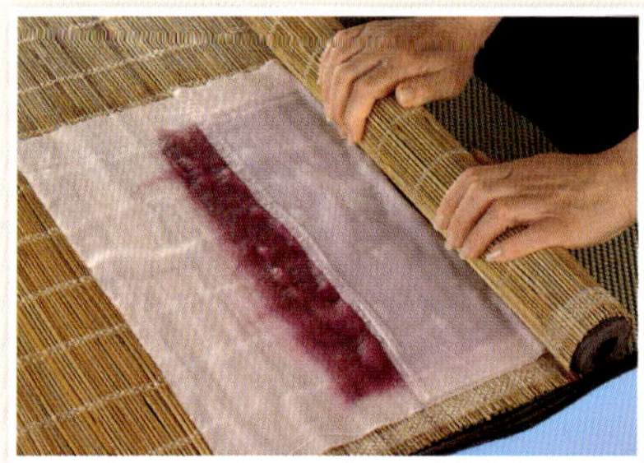

②–③ ... in einem Tuch und einem Bambusrollo mit stabilem Kern einrollen.

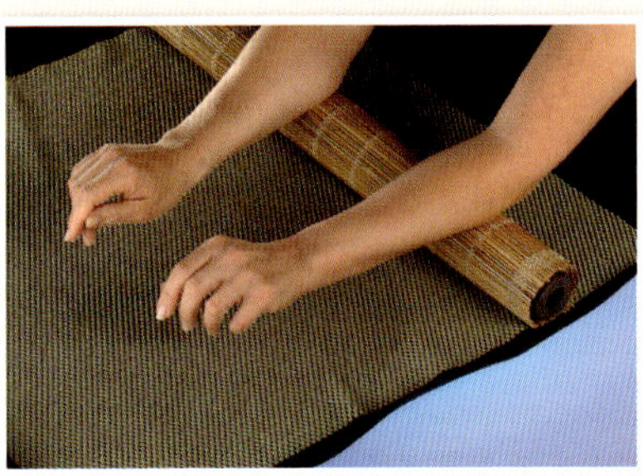

⑧ ... und abermals vor und zurück rollen. Rundherum und von der Rückseite bearbeiten.

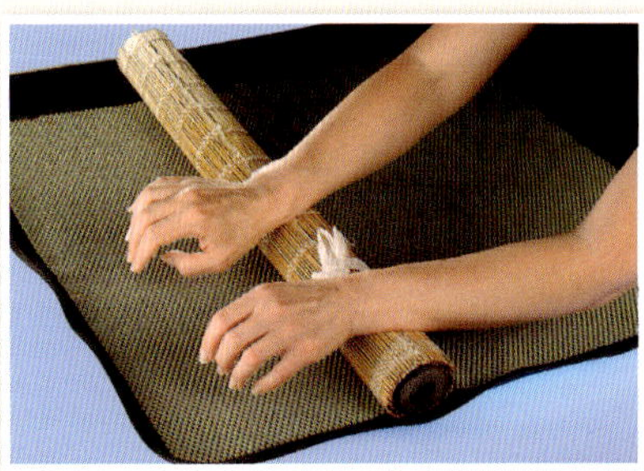

④–⑥ Die Rolle mehrmals vor und zurück rollen.

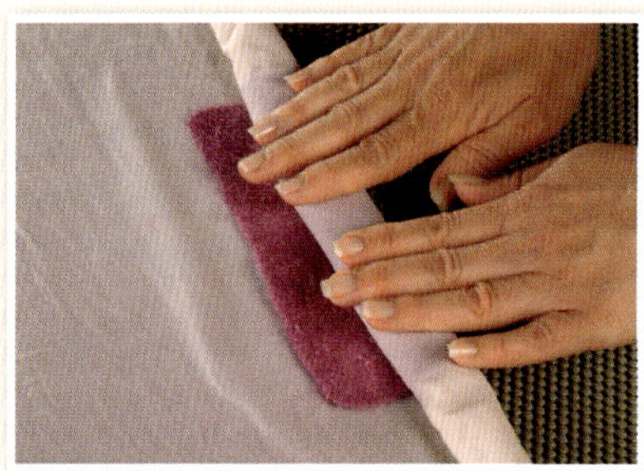

⑨–⑩ Zuletzt im Handtuch walken.

Reibetechnik

Sie brauchen:

- Filzwolle
- Seifenlauge
- zwei bewegliche Arbeitsflächen
- Plastik- oder Luftpolsterfolie
- evtl. Antirutschmatte als Unterlage

① Wolle auslegen und anfilzen

Die Filzwolle auf einem beweglichen Untergrund auslegen, damit sie später gewendet werden kann. Anfilzen: Die Filzarbeit von außen nach innen mit heißer → Seifenlauge begießen und die Luft mit seifig-nassen Händen herausdrücken. Dann mit flachen Händen und wenig, nach unten gerichtetem Druck in kleinsten Kreisbewegungen von außen nach innen reiben. Man kann das mit einem leichten Vibrieren vergleichen. Die Fasern dürfen nicht verschoben werden.

Ein gutes Hilfsmittel ist eine aufgelegte Folie, dadurch wird das Verrutschen der Fasern verhindert. Die Folie hält zudem das Seifenwasser länger warm. Seifenlauge auch auf die Folie geben.

② Filzen

Mit zunehmendem Filzfortschritt wird der Druck auf das Material stetig erhöht und die Kreisbewegungen werden vergrößert. Immer wieder Seifenwasser angießen, die Filzarbeit muss den ganzen Prozess hindurch warm und feucht sein. Fühlt sich der Filz fest an, eine → Zupfprobe machen.

③ Rückseite bearbeiten

Die Arbeit wenden, dafür das zweite Tablett (die zweite Automatte oder Ähnliches) auflegen. Den Filz nun, wie in den Schritten 1 und 2 beschrieben, von der Rückseite bearbeiten.

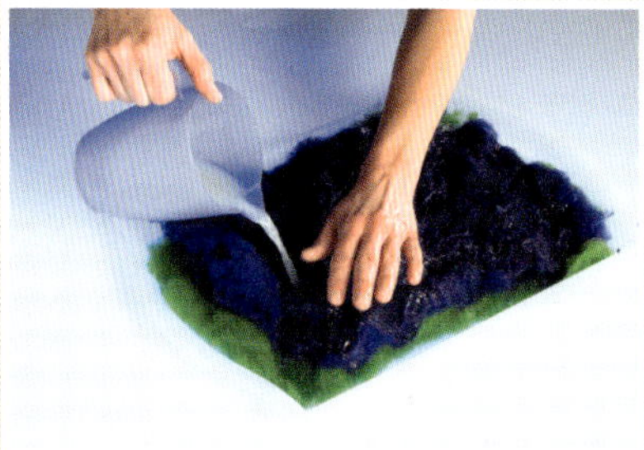

① Die Seifenlauge angießen, zum Verteilen die Wolle flach drücken.

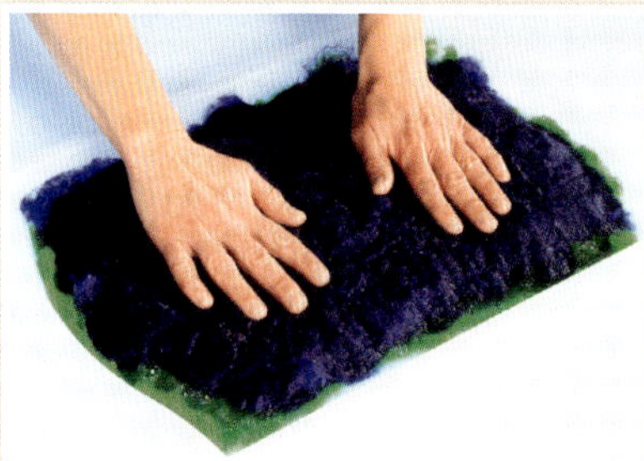

② Durch Reiben mit flachen Händen von außen nach innen filzen, ...

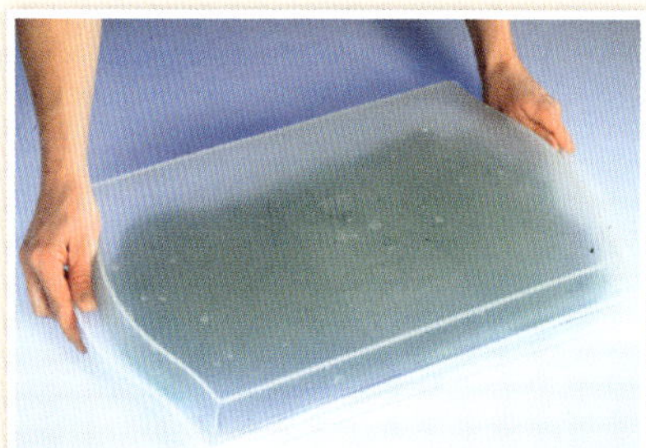

③ ... auch von der Rückseite.

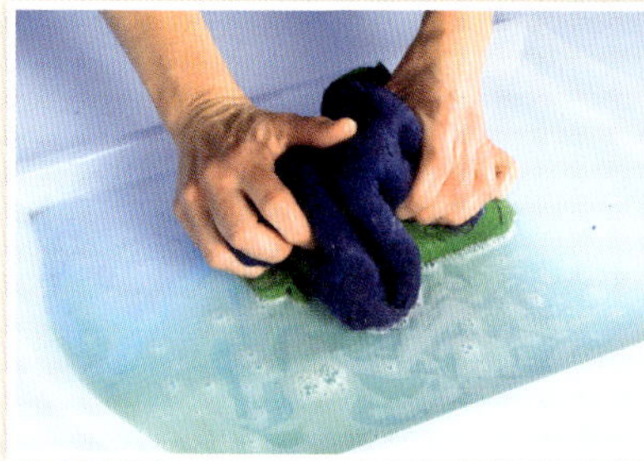

④ Beim Walken wird mit mehr Druck gearbeitet.

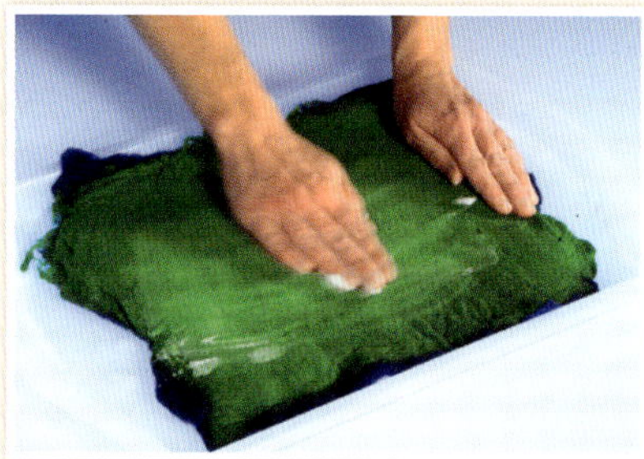

⑤ Glatte Oberflächen durch eine extra Portion Seife.

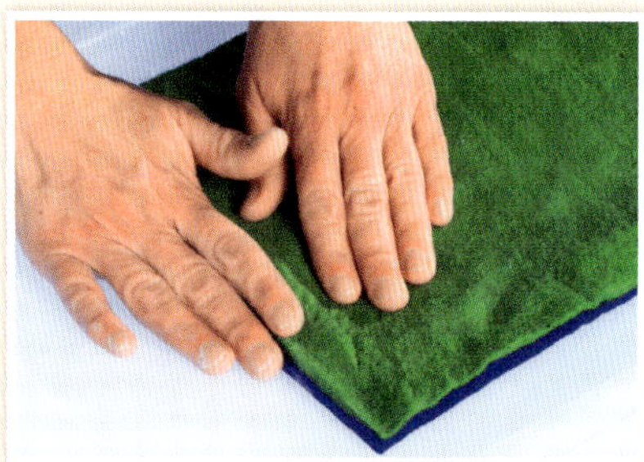

⑥ Kanten begradigen und zwischen den Fingern nachfilzen.

Hinweis: Sollte der Filz beim Walken stellenweise zusammenfilzen, war er nicht ausreichend angefilzt. In diesem Fall die Stellen auseinanderreißen, die Fläche glatt ausstreichen und nacharbeiten, ehe das Walken wieder begonnen wird.

④ Walken in der Reibetechnik

Dafür muss der Filz bereits fest sein und seine Fasern dürfen sich nicht mehr verschieben. Prüfen Sie dies zuvor mit der → Zupfprobe. Anschließend den Filz in einem Tuch in der → Rolltechnik walken, wie einen Hefeteig kneten (Abbildung) oder zwischen den Händen reiben und wringen, als wolle man ihn waschen. Arbeiten Sie anfangs behutsam, mit wenig Druck, und bearbeiten Sie den Filz von allen Seiten gleichmäßig; zwischendurch immer wieder öffnen, glatt streichen und in Form ziehen.

⑤ Oberfläche glätten

Beim Reiben raut die Oberfläche auf, deshalb wird sie in schnellen Bewegungen mit viel Seife geglättet. So lange walken, bis der Filz nicht mehr schrumpft und sich nicht mehr dehnen lässt.

⑥ Kanten nachfilzen

Die Ränder der Filzarbeit sind dünner als der Rest. (Es sei denn, Sie haben beim Auslegen darauf geachtet und ausgeglichen oder die dünnen Randfasern während des Anfilzens umgeklappt, was nur bei unifarbenen Filzen möglich ist). Die Kanten mit einer Schere begradigen und zwischen seifig-nassen Fingern nachfilzen. Zuletzt die Arbeit ausspülen und mit Essigwasser neutralisieren. Eventuell schleudern. Auf Handtüchern an einem warmen, schattigen Platz trocknen.

Variante: Runde Flächen

Runde Flächen lassen sich in runden Tabletts arbeiten. Die Wolle darin auslegen, befeuchten und über den Rand stehende Fasern nach innen klappen. Dann alles von außen nach innen reibend verfilzen. Sobald der Filz die Form hält, ohne Tablett weiterarbeiten.

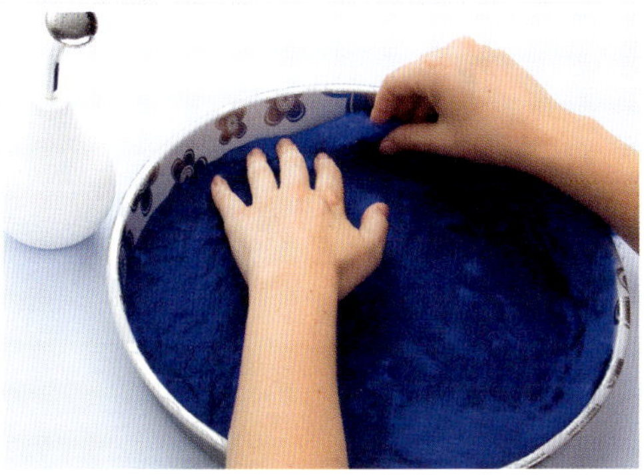

Rundes gelingt einfach, wenn es in entsprechenden Formen angefilzt wird.

Variante: Schichtfilz

Um geschichtete Filzplatten herzustellen, werden verschiedenfarbige Filzschichten aufeinandergelegt, je nach Muster in sich wiederholenden oder unterschiedlichen Farben. Die einzelnen Schichten nicht zu dick auslegen, sondern, wenn eine Schicht dicker werden soll, mehrere dünne Lagen im rechten Winkel zueinander auflegen.

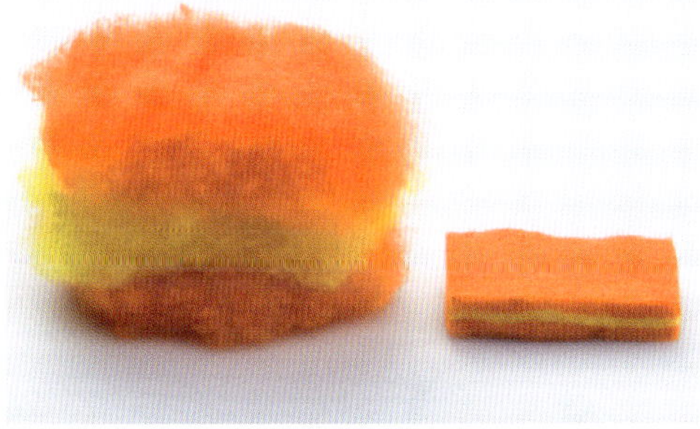

Für mehrfarbige Flächen unterschiedlich farbige Wolllagen schichten.

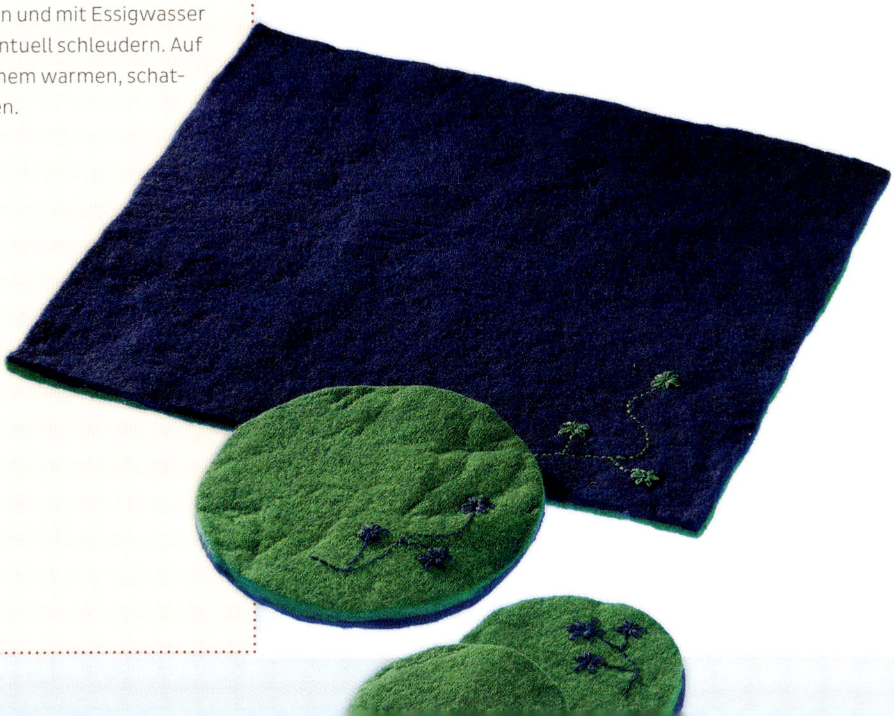

Vorfilz

Als Vorfilz bezeichnet man eine Filzfläche, die leicht verfilzt ist, gerade so, dass man sie von der Unterlage abheben kann, ohne dass sie auseinanderfällt. Die Wolle wird nur kurz angefilzt, der Schrumpf beträgt lediglich acht bis zehn Prozent. Vorfilz wird zum Anfertigen von Blüten und zum Verzieren von Filzarbeiten eingesetzt. Muster können aus nassem und trockenem Vorfilz geschnitten werden. Je dicker der Vorfilz ist, desto kräftiger und plastischer wirken Muster und Farben bzw. desto stärker treten sie aus Flächen hervor.

Sie brauchen:

- Filzwolle im Vlies oder Kammzug
- Seifenlauge
- Zubehör für die Reibe- oder Rolltechnik.

① Wolle auslegen

Für dünnen Vorfilz das Vlies in Lagen teilen, die so dünn sind, dass man hindurchsehen kann. Dennoch sollte das Vlies gleichmäßig sein, das lässt sich am besten kontrollieren, wenn man es auf einem weißen Tisch (oder Tuch) auslegt. Die zweite Lage im rechten Winkel auflegen. Alternativ zwei Schichten → Kammzug auszupfen und die Fläche auslegen.

② Flach drücken

Zum Filzen die Wolle mit heißem Wasser anfeuchten.Mit eingeseiften Händen die Luft herausdrücken, bis die Wolle flach liegt und durchgehend feucht ist.

③ Filzen

In der → Reibetechnik filzen, dabei zuerst kaum Druck ausüben (eventuell Folie auflegen). Etwa eine bis drei Minuten reiben, bis die Wolle beginnt, sich zu verfilzen. Oder Sie filzen in der → Rolltechnik, dann schrumpft der Vorfilz weniger und wird dünner.

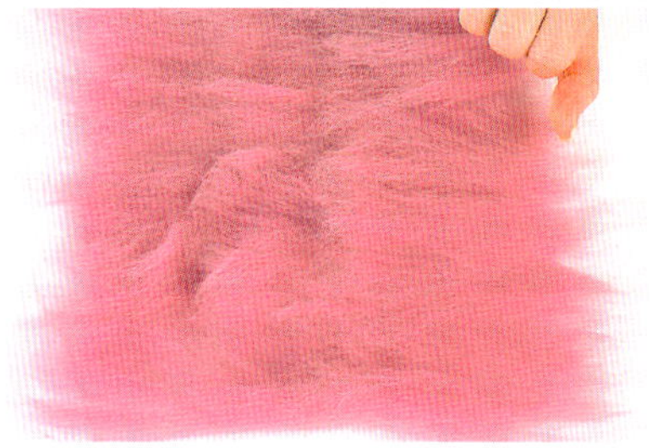

① *Für Vorfilz Wolle dünn auslegen.*

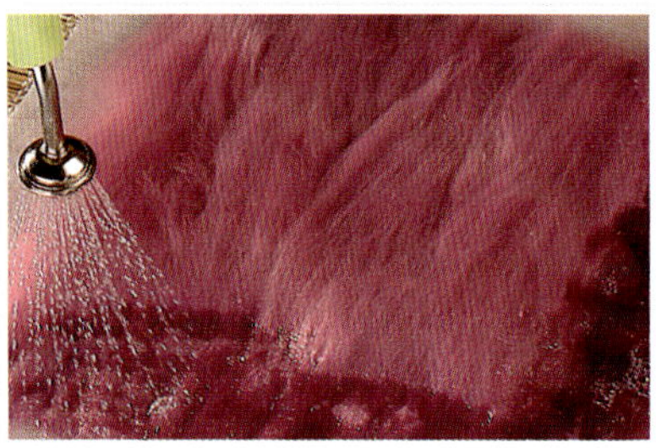

② *Mit heißem Wasser anfeuchten.*

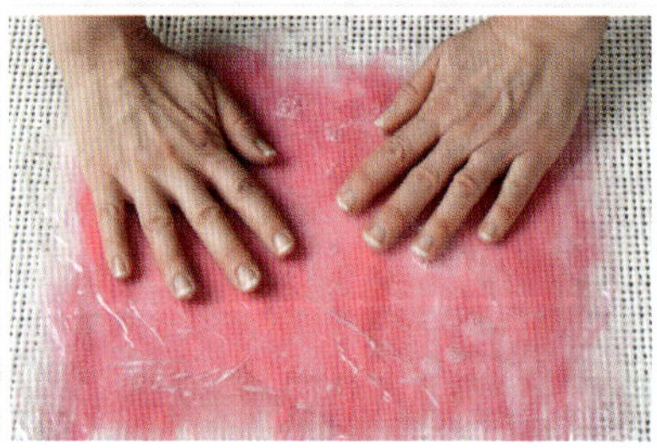

③ *Unter einer Plastikfolie anfilzen.*

Hinweise: Trockener Vorfilz kann aufbewahrt werden, bei mehr als einem Monat vorher die Seife auswaschen.

Teilen Sie die Wolle vor dem Auszupfen in zwei gleich große (und gleich schwere) Stücke, dann haben Sie für jede Lage die gleiche Menge zur Verfügung.

Kammzug vor dem Filzen wie gewohnt dachziegelartig und im rechten Winkel zueinander auslegen und im trockenen Zustand etwas verfestigen, indem Sie die Wolle fest nach unten drückend bewegen und dabei leicht vibrieren.

Zu lang gefilzter Vorfilz verbindet sich nicht mehr oder nur noch schlecht mit dem Untergrund. Dagegen hilft: Die Oberfläche mit einer Drahtbürste aufrauen. Eine hauchdünne Wollflocke auf den Untergrund legen, das Vorfilzteil aufdrücken und auffilzen.

Vorfilz muss nicht unifarben sein. Für gemusterte Flächen zuerst das Muster auslegen, dann die Wollschichten darüber legen.

Schöne Melierungen entstehen aus zweifarbig ausgelegtem Vorfilz. Die Fasern der beiden Schichten vermischen sich, was der Oberfläche mehr Tiefe gibt.

Bälle und Kugeln filzen

Einfache Grundformen wie Bälle und Kugeln sind gute Übungsstücke für Anfänger. Anhand solcher kleinen Projekte lernen Sie das Material gut kennen und „erspüren“ den Filzprozess. Das perfekte Beherrschen dieser einfachen Filzvorgänge ist wichtig für viele Filzarbeiten.

Wie bei allen Filzarbeiten gilt auch hier: Die Form schrumpft beim Filzen. Durch Zusammendrücken der Wolle in der Hand lässt sich die spätere Größe abschätzen.

Sie brauchen:

› ca. 15 g Kammzug oder Vlieswollstreifen (Kern) › ca. 6 g ausgezupfte Wollflocken zum Ausgleichen der Form (Hülle) › Seifenlauge › kleine Schüssel › Antirutschmatte oder Ähnliches

① Form vorwickeln

Die Materialangaben gelten für einen ca. 5 cm großen Ball. Die Grundform mit trockener Filzwolle aufbauen: Den Streifen verknoten und die Wolle darum herum aufwickeln (wie ein Wollknäuel), ohne dass sich der Streifen verdreht. So lange wickeln, bis die gewünschte Größe erreicht ist (bei Bedarf anstückeln).

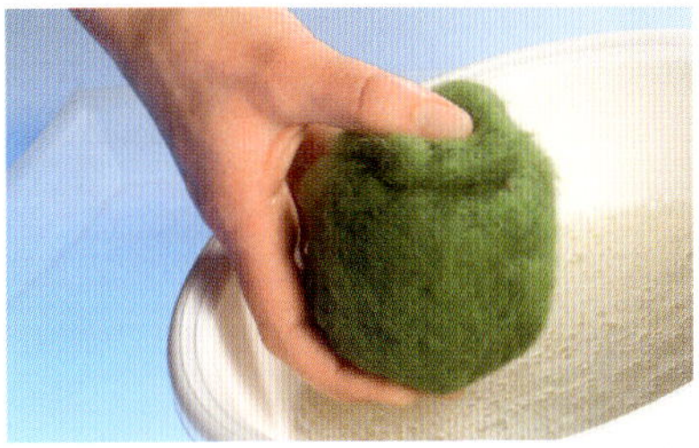

① *Vorgewickelte Form.*

② Befeuchten

Den Ball so lange in warme → Seifenlauge tauchen, bis keine Luftblasen mehr aufsteigen, dabei die Hände locker, aber schützend um die Form halten.

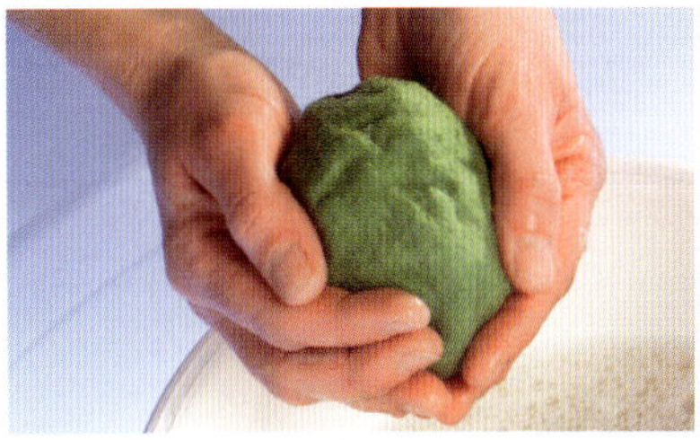

② *Befeuchten.*

③ Wollflocken auflegen

Um eine glatte Oberfläche zu schaffen, trockene Wollflocken, die mit trockenen Händen ausgezupft wurden, auf den nassen Ball legen. Die Flocken jeweils mit → Seifenlauge, die vorsichtig mit der Hand darüber gegeben wird, fixieren.

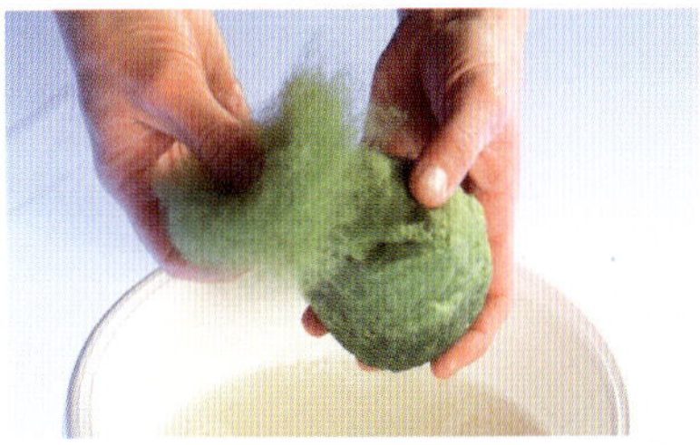

③ *Wollflocken auflegen.*

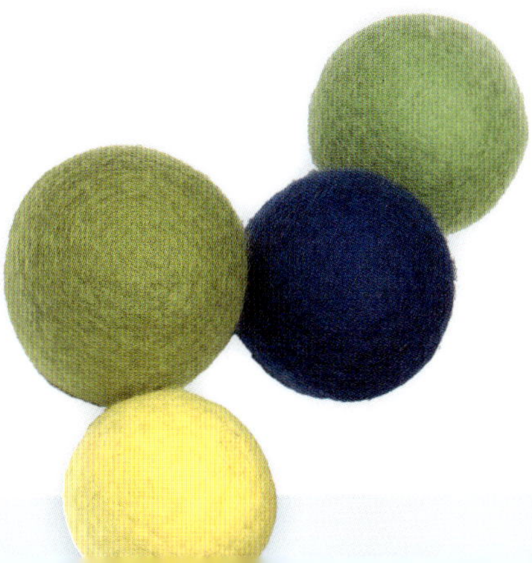

Wolle trocknen und nachbehandeln

Nach dem Auswaschen und Neutralisieren wird das Werkstück gut ausgedrückt. Wer eine Wäscheschleuder hat, kann es kurz darin schleudern (für kleine Teile eine Salatschleuder verwenden). Danach das Werkstück dehnen und in Form ziehen, bis die Ränder gleichmäßig sind. Bei manchen Stücken geht das leichter zu zweit.

In Form trocknen

Flaches dann flach auf einem Handtuch liegend oder über einem Rundstab hängend trocknen. Eine Wäscheleine würde Abdrücke auf dem Filz hinterlassen. Plastische Arbeiten mit Behältern abstützen oder nach Bedarf mit Zeitungspapier ausstopfen, denn der Filz behält nach dem Trocknen seine Form.

Bügeln glättet und fixiert

Nach dem Walken ist die Oberfläche des Filzes wellig. Dies kann sowohl bei flachen als auch bei plastischen Arbeiten durch Bügeln behoben werden, dabei ein feuchtes Tuch auflegen. Wiederholtes Bügeln fixiert Formen.

Flauschige Oberfläche dank Drahtbürste

Durch Aufbürsten des Filzes wird dessen Oberfläche luftiger und flauschiger. So lassen sich auch kratzende Stoffe weicher machen. Kurze Fasern können auf der Haut kratzen; wird die Oberfläche aber gebürstet, werden die Fasern länger und biegen sich, wenn sie auf die Haut stoßen, was den Stoff weicher und angenehmer wirken lässt. Die Wolle noch im feuchten Zustand bürsten, dabei unten beginnen und immer in eine Richtung bürsten.

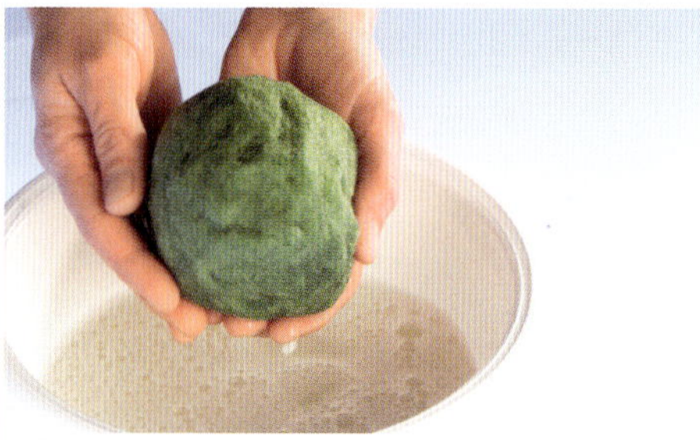

④ *Ball durchnässen.*

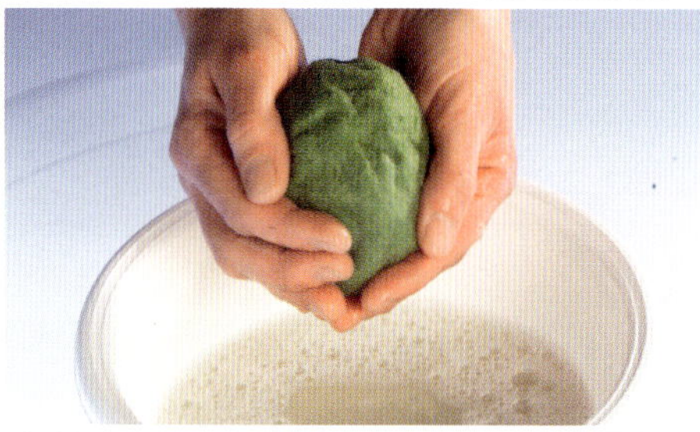

⑤ *Filzen.*

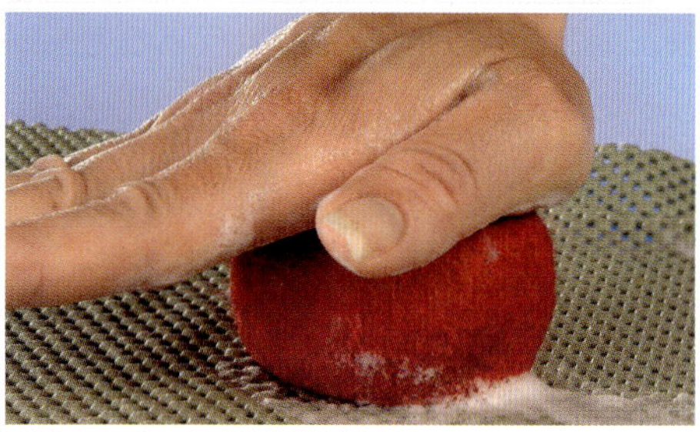

⑥ *Walken.*

④ Durchnässen

Wenn die gewünschte Größe erreicht ist, die Kugel noch einmal in Seifenwasser tauchen, bis sie ganz durchnässt ist. Sie verliert dabei etwas ihre Form.

⑤ Verfestigen und filzen

Die Kugel einige Male von einer Hand in die andere geben, dabei wird sie etwas verfestigt. Dann zwischen den seifig-nassen Händen mit leichtem Druck kreisförmig bewegen. Dabei dürfen die Wollfasern nicht verrutschen. Nach kurzer Zeit wird aus dem unförmigen Filzbrocken eine runde Kugel. Mit zunehmender Festigkeit den Druck erhöhen.

Wenn keine Fasern mehr aus der Oberfläche gezogen werden können, beginnt das Walken.

⑥ Walken

Zum Walken die Kugel auf einer Antirutschmatte mit großem Druck gleichmäßig rundherum so lange rollen, bis sie ganz fest ist. Die fertige Kugel auswaschen und zum Trocknen auf ein Handtuch legen.

Hinweis: Auch Obst, wie Äpfel und Kirschen, wird aus dieser Grundform gemacht. Für die typischen Einbuchtungen nähen Sie einen reißfesten Faden, beispielsweise braunen Zwirn, zwischen Ober- und Unterseite des Balls hin und her und ziehen die Form damit an dieser Stelle zusammen.

Innenleben von Bällen

Ob Rassel-, Jonglier- oder Springbälle; Kugeln mit Innenleben lassen nicht nur Kinderherzen höher schlagen.

Rasselball: Perlen, Glöckchen, Kies oder Reis in ein Plastikdöschen geben, verschließen und eventuell mit Klebeband abdichten, damit keine Flüssigkeit eindringt.

Springball: einen Tennisball umfilzen.

Jonglierball: Der Ball sollte der Kinderhand angepasst werden. Für ein 12- bis 14-jähriges Kind muss er ca. 5 cm groß sein. Etwa 80 g Sand mithilfe eines Trichters in einen Luftballon füllen und die Öffnung verknoten. Den gefüllten Luftballon umfilzen.

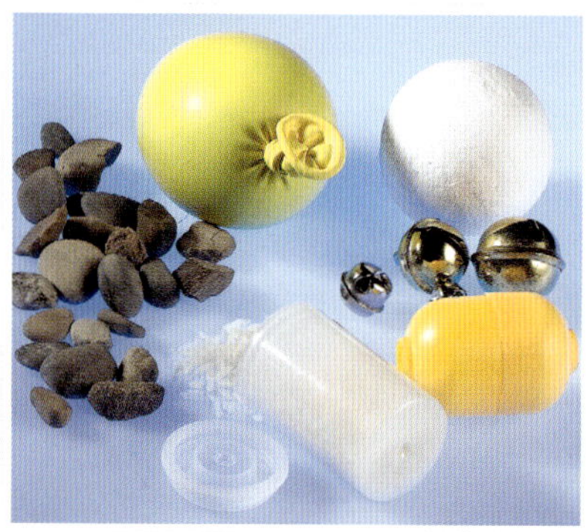

Sandgefüllte Luftballons und gefüllte Kapseln ...

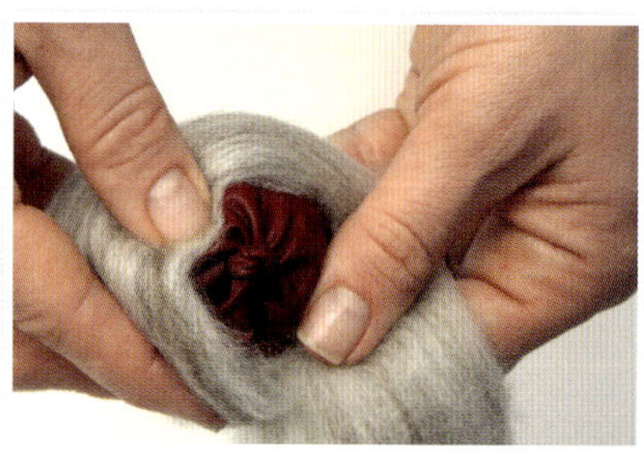

... lassen sich in Bälle einfilzen.

Geschichteter Ball

Verschiedenfarbige Wolle in gleich große Flocken zupfen und auf Häufchen legen. Eine Kugel für den → Ball wie auf Seite 75 beschrieben wickeln, in Seifenlauge tauchen und mit trockenen Händen die nächste – andersfarbige – Schicht auflegen. Wieder eintauchen, eine andersfarbige Schicht auflegen usw.

Verwenden Sie immer gerade so viel Wolle, dass die vorhergehende Schicht nicht mehr sichtbar ist. Die einzelnen farbigen Schichten werden zwischendurch nicht gefilzt, sondern nur mit wenigen Strichen mit seifigen Händen glatt gestrichen, weil sich sonst die nächste Wollschicht nicht mehr mit der darunter liegenden verbinden würde. Die Kugel dann fest filzen und mit einem scharfen Messer aufschneiden.

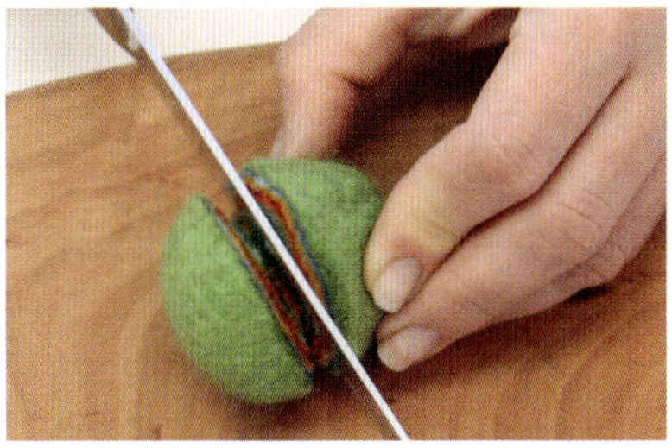

Das Innere dieses Balls ist bunt.

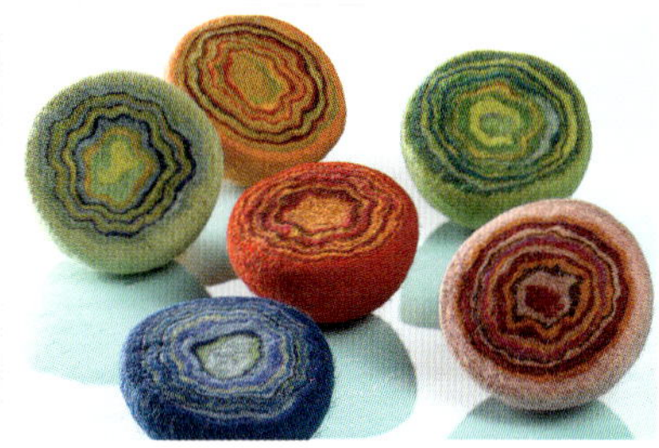

Über ein Dutzend Farbschichten enthalten diese Halbkugeln von Katja Bayer.

Variante: Schmuckperlen

Mehrere kleine Kugeln lassen sich aus den Stücken einer gefilzten (aber noch nicht gewalkten) **Schnur** anfertigen. Für gleichmäßig große Perlen die Schnur im gewünschten Durchmesser der Kugeln anfertigen und in gleichmäßig große Stücke schneiden, deren Breite dem Durchmesser der Schnur entspricht. Die Stücke auf einer Antirutschmatte in kreisenden Bewegungen rund filzen.

Hinweis: Wenn Sie Löcher in den Kugeln wünschen, ziehen Sie sie noch im nassen Zustand auf einen Bindfaden (bei größeren Kugeln auch Paketband). Die Löcher bleiben nach dem Trocknen im Filz.

Wolle sparen

Das Innere des Balls kann mit naturfarbener Wolle gewickelt werden, die günstiger als gefärbte ist. Die Fasern können sich jedoch durch die farbige Hülle durcharbeiten und so die Farbe leicht melieren und in ihrer Leuchtkraft abschwächen. Das lässt sich durch eine ausreichend dicke farbige Schicht vermeiden (5 mm bis 1 cm).

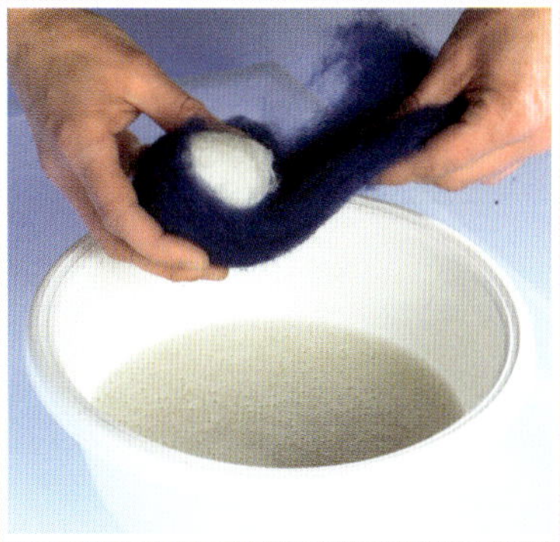

Naturfarbene Wolle ist günstiger als gefärbte und wird deshalb gern als Kern verwendet.

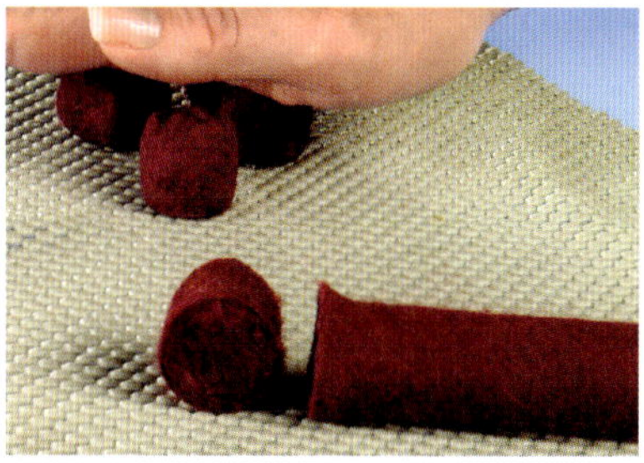

Aus Schnurstücken Kugeln filzen.

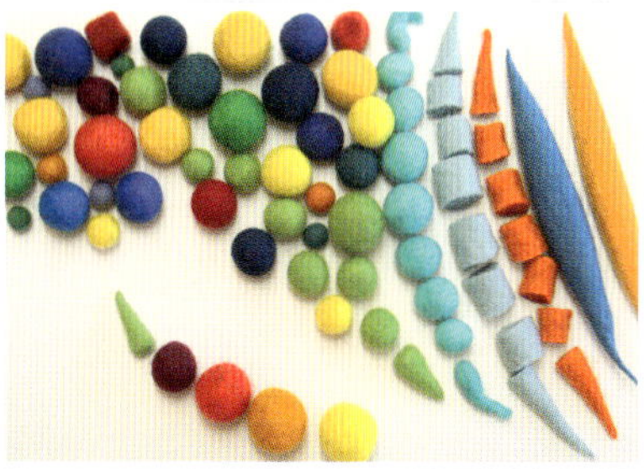

Kugelvariationen für Schmuck und mehr.

Schnur filzen

Sie brauchen:

› Strang Merinowolle in der gewünschten Stärke und Länge › Seifenlauge, Antirutschmatte

① Wolle vorbereiten

Für reißfeste Schnüre wird am besten → Kammzug verwendet. Den Strang in entsprechender Dicke vom Kammzug abtrennen und durch Hin- und Herrollen auf der Arbeitsfläche oder, einfacher, auf dem Hosenbein vorformen.

② Befeuchten und Filzen

Nun warme → Seifenlauge auf die Antirutschmatte geben – nicht direkt auf die Schnur, sie würde dabei platt gedrückt – und die Schnur mit wenig Druck vor und zurück bewegen, bis sie durchnässt ist. Den Druck stetig erhöhen, aber immer nur so weit, dass die Form erhalten bleibt. Durch Rollen wird die Schnur fest gefilzt.

③ Walken

Zum Walken die Schnur zusammenknüllen und kneten, dabei zwischendurch immer wieder ausstrecken. Dicke Schnüre lassen sich schlecht knüllen, sie werden stattdessen während des Rollens hin und her gebogen.

Hinweise: Schnüre, die Sie in Flächen einarbeiten wollen, werden weich gefilzt und nicht gewalkt. Besser, als einen Strang zu nehmen, ist es in dem Fall, die Wolle in zwei sich diagonal kreuzenden Lagen auszulegen, sparsam zu nässen, eng aufzurollen und durch Vor- und Zurückbewegen zu filzen. Durch dieses Verfahren geht der Drall gleichmäßig in alle Richtungen, d. h., die Fasern wandern nicht nur senkrecht, und die Schnur verkürzt sich beim Auffilzen nicht mehr, als ihre Umgebung schrumpft.

Ebenso wird Vlies verarbeitet. Für Taschenhenkel oder andere reißfeste Schnüre sollten Sie jedoch immer Kammzug verwenden.

Bei Schnüren, die angefilzt werden sollen, bleiben die Wollenden trocken und ungefilzt (→ Zipfel und Schlingen).

Schnüre mit genoppter Oberfläche erhalten Sie, indem Sie die Schnur beim Walken in der Hand knüllen, reiben und drücken.

Schnüre mit Verdickungen erhalten Sie, indem Sie nach dem Befeuchten extra Wolle um die Stelle der Schnur legen, die dicker werden soll.

Rillen in der Oberfläche können Sie während des Filzens durch aufgelegte Wollflocken ausgleichen.

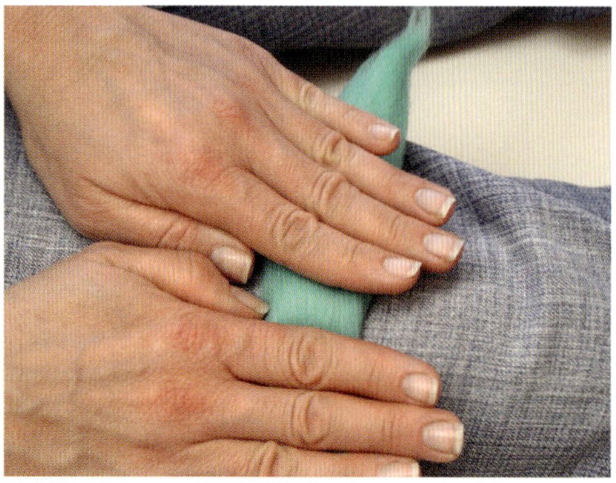

① *Die Schnur vorrollen.*

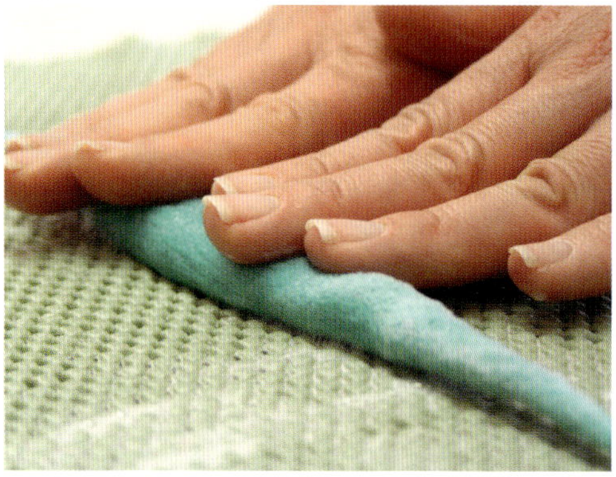

② *Filzen.*

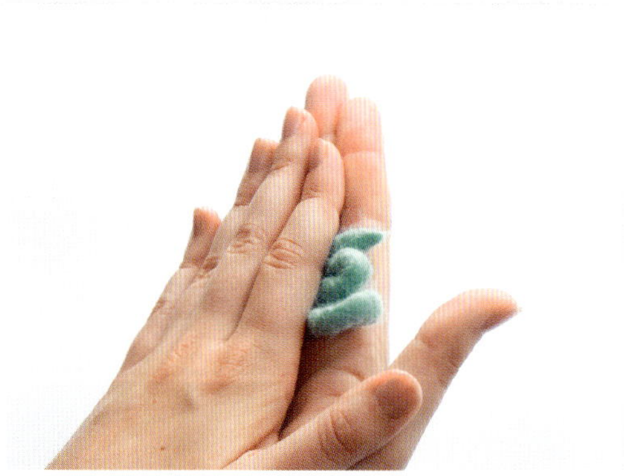

③ *Walken.*

Variante: Mehrfarbige Schnur

Für eine mehrfarbige Schnur verschiedenfarbige Wollstränge nacheinander eng um einen kunststoffummantelten Draht wickeln, bis der gewünschte Durchmesser erreicht ist (Schrumpfung nicht vergessen).

Den Filzstab wie links beschrieben filzen. Sobald die Wolloberfläche geschlossen ist, die Drahteinlage herausziehen (mit einer Zange) und die Schnur fertig filzen und walken.

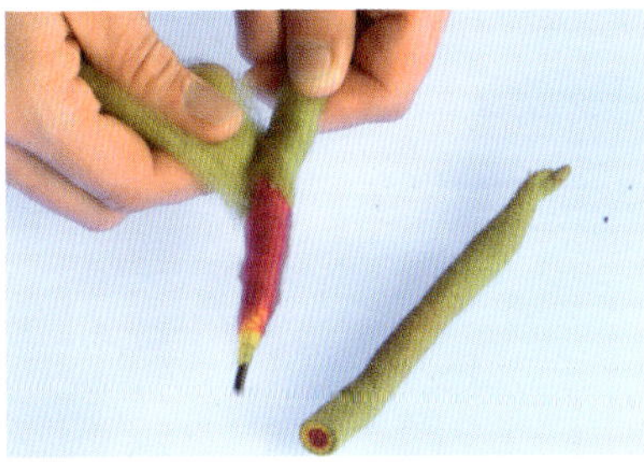

Anfertigen einer mehrfarbigen Schnur.

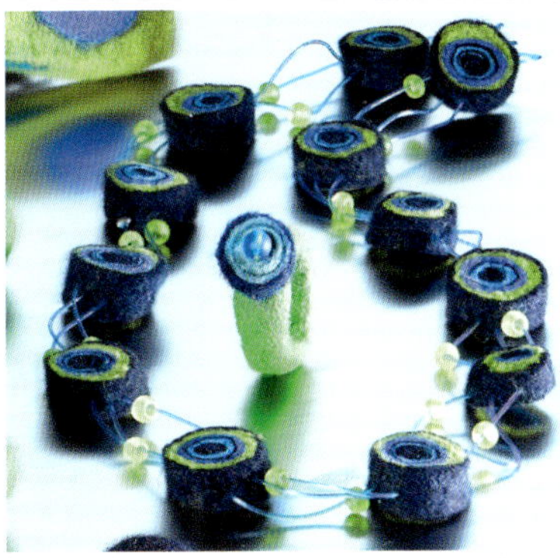

Schmuck aus Multicolorperlen (von Petra Dechêne).

Variante: Spiralmuster

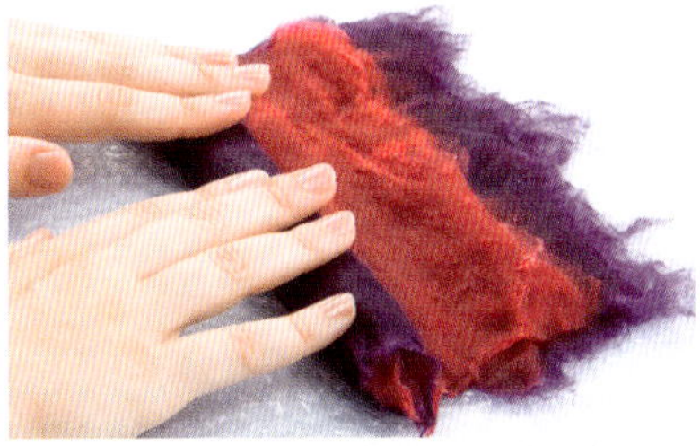

Schnur mit Spiralmuster.

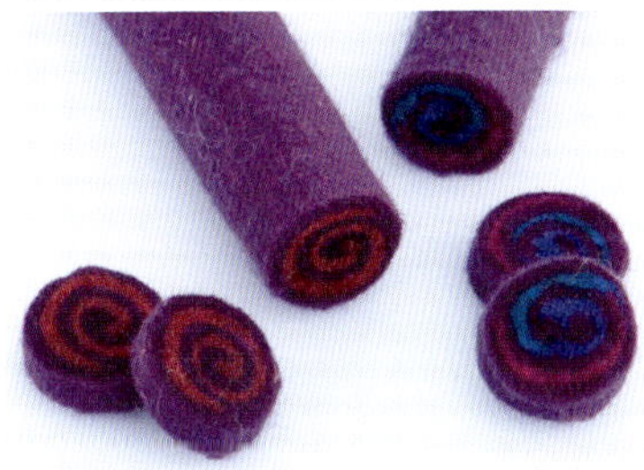

Perlen mit ein- und mehrfarbigem Spiralmuster.

Spiralmuster in Schnüren werden aus einer Fläche, die aufgewickelt wird, hergestellt. Feine Spiralen entstehen, wenn jede Schicht eine andere Farbe hat. Zonen entstehen, wenn verschiedene Farben hintereinander gelegt werden. Die Wolle, die außen erscheinen soll, wird zuerst ausgelegt. Achten Sie auch auf einen ausreichenden Versatz am Ende der Fläche, damit die Spirale eine schöne unifarbene Hülle erhält.

Variante: Schlauch

Zum Herstellen eines Schlauches rollt man in die Fläche einen Kern ein, der beim Filzen den Hohlraum bildet. Das können ein Stift (im Beispiel entsteht eine Hülle für einen Buntstift) oder ein dickeres Rundholz sein, nicht länger als die Arbeitsfläche.

Das Vorgehen ist wie bei der → mehrfarbigen Schnur. Wenn die Wollschicht eng um den Kern liegt, diesen herausziehen und sofort durch einen Formgeber zum Trocknen ersetzen. Hier ist es der Buntstift selbst, Sie können aber auch Kunststoffschläuche oder Ähnliches verwenden.

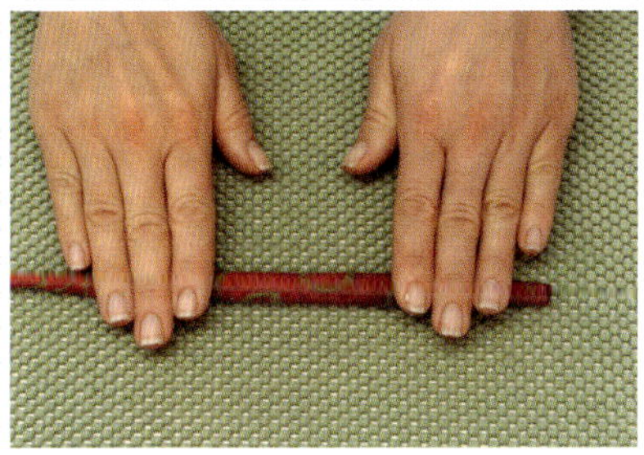

Einen Schlauch anfertigen.

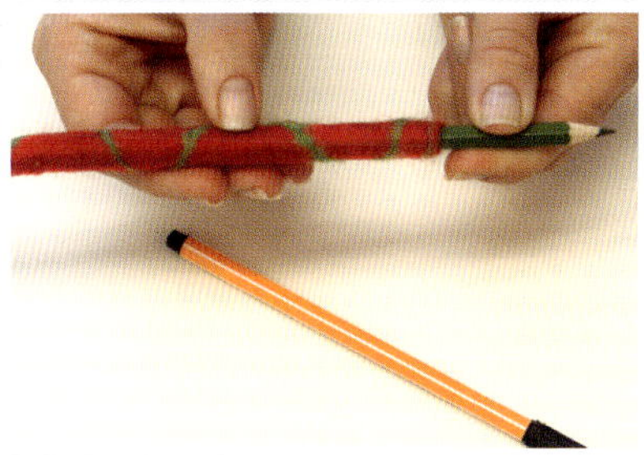

Dieser Schlauch ist eine Stifthülle. Zerschnittene Schläuche können als Ringe oder Kettenglieder verwendet werden.

Gitter filzen

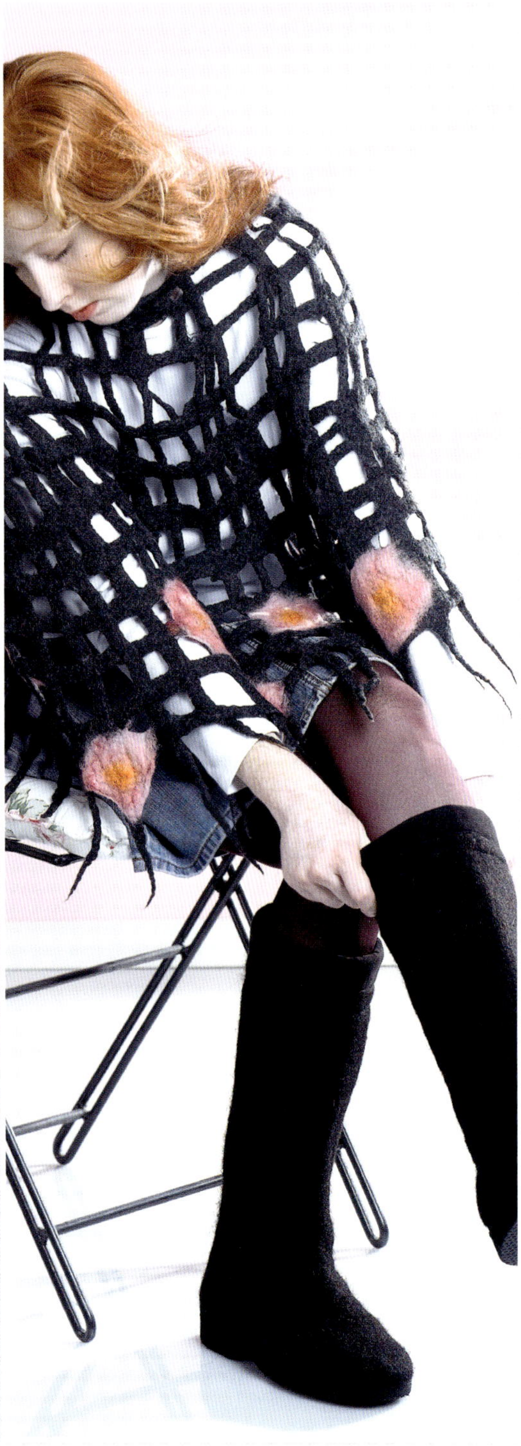

Luftig gewebt und dennoch warm: Ein Filzponcho aus Wollsträngen (von Petra Dechêne). Damit die Form unten weiter ist und sich nach oben hin verjüngt, werden nicht alle senkrechten Filzstränge bis nach oben durchgezogen.

Sie brauchen:

› bleistiftdicke Stränge Kammzug › Seifenlauge › Hilfsmittel für die Rolltechnik

Das Gitter wird in der → Rolltechnik gefilzt, legen Sie die Filzwolle auf einem Tuch (oder Bambusrollo/Noppenfolie) aus.

① Für die Längsstreifen den Kammzug dritteln und danach jeden Strang noch einmal halbieren, sodass ein bleistiftdicker Strang entsteht. Sind die Fäden zu kurz, können Stücke angesetzt werden; dafür die Wollenden ca. 5 cm überlappend aufeinanderlegen.

② Die Stränge im Abstand von 5 bis 8 cm auslegen, und zwar so viele, bis die gewünschte Breite erreicht ist. (Achtung, die Wolle schrumpft noch!) Dabei beachten, dass beim Filzen die Zwischenräume durch das Schrumpfen der Fasern größer werden.

③ Dann die Querstreifen einweben, etwa im gleichen Abstand. Danach alles mithilfe einer Sprühflasche mit Seifenlauge befeuchten, mit Leinentuch oder Folie abdecken, zusammenrollen und filzen.

④ Beim Filzen werden die Wollfasern flachgedrückt. Für eher runde Kanten rollen Sie die Gitterlinien zwischen den Fingern hin und her, sobald sich der Filz verdichtet hat.

⑤ Für einen fransigen Randabschluss die Streifen überstehen lassen, für einen geraden Abschluss das Strangende um den Querstrang herum knicken oder vor dem Walken abschneiden.

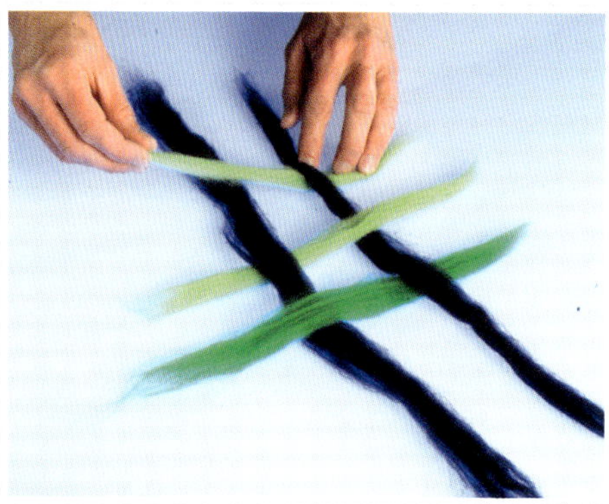

Die Wollfäden werden vor dem Rollfilzen ineinander verwoben.

Hinweise: Zwischen das Wollgitter können für besondere Effekte Fäden gelegt werden. Fixieren Sie sie mit kleinen aufgelegten Wollflocken.

Sie können einzelne Felder mit offenen Geweben füllen (siehe → Nunofilzen). Das Gewebe mit kleiner Zugabe in Rastergröße zuschneiden und auflegen. Die Stoffkanten mit dünnen Wollsträngen bedecken, dann halten sie gut.

Walken Sie eine viereckige Netzfläche, deren Gitter ruhig chaotisch – eher in dreieckigen Zwischenräumen – verlaufen kann, doch einmal über einem runden Gegenstand fertig (Beispielsweise einem Ball). So erhalten Sie eine Filzschale.

Muster anfertigen

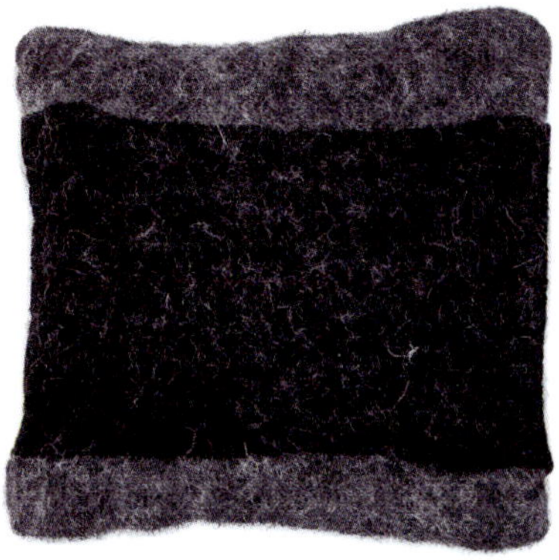

Dünne Stoffe einfilzen.

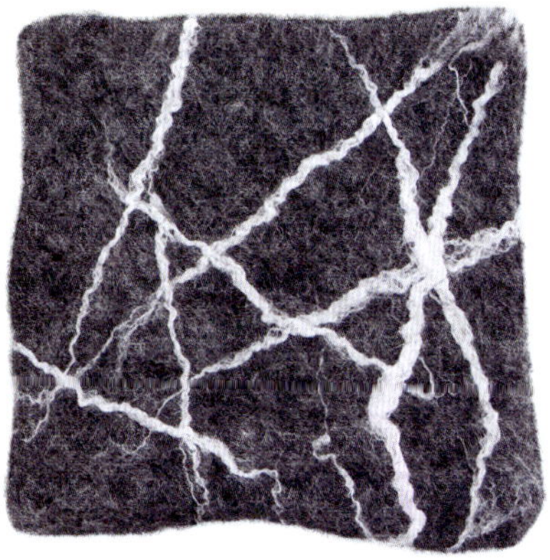

Glänzende Effekte: Seidenfasern.

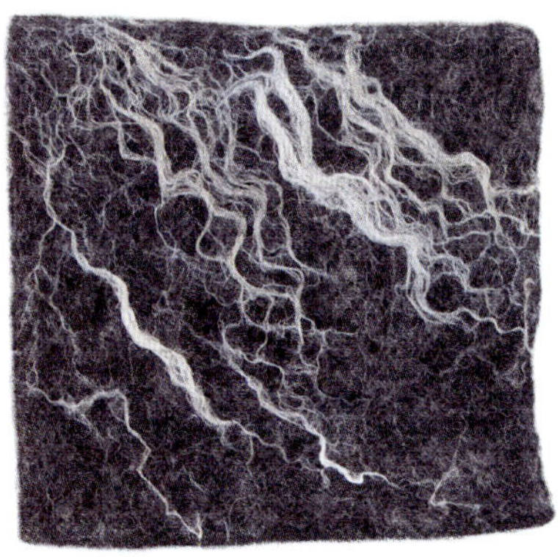

Eingefilztes Muster aus Wollgarnen.

Mit Stoff, Seide und Pflanzenfasern

Alle locker gewebten und durchlässigen **Stoffe** wie Chiffon, Tüll oder Gaze lassen sich gut einfilzen. Selbst Pongé-Seide kann eingearbeitet werden; weil sie enger gewebt ist, braucht das allerdings etwas Geduld (die schönen Glanz-Matt-Effekte sind es aber wert). Da die Stoffe beim Filzen nicht schrumpfen, die Wolle jedoch schon, ergeben sich interessante Oberflächenstrukturen.

Seidefasern haben einen schönen Glanz, der nach dem Filzen noch sichtbar ist. Sie erhalten das Material ungesponnen im Kammzug, aus dem Fasern ausgezupft werden können.

Ebenso lassen sich außergewöhnliche Effekte mit **Pflanzenfasern** wie Leinen oder Baumwolle (oder sogar Edeltierhaarlocken) erzielen.

Der Anteil aller Fremdmaterialien darf nicht über 30 Prozent liegen, weil sie selbst nicht filzen, sondern von den Wollfasern gehalten werden.

Bei der → Reibetechnik die Fasern oder den Stoff auf die trockene oder feuchte, aber immer ungefilzte Fläche auflegen, mit → Seifenlauge befeuchten, flach- und andrücken und mit einer aufgelegten Folie filzen. Bei der → Rolltechnik kann man die Verzierung auch zuerst auf der Folie auslegen – auf einem leicht eingesprühten Untergrund lassen sie sich besser platzieren. Dann die Wolle darüber schichten und filzen.

Verbindet sich das Material nicht mit der Wolle, können Sie eine hauchdünne Wollschicht darüber legen. Dafür ein Wollbüschel breit auffächern und wie ein Netz auflegen.

Mit Wolle und Effektgarn

Linienmuster lassen sich mit versponnenen Wollgarnen legen. Je höher der Anteil an Kunststofffasern, desto gezielter (also weniger) sollten sie eingesetzt werden. Damit sich das Muster nicht verschiebt, die Fäden zuerst auslegen; auf einem mit Seifenlauge eingesprühten Untergrund lassen sie sich gut formen. Effektgarn hält besser, wenn ein hauchdünnes Netz aus Filzwolle darüber liegt. Prüfen Sie vor allem Glitzerndes und Buntes zuerst auf Hitzebeständigkeit!

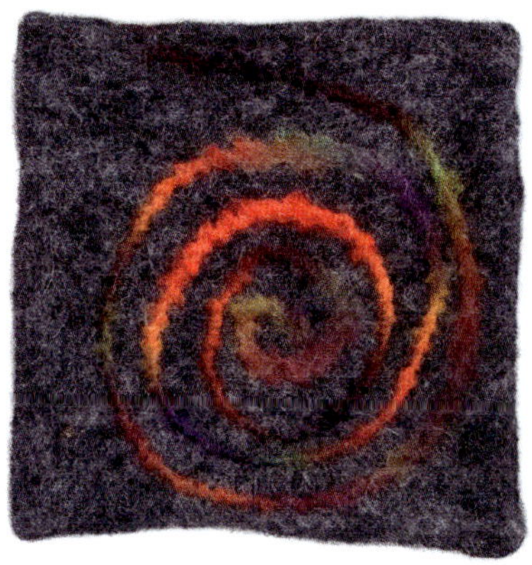

Muster aus versponnenem Wollgarn.

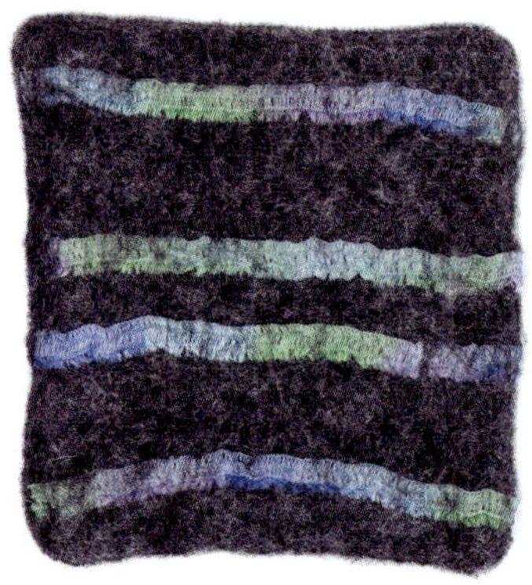

Linienmuster aus Effektgarn.

Mit Vorfilz

Den → Vorfilz aus mindestens zwei Schichten Wolle anfertigen, je mehr es sind, desto kräftiger bleiben seine Farben. Bei dünnem Vorfilz arbeiten sich leichter Fasern der Hintergrundwolle durch. Je fester ein Vorfilz ist, desto klarer werden die Konturen. Ein sehr loser Vorfilz gibt unscharfe Ränder.

Aus der Fläche die Muster frei Hand oder mithilfe von Schablonen ausschneiden. Für symmetrische Formen eine Seite des Musters aufzeichnen, das Papier falten und die Form ausschneiden. Fertig ist ein an der Mittelkante spiegelgleiches Muster, das als Schablone verwendet werden kann. Oder man zeichnet die Hälfte des Motivs mit Kreide auf den trockenen Vorfilz und klappt ihn zusammen, wodurch die Zeichnung spiegelbildlich übertragen und komplettiert wird.

Den Vorfilz in der Reibe- oder Rolltechnik filzen. Bei der → Rolltechnik das Muster spiegelverkehrt als unterste Schicht auflegen, darüber die Hintergrundwolle schichten. Bei der → Reibetechnik kann das Muster obenauf gelegt (auf nasse oder trockene Wolle) und mithilfe einer aufgelegten Folie angefilzt werden.

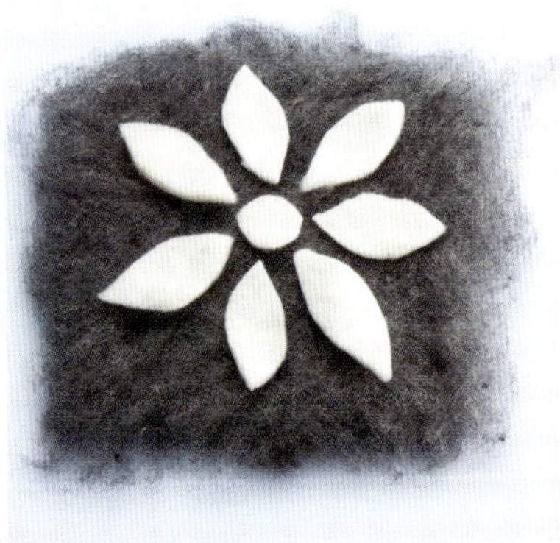

Das Muster aus Vorfilz vor dem Filzen.

Mit der Filznadel

Das Muster aus einem trockenen Wollstrang auf dem angefilzten Objekt in die gewünschte Form legen und mit mehreren Stichen mit der Filznadel stückweise fixieren. Das geht bei plastischen und bei flachen Filzarbeiten (eine Schaumgummiplatte unter die Arbeit legen).

Die Filzarbeit dann wie gewohnt filzen und abschließend walken.

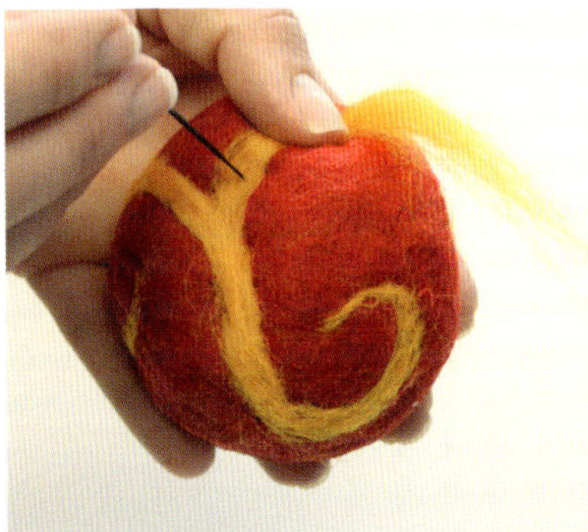

Diffiziles und Feines lässt sich mit der Filznadel fixieren.

Mit Filzwolle

Einen dünnen, auf den Knien gerollten Wollstrang auf oder um die angefeuchtete Filzarbeit legen und diesen mit seifignassen Fingern fixieren (→ Reibetechnik). Eventuell eine Folie dazwischenlegen, damit das Muster nicht verrutscht.

Bei diffizilen Mustern auf flachen Untergründen das Muster auf Folie, die vorher mit Seifenlauge eingesprüht wurde, in die gewünschte Form legen (spiegelverkehrt). Darauf die Wolle für den Hintergrund schichten. Flaches lässt sich auch in der → Rolltechnik filzen.

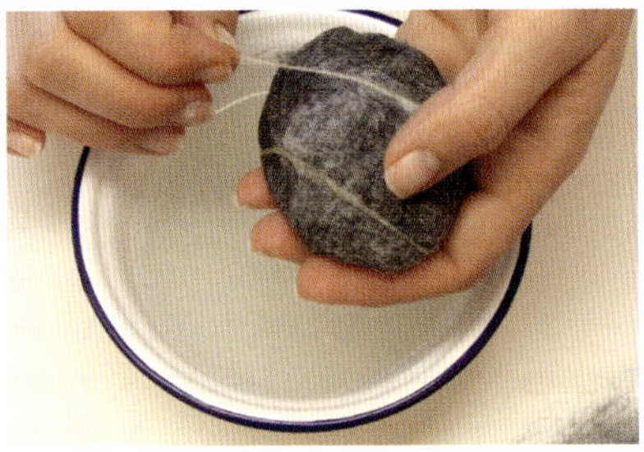

Muster aus Filzwolle legen.

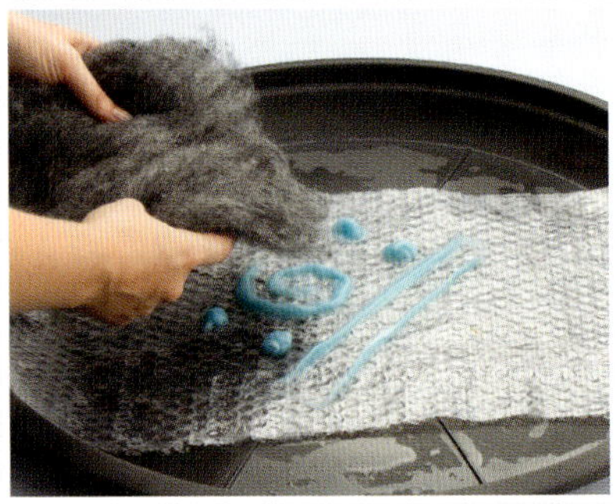

Detailreiche, feine Muster direkt auf den Untergrund, unter die Hintergrundwolle, legen.

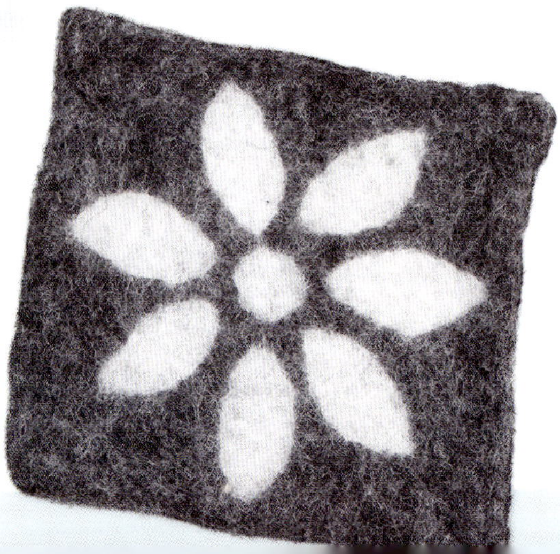

So sieht das Ergebnis aus.

Tiefrelief in Schichtfilz

Aus mehrfarbigem Filz (→ Schichtfilz) lassen sich eindrucksvolle Tiefreliefs schneiden. Für eine sehr dicke Schichtung jede aufgesetzte Wolllage anfeuchten, bevor die nächste aufgelegt wird. So können die einzelnen Schichten nicht verrutschen. In der → Roll- und → Reibetechnik filzen und walken. Der Filz muss sehr fest sein, damit sich die Lagen beim Einschneiden des Musters nicht voneinander lösen. Nach dem Trocknen den Filz an den gewünschten Stellen zusammenklappen und mit einer Stoffschere einen Teil der Oberfläche abschneiden. Dadurch wird die darunter liegende Fläche freigelegt.

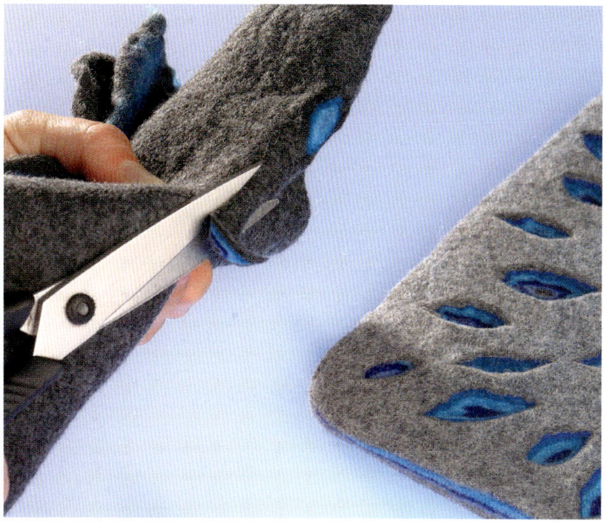

Beim Tiefenrelief werden farbige Filzschichten sichtbar.

Mosaik

Filzmosaike haben eine lange Tradition, die berühmten kirgisischen → Shyrdaks sind zum Beispiel auf diese Art und Weise gemacht. Dabei werden eine Negativ- und eine Positivform eines Motivs gefertigt und ineinander gesetzt. Damit das Ganze stabil ist, wird es auf eine Untergrundplatte gefilzt.

In der modernen Interpretation dieser alten Technik wird statt mit selbst gemachtem Vorfilz mit industriell gefertigtem Nadelfilzvlies gearbeitet, welches Vorfilz in der Verarbeitung gleicht.

Die Untergrundfläche daraus zuschneiden und mit ausgeschnittenen Flächen und Mustern belegen. Damit sie nicht auftragen, werden sie nicht „aufeinander gestapelt", sondern man schneidet sie passgenau mithilfe eines scharfen Teppichmessers zu. Die Fläche in der Rolltechnik filzen.

Ein Mosaik aus passend zugeschnittenen Vorfilzteilen.

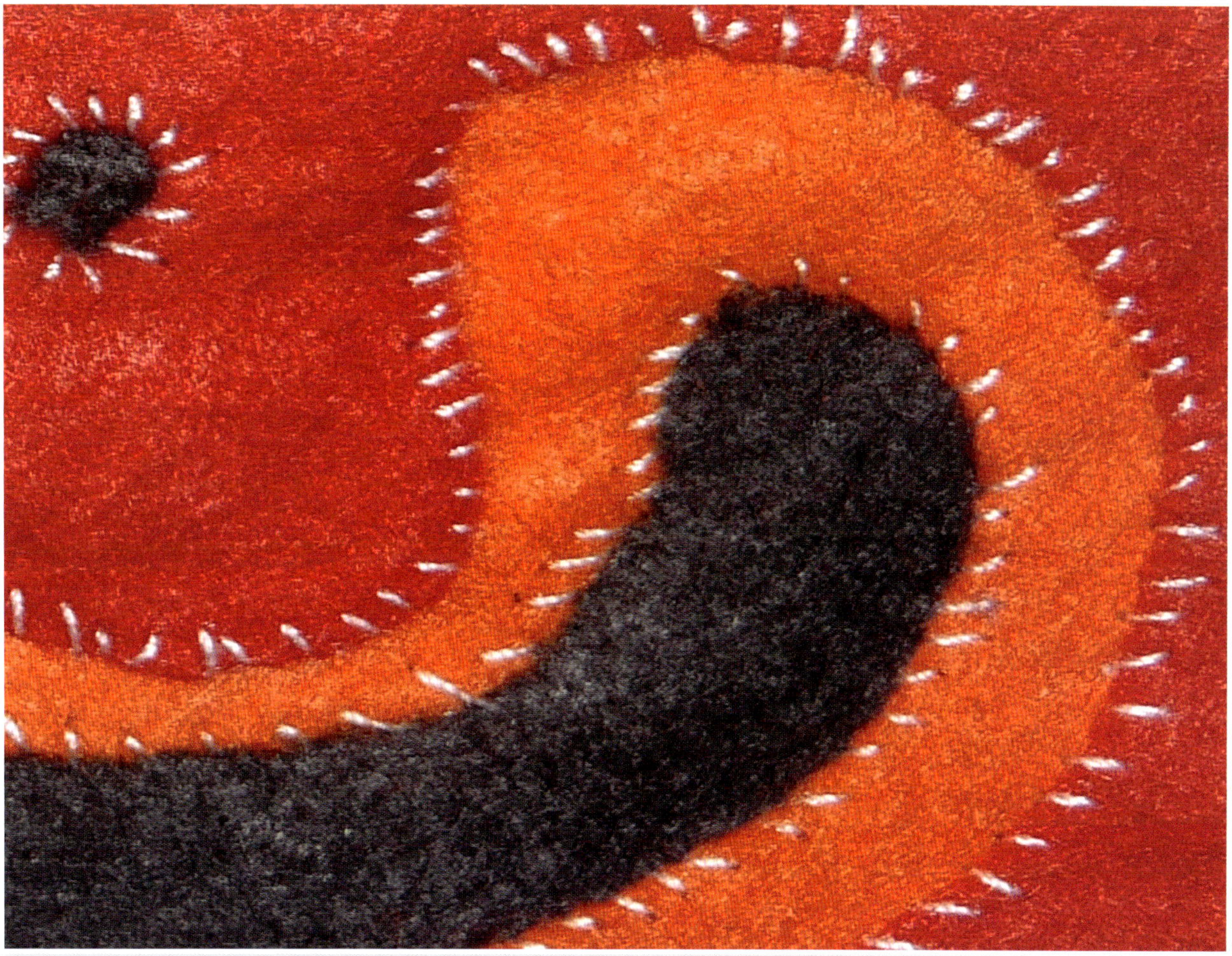

Oberflächen melieren

Für eine bunte Melierung zuerst breit ausgezupfte Wollflocken auf den Untergrund legen. Darauf wie gewohnt die Hintergrundwolle auslegen und das Ganze in der → Roll- oder → Reibetechnik filzen.

Hinweis: Wenn Sie die Flocken auf die Hintergrundfläche legen, decken Sie sie beim Befeuchten und Herausdrücken der Luft mit Gardinenstoff ab und verwenden Sie eine Plastikfolie beim Anfilzen, damit sich die Fasern nicht verschieben.

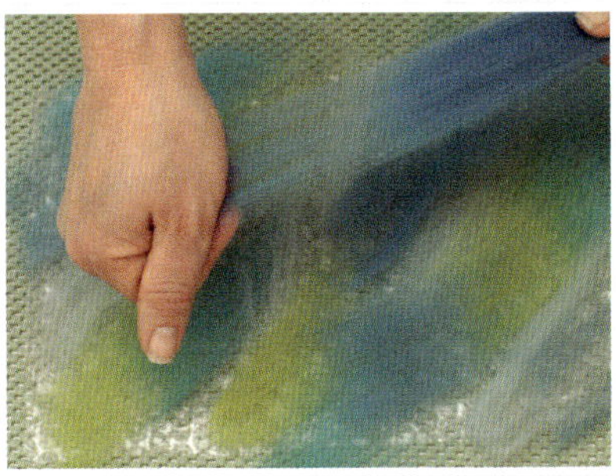

Fasern zum Melieren auslegen.

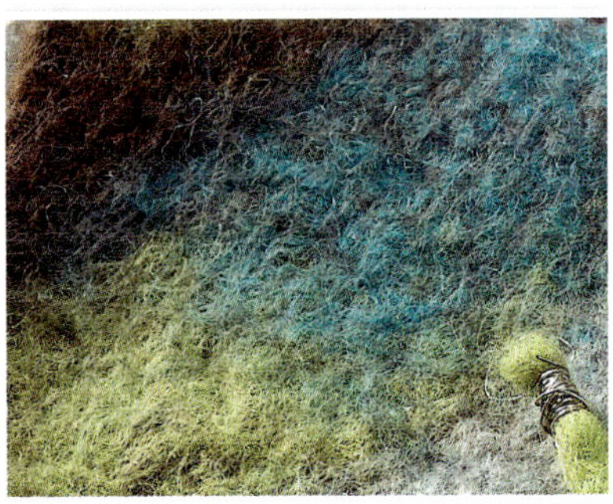

Melieren – gibt der Oberfläche Tiefe und Farbe.

Kringel- und Linien-Muster

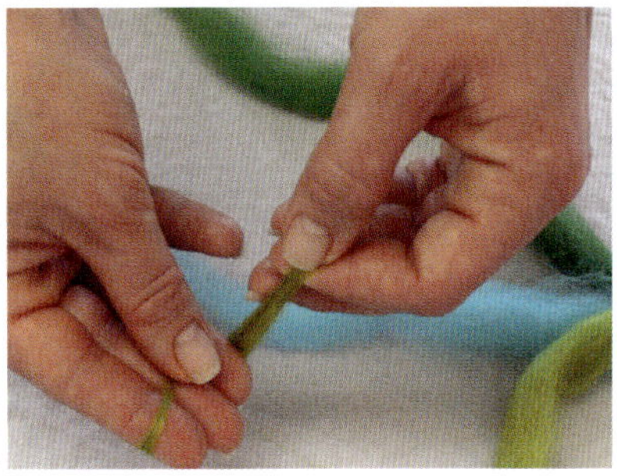

Einen Kringel formen.

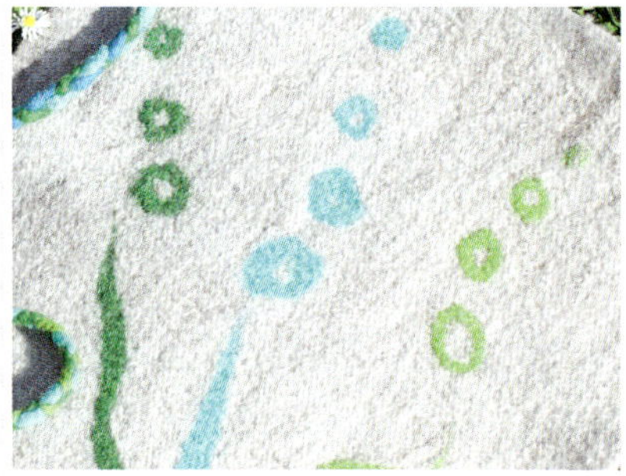

Das eingefilzte Muster.

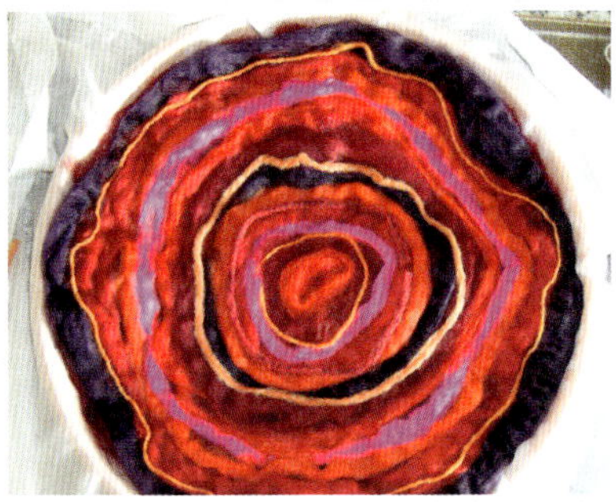

Kreismuster aus Kammzug und Wollfäden.

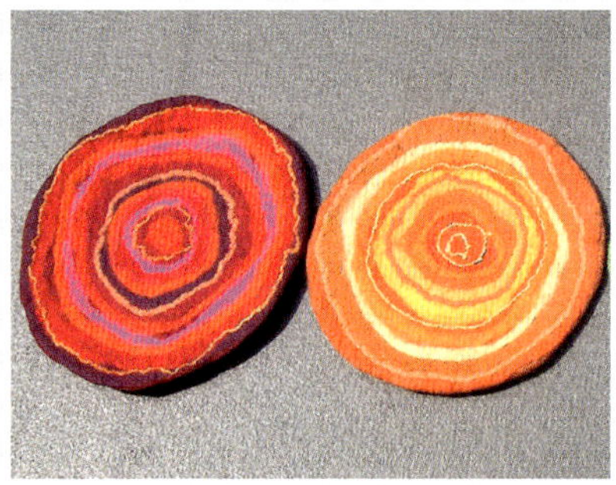

Runde Ringelsitzkissen (Design von Barbara Glünkin).

Für einen Kringel eine dünne Wollsträhne um einen oder mehrere Finger schlingen und auf dem Untergrund platzieren (evtl. vorher mit einer Sprühflasche mit etwas → Seifenlauge befeuchten).

Für breite, spitz zulaufende Linien einen dünneren Wollstrang vor dem Auflegen nur oben etwas zusammendrehen.

Klare Konturen bekommt die Linie, wenn Sie den Strang vor dem Auflegen trocken in Form rollen; verstärkt wird der Effekt, wenn Sie kurz nass (ohne Seifenlauge) nachrollen.

Auf das Muster die Wolle für die Hintergrundfarbe auslegen und in der Roll- oder Reibetechnik filzen.

Große Ringelmuster auf → runden Flächen lassen sich mit (Merino-)Kammzug und Wollfäden auflegen. Die Wolle in einem Tablett, Blumenuntersetzer oder Teller auslegen, anfeuchten und das Muster auflegen. Zum besseren Platzieren die Stränge anfeuchten. Das Muster mit Gardinenstoff/Fliegengitter bedecken und mit Seifenlauge bespritzen. Sorgfältig in der → Reibetechnik anfilzen, dann in der → Rolltechnik walken.

Faserpapier

Interessante Strukturen lassen sich mit Seiden- und Pflanzenfasern auf den Filz bringen. Die Fasern können selbst nicht filzen, werden aber von der Wolle beim Schrumpfen umschlungen und so fixiert.

Um gezielt mit Fasern arbeiten zu können, lässt sich aus ihnen mithilfe von Bügeleisen, Backpapier und Bügelstärke eine Art Papier herstellen, das auf die Wollfläche aufgelegt wird.

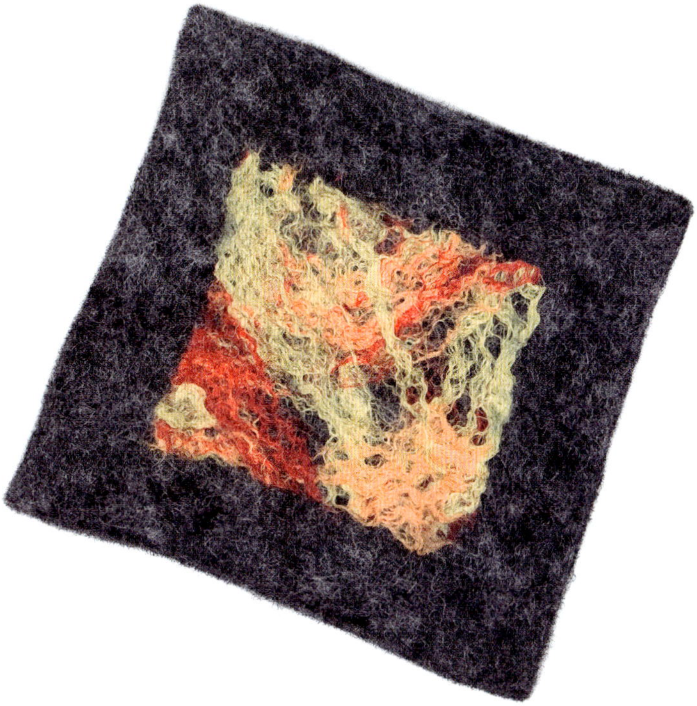

Sie brauchen:

› Backpapier › Seiden- oder Pflanzenfasern im Kammzug › Sprühstärke › Bügeleisen und Bügelbrett

① Ein etwa 1 m langes Stück Backpapier in der Mitte falten und auf dem Bügelbrett auslegen.

② Einander überlappende Fasern auflegen, so dicht oder luftig wie gewünscht.

③ Die Fasern leicht mit Bügelstärke besprühen, ohne sie dabei durcheinanderzubringen.

④ Die andere Hälfte des Backpapiers über die Fasern falten und andrücken.

⑤ Das Backpapier mit dem warmen Bügeleisen leicht niederdrücken und bügeln, bis die Fasern trocken sind. Ist das Papier zu feucht, ein Handtuch auflegen. Durch die Sprühstärke kleben die Fasern zusammen.

⑥ Das Backpapier zurückschlagen und das Ergebnis überprüfen. Lose Fasern gegebenenfalls noch einmal einsprühen und bügeln.

⑦ Das Faserpapier nach dem Befeuchten und Andrücken der Wolle auf die Fläche legen und – den ganzen Filzprozess hindurch – mit einer aufgelegten Folie in der Reibetechnik filzen.

Aus dem Faserpapier lassen sich allerlei Formen schneiden. Nach dem Filzen haben sich Wollfasern durch das Faserpapier geschoben, dadurch hält es auf der Oberfläche.

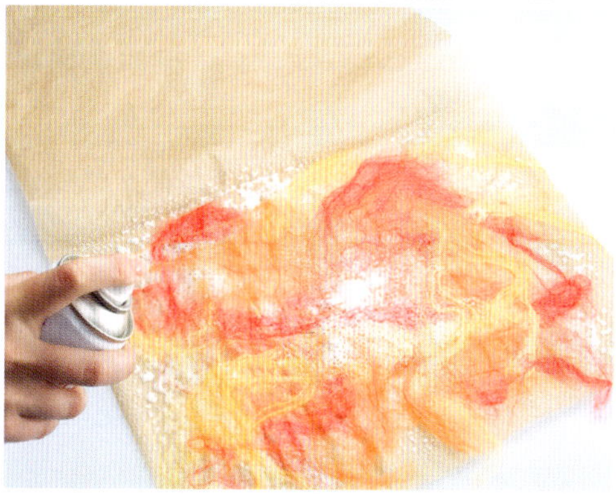

Hauchdünnes „Papier" entsteht mithilfe von Bügelstärke und Bügeleisen aus losen Fasern.

Hinweis: Beim Floristen oder in Floristikabteilungen (Baumarkt/Gartencenter) erhalten Sie Organzablätter (Skelettonblätter), die ebenso wie Faserpapier eingearbeitet werden können.

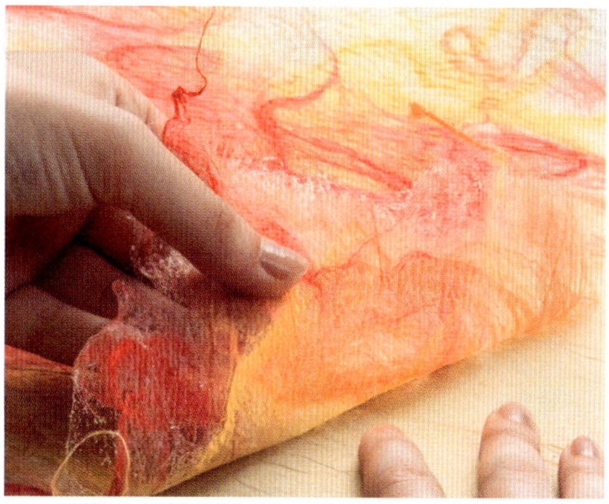

Faserpapier bietet unendliche Gestaltungsmöglichkeiten.

Flachreliefs

Deutliche Flachreliefs lassen sich durch das Einarbeiten von Styropor- oder Holzformen erzielen, plastisch und doch weich sind Filz- oder Schaumgummiformen. Für Linienmuster können auch starke Jute- oder Hanfkordeln verwendet werden (ab 6 mm Durchmesser, dünnere Kordeln treten nicht ausreichend hervor). Die Formen verbleiben entweder im Modell und können zur Verstärkung des Effektes mit Garn umstickt werden.

Oder Sie schneiden die Erhöhung auf und nehmen die Füllung heraus. Dann macht sich eine bunte Farbfläche darunter gut, wie im gezeigten Beispiel (oben und Mitte). Die Farbfläche ist nur etwas größer als das formgebende Teil, damit sich die bunten Fasern nicht durch die Grundfarbe arbeiten.

Das Vorgehen beim Anfertigen von Flachreliefs ist unabhängig vom Material immer gleich: Das formgebende Material auf der ungefilzten Wolle platzieren, mit einem etwas größeren, blickdichten Stück Vlies oder ausgezupftem Kammzug abdecken und in der → Reibetechnik filzen.

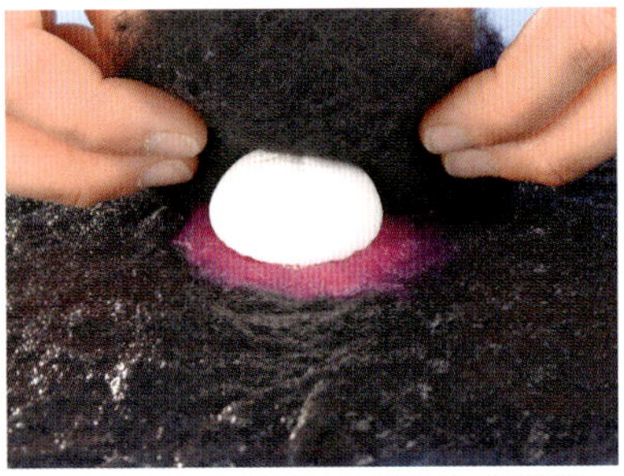

Eine Styroporform sorgt für Abstand ...

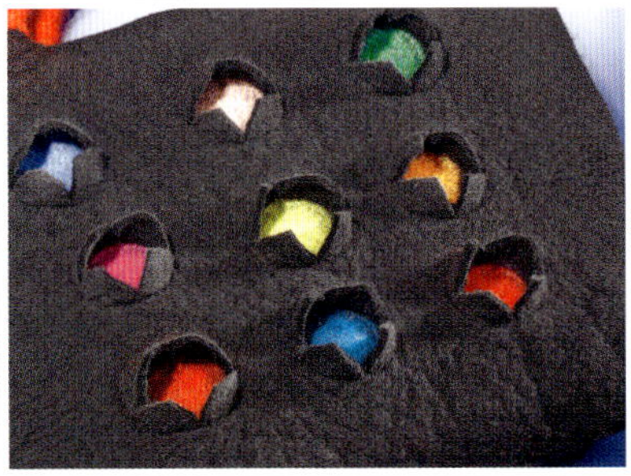

... kann nach dem Filzen auch wieder entfernt werden.

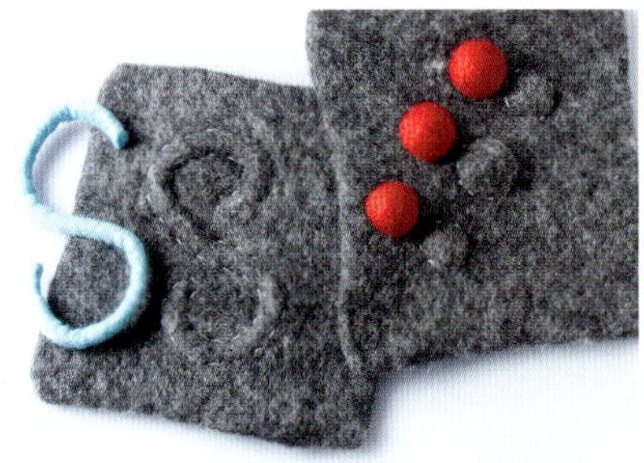

Hier verbleiben Kordel und Kugeln im Filz und geben ihm Struktur.

Taschen auffilzen

Taschen entstehen, wenn zwischen die Hintergrundwolle und die aufgesetzte Fläche eine Folie geschoben wird, die das Zusammenfilzen der Wolllagen verhindert.

Es empfiehlt sich, die Fläche bereits vor dem Auflegen zu filzen; zum Befestigen auf dem Untergrund bleiben an drei Kanten lose Fasern stehen. Die Fläche dazwischen und die Oberkante bereits recht fest filzen.

Die Folie ist höher und schmaler als die aufgelegte Fläche, sodass die losen Randfasern an den Seiten und unten überstehen. Die Folie auflegen, die Taschenfront darauf platzieren und die losen Fasern andrücken. Die Kanten gegebenenfalls mit blickdichten Wollflocken abdecken (bei mehrfarbigen Arbeiten in der Werkstückfarbe), dann in der Reibetechnik festfilzen.

Tipp: Genauso lassen sich übrigens gestrickte Wollvierecke und andere durchlässige Stoffe einarbeiten. Die Materialmischung ist sehr effektvoll. Einfach auflegen, an den Rändern mit Filzwolle abdecken und filzen. Die Fasern der Filzwolle „kriechen“ dabei durch das Gewebe und halten es fest.

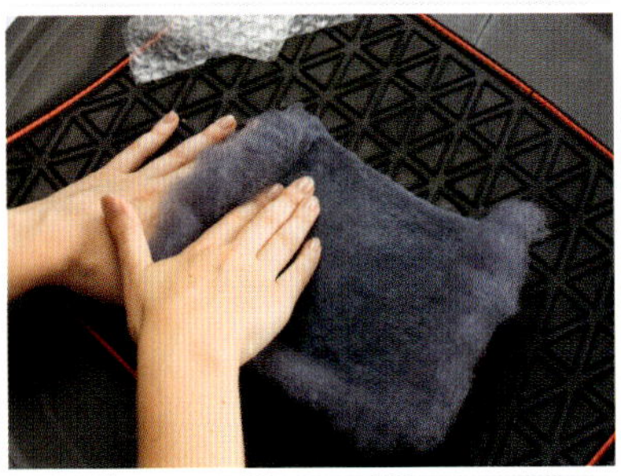

Die Tasche vorfilzen, die Ränder ungefilzt lassen.

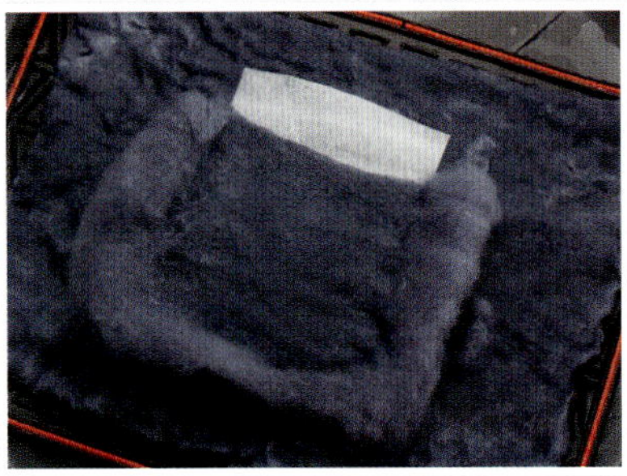

Mit Trennschablone auf den Untergrund legen.

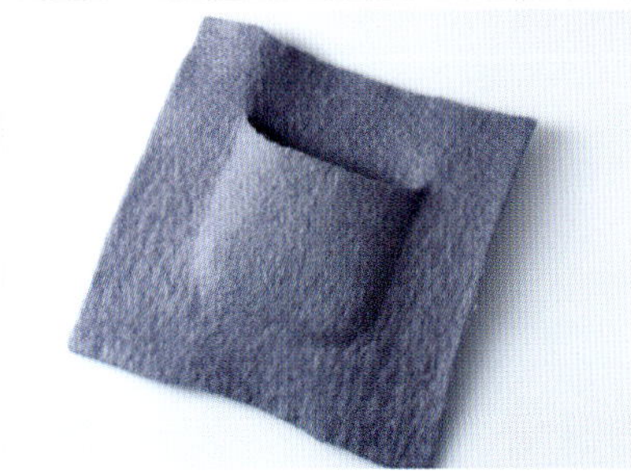

Die ungefilzten Ränder wurden eingefilzt. Ohne Nähte wird so die Tasche appliziert.

Wolllocken einfilzen

Wolllocken werden zwischen die Filzlagen gelegt und eingefilzt. Dafür Kammzug wie üblich in mindestens zwei Schichten auslegen, bevor die Locken aufgelegt werden. Bei Vlieswolle genügen je nach Dicke und Regelmäßigkeit des Vlieses und der gewünschten Stärke des Filzobjektes eine Grund- und eine Deckschicht. Die Wolle in der Reibe- oder Rolltechnik bearbeiten.

Auf Flächen aufsetzen lassen sich Locken durch Annadeln mit der → Filznadel.

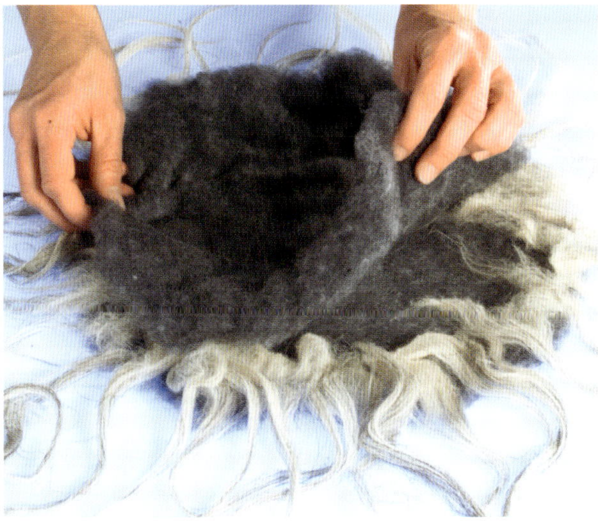

Die Wolllocken zwischen den Filzlagen platzieren.

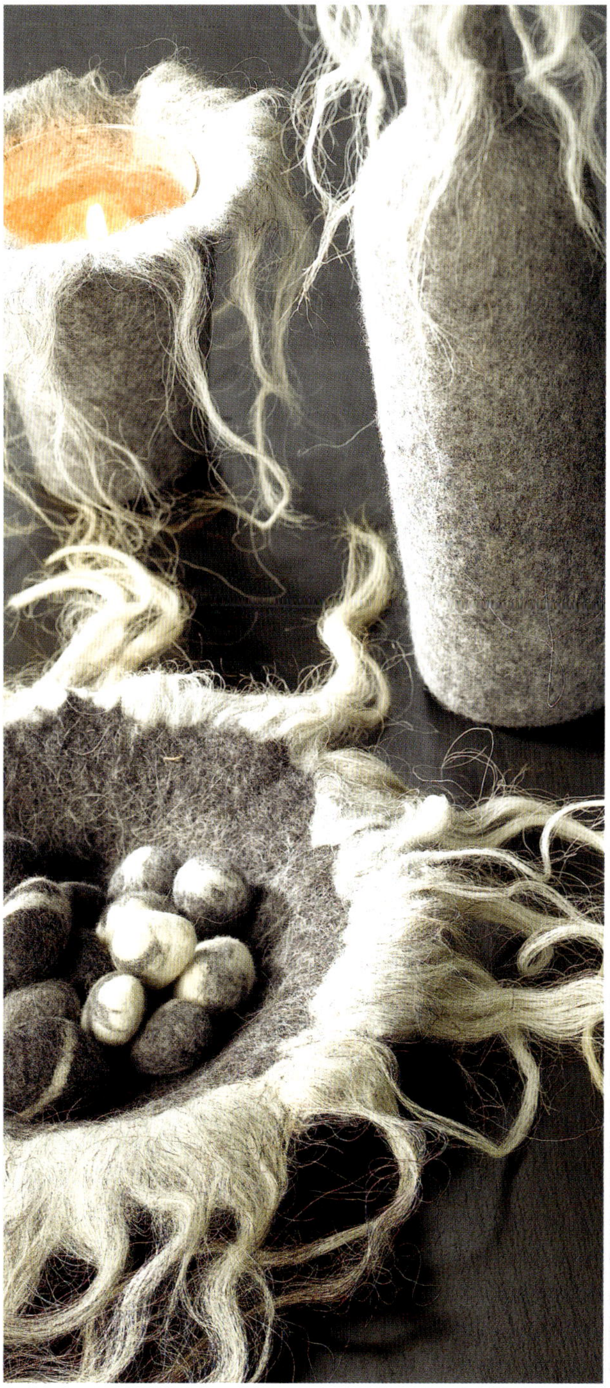

Eingefilzte Wolllocken geben schlichten Gestaltungen das gewisse Etwas (hier Wohnacchessoires von Petra Dechêne).

Zipfel und Schlingen anfilzen

Damit Teile angefilzt werden können, müssen die Enden ungefilzt und – dann lassen sie sich besser verarbeiten – trocken sein. Für Zipfel bleibt das untere Ende ungefilzt, für Schlingen und Henkel bleiben beide Enden einer → Schnur ungefilzt. Der Rest wird bereits recht fest gefilzt.

(1) Das Schnurende zum Ansetzen gleichmäßig, wie die Wurzeln eines Baumes, aufzupfen. Das ist wichtig, damit das Teil ringsum fest verankert ist.

(2) Dann das Ende so weit auf das nasse Werkstück legen, dass das feste Schnurteil daran anstößt.

(3) Nun die ausgefächerten Wollfransen mit seifig-nassen Händen ringsum andrücken. Nicht darüber streichen, sonst filzt die Wolle und die Decklagen haften nicht mehr.

(4) Danach die Wollfasern des angesetzten Teils mit blickdichten, aber an den Rändern dünn auslaufenden Wollflocken in der Werkstückfarbe (Hintergrundfarbe) abdecken und in der → Reibetechnik filzen.

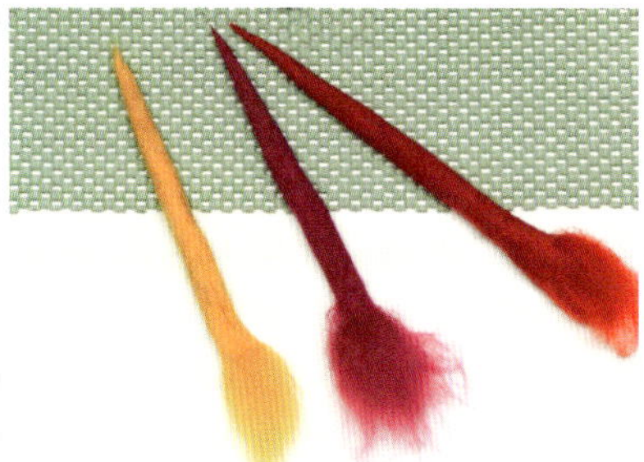

Möchte man etwas anfilzen, braucht man ein ungefilztes Ende.

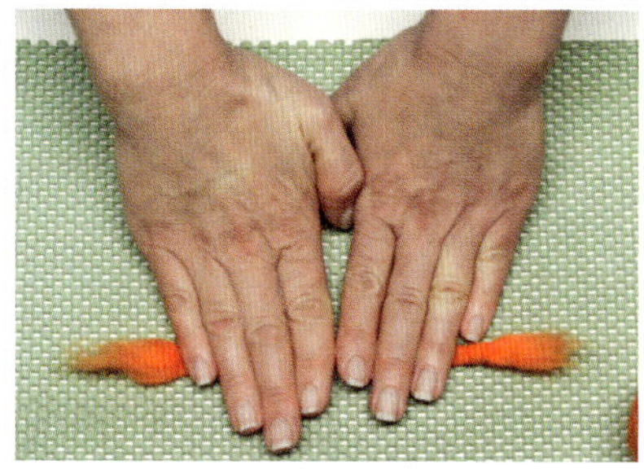

Für Schlingen braucht man zwei ungefilzte Enden.

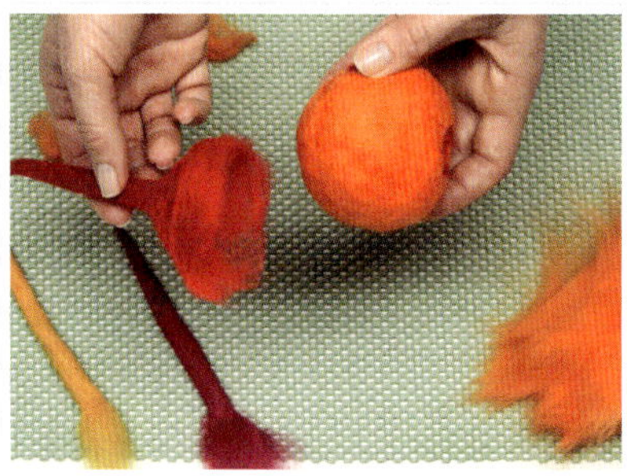

Das Ende auffächern und auf ein vorgeformtes, nicht gefilztes Werkstück ansetzen.

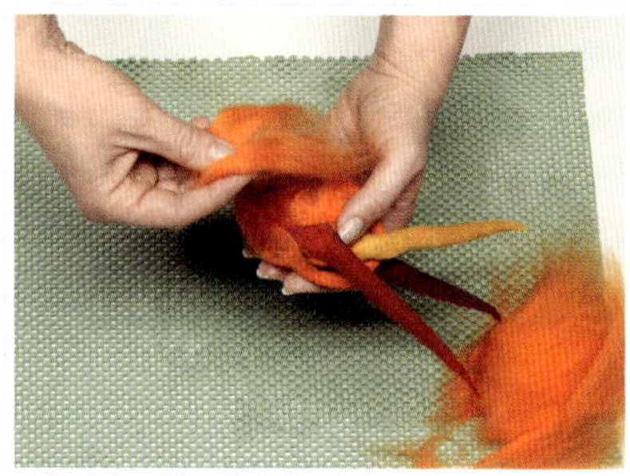

Das ausgefächerte Ende mit Wollflocken in der Werkstückfarbe abdecken.

Hinweise: Genauso werden andere Teile, wie Lamellen oder Röhren, aufgesetzt.

Bei Lamellen die Unterkante ungefilzt lassen, bei einer Röhre beide Schmalseiten und eine Längsseite. Die losen Wollfasern an der Unterseite sollten nicht zu kurz sein, damit man die Elemente fest im Untergrund verankern kann. Für eine Röhre die Schmalseiten vor dem Einfilzen übereinander legen und in der → Reibetechnik zusammenfilzen.

Zum Fixieren in die obere Hälfte der ausgelegten Filzschichten Schlitze (für Lamellen) oder Löcher (für Röhren) hineinschneiden, durch welche die losen Fasern geführt werden. Dann werden sie auf der Unterseite umgeklappt: bei Röhren wie die Wurzeln eines Baumes, bei Lamellen wie bei einem Scharnier durch mittiges Teilen der Fläche und Aufklappen zu zwei Seiten.

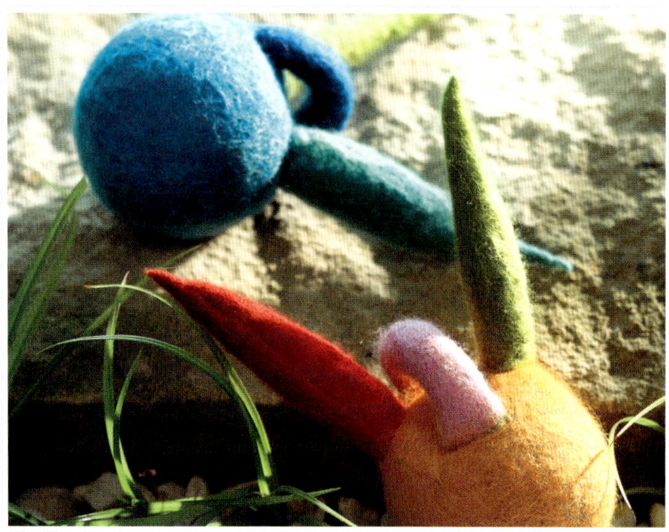

Spielzeug aus Filz von Katja Bayer.

Umfilzen

Das Umfilzen eignet sich für alle Gegenstände, für die aufgrund ihrer Form keine Hülle hergestellt werden kann, wie zum Beispiel Steine, Bilderrahmen oder Stühle. Die formgebenden Körper verbleiben (in den meisten Fällen) im Werkstück. Anhand des Stuhls soll hier die Technik erklärt werden. Für erste Versuche und für das Filzen mit Kindern ist das Umfilzen eines Steines empfehlenswerter (siehe nächste Seite).

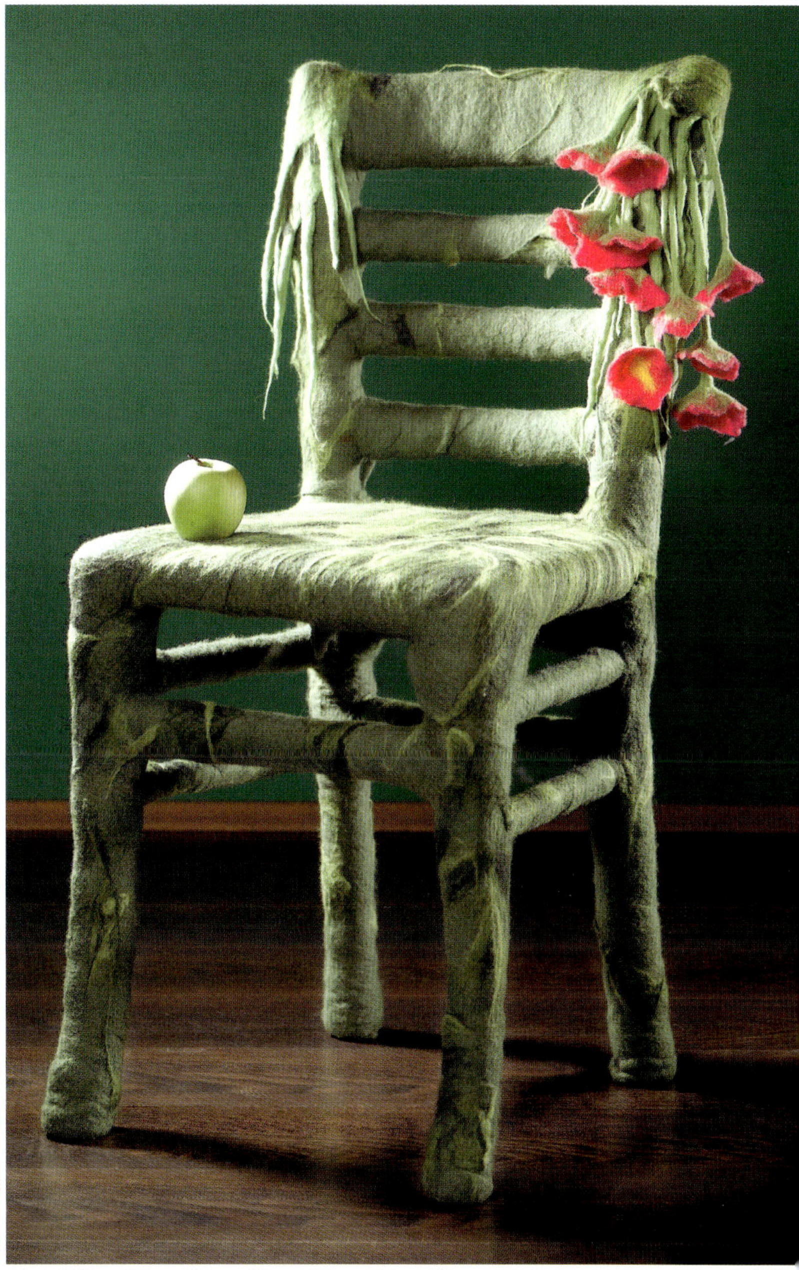

Kein Werk für Ungeduldige, aber ein außergewöhnliches Kunststück: Der umfilzte Stuhl von Petra Dechêne.

Stuhl umfilzen

Sie brauchen:

› (stabiler) Stuhl › ca. 600 g Vlieswolle vom Bergschaf (Unterbau) › ca. 300 g Merinowolle (Hülle) › farbiger Kammzug (für Blumen und Muster) › doppelseitiges Klebeband › Filznadel › Zubehör für die Reibetechnik

① Unterbau

Die Bergschafwolle in schmale Streifen reißen. Die oberen Stuhlkanten mit doppelseitigem Klebeband bekleben und von hier aus den Stuhl mäßig straff umwickeln. Darauf achten, dass die Kanten gleichmäßig überlappen. Auf Fehlstellen Vliesstücke nadeln.

② Hülle

Danach alles blickdicht mit farbiger Wolle umwickeln und gegebenenfalls mit der Nadel fixieren. So die ganze Form verhüllen, bevor Sie mit dem Filzen beginnen.

③ Filzen

Einen Teil befeuchten und in der Reibetechnik verfilzen, bis sich die Wolle verbunden hat. Dann die nächste Stelle befeuchten und verfilzen. Auf diese Weise weiterarbeiten, bis das ganze Stück nass und verfilzt ist. Die Hülle kann zwischendurch faltig sein und aus der Form scheinen; solche Stellen intensiver bearbeiten, bis sie sich ausgleichen.

④ Unterbrechungen

Nehmen Sie sich ausreichend Zeit zum Filzen. Müssen Sie die Arbeit doch einmal unterbrechen, können Sie den Stuhl in einer Plastikhülle bis zum nächsten Tag aufbewahren. Lassen Sie das Werkstück aber nicht zu lange nass stehen, die Wolle kann schimmeln oder durch die Seifenlauge angegriffen werden.

⑤ Ausspülen und Trocknen

Zum Ausspülen eine so große Arbeit am besten in die Badewanne oder unter die Dusche stellen. Beim letzten Spülgang klaren Essig zur Neutralisation zusetzen. Das Werkstück zum Trocknen auf Handtüchern an einen warmen Platz stellen. Die Handtücher öfter wechseln, damit die Wolle nicht zu schimmeln beginnt.

Stein umfilzen

Die Form gibt der Stein vor. Um eine natürliche Färbung zu erhalten, empfiehlt es sich, Gotlandwolle zu verwenden, die im Vlies in verschiedenen Grautönen erhältlich ist.

Wie beim Filzen eines → Balles vorgehen: Ein Stück Vlies um den Stein herumwickeln, → Seifenlauge darüber schöpfen und dann vier bis sechs Schichten aufbauen; zwischendurch immer wieder befeuchten. Die Wollschicht sollte vor dem Filzen 1,5–2 cm dick sein. Als Steinadern dünne Wollsträhnen (trocken auf den Knien vorrollen) auflegen, dann mit seifignassen Händen vorsichtig über die Oberfläche streichen, bis sie sich verfestigt hat. Anschließend mit mehr Druck festfilzen.

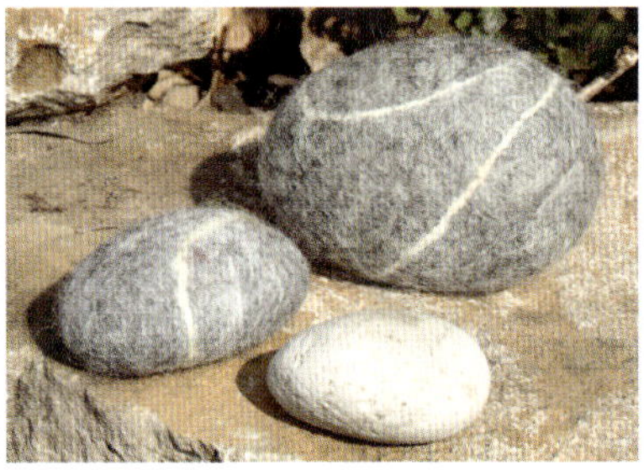

Große Filzsteine als Briefbeschwerer, kleine im Winter als Handwärmer verwenden. Vorher auf die Heizung legen (Design von Katja Bayer).

Partielles umfilzen

Nach dem Umhüllen können Sie das Innenleben einer Kugel auch wieder befreien, das sieht bei Glassteinen ausgesprochen gut aus.

① Machen Sie einen Knoten in einen Wollstrang und wickeln Sie den Strang ein- bis zweimal um den Knoten. So erhalten Sie eine Basis zum Auflegen des Steins.

② Den Stein auflegen und die Wolle dünn herumwickeln. Dann befeuchten und gleichmäßig mit Wollflocken belegen, auch an den Seiten. Die Oberseite des Steins (hier wird der Filz später aufgeschnitten) sollte nicht zu dick belegt werden.

③ Das Werkstück wie eine →Kugel filzen. Dabei bereits darauf achten, dass der Stein in der Mitte bleibt.

④ Wenn die Oberfläche fest ist, beginnt das Walken. Arbeiten Sie die Form zwischen Daumen und Zeigefinger eher scheiben- als kugelförmig aus (wie ein Rad).

⑤ Wenn die Form recht fest ist, die Oberfläche mit einer Nagelschere kreuzweise einschneiden. Nicht zu viel, sonst rutscht der Stein heraus! Die Kanten nachfilzen und das Werkstück rundum weiter reibend bearbeiten.

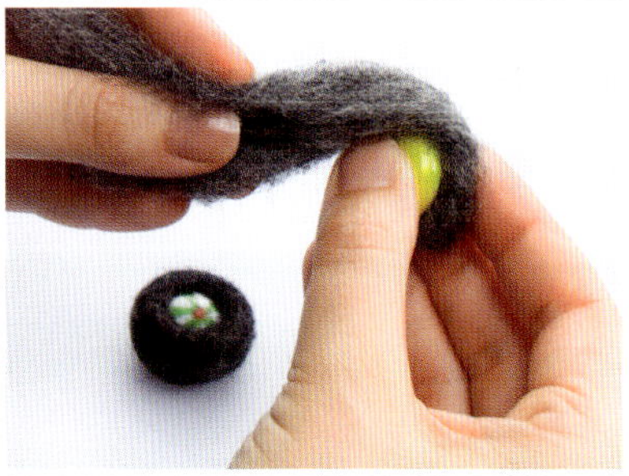

Ein schöner Anhänger: Ein Stein, gefasst in Filz.

Luftballon umfilzen

Zum Umfilzen einen stabilen Luftballon so weit aufblasen, bis er den Durchmesser erreicht hat, den das Objekt später haben soll (plus → Schrumpfzugabe). Den Luftballon nicht ganz aufblasen, damit er elastisch bleibt und beim Filzen und Walken nicht platzt.

Die Form zweimal mit einem langen Wollstreifen umwickeln oder wie einen → Ball Schicht für Schicht (auch in zwei oder mehr Farbtönen) aufbauen. Die (trockene) Wollschicht sollte ca. 1,5–2 cm dick sein. Die Wolle mit Seifenlauge befeuchten, damit sie nicht verrutscht, und die Öffnungen oben und unten mit Vliesstücken abdecken. Den Übergang mit Resten ausgleichen. Es ist hilfreich, bei dieser Methode mit viel Seife zu arbeiten. Sie dient, bis gefilzt wird, als „Kleister" und hält die Wolle zusammen.

Anschließend alles befeuchten, andrücken und in der → Reibetechnik filzen, bis der Filz hart und durchgefilzt ist. Den Hohlkörper dann an der gewünschten Stelle aufschneiden und den Luftballon entfernen. So entstehen Gefäße wie die Monster auf Seite 182.

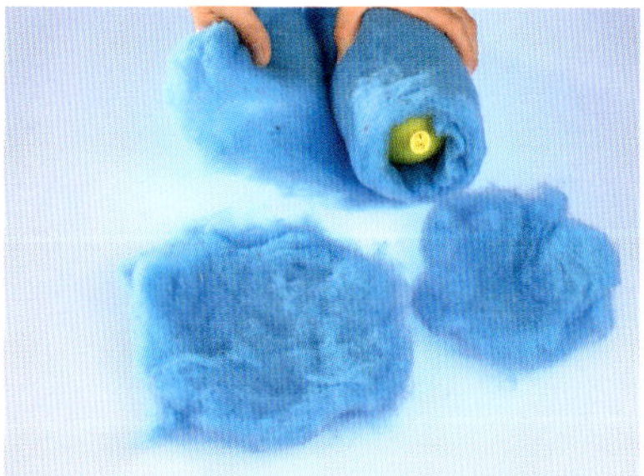

Zum Hohlkörperfilzen kann man einen Luftballon verwenden.

Teppiche filzen

Filzteppiche sind an Wohn- und Wärmequalität kaum zu übertreffen, sei es zur Boden- oder Wandgestaltung. Sie weisen alle positiven Eigenschaften der Wolle auf und sind sehr dekorativ. Den Mustern sind kaum Grenzen gesetzt, denn Filzflächen lassen sich unkompliziert verzieren, beispielsweise mit ausgeschnittenen → Vorfilz-Ornamenten oder aufgelegten Wollflocken. Obgleich es sich beim Teppichfilzen um herkömmliches →Flächenfilzen in der Rolltechnik handelt, ist aufgrund der Größe und Dicke alles aufwändiger, material- und zeitintensiver. Anfänger sollten sich deshalb von kleinen Stücken aus an einen Teppich heranarbeiten.

Vergessen Sie beim Vorbereiten des Projektes nicht, dass die Wolle während des Filzens schrumpft. Planen Sie also, abhängig von Wollqualität, Größe und individueller Bearbeitung des Materials, zwischen einem Viertel und einem Drittel Schrumpf ein. Das heißt, Sie müssen die Wolle um ein Drittel größer bzw. doppelt so groß auslegen, um das gewünschte Endmaß zu erhalten (→ Schrumpf und Materialverbrauch berechnen). Allgemein empfiehlt es sich, solch große Stücke in Gemeinschaft anzufertigen, denn das → Auszupfen und → Auslegen der Wolle brauchen viel Zeit und das Walken der Teppichrolle erfordert die Kraft mehrerer Hände.

Begrenzt wird die Größe des Teppichs durch die Ihnen zur Verfügung stehende Unterlage. Meistens fällt die Wahl auf Leinentücher oder Stoffbahnen, die flach ausgelegt und angefeuchtet werden, bevor man zuerst das Muster (spiegelbildlich) und dann die Wolle darauf schichtet. Lieber viele dünne als wenige dicke Lagen auslegen und eine kräftige, haltbare Wolle wählen! Als Mittellage kann man auch ungefärbte (und daher meist günstigere) Wolle einlegen.

Die Fläche anschließend mit heißer → Seifenlauge befeuchten und mit einem schweren, armdicken Kern (Pfahl oder Rohr) einrollen. Vorher kann man das Tuch an den Längskanten einschlagen, das ergibt gerade Ränder, die nicht nachgeschnitten werden müssen. Die Rolle dann verschnüren, damit nichts verrutschen kann; bei großen Arbeiten am besten die ganze Rolle mit einer langen Schnur kreuzweise umwickeln.

Alles ist viel intensiver

Die Filzrolle nun mindestens eine halbe Stunde lang von den Fingerspitzen bis zum Ellenbogen vor und zurück rollen, anfangs noch sanfter (damit sich die Fasern nicht verschieben), dann zunehmend mit mehr Druck. Die Rolle schließlich öffnen, den Filz glatt ziehen und um 90 Grad drehen, danach wieder einwickeln und vor dem nächsten Öffnen abermals eine halbe Stunde lang rollen. Auf diese Weise die Filzfläche um 360 Grad drehen, bevor sie gewendet und von der Rückseite ebenso bearbeitet wird.

Dann erfolgt das Walken, ebenso in der Rolltechnik. Im Laufe des Walkprozesses können Sie den Kern verändern: vom schweren, starren Kern über einen leichten, beweglichen (eingerollte Bambusmatte) bis hin zu einem weichen Kern (Tuch, Rohrisolierung). Je nach Dicke der Fläche vergehen einige Stunden, ehe der Teppich fertig gewalkt ist und ausgespült sowie mit Essigwasser neutralisiert werden kann.

Hinweise: Für Muster, die sich mit scharfen Konturen vom Hintergrund abheben sollen, wird dicker Vorfilz verwendet. Dicke Vorfilze treten reliefartig aus Flächen hervor, was nicht immer erwünscht ist. Das probate Gegenmittel: Die Vertiefungen um die Vorfilzmuster herum mit Hintergrundwolle auffüllen, bevor die Hintergrundfarbe ausgelegt wird.

In der traditionellen türkischen Filzherstellung ist es übrigens üblich, das ausgelegte Vorfilzmuster mit einer Lage Hintergrundwolle zu bedecken, einzurollen und anzufilzen, bevor weitere Wollschichten aufgelegt werden. So ist die Fläche zu Beginn des Filzprozesses dünner und das Muster kann nicht so leicht verschoben werden; erst wenn alles bereits leicht verbunden ist, erhält der Teppich seine Dicke.

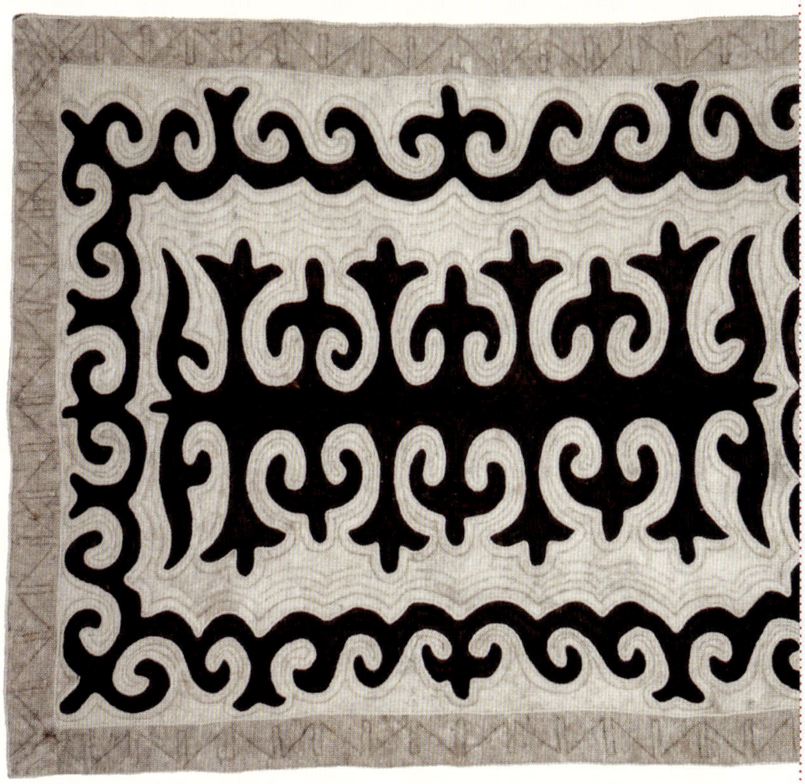

Ein kunstvoll gearbeiteter kirgisischer Shyrdak-Teppich. Die Steppnähte machen ihn haltbarer.

Ringe filzen

Schmuck aus Filz – warum nicht? Die Ringe liegen weich und kuschelig an der Haut und sind ein ungewöhnliches Accessoire. Verwenden Sie für alle delikaten Arbeiten, die direkt am Körper getragen werden, sehr feine Merinowolle. Sie lässt sich regelrecht modellieren und sorgt für ein angenehmes Tragegefühl.

Bandring

Sie brauchen:

› dünner Strang Merinowolle › ca. 15 cm lang › Seifenlauge › Schüssel › Antirutschmatte und Unterlage › Schere

① Wickeln

Einen dünnen Streifen vom → Kammzug abtrennen und zwei- bis dreimal um Zeige- und Mittelfinger wickeln. Die Filzwolle dabei übereinander, nicht nebeneinander legen.

② Übergang anfilzen

Zuerst das Ende der Wickelung anfilzen, damit sie sich nicht auftrennt. Die Stelle in → Seifenlauge tauchen und auf der Hand quer anreiben (links und rechts). Besser „rutscht" das Material, wenn man etwas mehr Seife verwendet, die Wickelung nach dem Befeuchten noch über einen nassen Seifenblock streicht.

③ Ring filzen

Den Ring für eine flache Ringschiene nur von einer Seite zur anderen bewegen, beim Vor- und Zurückrollen würde er rund. Damit alles gleichmäßig gefilzt wird, den Ring immer weiter drehen. Beim Filzen schrumpft die Wolle, sodass bald nur noch mit einem Finger weitergearbeitet werden kann.

④ Ränder begradigen

Wenn der Ring fest ist, die Ränder in Form schneiden. Anschließend auf einem Finger walken, bis der Ring stramm sitzt.

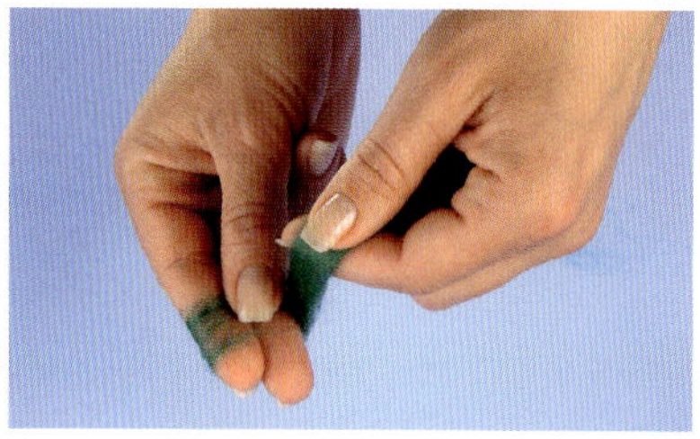

① Den Ring wickeln.

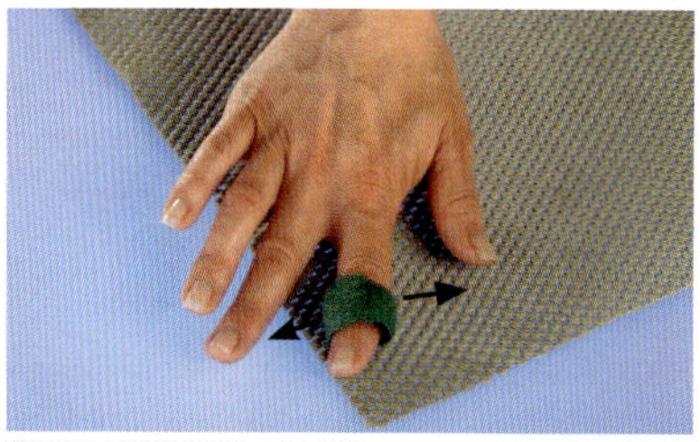

② Den Übergang anfilzen.

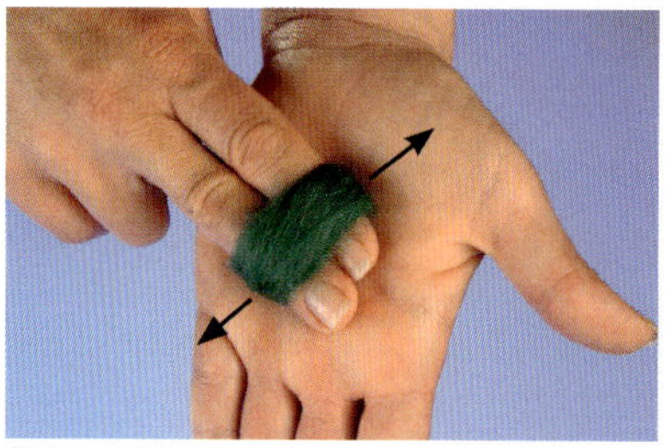

③ Für einen flachen Ring von Seite zu Seite rollen.

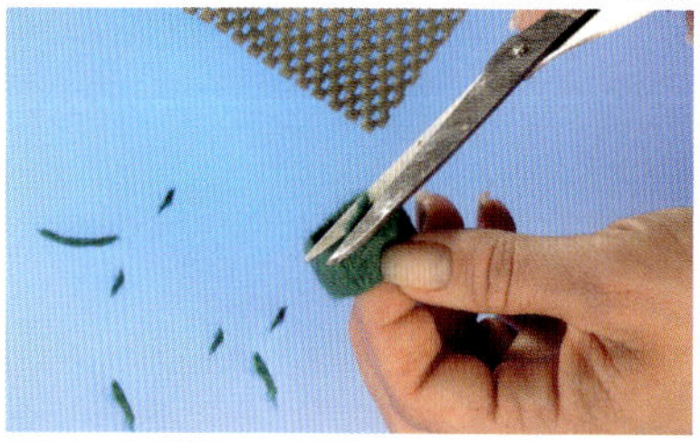

④ Abschließend die Ränder begradigen.

Variante: Runder Querschnitt

Möchte man einen runden Querschnitt erhalten, wird der Ring beim Filzen vor und zurück bewegt, wie eine → Schnur.

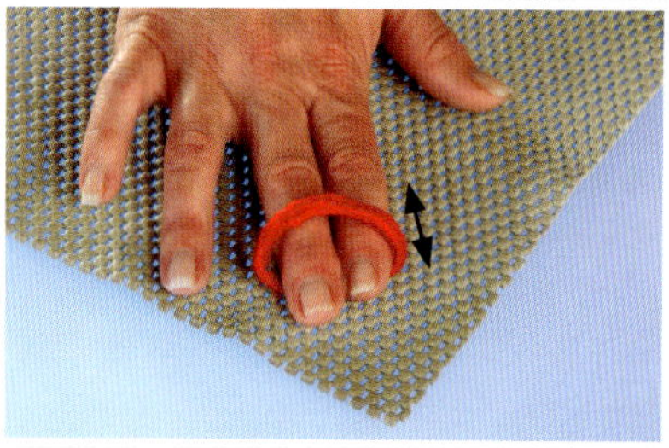

Runder Querschnitt.

Variante: Endlosschnur

Eine Endlosschnur ist ein riesengroßer Ring. Dafür werden die zwei ungefilzten Schnurenden aufgefächert, ineinander gelegt und zwischen den Fingern verzwirbelt. Sobald eine lose Verbindung entstanden ist, die Endlosschnur ganz behutsam wie eine → Schnur filzen.

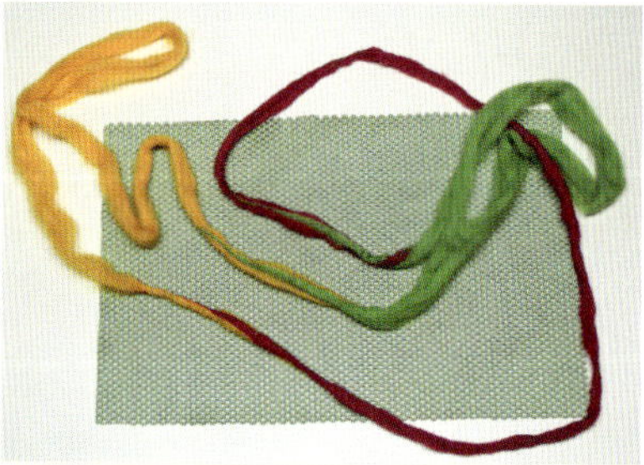

Endlosschnur.

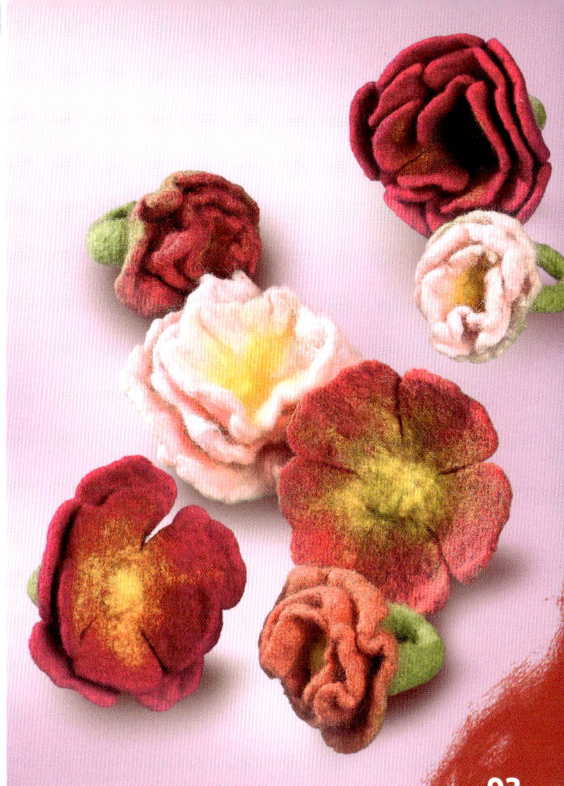

Blütenring

Sie brauchen:

› Filzwolle für die Blüte › ca. 6 g, dünner Strang Merinowolle für den Ring › ca. 15 cm lang, Filzflocken für Verzierungen › Seifenlauge › Schüssel › Antirutschmatte und Unterlage › Schere

① Blüte auslegen

(siehe auch Abbildung Seite 94 vorne im Bild) Für die Blüte eine etwa handflächengroße, blickdichte Filzfläche auslegen und in deren Mitte eine andersfarbige kleine Wollflocke als Blütenmitte platzieren. Eventuell mit ein paar Stichen mit der → Filznadel fixieren, dann umdrehen.

② Ring anbringen

Den → Ring wie links beschrieben wickeln und mit dem Wickelende nach unten auf die Blüte setzen. Zum Fixieren ein schmales, kurzes Wollstück durch den Ring ziehen und an beiden Seiten mit etwas → Seifenlauge andrücken.

③ Seitlich abpolstern

Damit der Ring auch an den Seiten gut haftet, dort jeweils einen kleinen Wollstreifen auflegen. Jedes Wollstück von der Mitte des Rings nach außen streichen, sodass es auf der Blüte zu liegen kommt, wo es mit etwas Seifenlauge angedrückt wird.

④ Ring festfilzen

Den Ring wie abgebildet halten und mit Seifenlauge befeuchten. Dann mit dem Filzen in der → Reibetechnik beginnen, dabei zuerst den Ring mit der Blüte verbinden.

⑤ Ring und Blüte filzen

Sobald sich der Ring mit der Blüte verbunden hat, den Ring in den gewünschten Querschnitt bringen (flach oder rund, siehe Seite 92). Danach die Vorderseite der Blüte bearbeiten.

⑥ Walken

Der Ring und die Blüte müssen hart gewalkt werden, damit sie beim Tragen ihre Form bewahren. Zum Walken den Ring gut durchkneten und reiben, erst weniger stark, dann mit immer mehr Druck. Zwischendurch immer wieder öffnen und kontrollieren, dass nichts zusammenfilzt und die Form bewahrt bleibt. Kurz vor dem Walkende die Kanten nach Wunsch zuschneiden und zwischen den Fingern abrunden.

⑦ Ringgröße anpassen

Sollte der Ring nach dem Walken noch zu groß sein, wird er noch einmal separat bearbeitet, bis er die richtige Größe hat. Danach ausspülen, mit etwas Essigwasser neutralisieren und auf einem Handtuch trocknen.

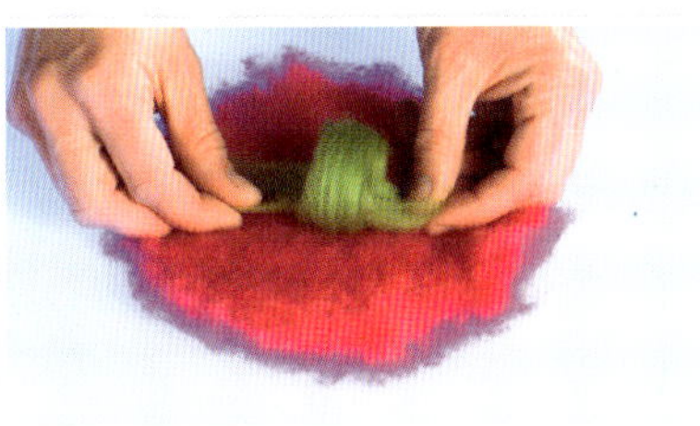

② *Ring anbringen.*

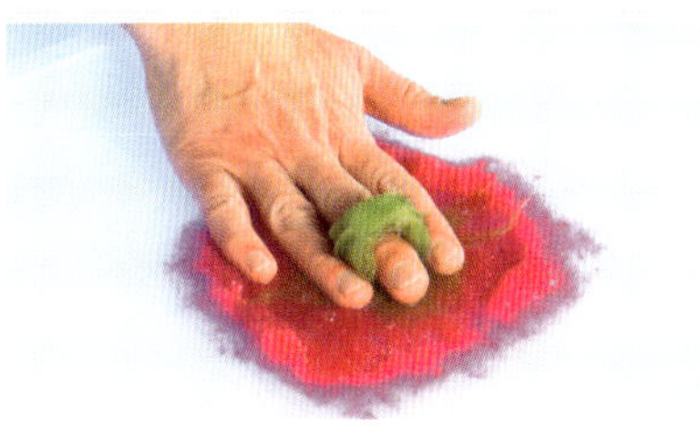

④ *Ring festfilzen.*

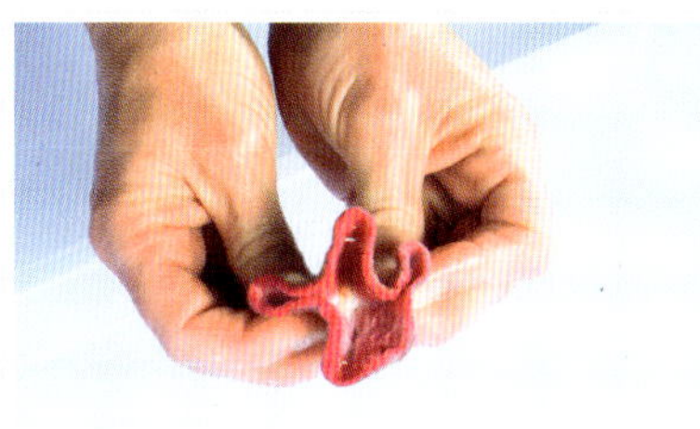

⑥ *Walken.*

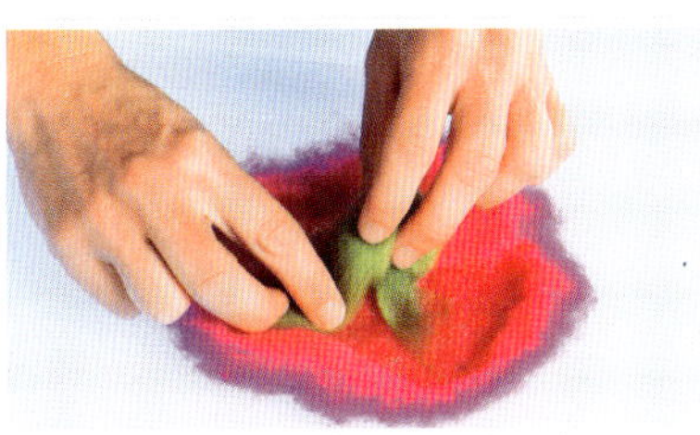

③ *Seitlich abpolstern.*

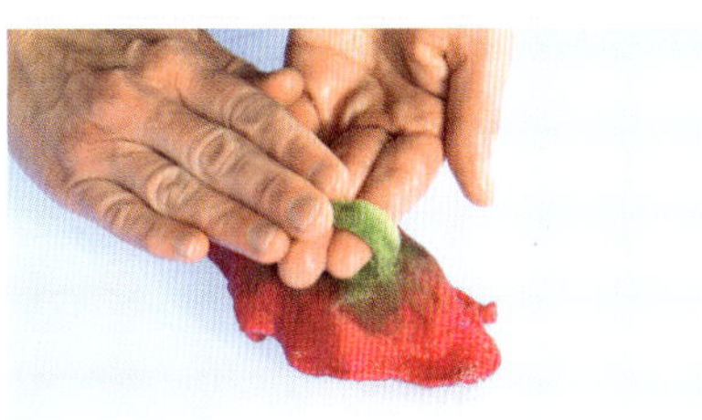

⑤ *Ring und Blüte filzen.*

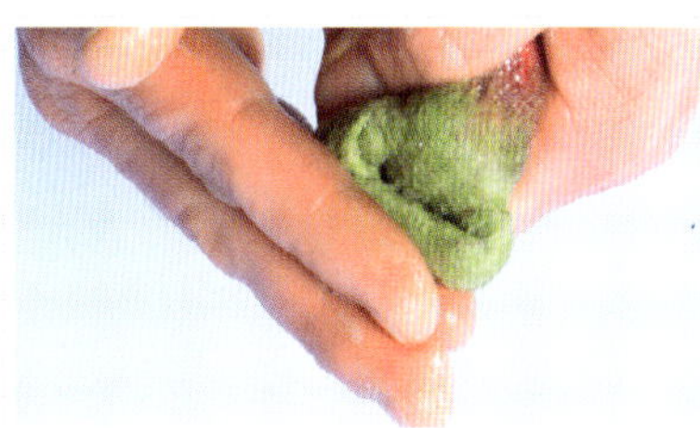

⑦ *Ringgröße anpassen.*

Blüten filzen

Stilisierte Blüten

Hübsch anzuschauen und doch schnell gemacht sind stilisierte Blüten. Bei den einen werden die Blütenblätter aus einer Kreisform geschnitten, bei den anderen wird eine Kreisform trichterförmig ausgearbeitet. Raffiniert, aber auch nicht schwieriger zu fertigen, sind mehrlagige Blüten.

Das Filzen einer einfachen Blüte selbst ist simpel: Eine kreisrunde Fläche auslegen, eine Flocke andersfarbiger Wolle als Blütenmitte auflegen und das Ganze in der → Reibetechnik (bei Einzelstücken) oder der → Rolltechnik (hier lassen sich mehrere Blüten auf einmal filzen) ausarbeiten.

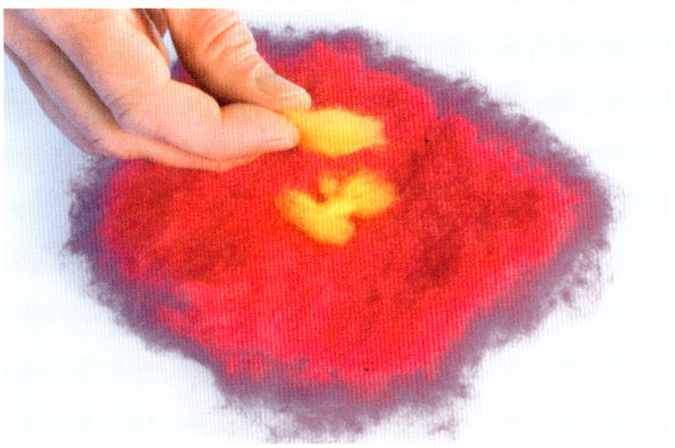

Auslegen der Wolle.

Blütenblätter zuschneiden

Entsprechend der gewünschten Blütenblattanzahl und der Blütenblattlänge Einschnitte in die fast fertig gewalkte Blüte machen.

Dann die Rundungen erst zu einer Seite (schraffiert), danach zur anderen Seite schneiden. So werden sie besonders gleichmäßig. Die Kanten zwischen seifigen Fingern nachfilzen.

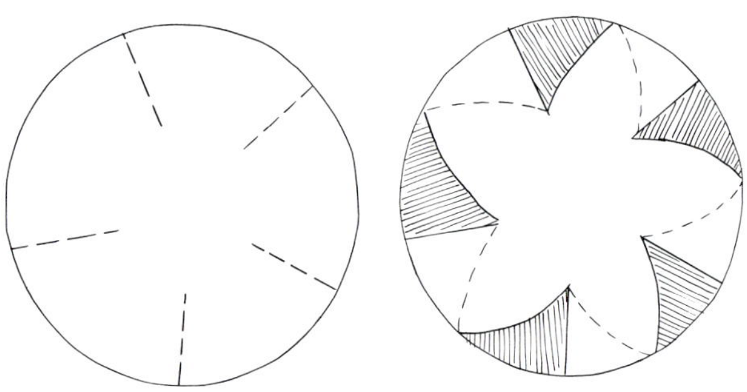

Zuschneiden.

Fadenförmige Blütenblätter

Für diese Blüten die angefilzte Kreisform (→ Vorfilz-Stadium) in viele Segmente schneiden. Sie brauchen eine nicht zu kleine Basis (Blütenmitte) und sollten mindestens 5 mm breit sein, damit die Blütenblätter genügend Halt haben. Die Streifen zwischen den Händen hin und her rollen und so zu Schnüren filzen.

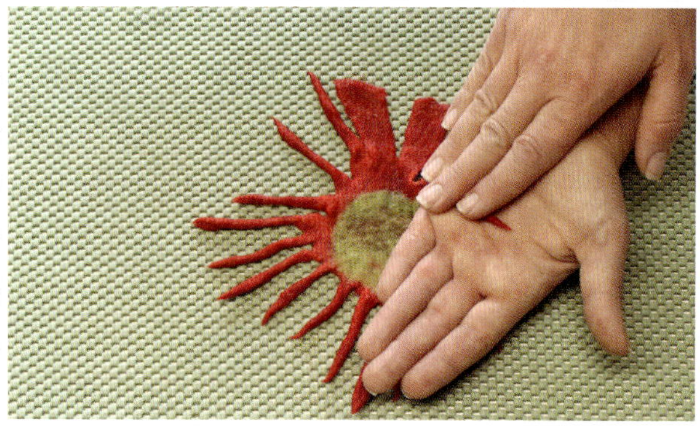

Fadenform.

Trichterförmige Blüten

Um eine schöne Glockenform zu erhalten, die Blüte am Stielansatz aufnehmen und zwischen den Handflächen hin und her bewegen. Der Druck muss am Stielansatz am stärksten sein. Oder Sie stülpen die Blüte nach dem Walken der Fläche über ein Rundholz oder Ihren Finger, drücken die Blüte eng an und formen sie durch Auf- und Abstreichen aus.

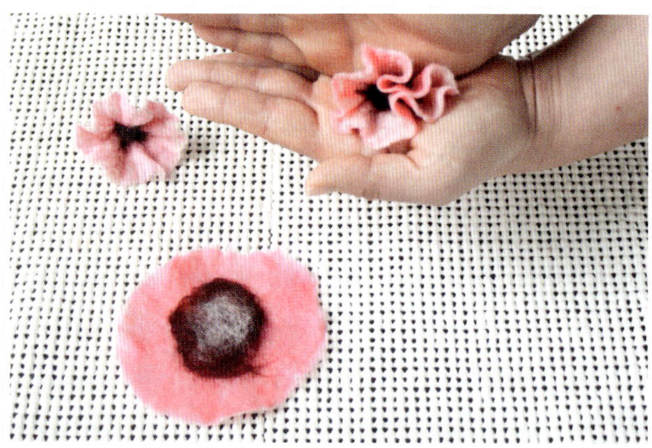

Trichterform.

Blüten mit Filzstiel

Um einen Stiel an der Blüte zu befestigen, muss die Wolle am Stielende lose (ungefilzt) und am besten trocken sein.

Den Wollstrang kreisförmig auffächern, auf die Blütenrückseite drücken und mit etwas heißer → Seifenlauge befeuchten. Den Stiel zwischen Zeigefinger und Mittelfinger der flachen Hand nehmen und zuerst sanft, mit zunehmender Festigkeit stärker filzen.

Blätter aus Vorfilz werden vor dem Anfilzen des Stiels angebracht; den Blattstiel dafür nur leicht anfilzen. Diesen in den losen Wollstrang des Stiels einlegen, der herumgelegt und wieder zusammengeführt wird. Zum Befestigen die Partie mit Seifenlauge befeuchten und mit den Fingern zuerst sanft, bald kräftiger anreiben.

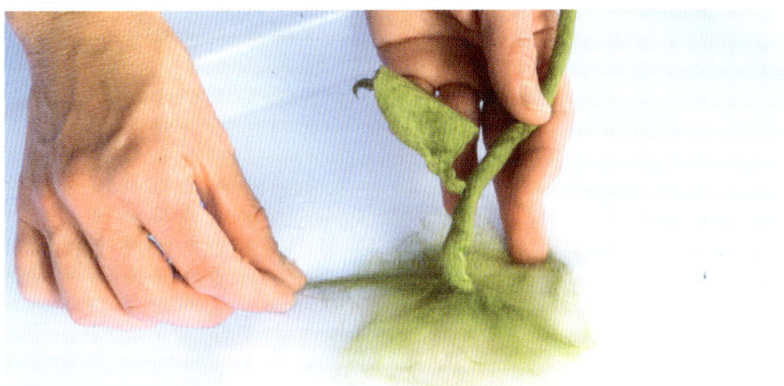

Die Blätter im Stiel fixieren.

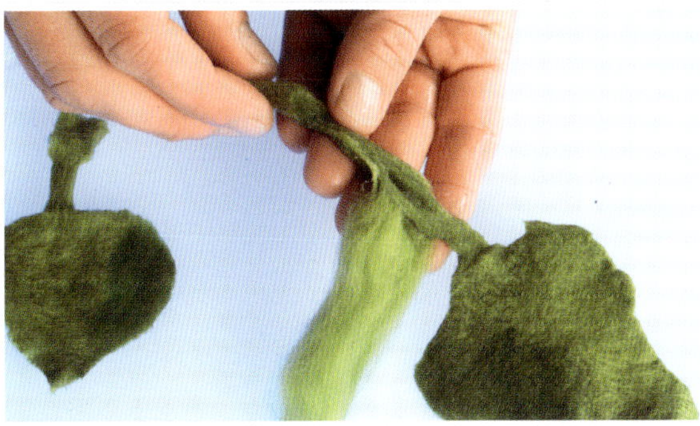

Den Blütenstiel festfilzen.

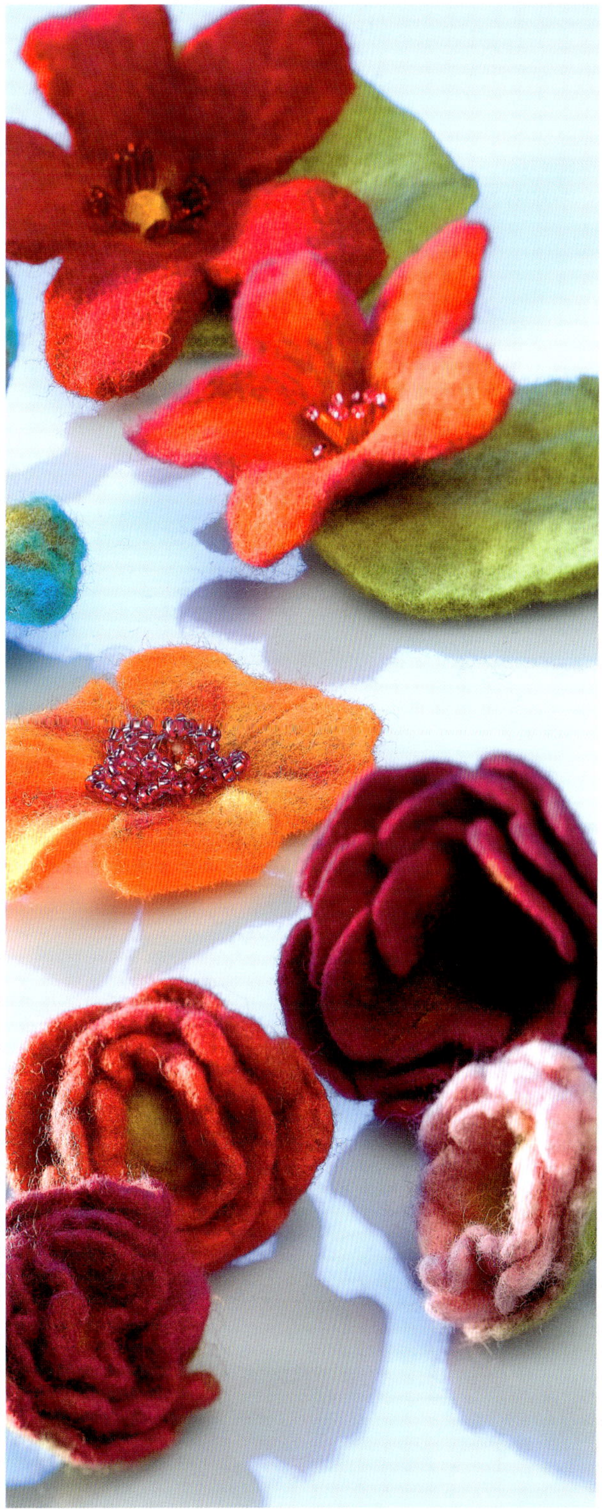

Künstliche Blumen als Schmuckstücke waren bereits in der Antike begehrte Accessoires, damals noch aus Papier oder Seide. Neu interpretiert aus Filz von Petra Dechêne.

Blüten aus Vorfilz

Aparte Filzrosen lassen sich aus → Vorfilz herstellen (handgefilzt oder in der Waschmaschine, uni- oder zweifarbig).

(1) Dazu benötigen Sie einen 55 cm langen Streifen, der zu einer Seite hin schmaler zuläuft (von etwa 7 cm Breite auf 4 cm Breite).

(2) In diesen im Abstand von 3 cm bis 5 cm Blütenblätter einschneiden und den Streifen mit einem farblich passenden Faden am schmalen Ende beginnend im Vorstich zusammenheften. Das Band raffen, dabei die Blüte spiralförmig aufwickeln.

(3) In die Blütenmitte eine Wollkugel nadeln, bevor alles durchnässt und mit seifigen Händen Blatt für Blatt ausgiebig gefilzt wird. Den Blütenboden separat anfertigen, er wird später angenäht.

(4) Nach dem Filzen die Blütenblätter in Form schneiden und die Kanten zwischen seifigen Fingern nachfilzen. Alles ausspülen, glatt ziehen und trocknen.

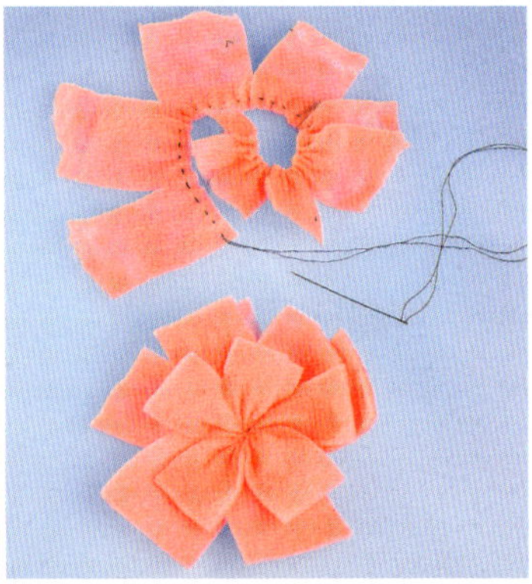

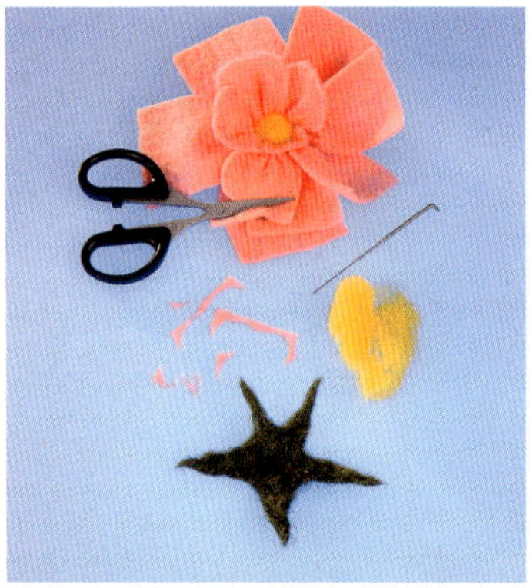

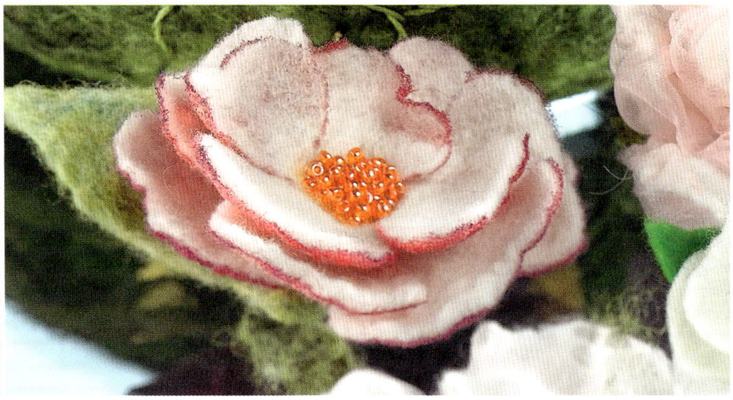

Blüten aus Vorfilz von Petra Dechêne.

Mehrlagige Blüten

Um Blüten mit mehreren Blütenblattlagen zu filzen, wird Folie – etwas größer als die Filzfläche, sonst verfilzen die Blütenblätter am Rand miteinander – benötigt, in die mittig ein Loch geschnitten ist. Dessen Größe sollte nicht kleiner als etwa ein Fünftel der Fläche sein, damit alles gut zusammenhält.

Die Wolllagen mit Folie dazwischen aufeinander stapeln. Dann in die Blütenmitte eine gerollte Wollkugel legen, mit einer Wollflocke abdecken und mit der → Filznadel verbinden.

Danach filzen: Die oberste Schicht anfeuchten und anfilzen. Die Blume umdrehen und die anderen Schichten ebenso bearbeiten. Die Lagen nicht verschieben, damit sich die zusammengenadelte Mitte nicht löst. Wenn alle Seiten gefilzt sind, die Mitte filzen, dann von Hand walken.

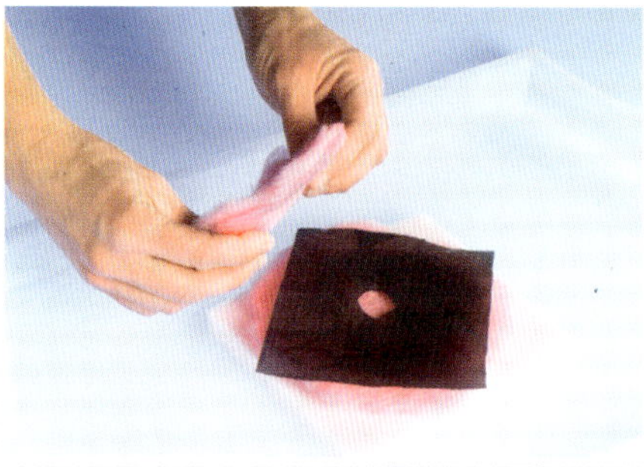

(1) Die Wollschichten trennen.

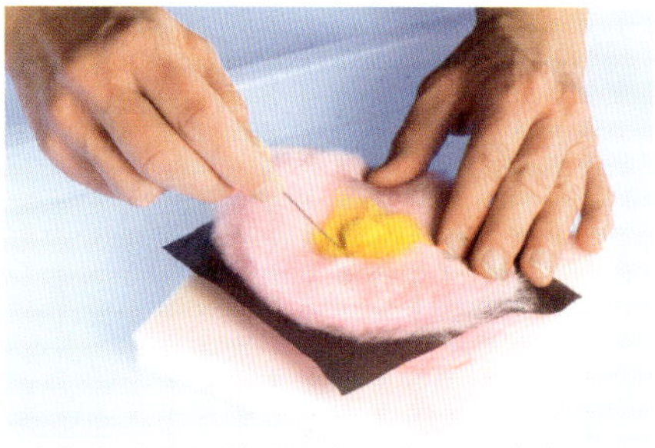

(2) Mehrere Filzlagen werden mit Folie getrennt und in der Mitte zusammengefilzt.

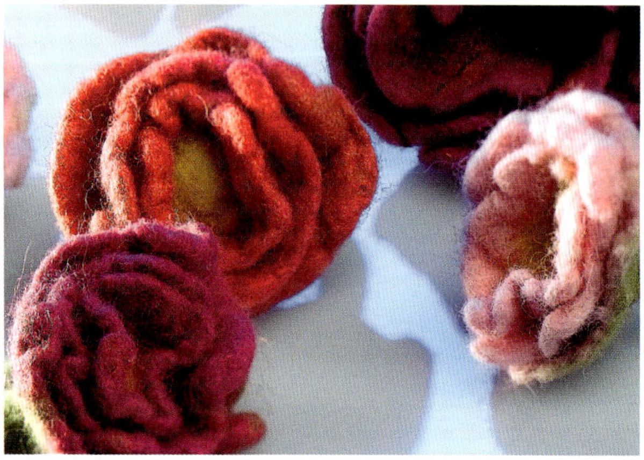

(3) Die gefilzten und gewalkten Blüten als aparte Schmuckstücke.

Blüten filzen mit Schablone

Kelchformen lassen sich mit Schablonen anfertigen. Nach Belieben für die Innengestaltung ein paar hauchdünne andersfarbige Wollflocken auflegen (und mit Seifenlauge „ankleben", bevor die Schablone in Filzwolle eingepackt wird (→ Hohlkörper filzen). Das ungefilzte Ende des Blumenstiels (→ Schnur) fächerförmig ausbreiten, um die Schablone legen und mit ein paar Wollflocken der Blütenfarbe oder der Musterung überdecken. Dann wird alles vorsichtig von außen nach innen gefilzt. Bei mehrlagigen Blüten: Ebenso eine zweite Blüte anfertigen; die Schablone für den inneren Kelch ist ein paar Millimeter kleiner. Die Kelche nach dem Trocknen in Form schneiden und ineinanderstecken. Die Staubfäden in der Mitte auf einen farblich passenden Faden ziehen und im Kelchboden festnähen.

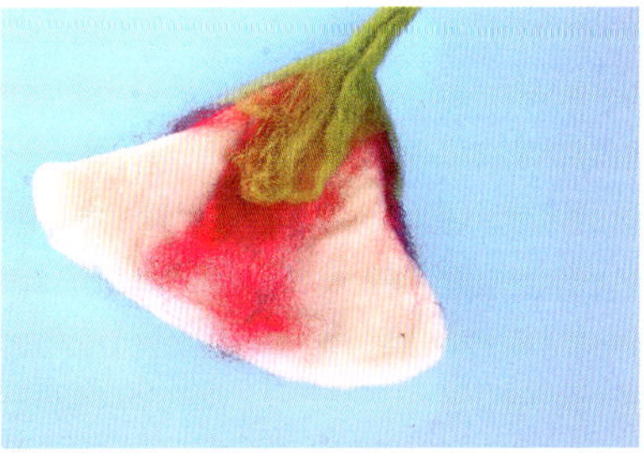

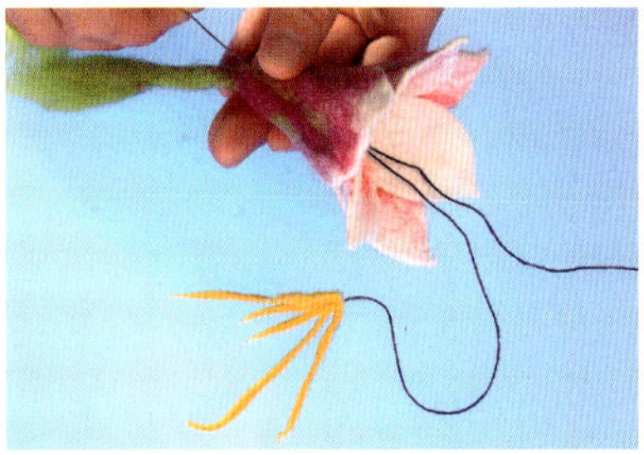

Kelchformen mit Schablonen filzen.

Rosen filzen

Sie brauchen:

› Merinowolle in Blütenfarbe, ca. 5 g
› Merinowolle in Grüntönen, ca. 1 g
› Seifenlauge › Antirutschmatte und Unterlage › Schere › Nadel und Nähgarn

① Vorfilzblätter verbinden

Die Blüte wird aus einem zweilagigen → Vorfilz gearbeitet. Daraus etwa elf Blätter zuschneiden und zwischen den Fingern im oberen Bereich verfilzen. Unten dürfen die Fasern noch nicht fest verbunden sein, damit man sie noch zusammenfilzen kann. Das mittlere Blatt einrollen und die anderen auf Lücke nacheinander darum herum legen und mit Nähgarn aneinander heften.

② Blütenboden anfertigen

Für die Blätter drei Strähnen melierte Wolle (→ Melieren) an den Enden zusammenzwirbeln und kleeblattartig anordnen. In der → Reibetechnik anfilzen.

③ Filzen

Dann die Blüte und die Blätter mit Garn in der Blattfarbe zusammennähen. Zuerst den Boden auf der Handfläche reiben, sodass sich die Blütenblätter gut verbinden, dann die einzelnen Blätter filzen. Zwischendurch alles in Form zupfen.

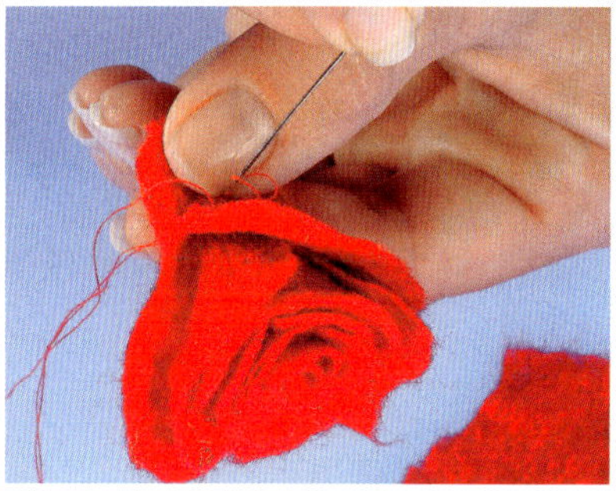

① Vorfilzblätter zuschneiden und verbinden.

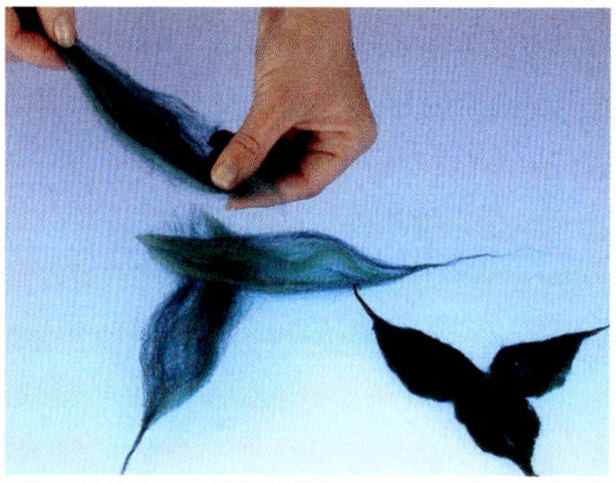

② Den Blütenboden anfertigen.

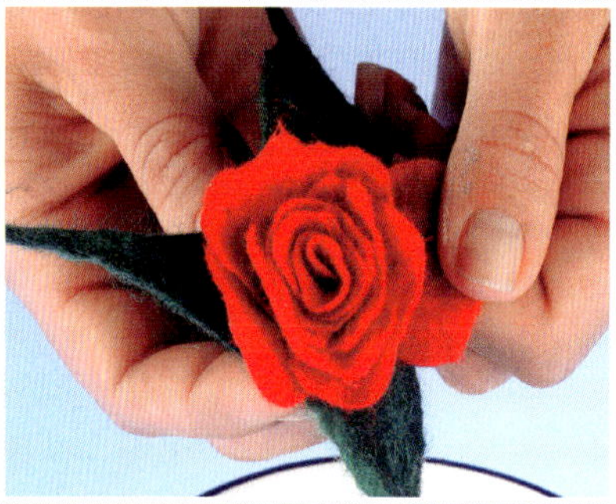

③ Filzen der Blütenblätter.

Hohlkörper filzen

Hinter dem technisch klingenden Begriff „Hohlkörper" verbirgt sich so Praktisches und Anmutiges wie Hand- und Hausschuhe, Taschen, Hüte, Handpuppen und Hüllen. Das Besondere an dieser Art des Filzens: Das Endprodukt kann nahtlos aus einem Stück herausgearbeitet werden. Das Ergebnis nennt man auch **Hohlfilz**.

Um einen Hohlraum in ein Objekt zu filzen, benötigt man eine Schablone, welche die obere und die untere Wolllage während des Filzens voneinander trennt. Beim Auslegen werden die Fasern teilweise über den Schablonenrand hinaus ausgelegt. Diese überstehenden Fasern werden anschließend auf die Rückseite des Werkstücks umgeklappt – und bilden die „Verbindungsnähte" zwischen beiden Schichten.

Die Schablone wird somit eingefilzt und bleibt so lange im Objekt, bis die Wolle fest ist und eng um die Schablone liegt. Erst dann wird die Form aufgeschnitten und die Schablone entfernt.

Nach dem Befeuchten und während des Filzens „rutscht" die Wolle immer wieder über den Schablonenrand hinaus. Man filzt deshalb immer von außen nach innen und muss streng darauf achten, dass die Wolle immer eng um die Schablone liegt (die Falten, die dadurch auf der Fläche entstehen, verschwinden, wenn die Wolle schrumpft), anderenfalls entstehen Wülste.

Alle Hohlkörper sind während des Filzens zwei an den Seiten miteinander verbundene Wollflächen, die flach aufeinander liegen. Das Ausformen erfolgt erst beim Walken. Während des Walkprozesses wird, auch durch Zuhilfenahme von → Formhilfsmitteln, die gewünschte Form herausgearbeitet.

Die Schablone sollte flexibel sein

Eben weil die Wolle beim Filzen schrumpft, sollte das Schablonenmaterial flexibel sein, außerdem darf es sich nicht mit der Wolle verbinden. Früher verwendete man für Schablonen Leder oder sehr fest gewalkten Filz („Mutterfilz"), heute werden gerne Trittschalldämmung, Moosgummi und Luftpolsterfolie genommen. Der Vorteil dieser Materialien: Man kann das Werkstück auch in der → Rolltechnik bearbeiten, weil sie biegsam sind. Auch andere Materialien lassen sich als Schablone verwenden, zum Beispiel Tetrapak, PVC-Bodenbelag, Markisenstoff oder grobes Leinen.

Die Schablone ist wesentlich größer, als das Filzstück werden soll. Als Richtwert kann man mit 30 bis 40 Prozent Schrumpfung rechnen, da sich jedoch Materialauswahl, Technik und Bearbeitung des Materials auf den Schrumpf auswirken, sollte vor allem für Kleidungsstücke (Schuhe, Hüte, Stulpen, Handschuhe etc.) eine individuelle → Filzprobe gemacht werden.

Die Schablone muss größer sein

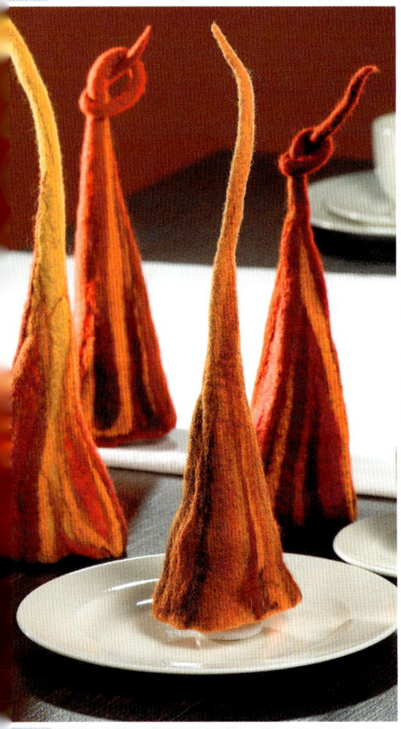

Als Hohlfilz gefertigte Zipfeleierwärmer von Petra Dechêne.

Schablonenmaterial	Eigenschaft
Moosgummi, Trittschalldämmung (Schwerschaum)	gut ertastbar, sehr biegsam
Luftpolsterfolie	Noppen sollen Filzvorgang unterstützen, sehr biegsam
Tetrapak, feste Pappe	für Einmalschablonen
PVC-Bodenbelag	sehr gut ertastbar, aber recht starr, man braucht eine große Öffnung zum Entfernen der Schablone
Prospekthülle sowie andere Folien und nicht filzende Stoffe	sehr flexibel, für Anfänger jedoch nicht gut ertastbar
Wellpappe	ungeeignet, da nicht wasserfest
sehr feste Folie („Windradfolie")	ungeeignet, da zu fest und Kanten zu scharf

Die Zeichnung mit einem Permanentstift auf die Schablone übertragen. Man kann die Schablone doppelt ausschneiden; eine Form dient dann als Unterlage beim Auslegen sowie als Muster zum Kontrollieren während des Filzprozesses, die andere wird eingefilzt. Wenn Sie Hausschuhe, Handschuhe oder Stulpen filzen, also alles, was paarweise getragen wird, benötigen Sie dann sogar vier Schablonen. Denn Paare sollten gleichzeitig angefertigt werden; so behalten Sie den Überblick über Materialmenge, Auslegetechnik, Filzdauer und -intensität und Stücke, die garantiert zueinander passen.

Hinweise: Damit für jede Hohlkörperseite die gleiche Wollmenge zur Verfügung steht, diese vor dem Auslegen abwiegen und halbieren.

Die nasse Wolle sollte immer dicht an der Schablone liegen. Um das zu erreichen, häufig an den Rändern um die Form reiben.

Hohlkörper filzen mit Vlieswolle

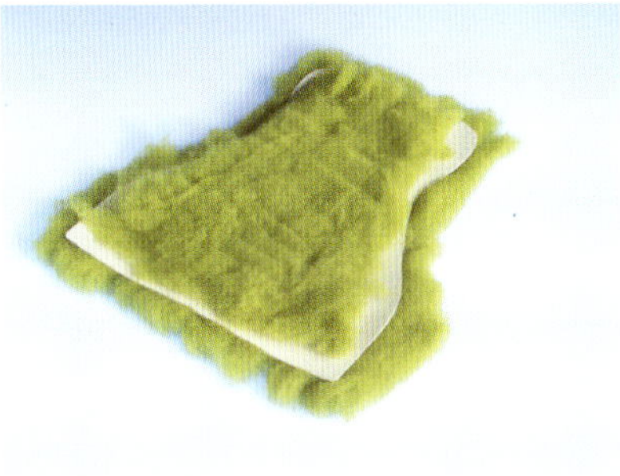

① *Hier werden zwei große Vliesstücke (werden umgeschlagen) und zwei kleine (gleichen aus, so bleibt die Gesamtfläche gleichmäßig dick) benötigt.*

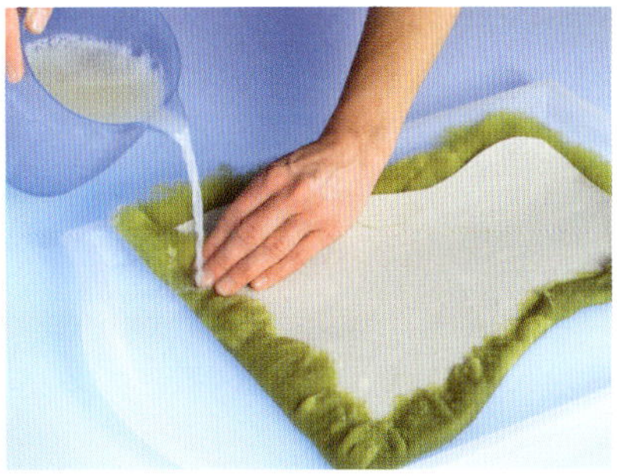

② *Das erste große Vliesstück unter die Schablone legen und die trockenen Fasern rundherum umschlagen (Überschuss an den Ecke auszupfen).*

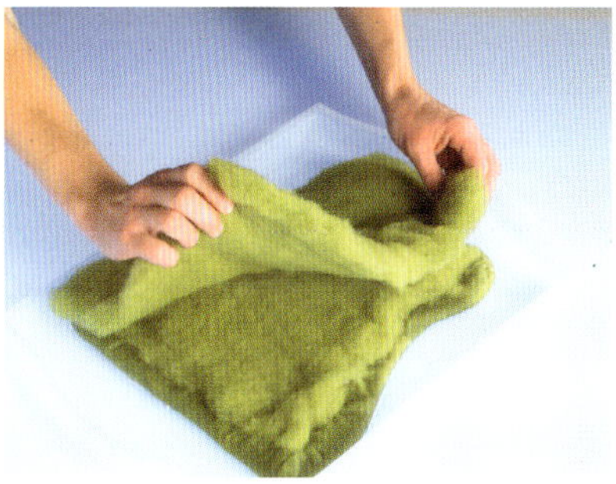

③ *Nun die Wollschichten der Oberseite auflegen: erst ein kleines, dann ein großes Vlies.*

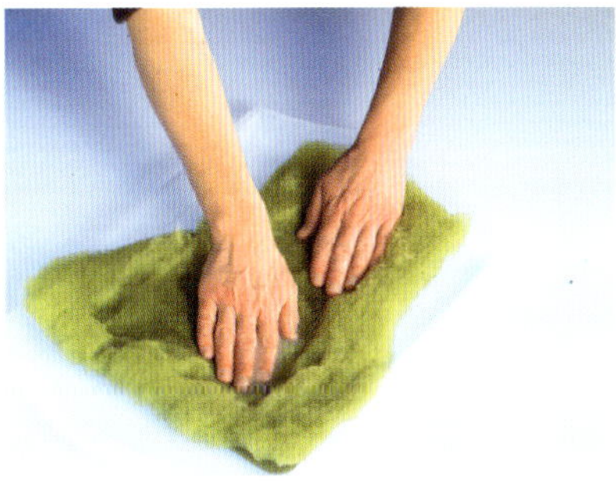

④ *Die obere Lage befeuchten (außer den Rand) und die Wolle andrücken. Das Ganze mithilfe einer zweiten Unterlage wenden. Auf der Rückseite ebenso die überstehenden Ränder umschlagen und das kleine Vlies sowie das Muster auflegen.*

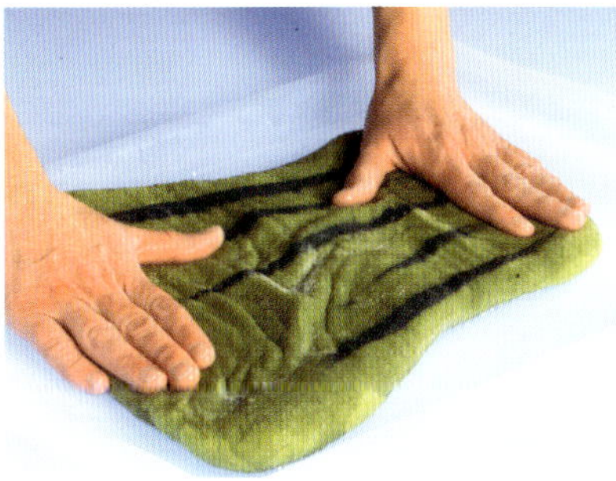

⑤ *In der → Reibetechnik filzen, erst eine, dann die andere Seite. Von außen nach innen arbeiten, das Material darf nicht über die Schablone hinauslaufen, sonst verfilzen die Ränder und es entstehen Wülste.*

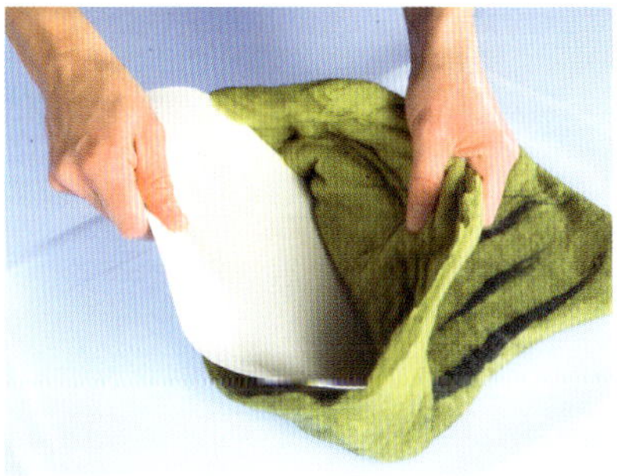

⑥ *Wenn alles eng an der Schablone anliegt und fest ist (→ Zupfprobe), die Form aufschneiden, die Schablone entfernen und den Filz walken (→ Rolltechnik oder → Reibetechnik).*

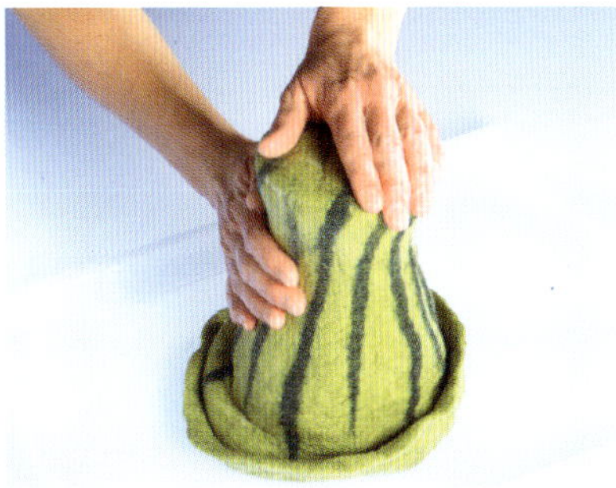

⑦ *Zum Ausformen eventuell über ein → Formhilfsmittel stülpen.*

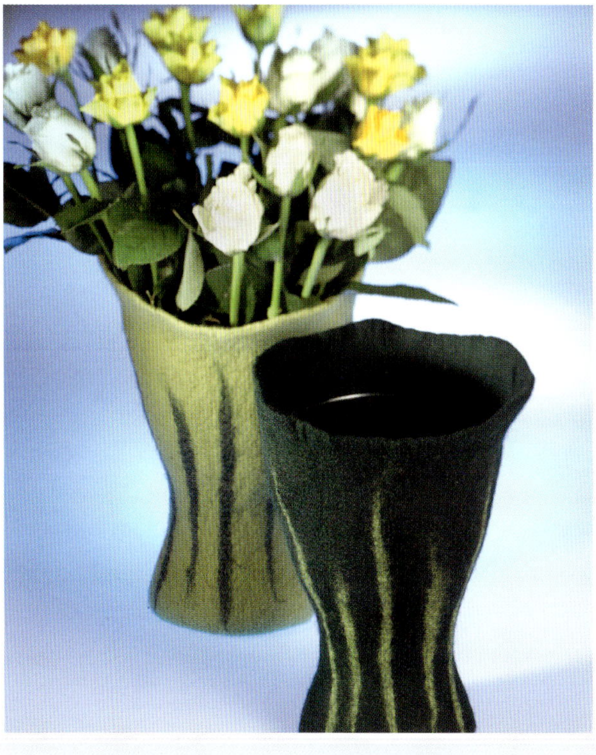

Filzhüllen von Petra Dechêne.

Hohlkörper filzen mit Kammzug

Eine Tasche ist ein guter Start in das Hohlkörperfilzen mit Kammzugwolle. Man beginnt am besten mit einer kleinen Tasche mit Überschlag, bevor man sich an größere Modelle heranwagt. Auch hier ist ein langsames Vorgehen ratsam: Erst einmal die Technik beherrschen und die Materialmenge unter Kontrolle bringen, dann können aufwändige Verzierungen, angefilzte Trageriemen oder Innentaschen angegangen werden.

Als Schablone eine Folie im A4-Format nehmen und unten an den Ecken abrunden. Die Schablone aufgrund des → Schrumpfens der Wolle ca. 30 Prozent größer als die fertige Tasche anfertigen.

Sie brauchen:

› Merinowolle im Kammzug, ca. 30 g › bunte Wollflocken (Melierung) › fingerdicker Strang Merinowolle (Verzierung) › Schablonenmaterial in A4 › Seifenlauge › Antirutschmatte › Leinentuch und zwei Unterlagen › Schere › Permanentmarker

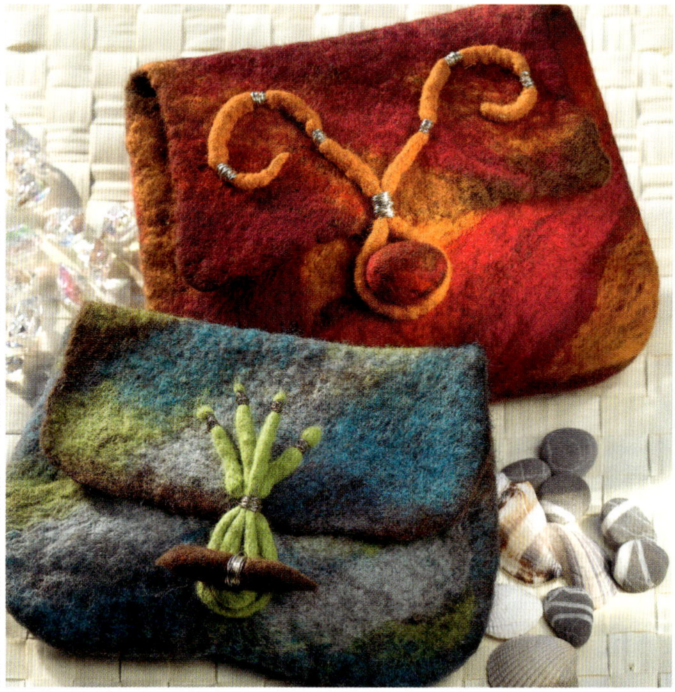

Filztaschen von Katja Bayer.

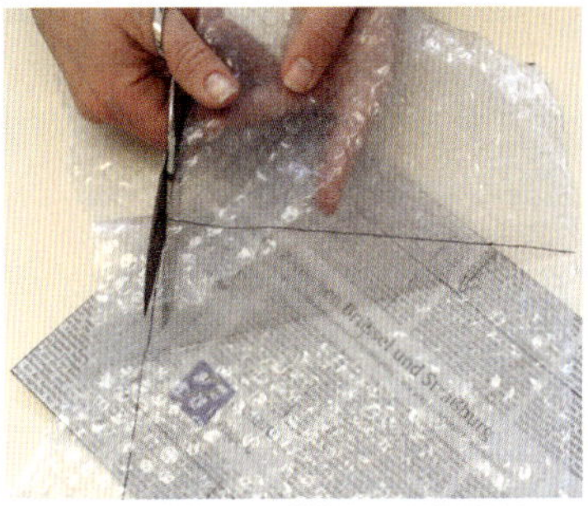

① *Die Schablone anfertigen.*

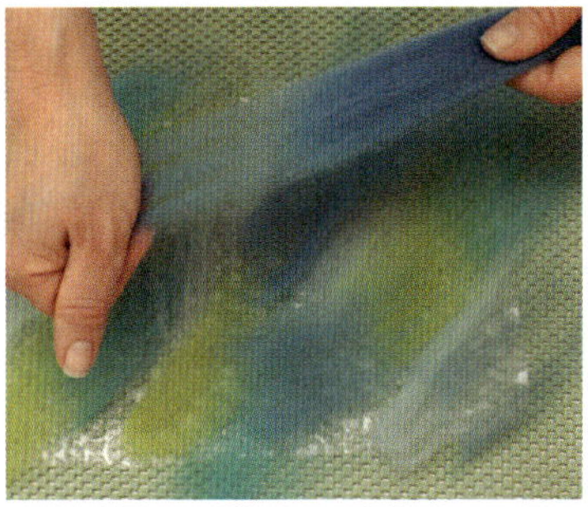

② *Zuerst das Muster – hier eine Melierung – gestalten.*

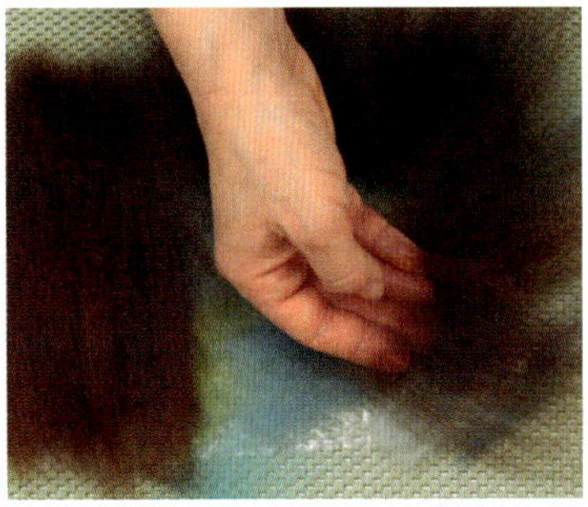

③ *Dann Kammzugbüschel auflegen.*

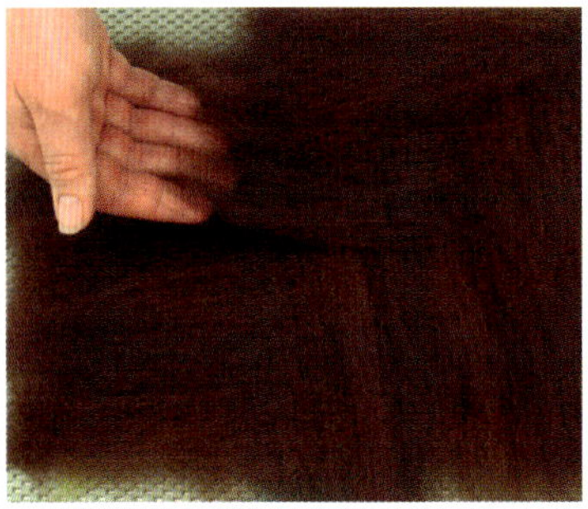

④ *Die zweite Wollschicht kreuzweise aufsetzen.*

① Schablone anfertigen

Die Schablone aus wasserfestem Material anfertigen. Das obere Drittel ergibt den Überschlag (einen Strich zur Orientierung aufzeichnen).

② Muster gestalten

Eine Antirutschmatte und darauf ein Leintuch auslegen, das mindestens doppelt so groß wie die Schablone ist. Die Schablone nahe einer Kante des Tuches auflegen und zuerst die Wollflocken für die Melierung darauf platzieren. Die jetzige Innenseite wird nach dem Filzen nach außen gewendet.

③ Wolle auflegen

Als Nächstes die Wolle dachziegelartig auflegen (mit etwa 50 Prozent Überlappung der vorher aufgelegten Reihe). Die Wollbüschel liegen im Bereich des Überschlags bündig mit den Folienkanten, im Bereich des Taschenkörpers ragen die Strähnen über den Rand hinaus.

④ Zweite Wollschicht

Die nächste Wollschicht im rechten Winkel zur ersten auflegen. Die Wollbüschel dicht nebeneinander und wieder dachziegelartig auslegen.

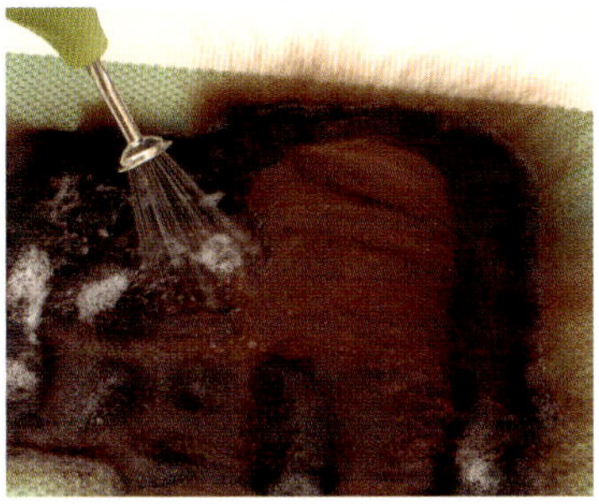

(5) *Alles außer die überstehenden Ränder befeuchten.*

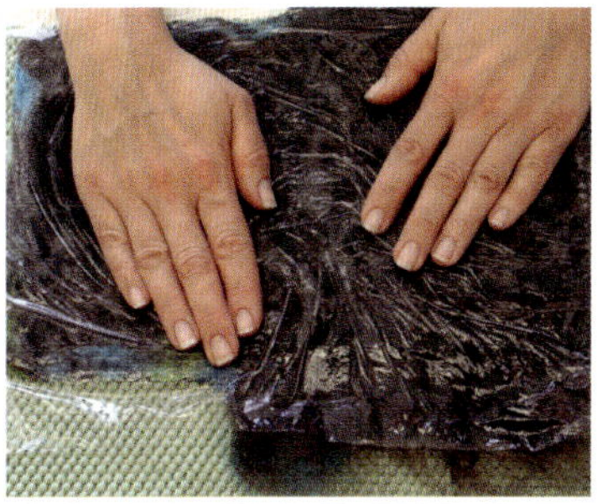

(6) *Filzen. Die Folie verhindert ein Verrutschen der Fasern.*

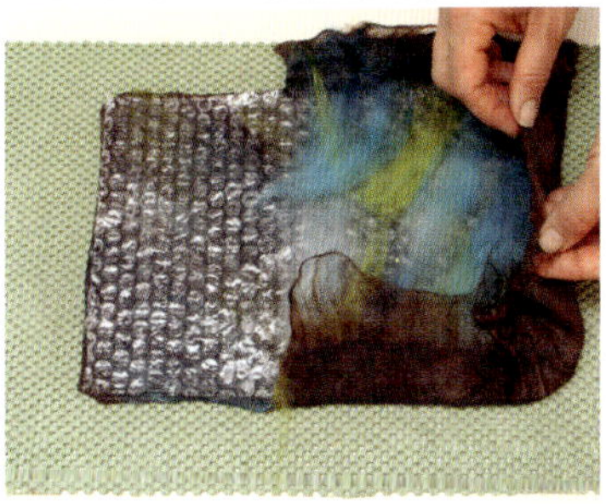

(7) *Wenden und die Randfasern umschlagen.*

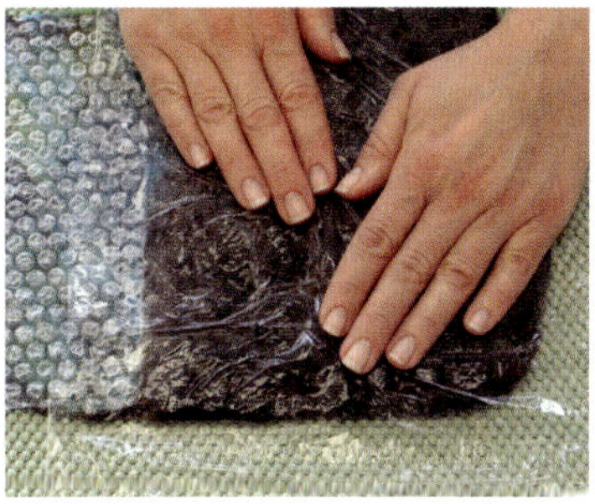

(8) *Wolle auflegen und die Rückseite filzen.*

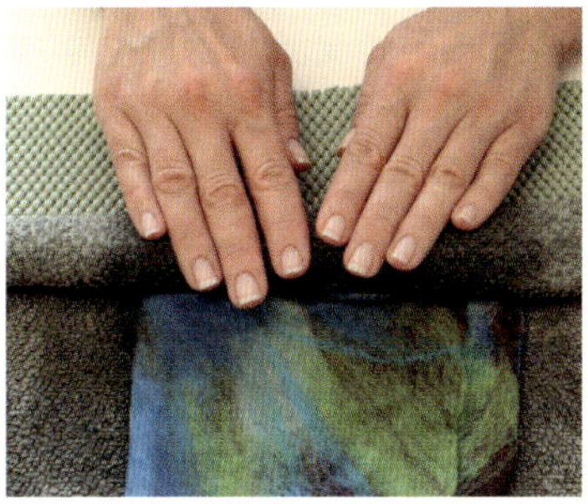

(9) *Zuletzt im Tuch walken.*

(5) Befeuchten

Die Wolle von außen nach innen befeuchten, die überstehenden Randfasern trocken lassen. Die Luft mit seifig-nassen Fingern aus der Wolle drücken.

(6) Erste Seite filzen

Die feuchte Wollfläche mit einer dünnen Folie bedecken und in leichten, kreisenden Bewegungen anfilzen (→ Reibetechnik). Den überstehenden Rand nicht bearbeiten! Wenn sich die Fasern verfestigt haben (→ Zupfprobe), das Werkstück mithilfe einer zweiten Unterlage wenden.

(7) Randfasern umschlagen

Wieder zuerst die Melierung auflegen, dann die Randfasern um den Schablonenrand schlagen und auf der Schablone mit Seifenlauge „festkleben". Die entstandenen Falten glatt zupfen. Nicht zu viel über die Wolle streichen, sonst verfilzt sie bereits.

(8) Filzen

Nun die zweite Seite in zwei Lagen randbündig mit Wollbüscheln belegen, den Taschenüberschlag nicht bedecken. Wieder filzen, bis sich die Fasern verfestigt haben, anfangs Folie auflegen.

(9) Walken

Die Schablone entfernen, wenn beide Taschenseiten die Zupfprobe bestanden haben. Bevor es ans Walken geht, den Rand bearbeiten. Die Knickkanten, die sich gebildet haben, herausfilzen, indem eine Hand in die Tasche gelegt und mit der anderen in kreisförmigen Bewegungen darüber gerieben wird (→ Seifenlauge nicht vergessen). Erst wenn das Filzteil seine endgültige Form hat, wird es gewalkt. Die Tasche auf rechts wenden, den Überschlag zuklappen und die Tasche im Handtuch in der → Rolltechnik walken, bis sie die richtige Größe hat. Ausspülen und trocknen lassen, dann den Verschluss aus → Schnüren anbringen.

Hinweis: Die Tasche rundum walken und vor jedem Einrollen in Form ziehen. Man kann den Filz nach dem Walken auch schlagen, um ihn weiter zu verfestigen (siehe Walkhilfsmittel, Seite 60).

Henkel und Verschlussvarianten

Die meisten Taschen haben Henkel oder Trageriemen, an denen sie gehalten oder umgehängt werden können. Es gibt viele Möglichkeiten, diese anzufertigen: Sie können zum Beispiel eingefilzt, eingeschnitten oder nachträglich angenäht werden. Eingefilzte Träger werden bereits beim Umhüllen der Schablone eingearbeitet. So lassen sich Farbübergänge und Höhenunterschiede durch das Auflegen von Wollflocken kaschieren und ausgleichen und eine feste Verbindung zwischen Taschenkörper und Henkel bzw. Trageriemen schaffen.

Bevor gefilzt wird, das Werkstück immer kontrollieren: ertasten, ob die ausgelegte Fläche gleichmäßig dick ist, und schauen, ob angesetzte Teile nicht unerwünscht durchscheinen. Dünnere oder durchscheinende Stellen mit Wollflocken ausgleichen und abdecken.

Oben und unten in die Hülle Einschnitte machen und Riemen durchziehen.

Der Griff (Fachhandel) ist mit farblich passenden Filzvierecken im Tascheninneren angenäht. Ein Magnetverschluss hält die Tasche geschlossen.

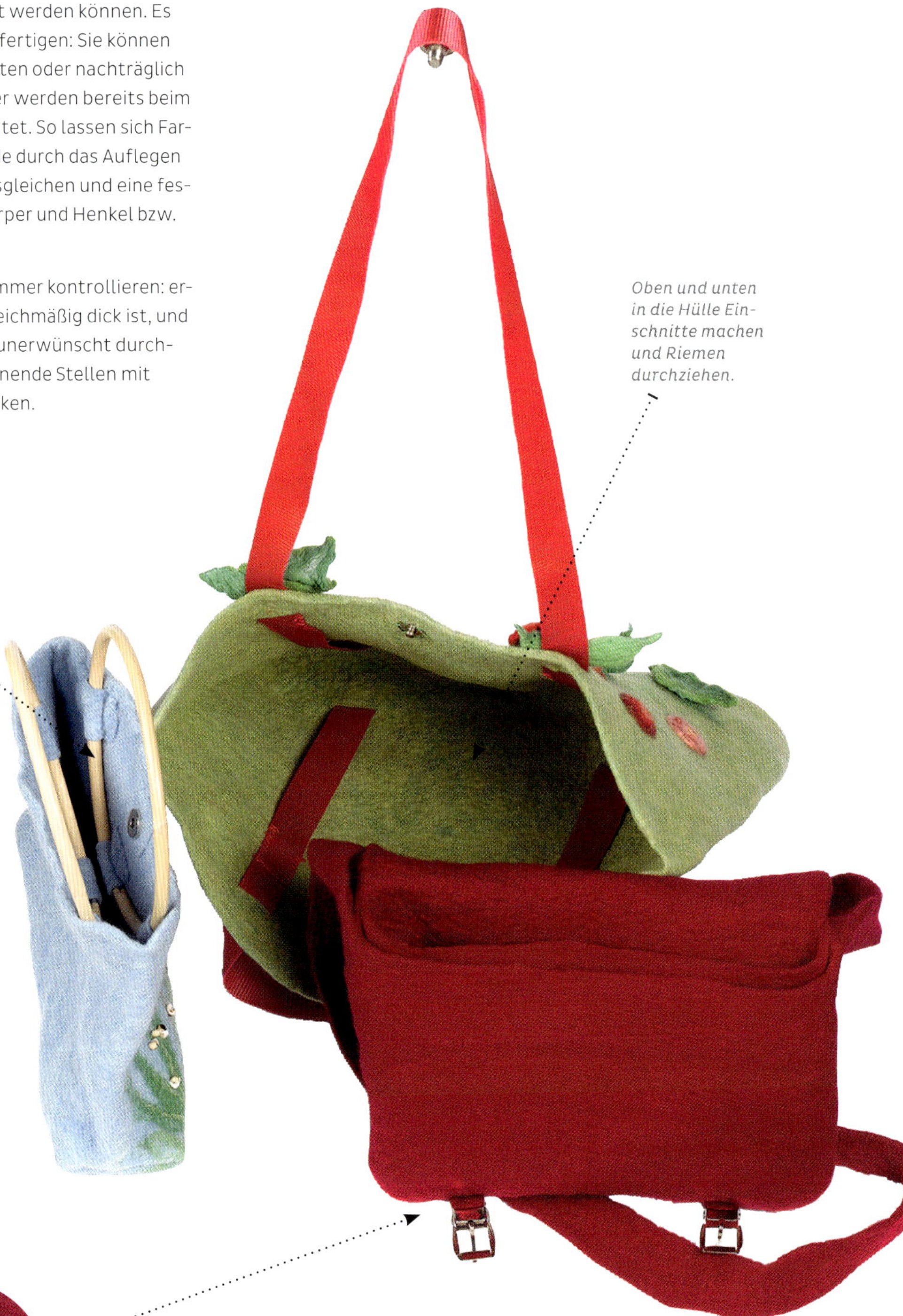

In der → Reibetechnik einen breiten, nicht zu dünnen Gurt filzen. Dessen beide Enden sind ungefilzt und werden beim Filzen der Tasche eingearbeitet. Als Verschluss dienen Filzstreifen: Zwei sind mit Ösen versehen und oben am Überschlag angebracht. Zwei mit Schnallen an die Tasche nähen.

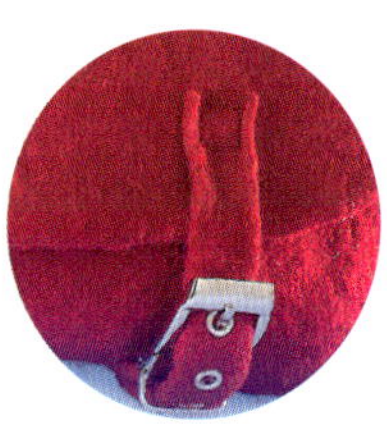

Die gefilzte → Schnur mithilfe einer Polsternadel an den Seiten durchziehen, verknoten und mit Nähstichen fixieren. Als Taschenverschluss dient hier eine Quaste aus mittig abgebundenen Schnüren, um die eine auf der Rückseite angebrachte Schnur gewickelt oder eine Schlaufe geschlungen wird.

Zwei dicke Schnüre an den ungefilzten Enden an Vorder- und Rückseite der Tasche ansetzen und mit blickdichten Schichten Vlieswolle in der Hintergrundfarbe bedecken.

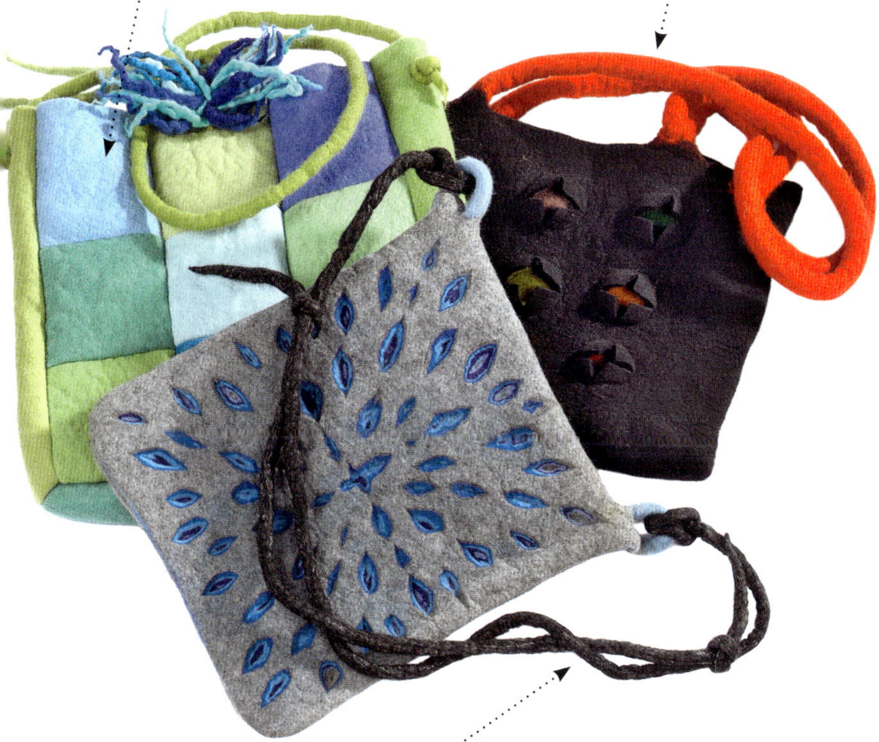

Zwei dicke → Schnüre sind an eingefilzten → Schlingen befestigt, und verknotet.

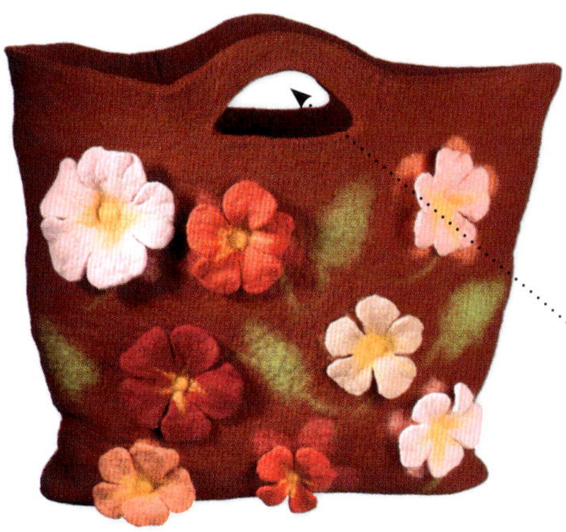

Der Shopper erhält nach dem Walken Einschnitte an der Oberkante. Zum Formen der halbrunden Grifföffnung den oberen Bereich umfassen und durch Auf- und Abwärtsreiben festfilzen. Dadurch wird der Filz hier dicker und stabiler.

So wird's gemacht

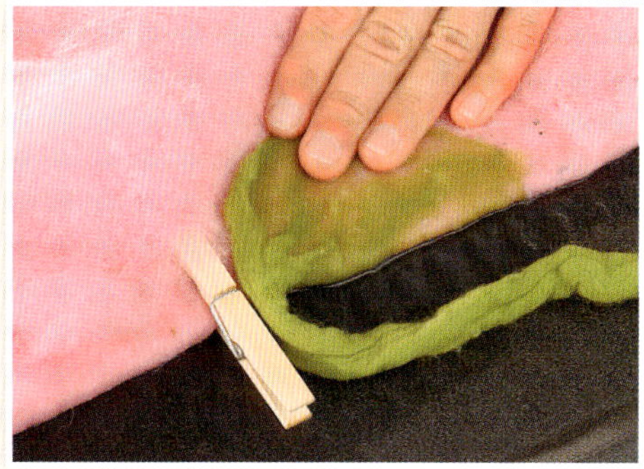

Die Stelle, wo der Henkel angebracht werden soll, kann man mit einer Wäscheklammer markieren. Die ungefilzten Enden der Trageschnur gut auffächern und auf Vorder- und Rückseite der Schablone flach auflegen, …

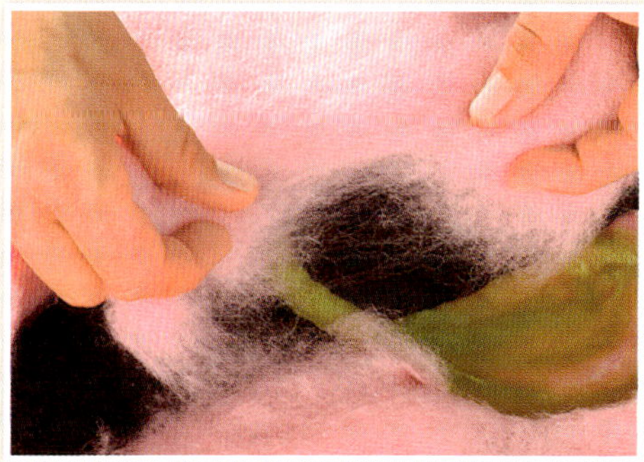

… bevor das Ganze mit dem nächsten Vliesstück abgedeckt wird. Dieses in der Höhe der Henkel vorher etwas einreißen. Den Henkel während des Filzens immer wieder etwas in Form rollen.

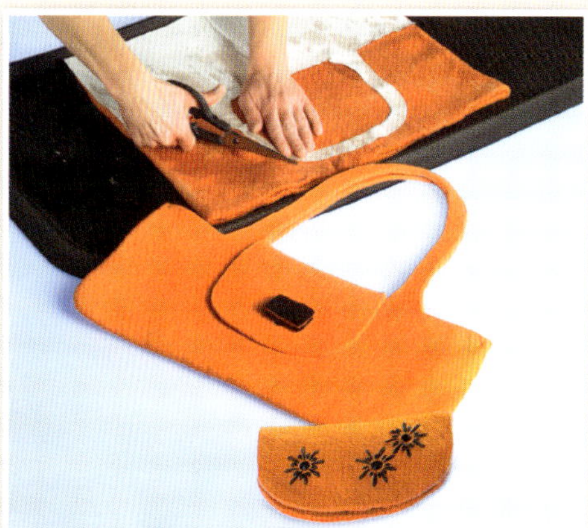

Man kann die Form auch aus einer Filzhülle schneiden. Der hintere Innenbereich ergibt den Überschlag, aus dem vorderen lässt sich ein Brillenetui anfertigen.

Taschen ausformen

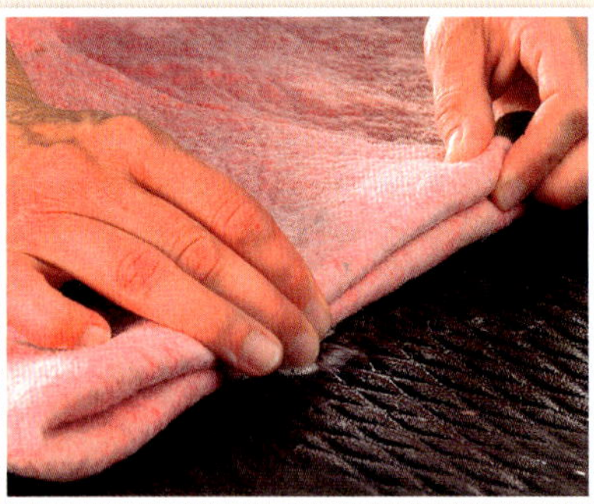

So wird Flaches ohne Hilfsmittel voluminös: Die Außenkanten nach innen drücken und durch häufiges Darüberreiben fixieren.

Durch das Ausformen erhält der Taschenkörper Volumen. Manchmal genügen die eigenen Hände zum Ausformen, beispielsweise um den Boden wie bei dem auf Seite 103 (unten) abgebildeten Shopper einzureiben. Dazu mit dem Handballen und mit Druck innen über den Taschenboden gleiten (seifig-nass), die Ecken mit den Fingern nacharbeiten, für lange Strecken den Unterarm und bei Bedarf auch den Ellenbogen einsetzen.

Sollen Formen insgesamt voluminöser werden, ist Ausstopfen oder Ausformen nötig. Eckiges kann man mit Styroporplatten oder (in Folie eingepackten) Büchern füllen, Flachrundes mit Dosen, Rundes mit Luftballons oder Bällen.

Das Werkstück auf der Form nachfilzen, bis die Kanten gut sichtbar sind bzw. die Filzhülle sehr stramm um den Kern liegt. Dann ausspülen, mit Essigwasser neutralisieren und trocknen lassen. Die Form bleibt so im täglichen Gebrauch stabil.

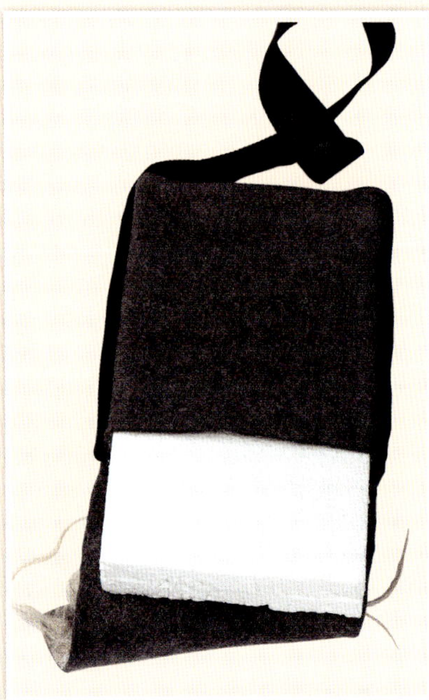

Kanten erwünscht? Dann ist ein Kern aus Styropor das Richtige. Darauf wird gewalkt, bis die Hülle sehr stramm sitzt.

Stiefel

In Russland kennt man Filzstiefel unter dem Namen Walenki; sie sorgen bei großer Kälte, aber auch bei übermäßiger Hitze für ein angenehmes Fußklima. In frostigen Gegenden trägt man die sohlenlosen Schuhe als Über- oder Schneeschuhe. Den Stiefeln werden heilende Wirkung bei Krampfadern, Hühneraugen und Rheuma zugeschrieben und dünne Walenkis sollen das Schwitzen in Gummistiefeln verhindern. Auch in Skandinavien und Asien sind Stiefel aus Filz eine traditionelle Schuhform.

Das Filzen von Stiefeln erfolgt wie bei den vorhergehenden Hohlkörpern beschrieben. Man kann Kammzug verwenden und die Wolle wie bei der → Tasche beschrieben zupfen und dachziegelartig auflegen: Die Wolle in zwei Lagen längs und quer (also vier Schichten) auflegen. Oben, an der Öffnung des Stiefels, sind keine Fasern für die Randverbindung nötig.
Noch schneller geht es mit Vlieswolle, weil man diese direkt in einem Stück auflegen kann. Eine für Schuhe gut geeignete Wolle ist Bergschafwolle. Merinowolle verschleißt aufgrund ihrer Feinheit schnell, Gotlandwolle lässt leicht Haare.

Von jedem Fuß wird eine Schablone benötigt, die eingefilzt wird; beachten Sie für die Schablonenbreite den Umfang des Fußes, für einen Schaft den des Beines. Bei Stiefeln muss der Schaft weit genug sein, damit der Fuß hindurchschlüpfen kann. Im Zweifelsfall sollte er lieber etwas weiter gearbeitet werden.

Hinweis: Filzschuhe für Kleinkinder in Stiefelform erfreuen sich als Lauflernschuhe einer großen Beliebtheit. Sie sollten weicher gefilzt und aus weniger Wolllagen gemacht werden. Die Schablonen am besten vom Kinderfuß abmalen und auch die Beindicke berücksichtigen. Bei Krabbelschuhen hat es sich bewährt, die Latexsohle vorne wie eine Kappe hochzuziehen. Damit sind die Kleinen auch auf glatten Böden flink unterwegs.

und Schuhe

Die Schablonen sind aufgrund des Schrumpfens der Wolle ca. 30 bis 40 Prozent größer als der Fuß, genau berechnen lässt sich die Zugabe mithilfe einer → Filzprobe.

Die aufgelegte Wollschicht darf nicht zu dünn sein, sonst schrumpft der Schuh beim Walken zu einem Schühchen, aber auch nicht zu dick, sonst wird er zu klumpig. Das Umklappen der Randfasern ist bei runden Schnitten schwieriger, weil an Rundungen viel Wolle aufeinander trifft. Um zu vermeiden, dass während des Filzens Wülste entstehen, werden die umgeklappten Ränder in viele kleine Falten nebeneinander gelegt, statt sie breitflächig übereinanderzuschlagen. Bleibt dennoch zu viel Material, kann man den Überschuss vorsichtig aus der trockenen Wolle zupfen.

Besonders fest wird der Filz, wenn man ihn kurz vor Walkende mit einem Stück Holz schlägt; dafür wird er auf eine elastische Unterlage, wie zum Beispiel eine zusammengerollte Automatte, gelegt und gleichmäßig mit einem → Schlaghilfsmittel bearbeitet.

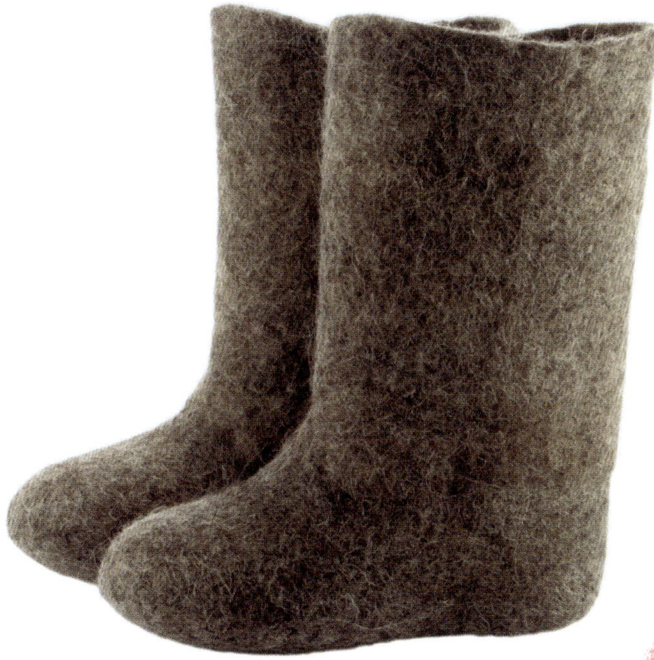

Filzstiefel heißen in Russland Walenki. Sie schützen vor Kälte und übermäßiger Hitze.

Die Maßbänder zeigen die Fußlänge von Kindern und Erwachsenen in Zentimeter entsprechend der Schuhgröße.

Die durchschnittliche Filzmaßlänge gibt an, wie lang eine Schablone für Filzschuhe sein muss. Die Filzmaßbreite gibt die Schablonenbreite an (Schablonenform siehe Seite 106).

Fuß [cm]: 8 9 10 11 12 13 14 15 16 17 18 19 20

Fuß [inch]: 3 3¼ 3½ 3¾ 4 4¼ 4½ 4¾ 5 5¼ 5½ 5¾ 6 6¼ 6½ 6¾ 7 7¼ 7½ 7¾

Schuhgröße	14	15	16	17	18	19	20	21	22	23	24	25	26	27	28	29	30	31
Durchschnittliche Filzmaßlänge [cm]	11,9	12,7	13,6	14,5	15,6	16,6	17,5	18,5	19,3	20,3	21,3	22,2	23,1	24,1	25,0	25,9	26,9	27,8
Durchschnittliche Filzmaßbreite [cm]	8				9				10				11				12	

Fuß [cm]: 20 21 22 23 24 25 26 27 28 29 30 31 32

Fuß [inch]: 7¾ 8 8¼ 8½ 8¾ 9 9¼ 9½ 9¾ 10 10¼ 10½ 10¾ 11 11¼ 11½ 11¾ 12 12¼ 12½

Schuhgröße	32	33	34	35	36	37	38	39	40	41	42	43	44	45	46	47	48	49
Durchschnittliche Filzmaßlänge [cm]	28,8	29,8	30,7	31,7	32,7	33,5	34,5	35,5	36,5	37,3	38,3	39,3	40,2	41,2	42,1	43,1	44,0	45,0
Durchschnittliche Filzmaßbreite [cm]	12		13				15											

Stiefel filzen

Fuß messen

Zum Messen den Fuß auf Papier stellen und rundum abzeichnen. Die Schablone stark vereinfachen und entsprechend dem Schrumpffaktor der Wolle vergrößern. Als Richtwert gilt: an allen Seiten 5 cm zugeben. Für den Stiefel einen Schaft ansetzen. Dieser darf nicht zu schmal ausfallen, sodass der Fuß hindurchschlüpfen kann. Die Form mit einem wasserfesten Stift auf das Schablonenmaterial übertragen (ausschneiden, mit Klebefilm darauf befestigen und umfahren). Schuhe werden immer paarweise gefilzt, man benötigt also zwei Schablonen gleichzeitig.

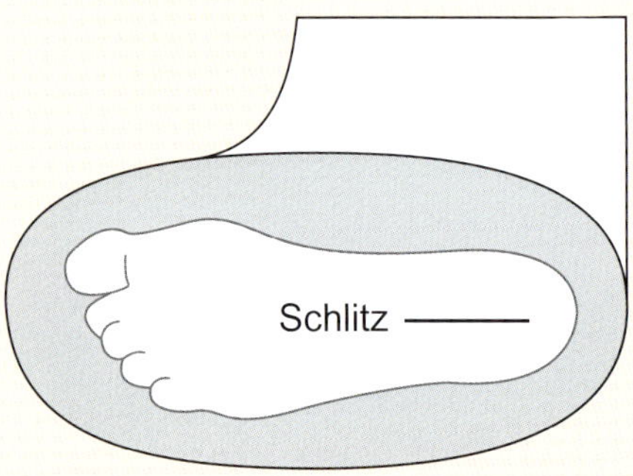

Schablonenform für Pantoffeln (graues Oval) und Stiefel. Die Schablone ist wegen des Schrumpfens der Wolle größer und stark vereinfacht. Seine tatsächliche Form bekommt der Schuh erst beim Walken.

Hinweis: Zur Verdeutlichung sind die inneren Schichten grün, die äußeren grau. Sie brauchen von jeder Farbe ein kleines und ein großes, mehrlagiges Vliesstück. Hinweise zur Reibetechnik Seite 72–73.

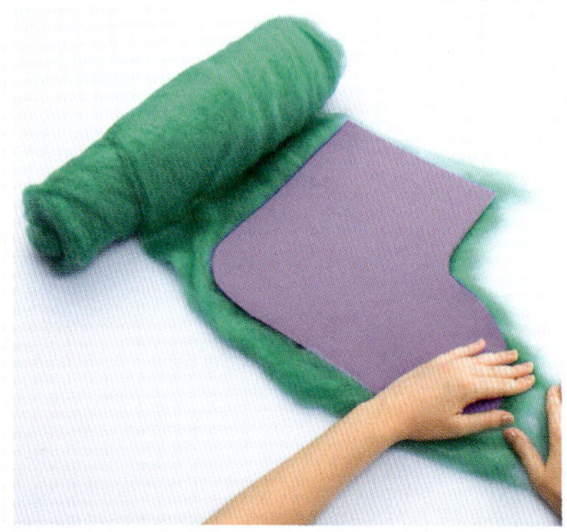

(1) Die Wollstücke ausreißen, pro Schuh zweimal ca. 2 cm kleiner und zweimal ca. 2 cm größer als die Schablone, ggf. nachwiegen.

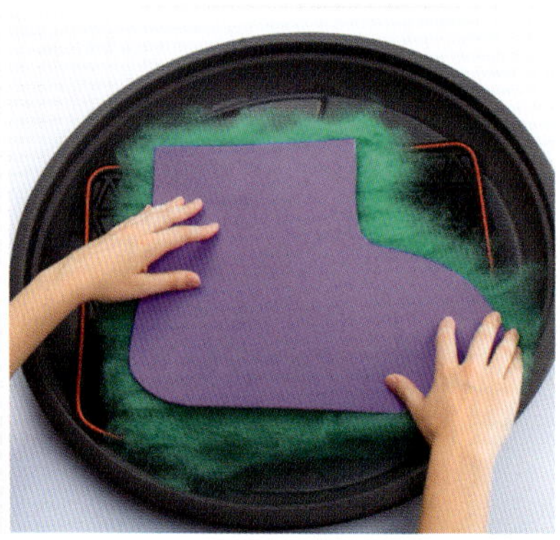

(2) Auf eine bewegliche Unterlage ein großes Stück legen, in der Mitte befeuchten (nicht die überstehenden Ränder) und die Schablone auflegen.

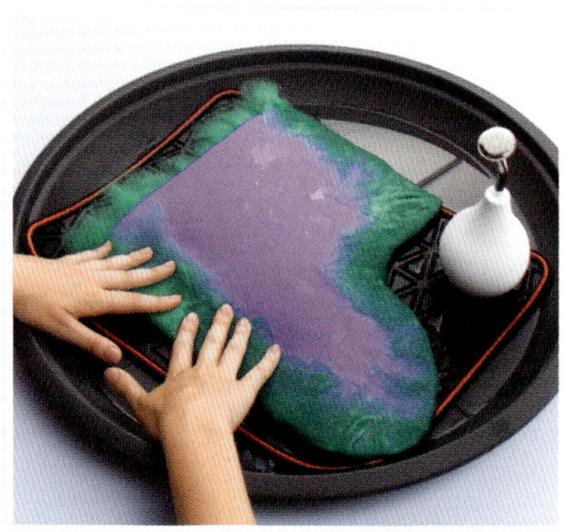

(3) Die Verbindungsfasern umklappen und mit → Seifenlauge „festkleben", dabei nur herunterdrücken, nicht reiben (Verfilzungsgefahr).

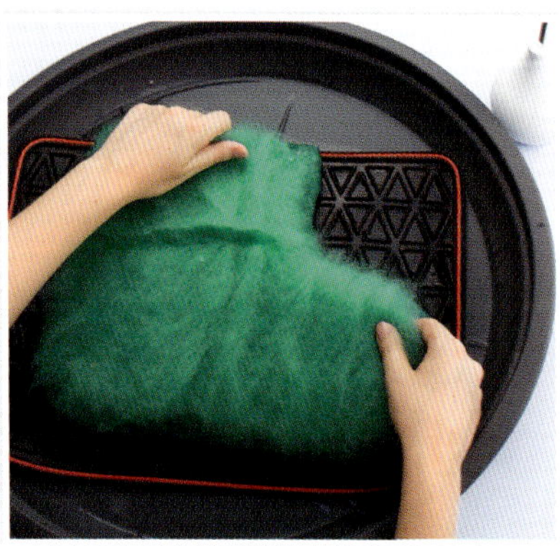

(4) Das kleine Vliesstück auflegen, seine Randfasern laufen am Rand fasrig aus. Darauf ein großes Vliesstück (grau) legen.

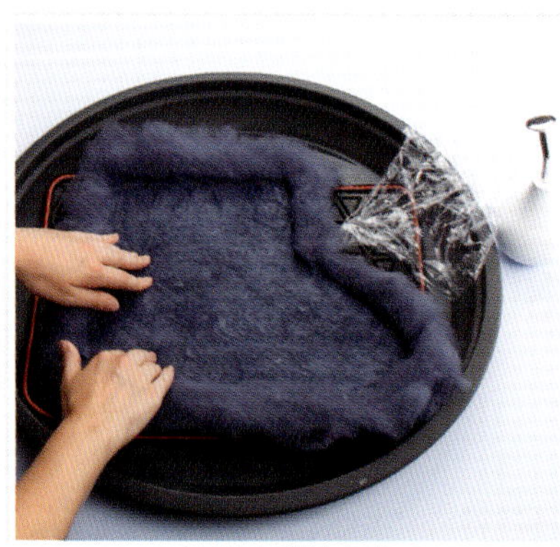

(5) Das große Stück in der Mitte befeuchten, die überstehenden Fasern bleiben trocken. Die Luft herausdrücken und in der → Reibetechnik anfilzen.

Sie brauchen:

› Filzwolle, pro Stiefel ca. 250–280 g (je nach Größe, Höhe und Dicke) › Seifenlauge › zwei Schablonen aus biegsamem Material › zwei Unterlagen (eine zum Wenden) › Hilfsmittel für die Reibe- und Rolltechnik

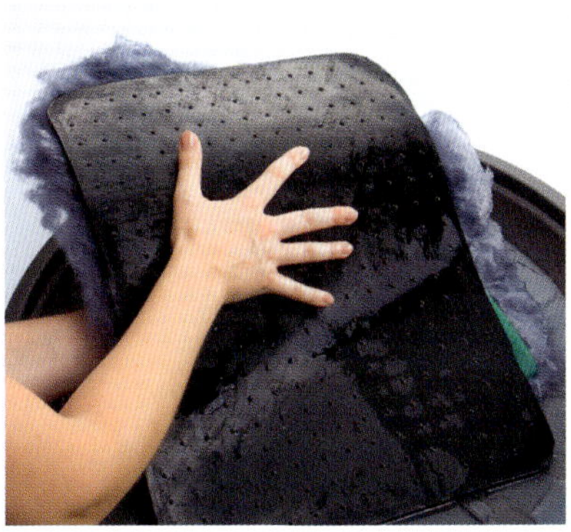

(6) Das Werkstück mithilfe einer weiteren Gummimatte wenden.

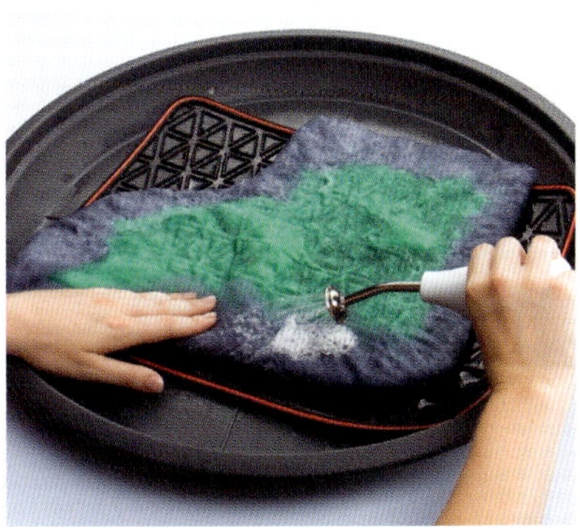

(7) Die trockenen Verbindungsfasern umklappen und „festkleben".

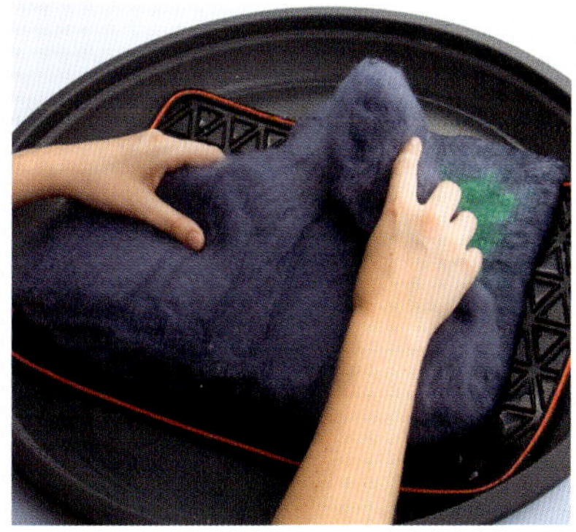

(8) Das kleine Ausgleichstück auflegen. Die Sohle muss ausreichend dick sein, ggf. dort auf beiden Seiten noch eine dünne Lage Vlieswolle auflegen.

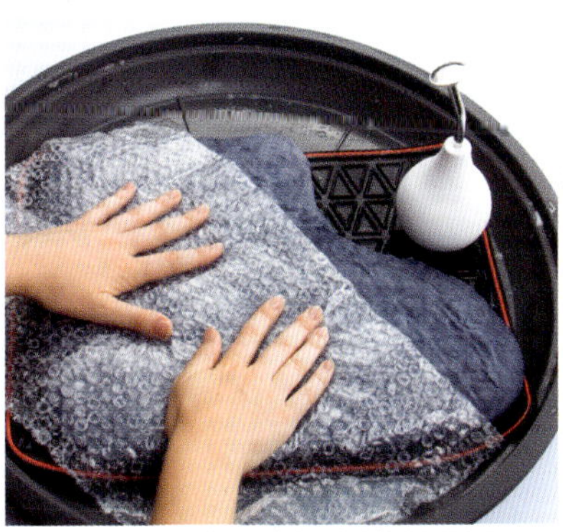

(9) Das Werkstück mit heißer Seifenlauge befeuchten und in der → Reibetechnik mit einer aufgelegten dünnen Folie anfilzen (Seifenlauge auch auf die Folie geben).

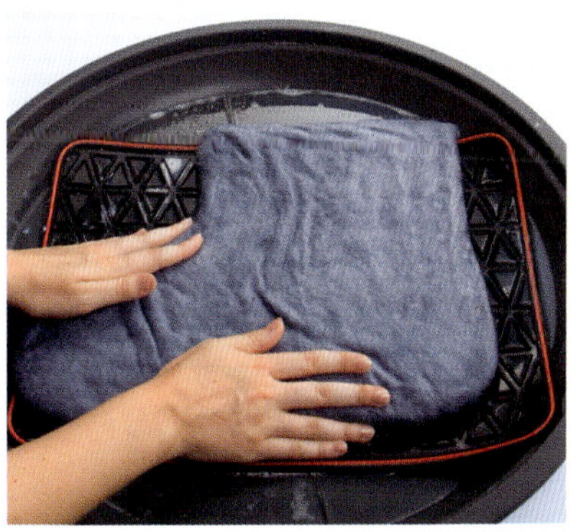

(10) Von außen nach innen filzen. Die Hülle immer wieder eng an den Rand streichen. Beide Seiten filzen. Erkaltete Seifenlauge abgießen, heiße zugeben.

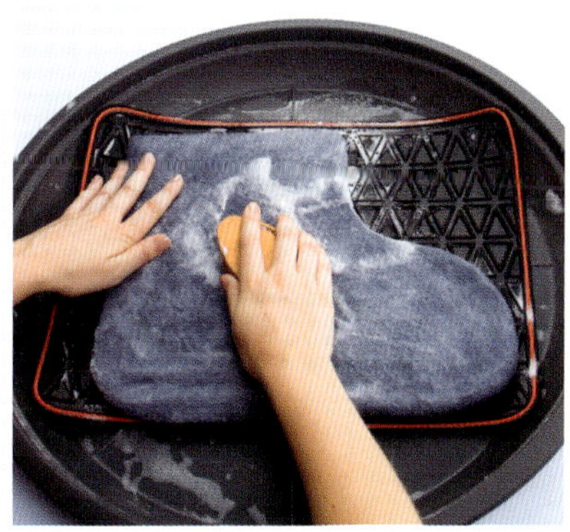

(11) Ist der Filz fester, ein Walkhilfsmittel einsetzen. Das Verfestigen braucht Zeit, eine gute Stunde kann dabei vergehen. Immer wieder heiße Seifenlauge zugeben.

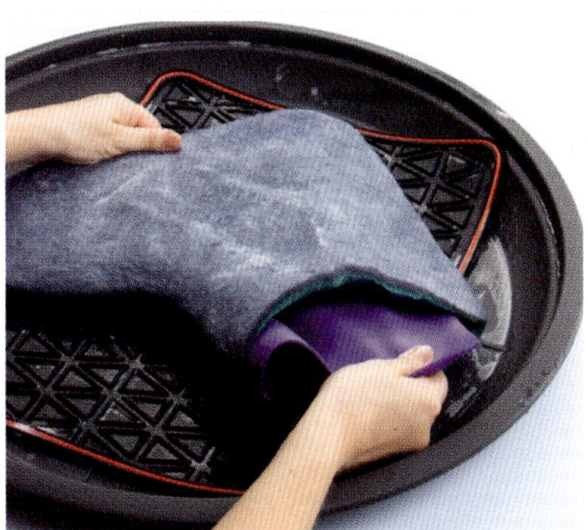

(12) Liegt die Wolle eng an der Schablone und beginnt diese, sich zusammenzurollen, eine → Zupfprobe machen. Stiefel aufschneiden, Schablone entfernen.

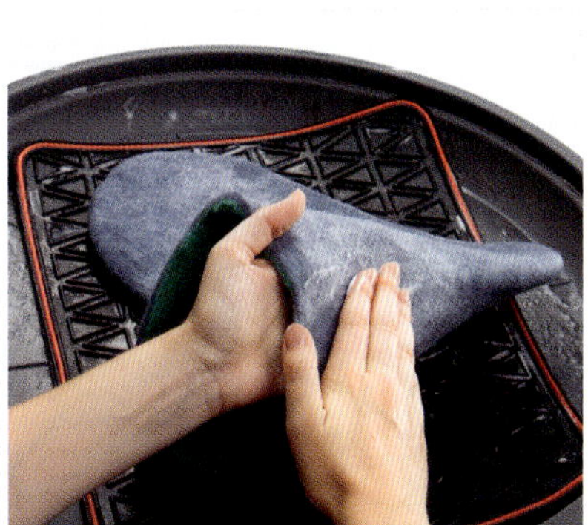

(13) Eine Hand in den Schuh stecken und die Kanten glatt massieren (ggf. Innenseite nachfilzen). Die Handposition immer wieder ändern, rundum gleichmäßig filzen.

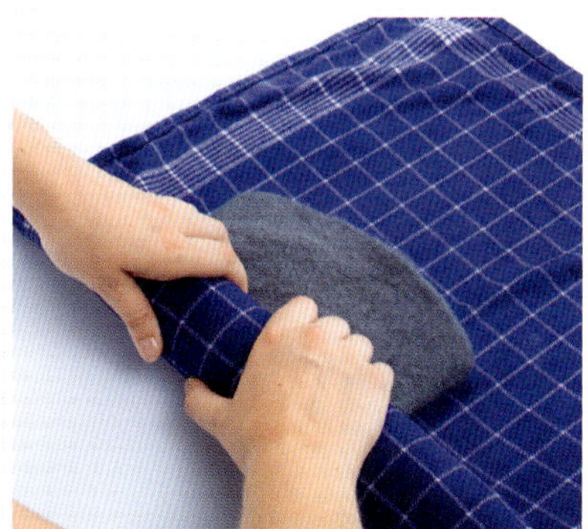

(14) Seifenlauge ausdrücken, zum Walken mit heißem Wasser besprengen. In der → Rolltechnik walken – rundum, auch von der Rückseite.

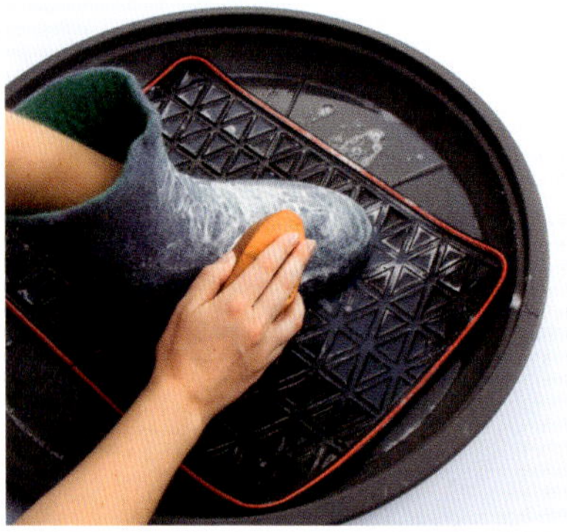

(15) Über dem Rist lässt sich der Stiefel durch diagonales Walken auf einem Walkbrett/mit einem Walkholz schrumpfen.

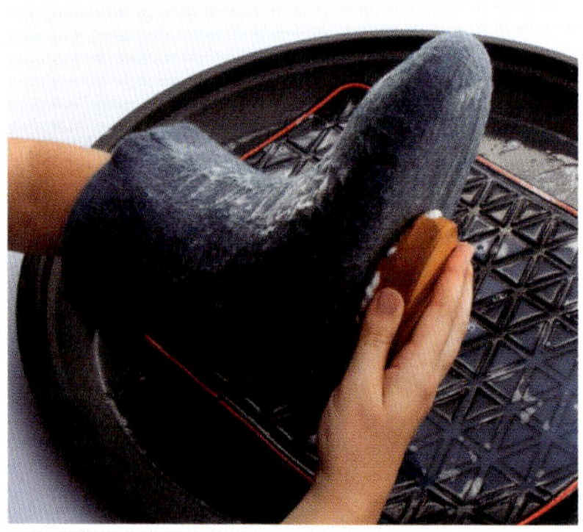

(16) Die Sohle durch Vor- und Zurückreiben mit dem Walkholz schrumpfen. Zum Abrunden der Ecken eine Hand in den Schuh stecken und dagegen reiben.

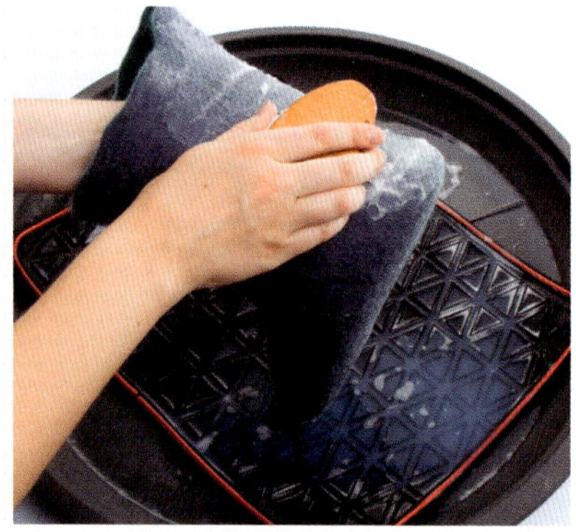

(17) Um eine Einbuchtung in Fersenhöhe zu filzen, mit der Außenkante der Hand oder der Walkmaus auf dem Punkt reiben, an dem die Ferse abschließt.

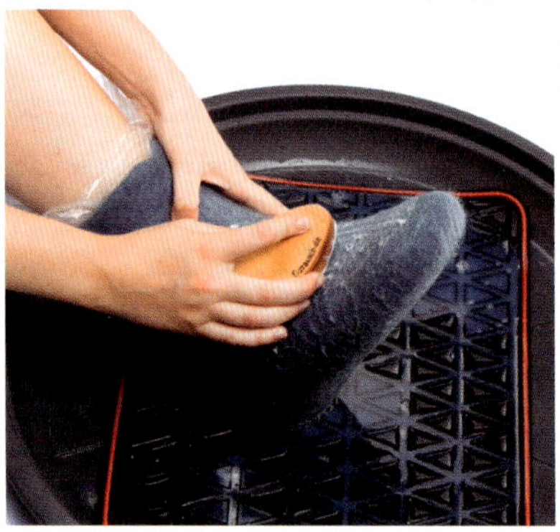

(18) Am besten gelingt das Walken direkt am Fuß. Den Fuß rechtwinklig halten, den Schuh immer wieder aus- und anziehen, damit er nicht zu eng wird. Zuletzt den Schaft filzen.

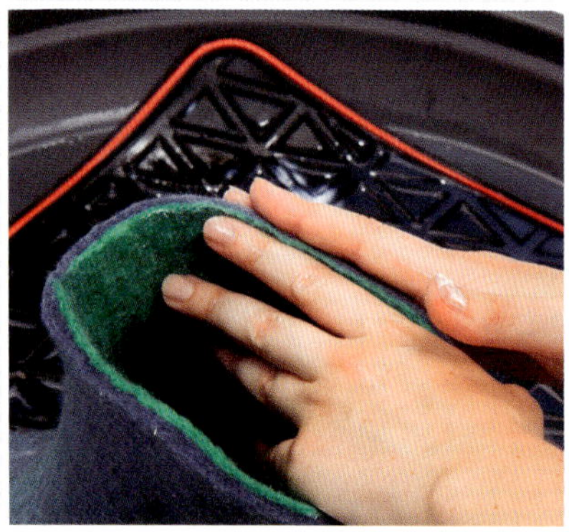

(19) Wenn sich Filz nicht mehr dehnen lässt, ist der Schuh fertig. Den Rand in Form schneiden und die Kanten zwischen seifig-nassen Fingern glätten.

Abschließend den Schuh mit lauwarmem Wasser ausspülen, mit Essigwasser neutralisieren, mit saugfähigen Tüchern ausstopfen und trocknen lassen. Wenn es schnell gehen soll, auf einem Handtuch auf die Heizung stellen.

Sollte die Oberfläche nach dem Walken genoppt sein, kann man die Noppen mit einer Schere abschneiden oder das Werkstück trocken rasieren. Flauschiger wird es durch eine Bearbeitung mit der Drahtbürste.

Hinweise: Solange die Fasern seifig-nass und weich sind, können trockene Vliesstücke zum Ausgleichen von dünneren Stellen und Muster noch aufgelegt werden. Ist der Filz bereits hart, sind Änderungen und Ergänzungen nicht mehr ausführbar.

Während des Filzens immer heiße Seifenlauge zugeben, während des Walkens heißes Wasser.

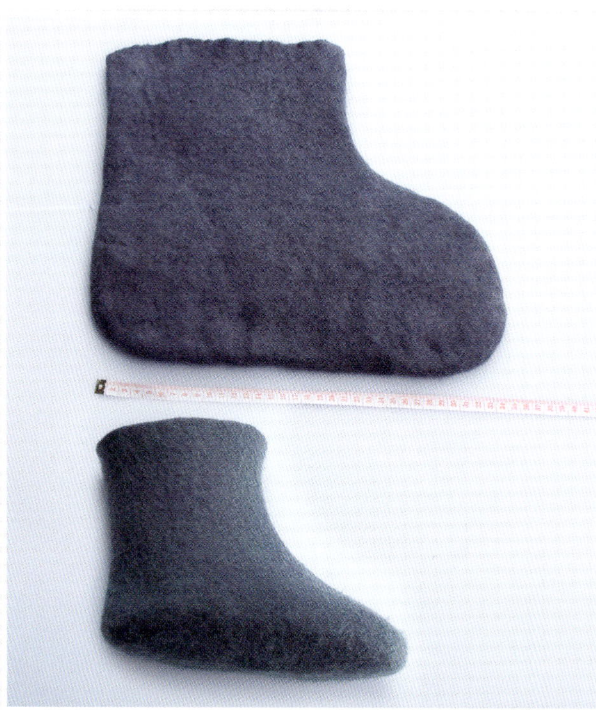

Vorher – nachher.

Fäustlinge

Fäustlinge filzt man auf die gleiche Weise wie Stiefel. Man braucht für jede Seite zwei dünne Lagen Vlieswolle.

Am einfachsten lassen sie sich anfertigen, wenn die Schablone mit einem rechtwinklig von der Hand abstehenden Daumen gefertigt wird. Rundum wieder reichlich Zugabe für den Schrumpf zugeben.

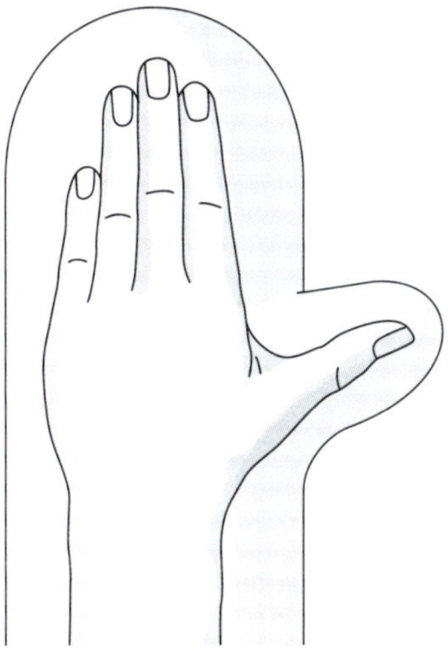

Einfache Schablonenform für Fäustlinge.

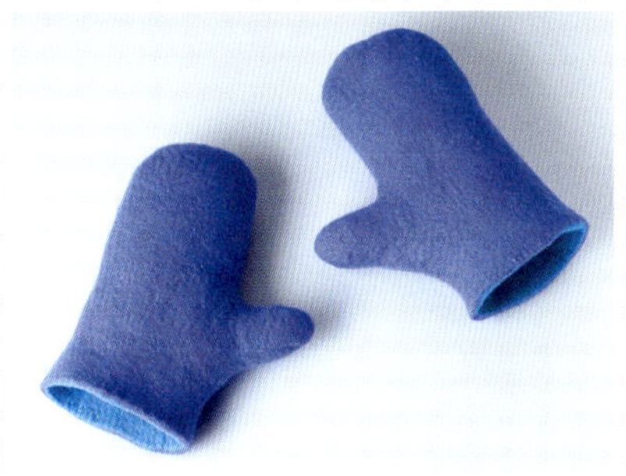

Warm und kuschelig: selbst gefilzte Fäustlinge.

Hausschuhe und Pantoffeln

Halbschuhe und Pantoffeln werden auf die gleiche Art und Weise wie → Taschen und → Stiefel gefilzt. Sie lassen sich aufgrund der kompakteren Form einfacher anfertigen als Stiefel. Für zwei Schuhe in Größe 39 braucht man etwa 160 g Filzwolle.

Auch diese Schuhe werden als Paar parallel gefilzt, um möglichst gleiche Stücke zu erhalten.

Zum Entfernen der Schablone einen Einschnitt an der Stelle machen, wo der Fuß später hineingleiten soll. Der Einschnitt sollte möglichst klein sein, gerade groß genug, um die Schablone herausziehen und die Hand in den Schuh stecken zu können (zum Nachfilzen der Innenseite). Der Schlitz „wächst“ während des Walkens noch erheblich.

Man kann einen Zipfel stehen lassen (wie abgebildet), dann macht man einen v-förmigen Einschnitt, oder einen einfachen Schlitz einschneiden. Nach dem Walken wird die Öffnung nachgeschnitten und kann dabei nach Wunsch gestaltet werden.

Bei Pantoffeln wird die Hacke (Fersenbereich) sehr flach geschnitten. Die Schnittlinien eventuell mit Schneiderkreide vorzeichnen.

Die Schuhsohlen für eine längere Haltbarkeit mit Latex verfestigen, sie nutzen vor allem auf rauen Bodenbelägen schnell ab. Latex erhalten Sie bei allen Lieferanten für Filzbedarf. Für einen Schuh in Größe 39 benötigt man etwa 3 Esslöffel Latexmilch. Diese lässt sich mit einem halben Teelöffel Pigmentpulver einfärben. Das Pulver einfach einrühren. Die Flüssigkeit mit einem Pinsel in drei Schichten auftragen und trocknen lassen. Den Pinsel sofort auswaschen.

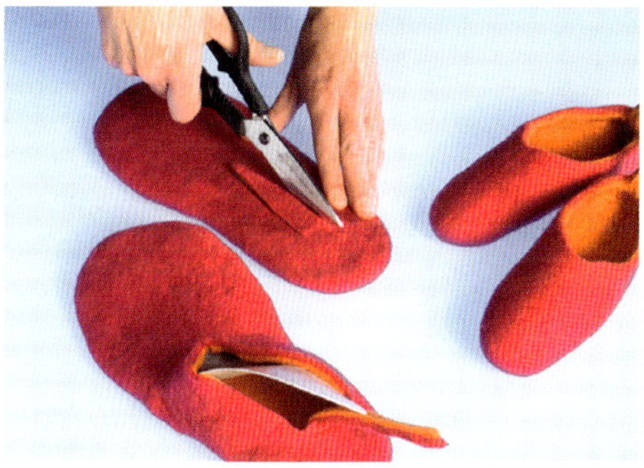

Die Schablone wird vor dem Walken aus dem Schuhinneren entfernt.

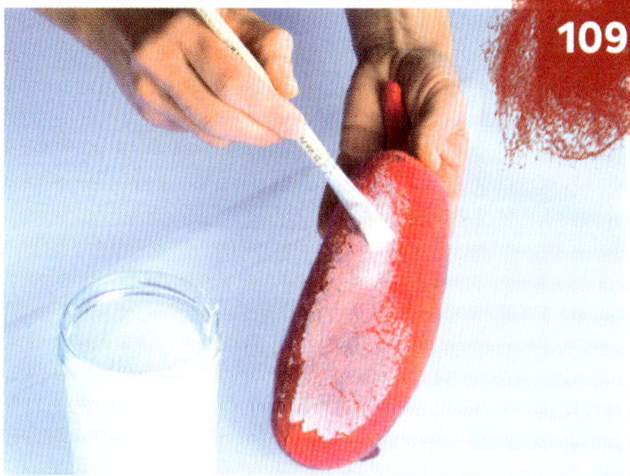

Latexmilch macht die Schuhsohle haltbarer.

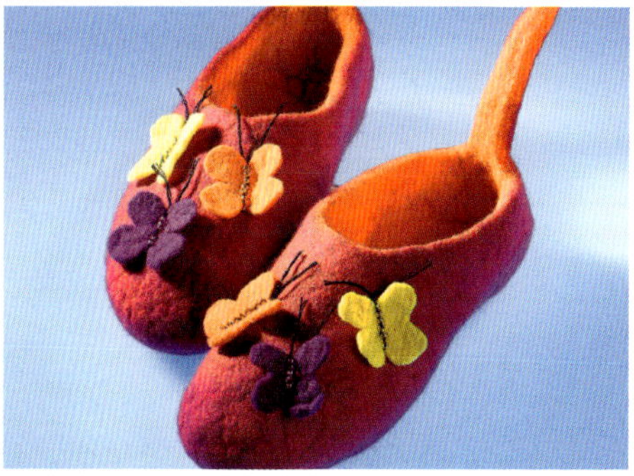

Die fertigen Hausschuhe, liebevoll mit Filzornamenten verziert (von Petra Dechêne).

Hüte filzen

Bevor man mit dem Filzen eines Hutes beginnt, sollte man überlegen, welchen Ansprüchen der Hut genügen soll, denn davon hängen die Wahl der Wolle und der Filztechnik ab. Ein robuster Hut für Angler sollte beispielsweise ziemlich dick und an der Außenseite behaart sein, damit er einerseits warm hält und andererseits der Regen gut abfließen kann. Auch seine Form kennzeichnet die schützende Funktion: Er hat eine breite Krempe, damit der Regen nicht in den Kragen laufen kann und das Gesicht geschützt ist. Geeignet für solche widerstandsfähigen Stücke sind grobe Feinwollen wie → Gotland- oder → Leicesterwolle.

Ein modischer Hut hingegen muss sich nicht an diesen Ansprüchen messen lassen. Für solch ein feines, zierendes Stück ist feinste → Merinowolle eine gute Wahl.

Egal, ob funktionaler oder zierender Hut: Bei allen Stücken ist die Passform entscheidend. Sie sollte exakt auf den Träger abgestimmt sein. Außerdem sollte ein Hut nicht mehr als 120 Gramm wiegen, da ein zu schweres Gewicht den Tragekomfort beeinträchtigt und Kopfschmerzen verursachen kann.

Für Hüte ist Wolle im Kammzug am besten geeignet, sie wird wie bei der → Tasche beschrieben verarbeitet (siehe auch → Auslegemuster).

Beim Walken erhält der Hut seine endgültige Form. Zum Ausarbeiten wird ein → Formhilfsmittel benötigt, idealerweise eine Hutform, aber auch ein Ball oder ein Blumentopf können gute Dienste leisten. Die Walktechnik ist für das Aussehen des fertigen Hutes entscheidend: Effektiv lässt sich mit einem Walkhilfsmittel (Walkbrett/Walkholz) walken, aber das raut die Filzoberfläche auf, sodass sie haarig wird. Auf diese Weise gewalkte Filze werden auch dicker als gerollte.

Für einen dünnen, feinen Hut sollte man deshalb die → Rolltechnik für das Walken wählen.

Zum Ausarbeiten den Hut über eine Hutform ziehen; sollte er noch zu groß sein, erst noch einmal walken. Den Hut fest andrücken und die Rundung ausarbeiten, indem Sie rundum von der Spitze aus mit dem Walkholz abwärts arbeiten. Dort, wo die Krempe beginnen soll, eine Schnur zweimal um den Hut wickeln und fest verknoten, um die Stelle zu markieren. Zum Walken der Krempe und zum deutlichen Herausarbeiten des Übergangs kann man den Hut auf die Arbeitsfläche setzen und die Krempe mit einem Walkholz bearbeiten. Den Hut dazwischen immer wieder auf die Hutform ziehen und die Größe kontrollieren.

Nach dem Ausspülen und Trocknen lässt sich eine flache Krempe weiter mit dem Bügeleisen und mit Sprühstärke fixieren. Je häufiger man bügelt, desto fester wird sie.

Hinweis: Um Falten in einem Spitzhut zu walken, die Spitze in die gewünschte Anzahl Falten ausformen (in Ringen wie ein Teleskop ineinander schieben) und diese durch Reiben und Dampfen fixieren.

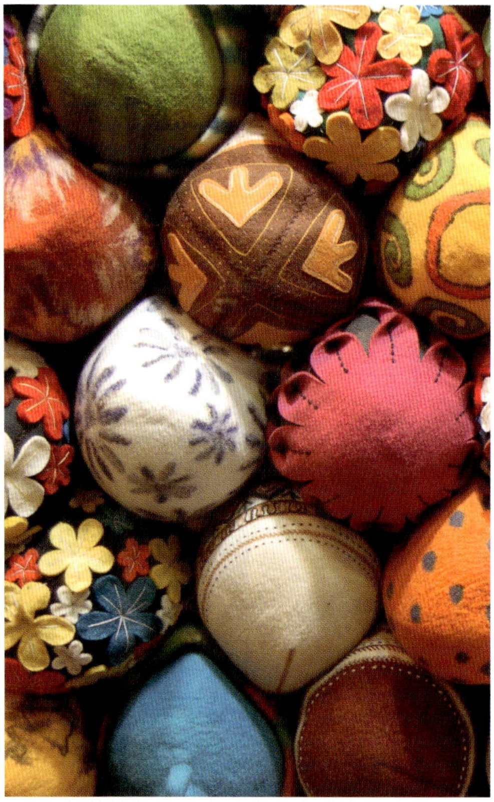

Filzhüte auf einem Marktstand.

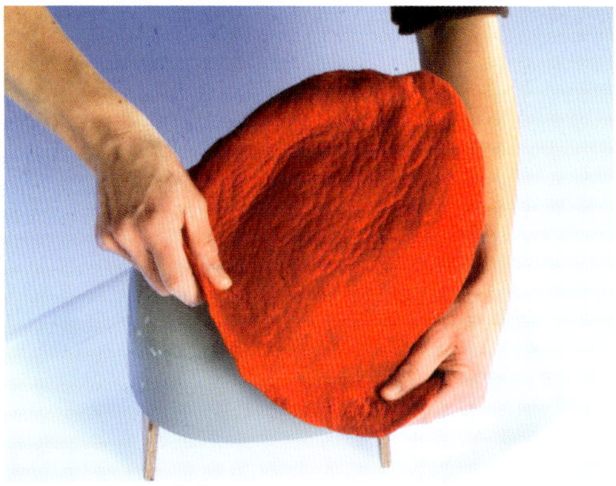

Runde Hüte werden in der → Reibetechnik auf einem Hutblock ausgearbeitet.

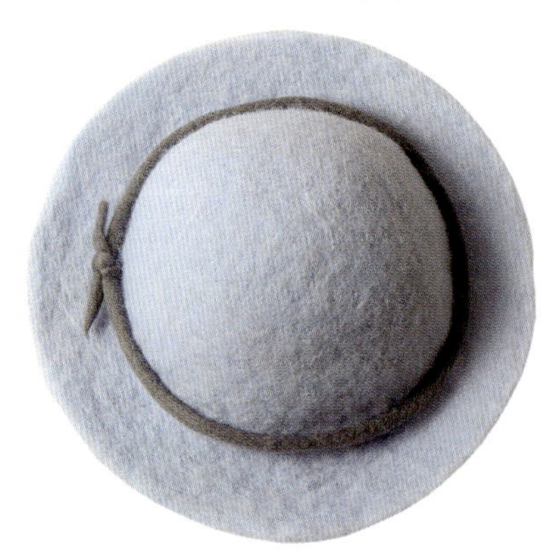

Hüte mit breiten Krempen halten Schnee und Regen ab.

Kopf messen

Für eine gute Passform wird der Hut genau auf den Kopf abgestimmt. Das Maßband locker über den Ohren um den Kopf legen und den Umfang messen, das ergibt das Maß A in der Skizze, den Hutumfang.

Für Maß B, die Huthöhe, vom Ohransatz bis zur Kopfmitte messen. Maß C legt man selbst fest, es bezeichnet die Breite der Krempe, und wird zur Huthöhe addiert. Zu allen Maßen addiert man den Schrumpfgrad prozentual zur Wollqualität (→ Schrumpffaktor).

Die Schablonengröße berechnen Sie so:

$$\frac{\textbf{gemessener Hutumfang A} + \textbf{Schrumpfzugabe}}{\textbf{2}} = \textbf{Schablonenbreite}$$

Hutkopf (Huthöhe B + Schrumpfzugabe) + Krempenhöhe (Krempenbreite C + Schrumpfzugabe) = Schablonenhöhe

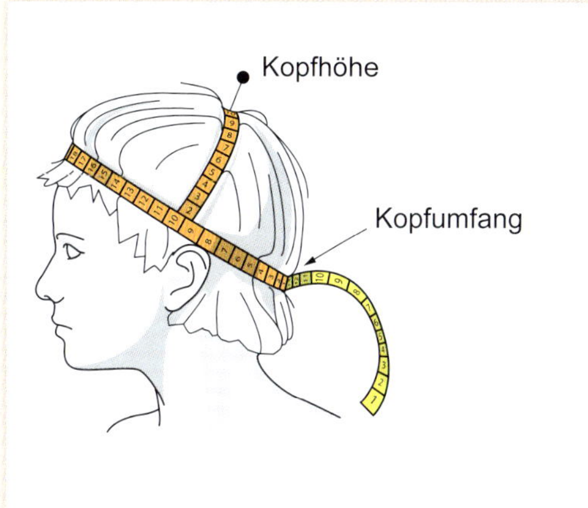

Maß nehmen für eine perfekte Passform.

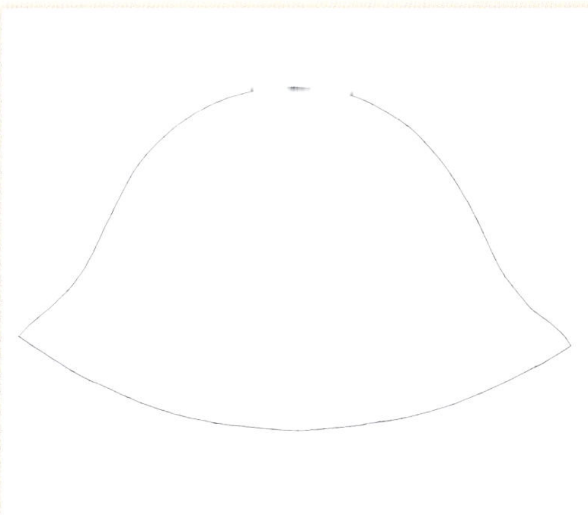

Die Schablonenform für einen klassischen Hutstumpen.

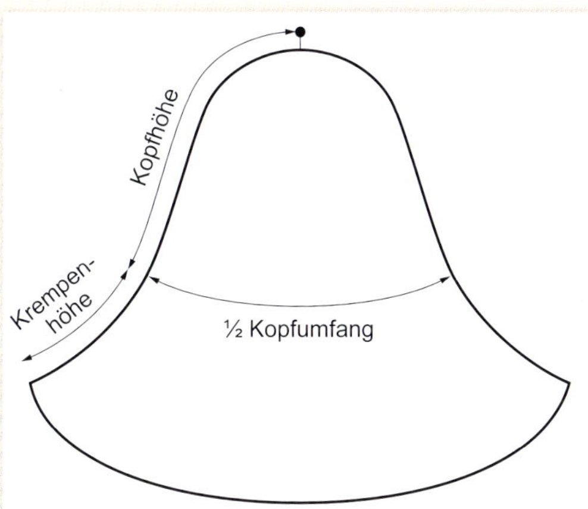

Die Maße an der Schablone.

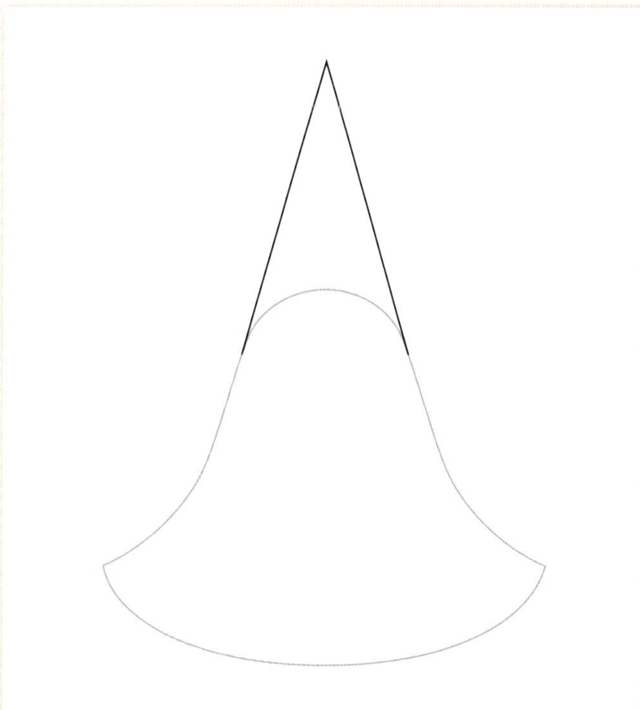

Die Form des klassischen Hutstumpens lässt sich leicht variieren. Für einen Spitzhut wird sie nach oben zu einem Dreieck verlängert.

Figuren filzen

Bevor Sie mit dem Ausarbeiten einer Figur beginnen, sollten Sie sich eine Skizze anfertigen. Damit haben Sie während des Arbeitens ein Bild vom Aussehen und von den Proportionen vor Augen. Außerdem hilft das Anfertigen einer Vorlage, sich auf die wesentlichen Merkmale zu konzentrieren.

① Figuren zeichnen

Zuerst die Figur mit allen Details aufzeichnen, die Ihnen einfallen. In Tierbüchern, Lexika oder über die Bildersuche der Internet-Suchmaschine von Google, Yahoo oder Bing können Sie anschließend überprüfen, ob Sie wichtige Details vergessen haben. Es ist empfehlenswert, immer zuerst in sich selbst nach einem Bild zu suchen, nur dann werden Ihre Arbeiten eigenständig und ein Teil von Ihnen sein.

② Zeichnung vereinfachen

Nun vereinfachen Sie die Zeichnung auf die wesentlichen Merkmale. Was braucht es, um die Figur bzw. das Tier kenntlich zu machen?

③ Charakter geben

Damit die Arbeit ausdrucksstark wird, kann die Figur noch „Charakter" erhalten. Überlegen Sie, was Sie mit dieser Figur bzw. mit diesem Tier verbinden. Oder lesen Sie Sachbücher, Märchen oder Fabeln. In Letzteren werden Tieren Eigenschaften zugeschrieben, von denen Sie sich inspirieren lassen können, beispielsweise Gutmütigkeit, Schnelligkeit oder Klugheit.

Tipp: Unter http://de.wikipedia.org/wiki/Fabel erhalten Sie einen schnellen Überblick über verschiedene Tiergestalten, ihre Charaktere und ihre Namen in Fabeln.

Auch durch die Veränderung der Form Ihrer Figuren und Tiere können Sie Charakter schaffen. So gibt es das sogenannte „Kindchenschema", das bei Tieren im japanischen Mangastil sehr beliebt ist. Niedlichkeit wird dabei durch die Veränderung der Proportionen, nämlich einen großen Kopf und einen kleinen Körper, erzeugt.

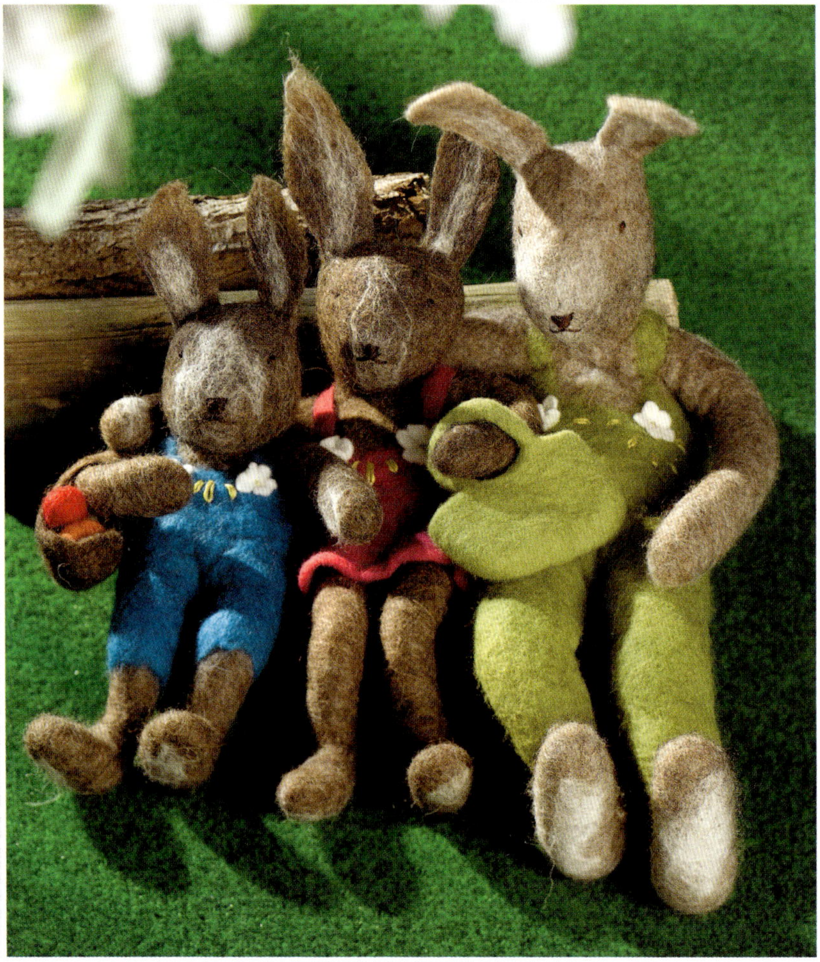

Zum Filzen der knuffigen Figuren braucht man das nötige Know-how, etwas Fingerspitzengefühl und Geduld (Design von Petra Dechêne).

Witzige Effekte können Sie mit übertriebenen Körperteilen erzielen – Schlenkerarme und -beine, Glubschaugen, Riesenlippen und so weiter. Ein weiteres Mittel ist die Veränderung der Farbigkeit. Dadurch geben Sie selbst naturalistischen Figuren eine eigene Note; wie bei der bekannten lila Kuh.

④ Auf Filzbarkeit überprüfen

Abschließend überprüfen Sie, ob die gezeichnete Form gut filzbar ist. Überfordern Sie sich selbst nicht mit zu vielen Details. Überprüfen Sie auch, ob die Detailliertheit oder die Stilisierung konsequent umgesetzt ist. Ein Tier, das beispielsweise eine ausgearbeitete Nase, einen wohlgeformten Mund und Hände mit Fingern und allem Drum und Dran hat, sollte auch einen Hals, einen schön geformten Po, Ohren und so weiter bekommen. Oder Sie reduzieren alles wirklich auf ganz wenige Merkmale.

Figuren mit Schablone filzen

Aus → Hohlkörpern lassen sich auch Figuren anfertigen. Dabei entstehen Handpuppen, Wärmflaschenbezüge, Spieluhren oder – wenn man den Hohlkörper ausgestopft – Kuscheltiere.

Die Schablone entsprechend der gewünschten Form zuzüglich der Schrumpfzugabe erstellen (→ Schrumpffaktor). Gefilzt wird mit Vlieswolle. Die Schablone wie auf Seite 100–101 beschrieben darin einhüllen.

① Schablone umhüllen

Die umhüllte Schablone an den benötigten Stellen zum Auspolstern mit Wolle umwickeln. Nach dem Umwickeln anfeuchten, in Form drucken und die sichtbare Wicklung mit einem trockenen Vliesstück in entgegengesetzter Richtung abdecken.

② Schnauze ansetzen

Zusätzliche Teile vorformen und aufsetzen.

③ Teile fixieren

Sie werden mit Wollsträhnen abgedeckt und fixiert.

④ Details ansetzen

Bevor das Filzen beginnt, werden Details, wie die Ohren, angesetzt, entweder aus trockener Wolle oder als vorgefilzte Form mit trockenen Randfasern (→ Zipfel und Schlingen).

⑤ Filzen

Wenn alles angesetzt ist, beginnt das Filzen in der → Reibetechnik. Der Kopfbereich muss besonders behutsam gefilzt werden, sonst entstehen viele Falten. Passiert das trotzdem einmal: Einen hauchdünnen Vliesflicken ausreißen, über die Stelle legen, andrücken und weiterfilzen.

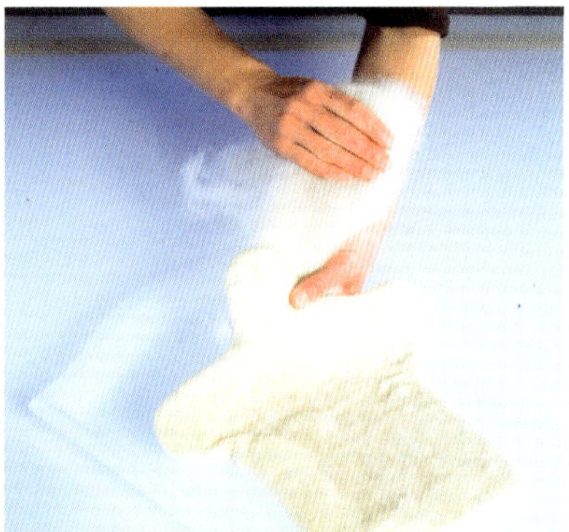

① Schablone umhüllen.

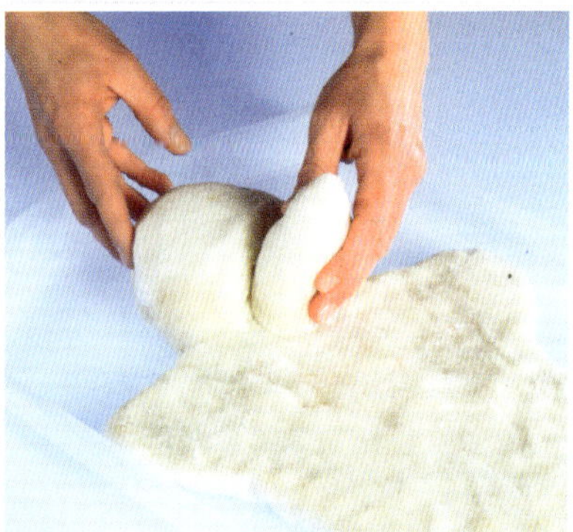

② Schnauze ansetzen.

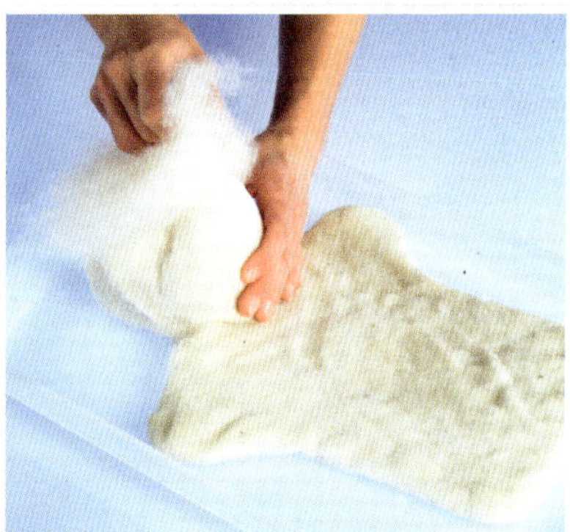

③ Teile fixieren.

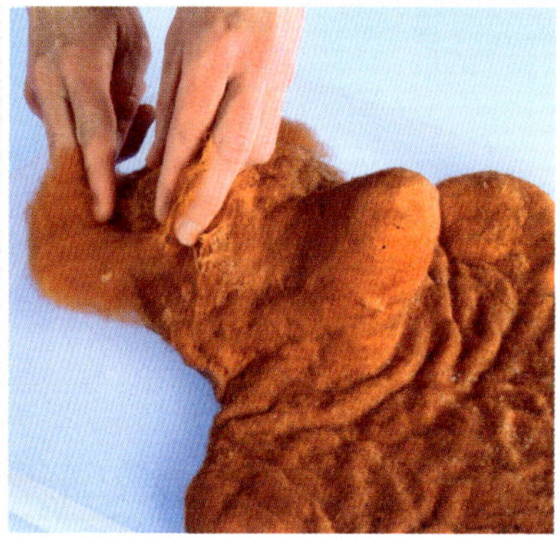

④ Details ansetzen.

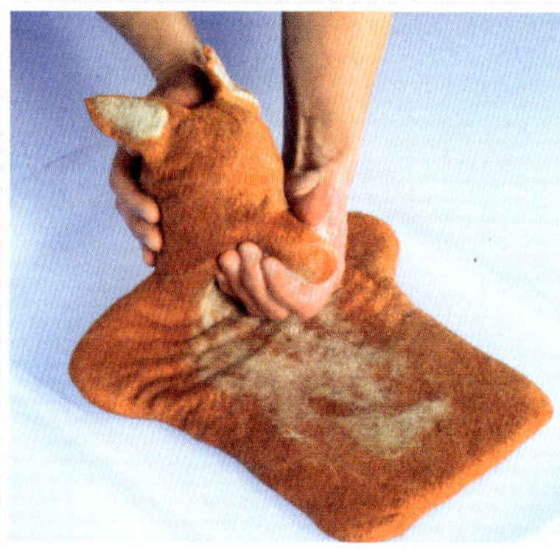

⑤ Filzen.

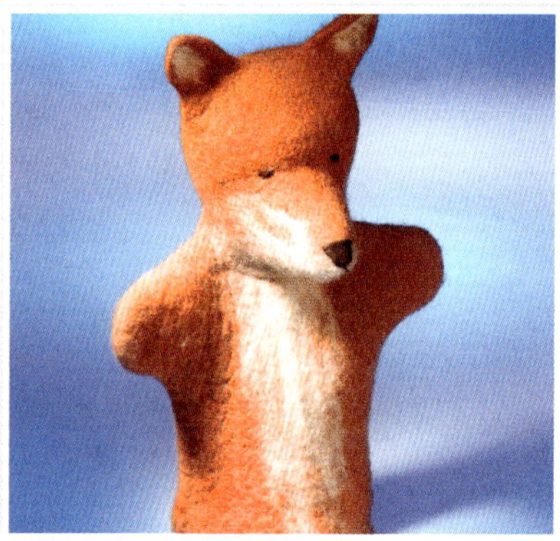

Die fertige Figur von Petra Dechêne.

Figuren mit Steinkern

Mit einem Kern aus Stein und Draht stehen Ihnen viele Gestaltungsmöglichkeiten für Figuren und Tiere offen. Die Figur wird aus trockener → Vlieswolle aufgebaut, erst wenn alles komplett aufgebaut ist und gefällt, beginnt das Filzen. Solange die Masse seifig-weich ist, lässt sich dann zwar immer noch manches Detail ergänzen, eine gute Vorbereitung fördert aber einen entspannten Filzprozess.

Der Stein wird passend zur gewünschten Größe der Figur ausgesucht. Er sollte mindestens 10 cm hoch sein, weil sonst das Umwickeln der einzelnen Teile der Figur zu kompliziert ist.

Für diese Filzarbeit wird Vlieswolle verwendet. Man kann, um die Kosten zu senken, erst alles mit weißer Wolle umwickeln, bevor die farbige Hülle darüber gewickelt wird. Diese sollte aber nicht zu dünn sein, damit die weißen Fasern nicht durchkriechen und die Leuchtkraft der Farben beeinträchtigen.

Sie brauchen:

› Stein › Vlieswolle in der Grundfarbe › ca. 250 g, Vlieswolle für Kleidung › ca. 30 g, Wolle oder Filz für Details › Nadel und Stickgarn › Gewebeklebeband › kunststoffummantelter Draht › Zubehör für die Reibetechnik

① Kern anfertigen

Am Steinkern wird das Gerüst für die restlichen Körperteile aus kunststoffummantelten Draht angebracht. Sie benötigen zwei Drahtstücke: In das längere wird mittig die Schlaufe für den Kopf gedreht, der Rest bildet die Arme; das kürzere Drahtstück ist für die Beine. Alles mit Gewebeklebeband am Körper fixieren.

② Drahtteile umwickeln

Die Gliedmaßen vom Stein aus mit einem schmalen Vliesstrang umwickeln. Die Drahtenden erst beim Zurückwickeln zum Körper hin umklappen und mit einwickeln (→ Blüten mit Drahtstiel). Die Gliedmaßen zwei- bis dreimal umwickeln. Für den Kopf ein Ei rollen und in die Schlaufe stecken, dann mit Vliesstreifen umwickeln, bis der Kopf die gewünschte Größe hat.

③ Körper ummanteln

Zum Abdecken des Steins wird ein Vliesstück verwendet, das groß genug ist, um den Stein auf beiden Seiten zu bedecken. Vor dem Auflegen an den Seiten einreißen, damit es besser um die Drahtgliedmaßen passt.

④ Ohren anbringen

Für die Ohren wird Vlieswolle zur Schlaufe gelegt und auf dem Kopf mit der → Filznadel vorsichtig angenadelt (sie kann brechen, wenn sie auf Draht stößt). Geben Sie Acht, wie weit vorn oder hinten die Ohren bei einer Figur sitzen, das zählt zu ihren wesentlichen Merkmalen. Die Schlaufe mit Vliesstücken umwickeln und mit der Filznadel verdichten, dann fällt das Nassfilzen später leichter.

⑤ Hemd und Hose

Soll die Figur bekleidet sein, die entsprechenden Partien mit trockenen Vlieswollstreifen umwickeln und diese mit ein paar Stichen mit der → Filznadel fixieren. Vorsichtig einstechen, die Nadel bricht leicht, wenn sie gegen harte Gegenstände stößt.

⑥ Röckchen

Als Rock einen breiten Filzstreifen auflegen, der über den Rumpf hinausragt. Dünne Streifen als Träger auf den Oberkörper legen.

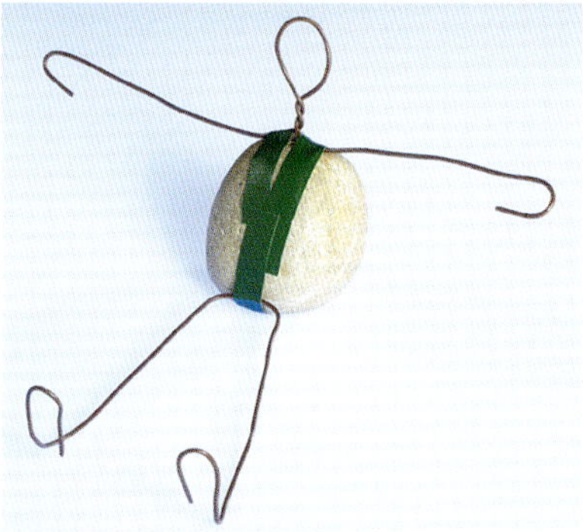

① *Das Grundgerüst anfertigen.*

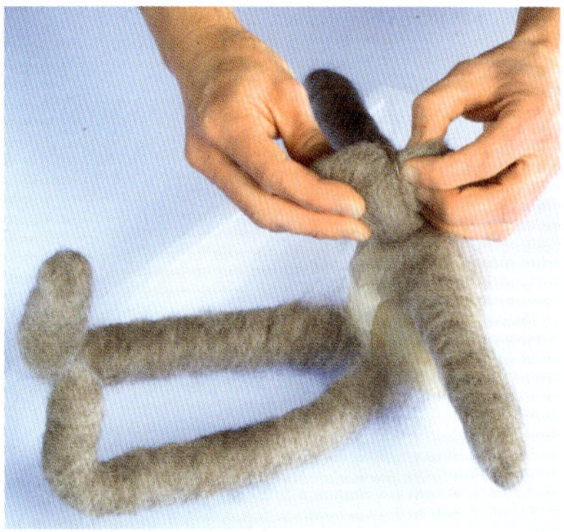

② *Die Drahtteile umwickeln.*

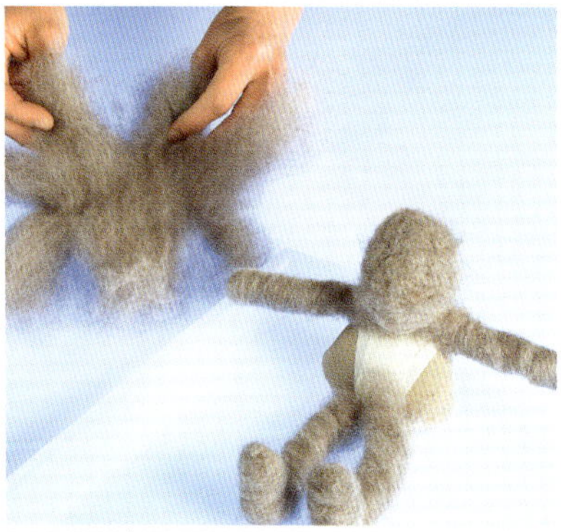

③ *Dann den Körpereinpacken.*

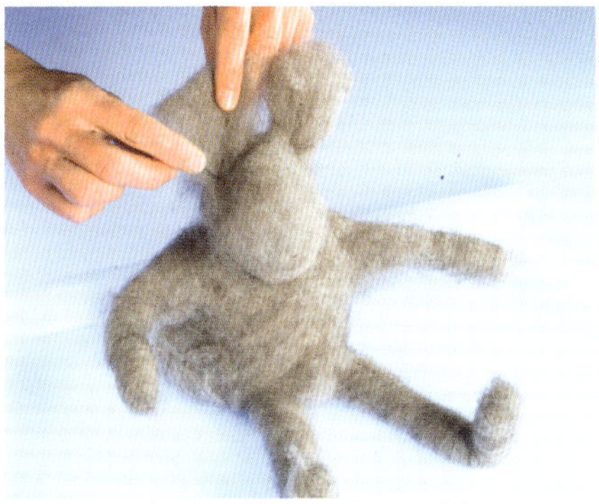

④ *Die Ohren anbringen.*

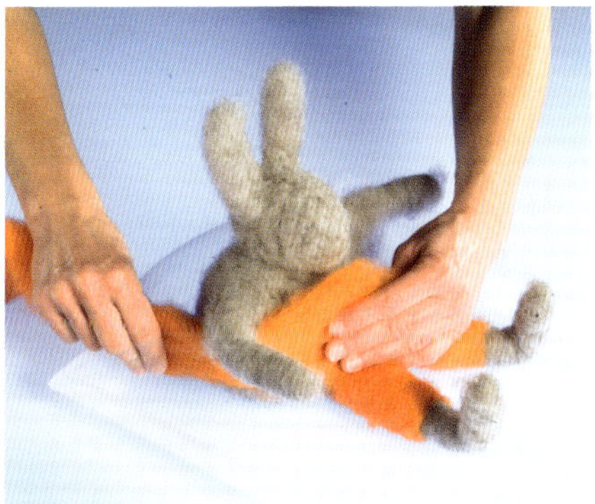

⑤ *Die Kleidung „anziehen", hier eine Hose.*

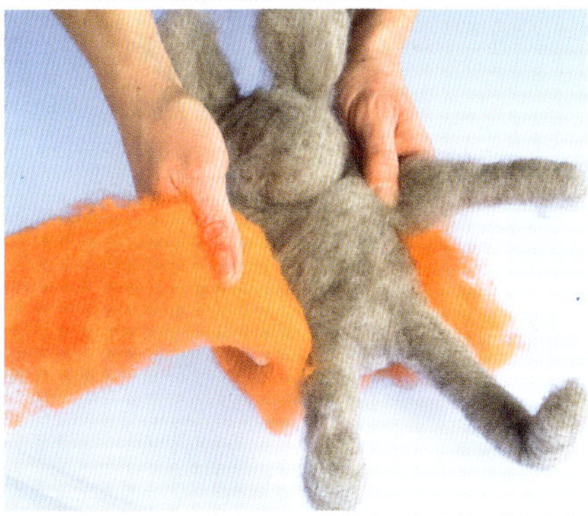

⑥ *Das Hasenmädchen erhält einen Rock.*

⑦ Filzen

Wenn alles aufgebaut ist, in der → Reibetechnik filzen.

Figuren mit gewickeltem Wollkern

Diese Figuren sind kleine Meisterwerke: Nahtlos gefilzt, drall ohne Ausstopfen, formstabil und zugfest, auch in Maxigrößen. Und doch können selbst Filzanfänger sie machen. Das Geheimnis ist der Unterbau aus gewaschenen Wolllocken. Daraus wickelt man mithilfe von reißfestem Garn mit viel Sorgfalt und etwas Geduld ein sehr festes Kopf-Rumpf-Teil. Dieser Kern verschwindet unter einer Schicht farbiger Vlieswolle, bevor vorgefilzte Körperteile angesetzt und festgefilzt werden.

In dieser Aufbautechnik lassen sich allerlei Puppen und Tiere anfertigen, von klein bis groß, von stilisiert bis detailverliebt. Die Mecklenburger Puppenbauerin Susanne Wetzel (VIECHERIA) hat diese Art des Figurenfilzens entwickelt. Das Anfertigen der formstabilen, dennoch weichen Basis spart viel Filzzeit und Geld. Denn statt Unmengen feinste, hochwertige Vlieswolle zu verfilzen, wird der Körper aus gewaschenen, unkardierten Wolllocken vorgeformt.

Die Technik hat manches vom Töpfern und Modellieren. So ist ein Modell aus Knete oder Ton auch eine hilfreiche Vorbereitung, um Proportionen festzulegen und sich vorab ein Bild vom Aussehen der Filzfigur zu machen.

Sie brauchen:

› gewaschene, unkardierte Wolllocken für das Kopf-Rumpfteil (innen) › reißfestes Garn (Overlockgarn) › feine Merinowolle im Vlies (zum Umhüllen, für Körperteile)

① Vorbereitung

Beginnen Sie mit einer kleinen Figur mit wenigen Körperteilen und nehmen Sie sich Zeit für das Wickeln der Grundform. Der Kern hat die richtige Festigkeit, wenn er sich bei Druck nicht verformt. Für eine 20 cm hohe Figur brauchen Sie etwa zwei Handvoll Wolllocken, die Sie locker zu einem Ei formen.

② Hals wickeln

Den oberen Bereich mit einer Hand umfassen und die Form direkt darunter abwickeln. Der Kopf ist etwa eine Faust voll Wolle groß; durch das Abwickeln entsteht der Hals.

③ Rumpf anfertigen

Danach den Rumpf in die gewünschte Form drücken und mit dem Faden durch Umwickeln fixieren.

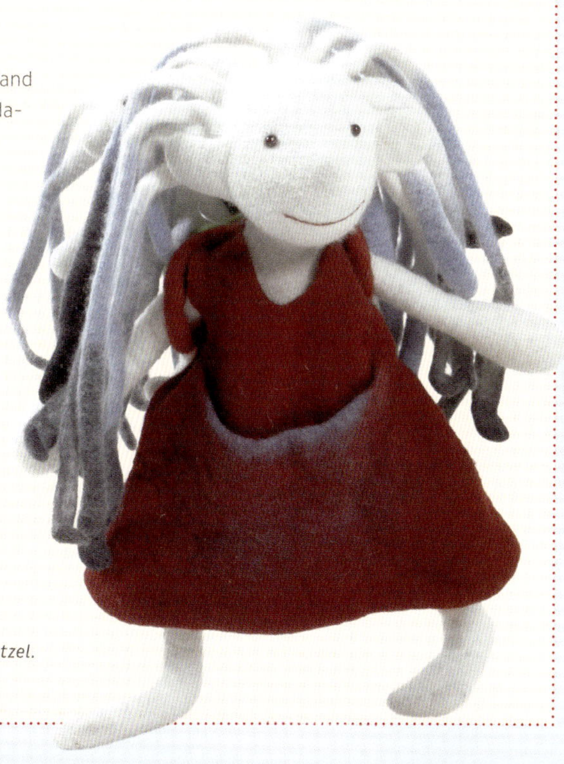

Zottelpuppe von Susanne Wetzel.

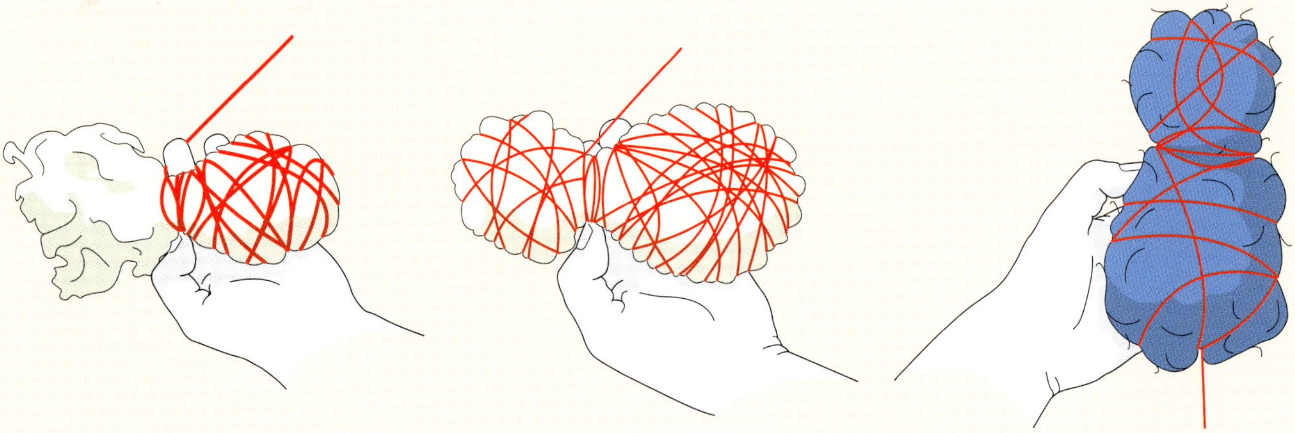

①-③ *Die Grundform aus gewaschenen Wollflocken.*

④+⑤ *Die Grundform mithilfe von Garn zu einem festen Kern wickeln.*

⑥ *In farbige Merinowolle hüllen.*

④ Kopf formen

Den Kopf durch ein paar Umwicklungen fixieren. Ist er zu klein, noch etwas Wolle herumlegen und fest umwickeln.

⑤ Form verfestigen

Auf diese Art und Weise einen sehr festen Kern mit leicht übertriebener Form wickeln. Durch das Umhüllen mit bunter Vlieswolle wird die Form später noch 1,5 mm dicker, wodurch sich die Konturen etwas verlieren. Bei Bedarf noch etwas mehr Wolle an Bauch und Po anbringen.

Hinweis: Die Form muss richtig fest sein, damit die Wolle gleichmäßig schrumpft. Korrekturen lassen sich im weiteren Verlauf nur mit viel Mühe ausführen, deshalb sind genaues Betrachten und Fühlen in diesem Stadium sehr wichtig. Alles, was gewickelt wird, sieht man später am fertigen Stück.

⑥ Wollbasis verhüllen

Die Grundform anschließend komplett mit einer blickdichten Schicht Merinowolle umhüllen, die mit etwas Garn fixiert wird, damit sie nicht verrutscht.

⑦ Körperteile separat filzen

Alle Körperteile (Arme, Beine, Flügel, Schwänze, Ohren) werden separat gefilzt (→ Reibetechnik) und an die Grundform angesetzt. Dafür benötigen sie ungefilzte Enden/Unterkanten. Achten Sie darauf, dass die Gliedmaßenpaare gleich lang sind.

⑧ Die Gliedmaßen einer Seite ansetzen ...

Das Anfügen der Einzelteile ist ein bisschen kniffelig. Hier ist viel Konzentration notwendig. Zuerst werden Arm und Bein (Flügel) an einer Seite nacheinander mit den aufgefächerten ungefilzten Enden an den Körper gedrückt und mit Seifenlauge „angeklebt" (in die Richtung aufgießen, in die das Teil befestigt werden soll, → Zipfel und Schlingen). Noch nicht filzen! Alle Ansatzstellen großzügig mit Wollflicken abdecken, diese ebenso „ankleben".

Hinweis: Das Abdecken ist wichtig, weil dabei eine zusätzliche farbige Schicht entsteht. Fehlt sie irgendwo, entstehen beim Filzen leicht Löcher und die Untergrundwolle kann durchscheinen.

⑨ ... und der anderen Seite ansetzen

Die Figur nun sehr vorsichtig weiterdrehen, dabei die bereits angesetzten Gliedmaßen gut abstützen. Dann die restlichen Gliedmaßen wie vorher beschrieben andrücken und abdecken.

⑩ Gliedmaßen anfilzen

Anschließend werden die Gliedmaßen angefilzt, gerade so lange, bis sie haften. Dazu heiße Seifenlauge darüber gießen und mit seifig-nassen Fingern rund um die Ansatzstelle reiben. Das wirkt beinahe so, als massiere man die Figur. Wenn nötig, die Gliedmaßen mit einer Hand abstützen und andrücken, während mit der anderen gefilzt wird. Abgelöste Gliedmaßen lassen sich nur schwer wieder fixieren.

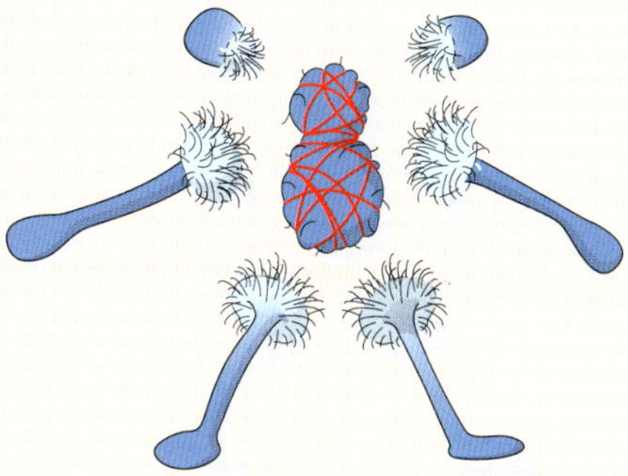

(7) *Die restlichen Motivteile separat filzen, die Enden zum Ansetzen ungefilzt lassen.*

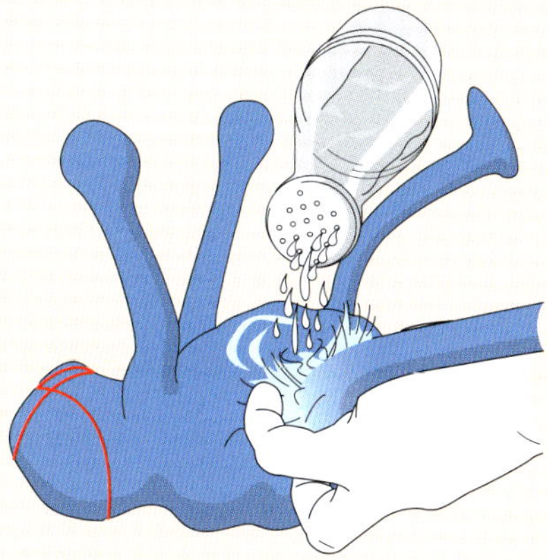

(8)–(11) *Das Ansetzen erfordert Konzentration.*

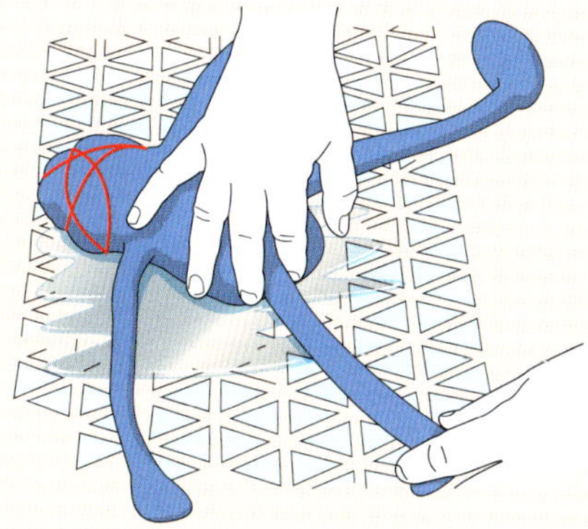

(12) *Erst nachdem alles „angebaut" ist, wird die Figur gefilzt.*

(11) Restliche Körperteile ansetzen

Auf die ungefilzten Wollflächen nun noch Ohren, Schwanz, Haarlocken etc. ansetzen und wie eben beschrieben befestigen.

(12) Figur filzen

Erst wenn die Figur fertig aufgebaut ist (alle Teile angebracht sind), wird sie rundum gefilzt. Die bunte Hülle hängt anfangs lasch um den Kern herum, zum Teil bilden sich Falten. Diese Furchen verschwinden im Filzprozess. Oder Sie decken Falten mit einer hauchdünnen, trockenen Wollflocke ab und bearbeiten die Fläche weiter mit reibenden Bewegungen. Die Figur ist fertig, wenn sie ganz fest ist und sich nicht weiter schrumpfen lässt. So gefilzt kann man sie auch bei 30 Grad in der Waschmaschine waschen.

Hinweis: Auf www.viecheria.de stellt die Puppenbauerin Susanne Wetzel ihre aktuelle Kollektion vor und informiert über Ausstellungstermine und Wochenend-Workshops.

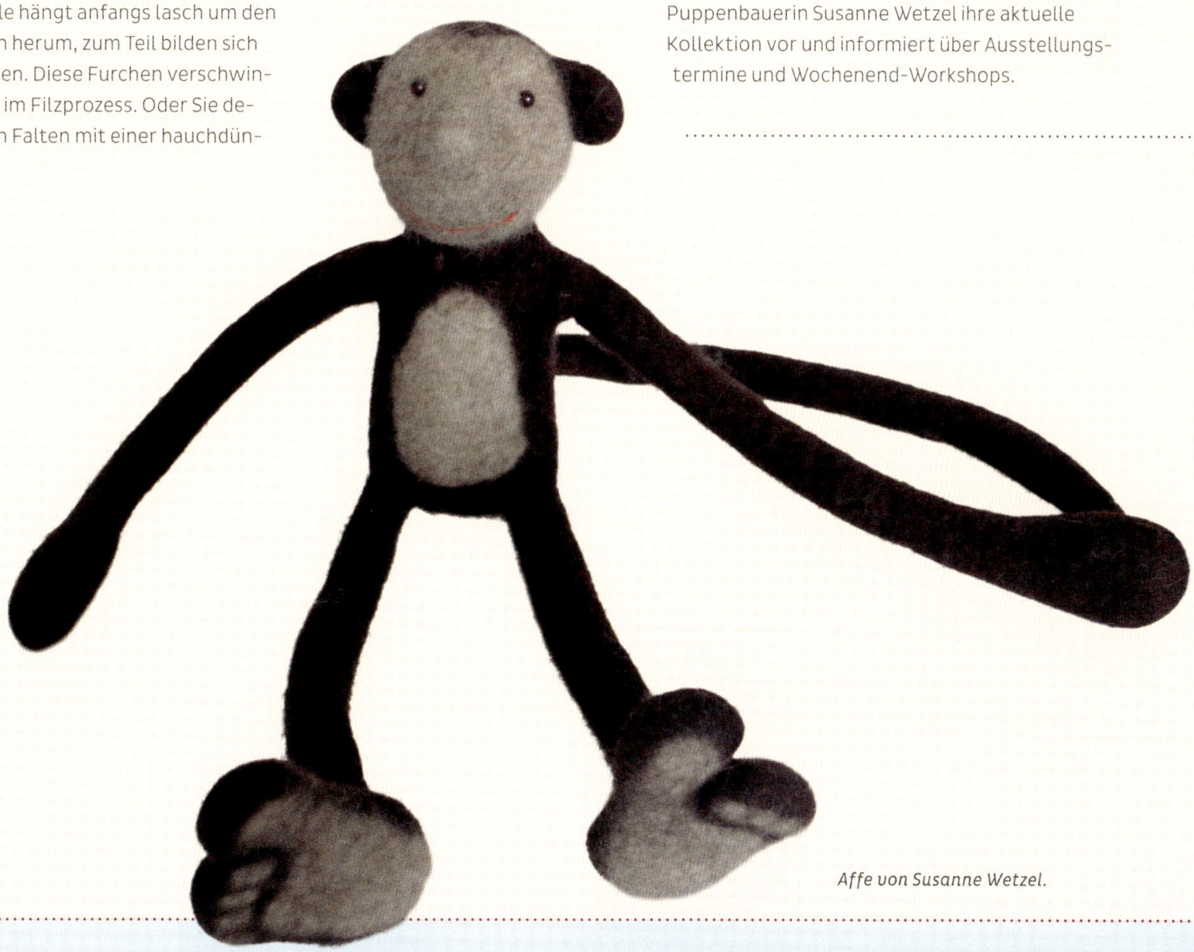

Affe von Susanne Wetzel.

Helfer aus dem Haushalt

Können Haushaltsgeräte beim Filzen helfen? Ja, können sie! Waschmaschinen können vorfilzen und walken, Schwingschleifer nehmen so manche Stunde Handreiben ab, und selbst Wäschetrockner und Mikrowelle lassen sich einspannen. Gewusst wie, lautet die Devise, damit die Filzarbeiten auch gelingen, wenn man selbst kein Auge darauf hat.

Waschmaschine

Die Waschmaschine lässt sich für verschiedene Zwecke zum Filzen zweckentfremden, beispielsweise um Vorfilz herzustellen und Werkstücke durchzufilzen. Am besten gelingen runde Formen, da sie beim Stoßen gegen die Waschmaschinentrommel ihre Form nicht verlieren, sondern fein abgerundet werden.

Bei unregelmäßigen Formen ist das Walken in der Maschine eher problematisch. Allgemein werden in der Waschmaschine gewalkte Filze dicker und rauer als von Hand gewalkte. Folgendes ist zu beachten: Die Wolle darf nicht über 60 °C gewaschen werden, anderenfalls bluten die Farben aus. Auch sollte sie immer gut verpackt sein, damit die Pumpe der Maschine nicht beschädigt wird. Geben Sie sie beispielsweise in alte Nylonstrümpfe (nur die Beine verwenden) oder in einen Wäschesack bzw. einen Leinenbeutel, der mit einem Kabelbinder fest verschnürt wird.

Für ein gleichmäßiges Ergebnis die Wolle von Hand vorarbeiten und erst, wenn sie fest verfilzt und die Form fixiert ist, in der Waschmaschine walken. Das Filzen muss also so weit fortgeschritten sein, dass alle Fasern gefestigt sind. Dazu eignet sich ein Buntwaschprogramm bei 40 °C; bei voller Tourenzahl schleudern.

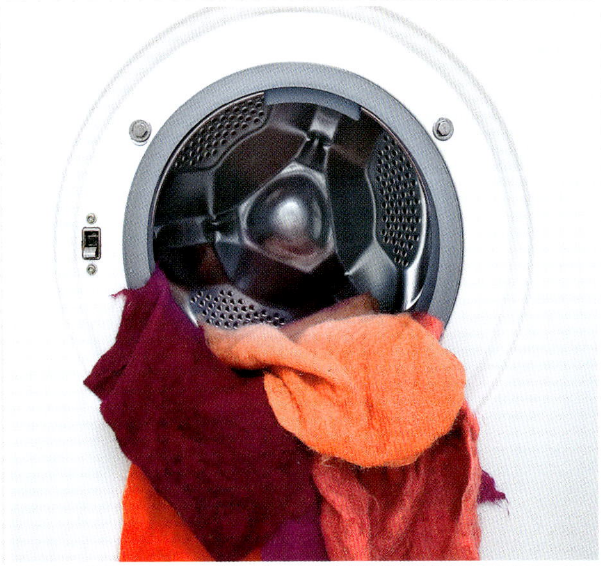

Vorfilz und mehr lässt sich in der Waschmaschine filzen.

Vorfilz lässt sich anfertigen, indem man die trocken ausgelegte Wolle in eine Antirutschmatte oder ein Tuch einrollt, gut verpackt und verschnürt und wie oben beschrieben wäscht.

Hinweis: Am besten gelingen gleichmäßige und rundliche Formen. Sie müssen bereits ordentlich gefilzt sein. Hohlkörper werden zum Walken mit einem leichten, aber stabilen Material ausgestopft, zum Beispiel mit hartem Schaumstoff (Styrodur). Dieser wird in der Größe zugeschnitten, die der fertige Hohlkörper haben soll, gut in Plastikfolie eingewickelt und verklebt und dann in die Form gegeben.

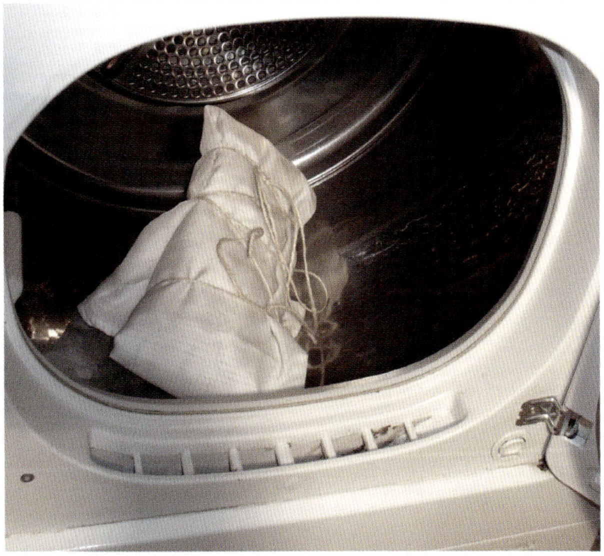

Walken im Wäschetrockner beim Nunofilzen.

Wäschetrockner

Das Werkstück auf einer Folie so weit vorfilzen, bis die Wollfasern allein zusammenhalten (Nassfilzen) bzw. auf dem Gewebe (Nunofilzen) haften.

Dann eine zweite Folie auflegen und von beiden Seiten zur Mitte hin einrollen. Die Folienenden einschlagen, damit die Flüssigkeit im Paket bleibt. Ein Handtuch oder ein Stück Stoff um die Rolle

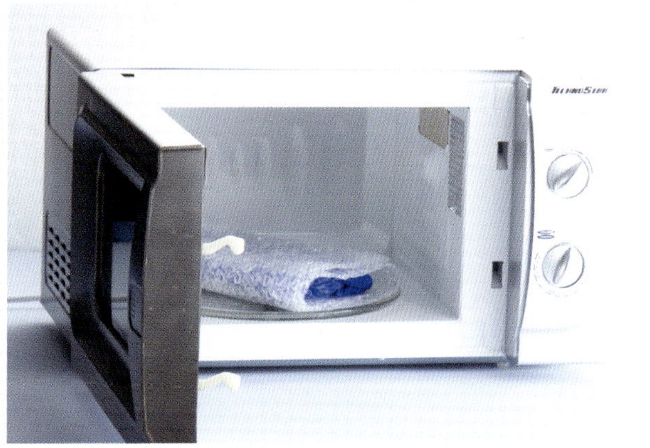

Erwärmen in der Mikrowelle.

wickeln und nicht zu straff verschnüren. Man kann das Werkstück auch von einer Seite einrollen. Dann muss man es aber nach der Hälfte des Filzvorganges öffnen und von der anderen Seite einrollen, da die äußeren Schichten solch eines Päckchens im Trockner wärmer werden als die inneren und dadurch schneller verfilzen.

Je länger man das Päckchen in den Trockner gibt, desto intensiver verläuft der Filzprozess. Zwischendurch immer wieder kontrollieren, dass nichts versehentlich zusammenfilzt.

Schwingschleifer

Das Einsetzen des Schwingschleifers ist sehr angenehm, denn er verkürzt den Filzprozess und schont gesundheitlich belastete Hände. Großflächige Arbeiten lassen sich damit gut zusammenfilzen und beim Nunofilzen eignet sich das Gerät mit seinen Rüttelbewegungen, um Wolle durch das Gewebe zu treiben.

Wenn man mit einem elektrischen Gerät in der Nähe von Wasser arbeitet, gilt es allerdings einige Sicherheitsvorkehrungen zu beachten. Arbeiten Sie äußerst vorsichtig, denn das Gerät darf keinesfalls direkt mit dem Wasser in Berührung kommen. Deshalb unbedingt zwischen das Gerät und die angefeuchtete Filzarbeit immer eine wasserdichte Folie legen. Der Schwingschleifer muss außerdem mit einem Sicherheitsstecker (FI-Stecker) ausgerüstet sein. (Beachten Sie, dass der Haftungsanspruch seitens des Geräteherstellers bei der Zweckentfremdung der Geräte erlischt und auch der Verlag keine Haftung für Schäden, beispielsweise Wasserschäden am Gerät, übernimmt. Sie filzen also auf eigene Gefahr.)

Handelsübliche Schwingschleifer haben in der Schleifplatte Löcher, durch die beim Schleifen die Späne angesaugt und abtransportiert werden. Aus diesem Grund darf ein Schwingschleifer nicht ohne Zwischenlage auf den nassen Filz gesetzt werden, er würde die Seifenlauge ansaugen, die im Inneren des Gerätes zu einem Kurzschluss und einem Totalausfall des Motors führen kann. Die Zwischenlage kann, wie oben erwähnt, eine Folie sein; nutzt man den Schleifer ausschließlich zum Filzen, kann man auch eine dicke Gummiplatte (mehrere Moosgummiplatten) mit Silikon oder Zwei-Komponenten-Kleber auf den Schwingkopf kleben.

Mikrowelle

Um sich das häufige Zugeben von heißem Wasser zu ersparen, kann man kleine Filzteile in der Mikrowelle erwärmen. Dazu das durchnässte Teil in Luftpolsterfolie wickeln oder in eine mikrowellengeeignete Schüssel auf einen Teller legen und je nach Größe 30 Sekunden bis etwa eine Minute lang bei 600 Watt in der Mikrowelle erwärmen.

Tragen Sie zum Schutz Gummihandschuhe und werfen Sie den Filz anschließend ein paar Mal in die Luft, damit er abkühlt und Sie sich nicht die Finger verbrennen.

Außerdem kann man die Mikrowelle zum Färben kleiner Wollmengen einsetzen. Die Variante mit Eierfarben ist vor allem für die Osterzeit geeignet: Eine Tablette Eierfarbe in einem halbvoll gefüllten Glas auflösen, die Wolle hineingeben; je weniger Wolle, desto intensiver werden die Farben. Die Wolle muss vollständig mit Wasser bedeckt sein, gegebenenfalls nachgießen. Zwei Minuten in der Mikrowelle bei 600 Watt erwärmen, abkühlen lassen, weitere zwei Minuten erwärmen. Nach dem Abkühlen ausspülen und trocknen.

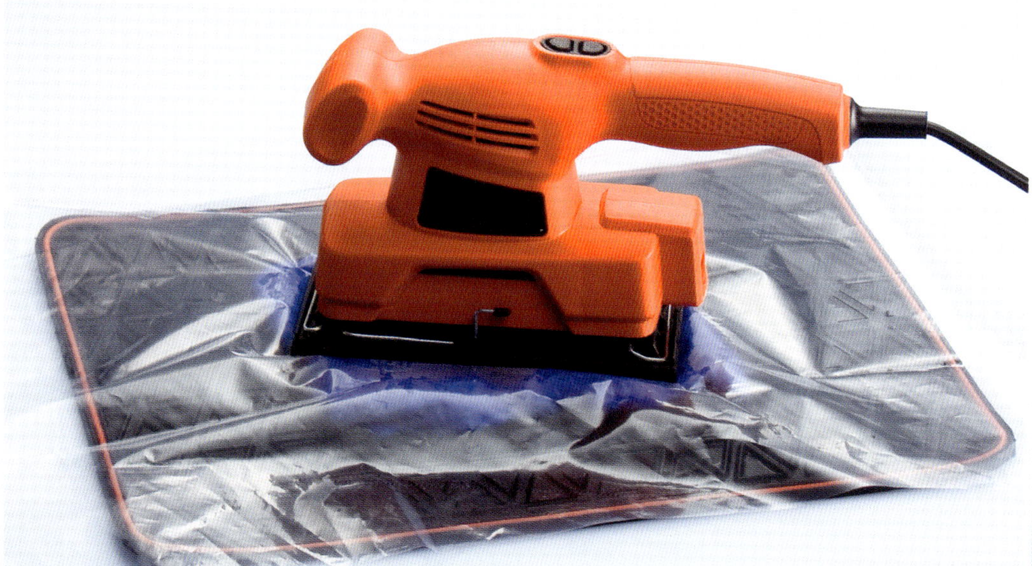

Schneller filzen mit dem Schwingschleifer.

Was tun, wenn …?

❓ … die Kugel Dellen hat?
Ursache: Die Filzdichte ist im Kugelinneren noch nicht dieselbe wie außen.

Lösung: Die Kugel muss durch Kneten, Drücken und kraftvolles Kreisen noch stärker zur Mitte hin gearbeitet werden. Die Dellen lassen sich außerdem mithilfe einer Stopfnadel wieder herausdrücken. Die Nadel wenige Millimeter unter die betroffene Stelle stechen und den Filz nach oben drücken.
Sie können die Kugel auch komplett neu mit Wolle umwickeln und diese von Neuem anfilzen und walken.

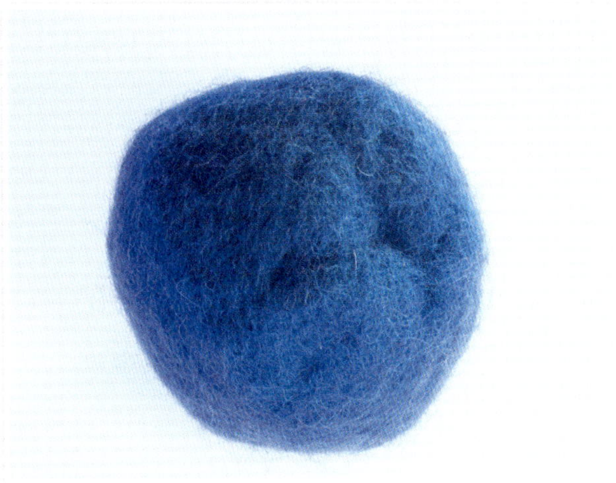

Unschöne Dellen lassen sich entfernen.

❓ … Wolle an den Fingern hängt?
Ursache: Sie verwenden zu wenig Seife.

Lösung: Geben Sie mehr Seife ins Wasser oder seifen Sie sich die Hände ein, dann „flutscht" es wieder.

❓ … die Innenseiten des Hohlkörpers beim Walken zusammenfilzen?
Ursache: Die Innenseiten sind noch nicht ausreichend gefilzt.

Lösung: Arbeiten Sie die Innenseiten mit seifigen Hände in kreisenden Bewegungen nach, bis der Filz fest ist (→ Filzprobe), dann können Sie walken.

❓ … die Werkstücke unterschiedlich groß geworden sind?
Ursache: Sie haben unterschiedliche Mengen Wolle genommen.

Lösung: Damit Kugeln und andere Dinge gleich groß werden, muss immer die gleiche Menge Material verwendet werden. Die Filzwolle zuvor genau abwiegen.

❓ … die Filzfläche ungleichmäßig stark ist?
Ursache: Der Filz wurde ungleichmäßig ausgelegt.

Lösung: Unregelmäßigkeiten durch kräftiges Walken, zum Beispiel durch Schlagen mit dem Nudelholz, ausgleichen und eventuell in der Rolltechnik weiterarbeiten.

❓ … der Filz löchrig wird?
Ursache: Der Filz wurde unregelmäßig ausgelegt und/oder nicht von außen nach innen, sondern entgegengesetzt gerieben und dabei auseinander getrieben.

Lösung: Nochmals Wolle auflegen, wobei ein dickeres Teil auf dem Loch, aber nur wenig dünne Fasern auf der Umgebung liegen. Die Wolle befeuchten, eine Folie auflegen und weiterfilzen. Ist der Filzprozess schon zu weit fortgeschritten, die Oberfläche zuvor mit einer Drahtbürste aufrauen.

❓ … an den Rändern eines Hohlkörpers Wülste entstehen?
Ursache: Die nasse Wolle wurde über den Schablonenrand hinaus getrieben, sodass die Schablone die Wollschichten nicht mehr trennen konnte und sie zusammengefilzt wurden.

Lösung: Kleine Wulste lassen sich vielleicht noch flach filzen. Dazu die Form aufschneiden, die Schablone herausnehmen und die Ränder flach massieren, gegebenenfalls zuvor sanft auseinander ziehen.

Ist der Filz schon fester, die Wulst von innen aufschneiden. Dazu die Arbeit wenden und die Wulst in der Mitte auseinander schneiden; Sie dürfen nicht zu tief schneiden. Danach sanft weiterfilzen. Das beste Mittel gegen die Wulstentstehung: Mit den Händen häufig um die Schablone herum reiben, sodass die Filzhülle immer eng an der Form anliegt.

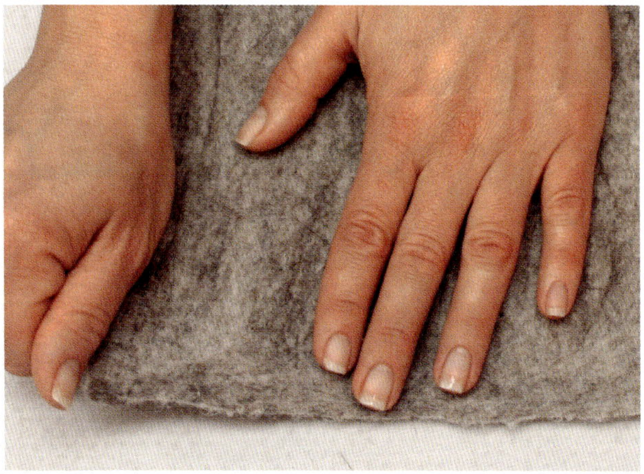

Immer wieder glatt ziehen, damit nichts schief gerät.

Kleine Pannenhilfe

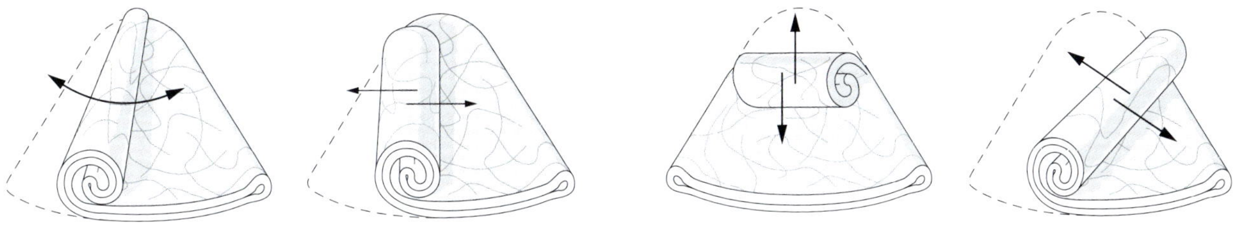

Regulär. *Schmaler.* *Niedriger.* *Insgesamt kleiner.*

Beispiele für das Walken eines Hohlkörpers.

❓ … der Filz schief oder verzogen ist?

Ursache: Sie haben nicht gleichmäßig gewalkt bzw. vergessen, das Werkstück regelmäßig zu drehen und zu wenden. Filz schrumpft in die Richtung, in die gerieben oder gerollt wird.

Lösung: So lange in die Richtung walken, die schrumpfen soll.

❓ … die Filzarbeit weiche Ränder hat?

Ursache: Sie haben diese Stellen nicht gleichmäßig mit bearbeitet. Ränder und Einbuchtungen sind schwer zu erreichen und kühlen schnell aus.

Lösung: Heißes Wasser aufgießen und die Stellen gezielt nacharbeiten.

❓ … Teile sich abheben?

Ursache: Wahrscheinlich haben Sie anfangs nicht sanft genug gerieben oder zu wenig Seife verwendet.

Lösung: Lose Teile abschneiden und die Oberfläche mit der Drahtbürste aufrauen. Um die Stelle auszugleichen, eine dünne Wollflocke auflegen und wie bei löchrigem Filz beschrieben fortfahren.

❓ … der Filz stellenweise dicker ist?

Ursache: Die Filzwolle wurde unregelmäßig stark ausgelegt.

Lösung: Im frühen Stadium kann man solche dicken Stellen zu den Rändern hin ausdehnen; dazu die Hand auflegen und den Filz entsprechend ziehen und dehnen.

❓ … Vorfilzmuster nicht halten?

Ursache A: Sie haben noch nicht lange genug gefilzt.

Lösung A: Einfach noch ein bisschen länger filzen.

Ursache B: Der Vorfilz war schon zu fest.

Lösung B: Die Unterseite von losen Teilen mit der Drahtbürste aufrauen, mit einigen Nadelstichen fixieren und weiterarbeiten.

❓ … Vorfilzmuster keine Kontur mehr haben?

Ursache: Der Vorfilz war zu dünn.

Lösung: Die Stelle mit der Filznadel und dünnen, farblich passenden Wollflocken oder -strängen nacharbeiten. Dazu ein Stück Schaumgummi in oder unter die Filzarbeit legen. Es kann auf nassem oder trockenem Filz gearbeitet werden.

❓ … die Ränder ungleichmäßig sind?

Ursache: Die Wollfläche wurde an den Rändern dünn auslaufend ausgelegt.

Lösung: Die Fasern während des Anfilzens nach innen umklappen und festfilzen. Oder bereits zu Beginn das Leinentuch oder die Luftpolsterfolie nach innen einschlagen (genügt bei Rolltechnik) und die Ränder durch Kreisen von der Filzkante zur Mitte hin anfilzen.

❓ … das Filzen ewig dauert?

Ursache A: Die Wolle ist zu nass und zu seifig.

Lösung A: Streichen Sie das Seifenwasser von der Mitte zu den Seiten hin aus und saugen Sie es mit einem Handtuch auf. Dann wenig heißes Wasser aufsprenkeln und weiterfilzen.

Ursache B: Sie versuchen, eine schlecht filzende Wolle zu verfilzen.

Lösung B: Wahrscheinlich verwenden Sie eine Wolle vom Fleischschaf. Versuchen Sie es besser mit Merino-, Gotland- oder Bergschafwolle.

Ursache C: Sie üben nicht genug Kraft aus.

Lösung C: Sie müssen mehr Kraft ausüben, kräftiger rollen, stärker kneten oder es mit Walkhilfsmitteln (Walkmaus, Walkbrett) versuchen.

❓ … die Filzfläche wellig ist?

Ursache: Dicke Wollbüschel wurden einander nur wenig überlappend ausgelegt. Dadurch wird die unterschiedliche Stärke innerhalb eines Wollbüschels (dünne Enden, stärkere Mitte) nicht ausgeglichen.

Lösung: Die Büschel dachziegelartig auslegen, sodass sie sich gleichmäßig etwa zur Hälfte überlappen.

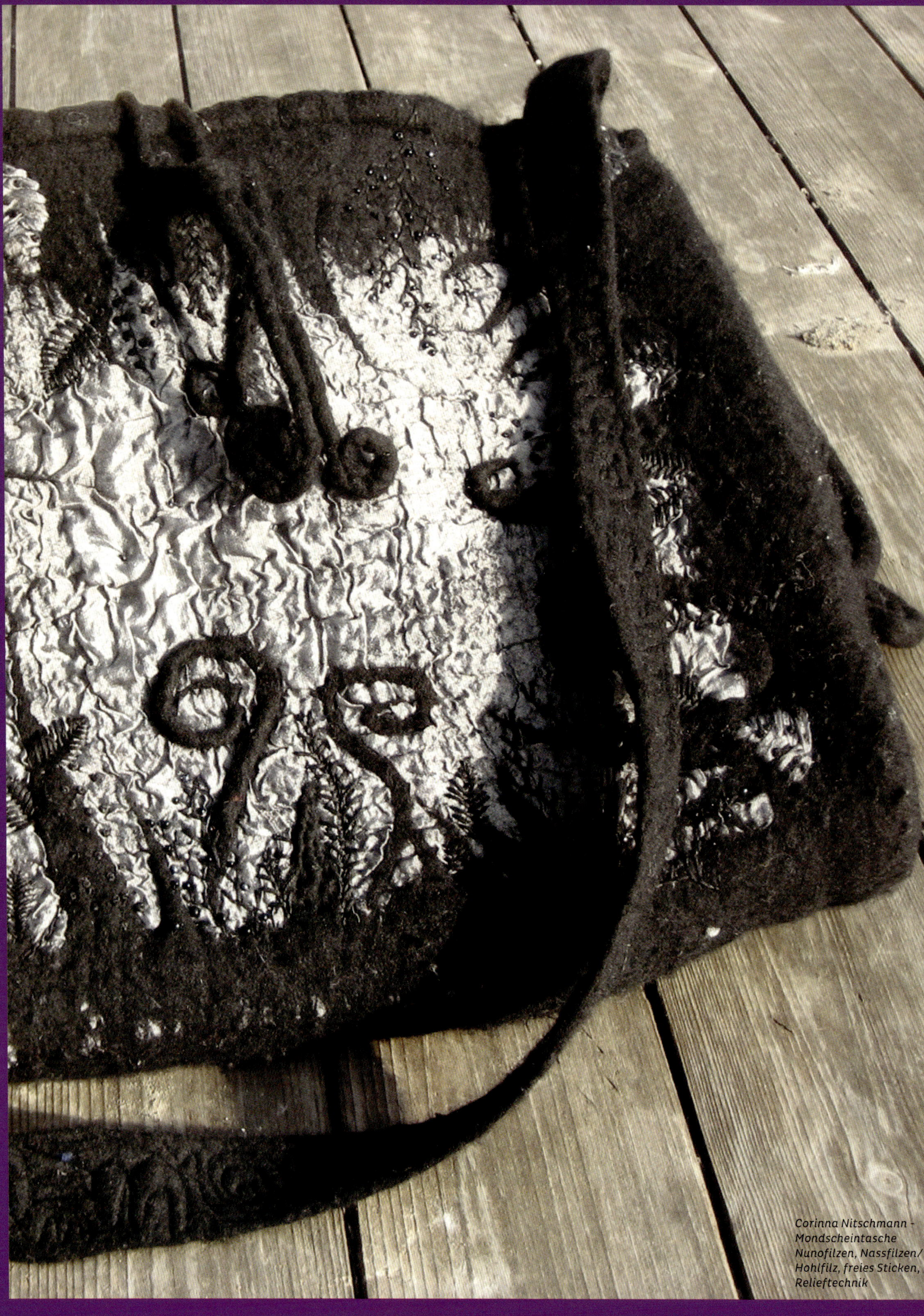

Corinna Nitschmann – Mondscheintasche Nunofilzen, Nassfilzen/ Hohlfilz, freies Sticken, Relieftechnik

Nunofilzen

Gegensätze ziehen sich an, dafür ist Nunofilz der beste Beweis. Einträchtig präsentieren sich kuschelige Wolle und edle, schimmernde Seide. Das Zusammenspiel ermöglicht hauchdünne Filze von großer Robustheit, die weich fallen. Damit ist Nunofilz der Liebling von Modedesignern, denn neben attraktiven Schals lassen sich aus dem Stoff Kleidungsstücke anfertigen.

Das Nunofilzen ist eine Spezialtechnik des Nassfilzens. Auch hier erfolgt das Filzen der Wolle durch den Einsatz von Seifenlauge, Druck und Bewegung. Das Gewebe filzt nicht, sondern wird von den Wollfasern durchwandert, umschlungen und festgehalten.

Welche Technik Sie zum Filzen einsetzen, ob Roll- oder Reibetechnik, hängt von der Größe und der Gestaltung der Fläche und von den individuellen Vorlieben ab.

Im folgenden Kapitel finden Sie neben Wissenswertem zum Material über zwei Dutzend Inspirationen, wie Sie Nunofilz gestalten können.

Was ist Nunofilz?

Nunofilz ist eine Kombination aus Filz und Stoff. Das Wort „Nuno" kommt aus dem Japanischen und bedeutet Gewebe.

Wolle, bevorzugt hochfeine Qualitäten, oder dünnes Nadelvlies wird hauchdünn auf Stoff ausgelegt und zusammen mit diesem verfilzt. Im Filzprozess durchdringen die feinen Wollfasern den Stoff und halten ihn fest. Die Wolle schrumpft, wodurch sich der Stoff zusammenzieht und (abhängig vom verwendeten Material) interessante Oberflächenstrukturen bildet.

Alle lockeren Gewebe eignen sich zum Nunofilzen. Einen besonders schönen Kontrast zur matten Wolloberfläche bilden edel schimmernde Seidenfasern.

Nunofilze schrumpfen stark, je nach Material und Gestaltung zwischen 100 und 300 Prozent. Eine selbst gelegte Filzfläche aus zwei oder mehreren Lagen schrumpft überwiegend in die Richtung, in die sie bewegt wird (deshalb das Drehen der Arbeit bei der Rolltechnik nicht vergessen). Industriell genadeltes Vlies schrumpft fast nur in Querrichtung, Wolle im Kammzug in Längsrichtung. Beim Schrumpfen ziehen die Fasern nur die von ihnen bedeckten Stoffflächen zusammen. Dies sollten Sie bei der Motivgestaltung bedenken. Wie immer beim Filzen braucht das Schrumpfen Zeit.

	Chiffon-Seide	Pongé-Seide	Crêpe Satin	Crêpe Georgette
Gewebe	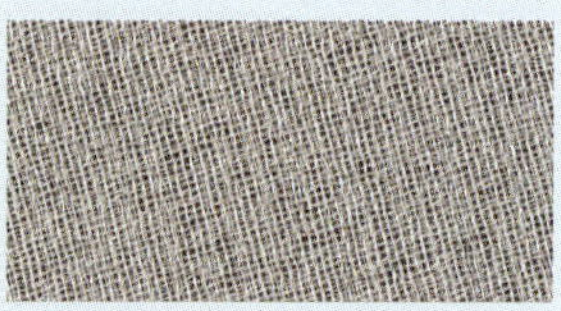	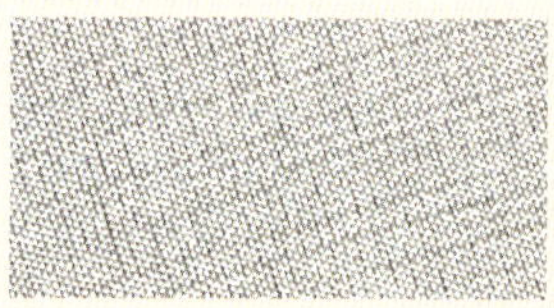		
Eigenschaften	› hauchfein: Stärke 3,5 › dichter: Stärken 4,5 und 06 (Bemalungen sind darauf brillanter) › 3,5 und 4,5 sind besonders geeignet für Anfänger	› Pongé 05 und 06 filzen am schnellsten › Pongé 08 und 10 benötigen etwas mehr Geduld	› deutlich dichter als Chiffon-Seide oder leichte Pongé-Seide, das Filzen dauert länger	› Georgette 08 eignet sich gut zum Nunofilzen › dichtere Georgette 10 für Fortgeschrittene, besonders zum Auffilzen einzelner Wollpartien
Effekt	› vergleichsweise glatte und gleichmäßige Filzoberfläche › Chiffon 06 bleibt nach dem Filzen deutlicher sichtbar und bildet eine attraktive moosähnliche Oberfläche	› kräuselt sich beim Filzen zusammen › besonders gut sichtbar bei ganzflächig aufgefilztem Nadelvlies › schöne Kontraste zwischen glatter und gefilzter Seidenstruktur in Aussparungen (ausgeschnittene Motive)	› Gewebe zieht sich blasenartig zusammen; je länger man filzt, umso intensiver wird die Kräuselung der Oberfläche	› eher glatte, gleichmäßige Oberfläche

Geeignete Gewebe

Allgemein eignen sich alle locker gewebten Gewebe zum Befilzen. Besonders schöne Matt-Glanz-Effekte erzielen Sie mit Seide. Grundsätzlich gilt: Je lockerer das Gewebe ist, umso schneller wandert beim Filzprozess die Wolle hindurch. Glatte, fester gewebte Stoffe (Pongéseide) kräuseln sich beim Filzen mehr oder weniger blasenartig zusammen, während feine, crêpeartige Stoffe (Chiffon, Georgette) eine eher glatte, gleichmäßige Oberfläche erzeugen. Viele Gewebe erhalten Sie sowohl als Schals (mit rollierten Kanten), wie auch als Meterware. Ausgefallene offene Webtechniken sowie eingewebte Streifenmuster oder Lurexfäden eröffnen interessante Gestaltungsmöglichkeiten. Sogar (locker) Gestricktes kann für das Nunofilzen verwendet werden!

Arbeitsplatz

Das Nunofilzen erfordert die gleiche Einrichtung des Arbeitsplatzes wie das Nassfilzen (siehe Seite 58). Viel Platz braucht man zum Filzen von Schals, dafür ist die → Platzsparmethode empfehlenswert.

Hinweis: Bei der Platzsparmethode aus Nadelvlies geschnittene Motive mit einem nicht filzenden Garn an den Stoff heften, damit sie nicht verrutschen können. Befeuchten und einseifen (Fliegengitter/Gardinenstoff zum Schutz auflegen), in der Reibe- oder Rolltechnik filzen.

Organza	**Tissu de Gaze**	**Woll-Etamine (Mousseline)**	**Reinleinen**	**Ramie-Gaze**
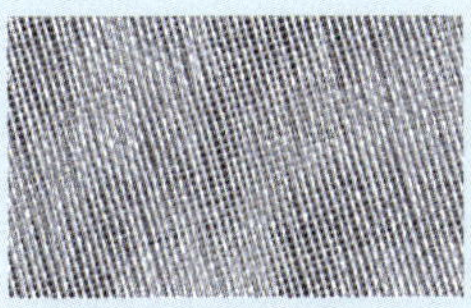				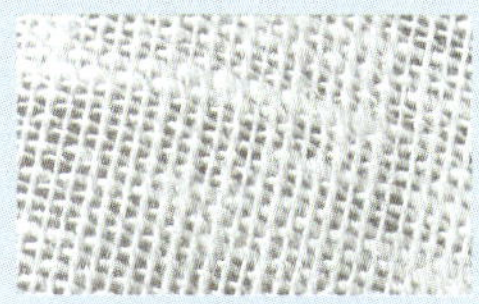
› Organza 2,8 ist sehr leicht und transparent; Grundmaterial für weich fallende Wollfilze für Bekleidung › steiferer Organza 5,5 ähnelt Chiffonseide 06 › Seidenleim gibt dem Material die Stabilität	› weich fließendes, glattes und edel glänzendes Seidengewebe	› leichter, offen gewebter Wollstoff (reine Schurwolle) in klassischer Leinwandbindung › extraweich und kuschlig › Etamine de Laine ist auch unter „Mousseline" bekannt	› reines Leinen in lockerer Leinwandbindung	› locker gewebt, Leinenoptik, ähnelt Käseleinen, aber voluminöser und schwerer › ideal für Gardinen
› Organza 2,8 ist hauchzarter Trägerstoff, der dünnen Wollschichten Halt gibt; nach dem Filzen kaum sichtbar › Organza 5,5 bildet lebhaften Kontrast zwischen partiell aufgelegten dichten Filzmustern	› schöner Trägerstoff, zum Beispiel zum Auffilzen ausgeschnittener/gestanzter Wollmotive	› durch heiße Maschinenwäsche/Filzen verdichtet sich der Wollstoff, bekommt feine Crinklestruktur und wird weich	› glatt bügeln für leinentypische knitternde Haptik › im Wäschetrockner trocknen für gecrashten, voluminösen Crinkle-Schal	› wird weicher und dichter durch Maschinenwäsche und anschließendes Trocknen im Wäschetrockner (Noppenstruktur entsteht); dabei Resteinsprung von 6 bis 10 Prozent

Material

Das Befilzen von Gewebe gelingt am besten mit sehr feiner, leicht filzender Merinowolle (unter 20 Mikron). In die Wollschicht lassen sich effektvoll Seidenfasern einarbeiten. Eine Alternative dazu ist Nadelvlies aus einer Mischung aus Merinowolle und Maulbeerseide oder aus reiner Merinowolle (Letzteres wird bei Materiallieferanten auch „Vorfilz" genannt). Es wird einlagig verwendet. Sie können Nadelvlies entweder ganzflächig auflegen oder Formen und Motive daraus zuschneiden. Im Fachhandel erhalten Sie auch aus Nadelvlies gestanzte Wollpads in vielen Formen.

Hinweise: Ausgeschnittene oder ausgestanzte Wollmotive lassen sich leicht mit dampffixierbarer Seidenmalfarbe färben. Das beste Ergebnis erzielen Sie, wenn Sie die Wollstücke vor dem Bemalen in Essigwasser tränken und das Wasser so gut wie möglich ausdrücken (zum Beispiel zwischen Handtüchern). Dann zieht die Farbe schneller und leichter ein und wird besser fixiert. Die bemalten Motive – noch feucht – in ein flaches, mikrowellengeeignetes Gefäß mit Deckel legen. Nach ca. zwei bis vier Minuten auf niedriger Stufe (ca. 600 Watt) ist die Farbe in den Wollfasern dauerhaft fixiert. Auswaschen und trocknen.

Wird ein Schal ganzflächig mit Nadelvlies befilzt, das überstehende Vlies kurz vor Ende des Filzprozesses knappkantig abschneiden, um den Rollsaum des Seidenschals als dekorativen und sauberen Kantenabschluss zu nutzen.

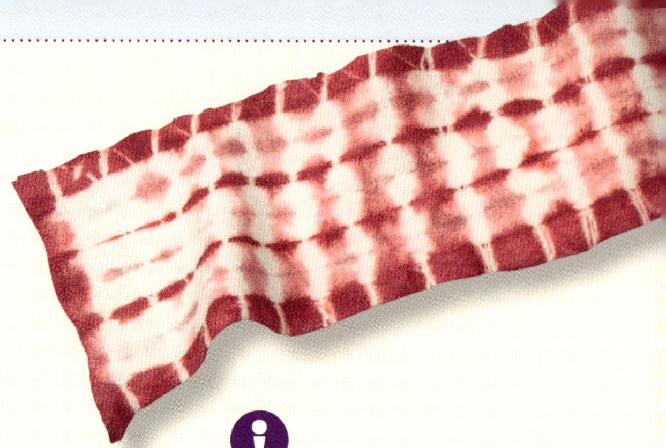

Nunofilz färben

Shibori ist eine japanische Färbetechnik, bei der Stoff an bestimmten Stellen sehr fest mit einer Schnur zusammengeknotet wird. Beim Färben bleiben diese abgebundenen Stellen ungefärbt und es entsteht ein Muster aus gefärbten und ungefärbten Stellen. Diesen Vorgang kann man auch mit anderen Farben wiederholen.

Es gibt verschiedene Shiboritechniken, die zu den kunstvollsten Mustern führen. Ein sehr einfaches Muster demonstriert der blaue Schal: Nach der Längsfaltung wird er stellenweise quer abgebunden. Je dichter diese Abbindungen sind, desto weniger Farbe dringt an diese Stellen.

Der pinkfarbene Schal wird ebenso längs gefaltet und stellenweise abgebunden. Zusätzlich werden die Bereiche zwischen den Abbindungen diagonal abgesteppt, was das Muster an den Außenkanten ergibt.

Shibori eignet sich auch, um Strukturen zu schaffen. Interessante Strukturen mit Nunofilz erhalten Sie durch Einbinden von Materialien. Sie verbleiben nach dem Filzen im Material (beispielsweise Wollkugeln) oder werden herausgetrennt, sodass nur die Struktur erhalten bleibt (Murmeln oder Knöpfe).

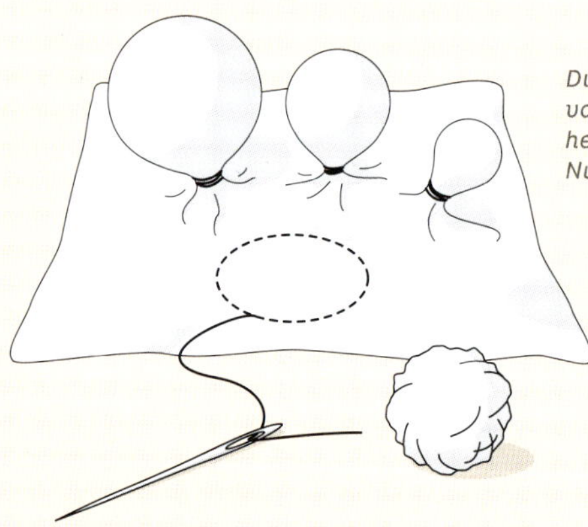

Durch das Einbinden von Material entstehen Strukturen im Nunofilz.

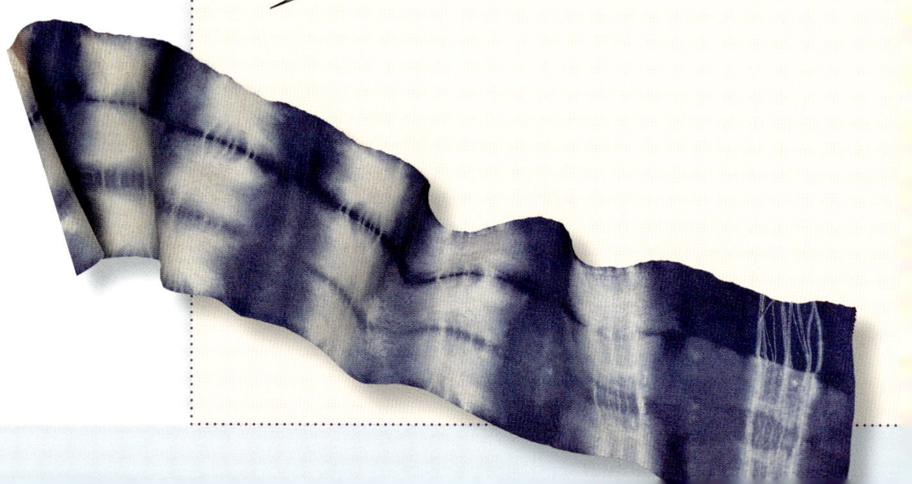

Grund- techniken

Damit sich die Wolle optimal mit dem Gewebe verfilzt und die Wollfasern schnell ineinandergreifen, die Wollbüschel gut auseinanderziehen und dünn, noch durchscheinend auflegen. Für einen stärkeren Filz mehrere dünne Lagen kreuzweise auslegen. Die Wolle haftet gut an der gewünschten Stelle, wenn der Stoff vorher nass gemacht wurde.

Die Wolle nach dem Auslegen mit Seifenlauge befeuchten (Fliegengitter/ Gardinenstoff darüber legen, damit sich die Fasern nicht verschieben). Das Ganze soll feucht sein, aber nicht „schwimmen"; zu viel Wasser mit einem Handtuch abnehmen.

Dann in der → Roll- oder → Reibetechnik filzen, bis die Fasern den Stoff durchdrungen haben und auf der Rückseite zu fühlen sind.

Eine häufige Fehlerquelle in der → Reibetechnik ist, dass die Wolle beim Reiben mit den Händen (oder mit dem → Schwingschleifer) über den Stoff geschoben wird und verfilzt, bevor sie sich mit diesem verbindet. Deshalb die Wolle nicht verzwirbeln, sondern flach auflegen und unter der Folie anfilzen, damit Sie sie nicht verschieben. Wenn die Fasern beginnen, sich durch das Tuch zu arbeiten, können Sie den Druck erhöhen und das Werkstück auch von der Rückseite bearbeiten. Unproblematischer als die Reibetechnik ist beim Nunofilzen die → Rolltechnik: Das angefeuchtete Werkstück in Luftpolsterfolie einrollen, abbinden und 5–15 Minuten mit den Händen hin und her rollen, anfangs ohne Druck. Dann auspacken, drehen, wieder einpacken und weiter rollen. So fortfahren, bis das Werkstück fertiggestellt ist.

Man kann bei der Rolltechnik statt der Folie auch ein Leinentuch oder ein Synthetiktuch verwenden. Diese nehmen die Feuchtigkeit auf und geben den Händen einen besseren Halt. Wird in einer Bastmatte gearbeitet, sollten vor allem feine Gewebe zum Befilzen nicht direkt auf der Matte ausgelegt werden. Decken Sie die Bastmatte mit einem Leinentuch o. Ä. ab und platzieren Sie die Nunoarbeit darauf. Vor dem Einrollen das Werkstück (Tuch mit aufgelegter Wolle) mit Folie abdecken, damit sich die Wolle nicht in die Matte einfilzt und beim Ausrollen von der Seide abreißt.

Wenn sich die Wolle mit dem Stoff verbunden hat und zu schrumpfen beginnt, ist es wichtig, dass das Werkstück warm ist (heiße → Seifenlauge verwenden oder das Filztuch kurz in der → Mikrowelle erwärmen).

Ist eine gewisse Festigkeit erreicht, wird im Handtuch (→ Walken in der Rolltechnik) oder im → Wäschetrockner gewalkt.

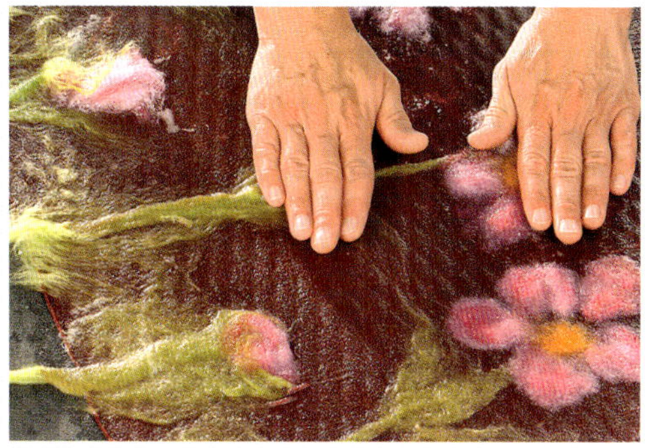

Reibetechnik. Die Wollfasern dürfen nicht über den Stoff rutschen, daher anfangs etwas Folie oder Fliegengitter darüberlegen und mit kaltem Wasser arbeiten, bis die Fasern den Stoff durchdrungen haben.

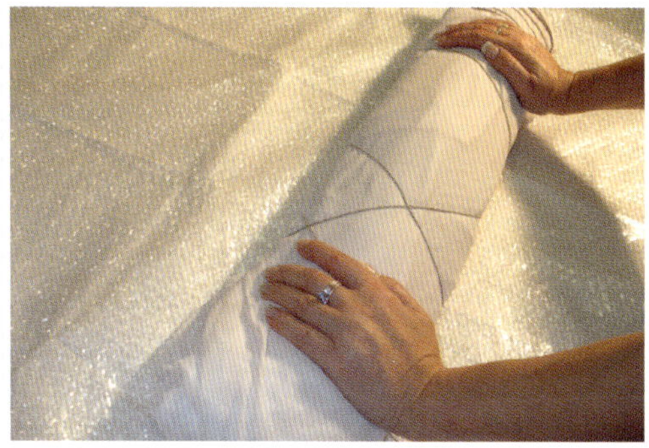

Rolltechnik. Das eingerollte Filzgut mit den Händen hin und her rollen, bis der gewünschte Festigkeitsgrad erreicht ist.

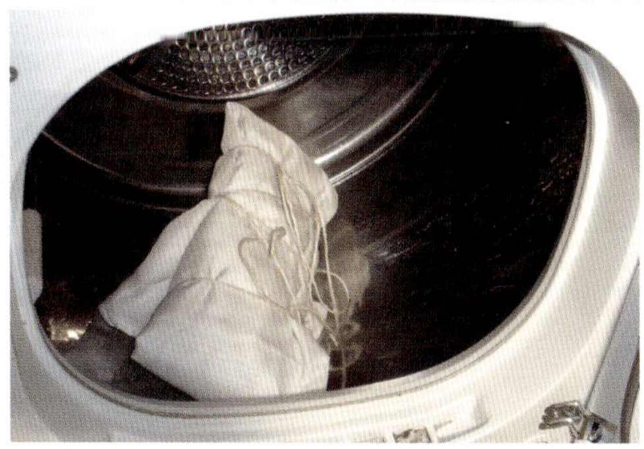

Walken im Wäschetrockner (siehe Seite 118). Die feuchte, gut verpackte Arbeit (von Hand angefilzt) beginnt nach ca. fünf bis acht Minuten zu schrumpfen.

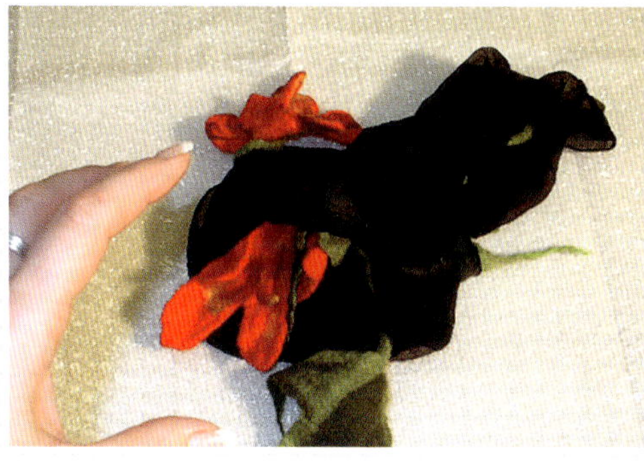

Werfen beschleunigt den Filzprozess. Dafür die Arbeit nach dem Anfilzen mehrfach kräftig auf den Untergrund werfen (20 Mal und mehr, je nach Material und gewünschtem Effekt). Dabei kontrollieren, dass nichts zusammenfilzt.

25 Nunofilz-Techniken

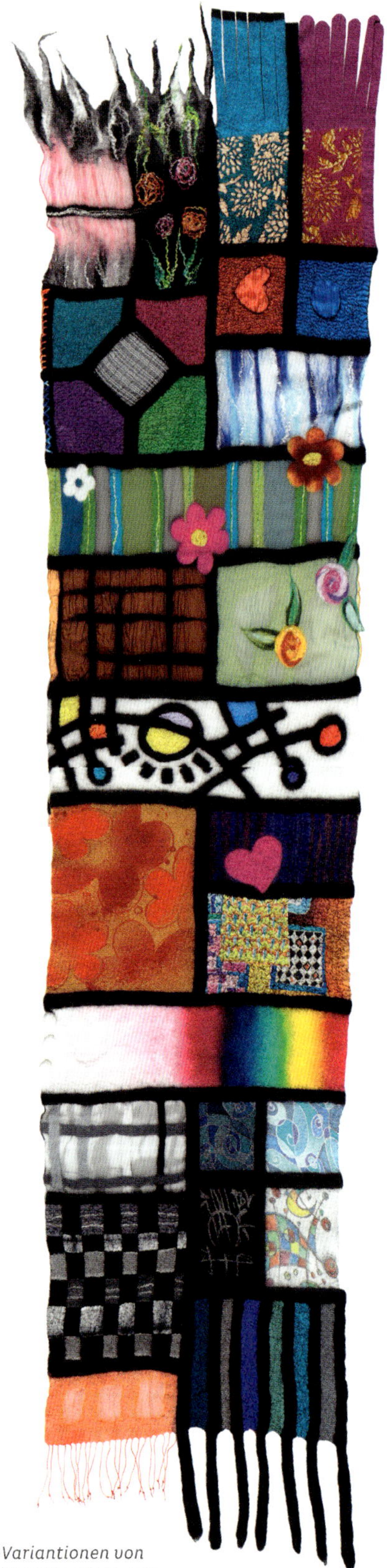

Nunofilz-Variantionen von Claire Metz, www.ideen.com.

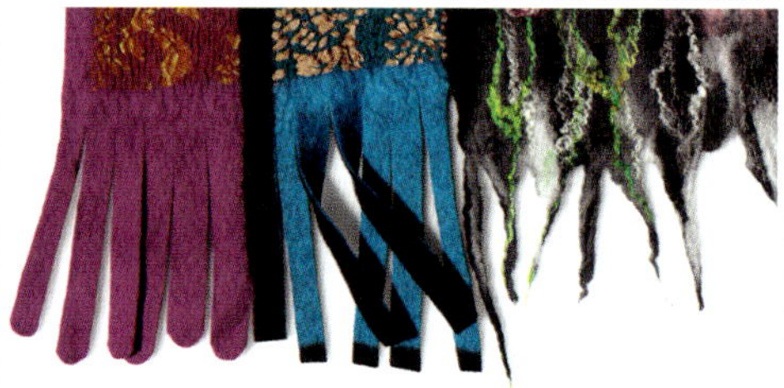

① Fransen filzen

Glatte Fransen entstehen mit Nadelvlies: Das aufzufilzende Stück auf beiden Seiten des Schals entsprechend der Fransenlänge 10–25 cm überstehen lassen und den Schal in der Roll- oder Reibetechnik filzen. Nach dem Auswaschen der Seifenlauge und dem Trocknen die überstehenden Enden mit einer Schere in Form schneiden. Bei der einlagigen Verarbeitung von Nadelvlies werden die Fransen hauchdünn und an manchen Stellen leicht transparent. Kompaktere Fransen entstehen, wenn Sie die überstehenden Vliesstellen vor dem Filzen mit einer zweiten Lage Nadelvlies bedecken.

Zottel-Filz-Fransen gelingen mit ausgezupftem Merino-Kammzug. Besonders große Exemplare sollten einzeln geformt und separat angefilzt werden. Dazu die entsprechende Menge Kammzug mit der Hand zu einer Franse zwirbeln, rollen und drehen, jedoch ein Ende trocken und unverfilzt lassen. Am besten mit der einen Hand die Franse bearbeiten, in der anderen Hand das Ende der feinen Wolle vor der Seifenlauge schützen. Das trockene Ende an das Filzgut anlegen und festfilzen.

Hinweis: Verwenden Sie einen rollierten Schal, empfiehlt es sich, die beiden schmalen Seiten des Rollsaumes knapp abzuschneiden und die Kante mit einem Streifen (bzw. der zweiten Lage) Nadelvlies zu überdecken. Seide und Wolle gehen dadurch beinahe unsichtbar ineinander über. Die langen Seiten des Rollsaumes können als Abschluss des Nunofilzschals integriert werden.

② Dévoré befilzen

Mit Geduld und etwas Übung lassen sich selbst Ausbrennerstoffe mit Nadelvlies befilzen. Dieser Stoff ist zweifarbig gefärbt (in einem großen Topf mit drei bis vier Litern Wasser und zwei verschiedenen Farbstoffen, einer für den Rücken aus Seide, der andere für den Flor aus Viskose). Nach dem Färben den Schal auf das entsprechend zugeschnittene Stück Nadelvlies legen

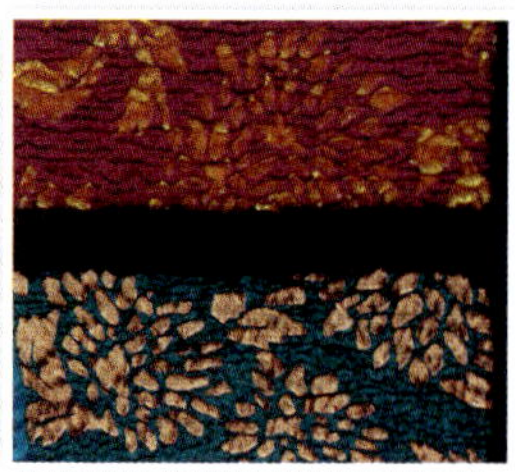

② Dévoré befilzen

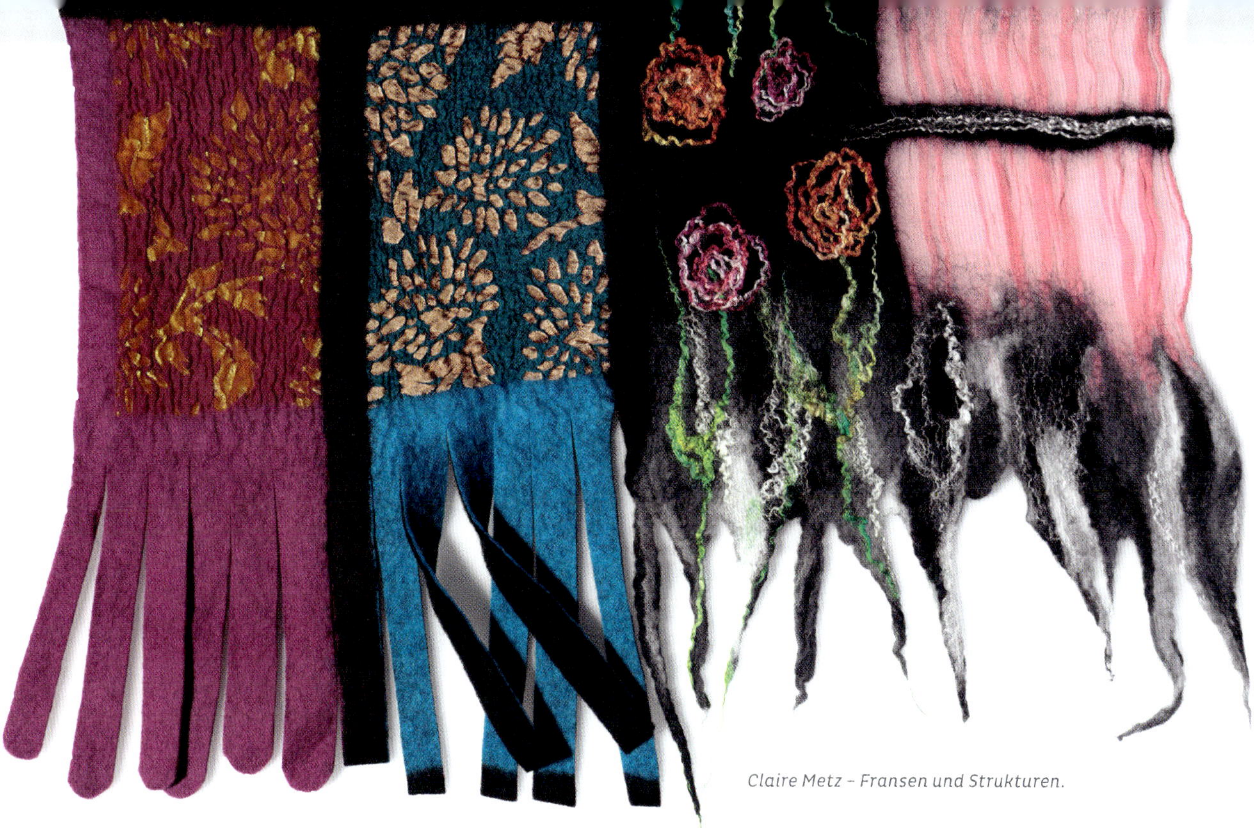

Claire Metz – Fransen und Strukturen.

und filzen. Bei Dévoré, vor allem mit hohem Viskose-Anteil, dauert der Filzprozess deutlich länger als bei hauchfeinem Chiffon. Im Wäschetrockner geht es schneller; Sie sollten aber vorher unbedingt die Ränder und größere transparente Flächen schon von Hand gut festfilzen, damit sich der Samt nicht mehr verschieben kann.

Der Rand fertig rollierter Dévoré-Schals lässt sich manchmal schwer befilzen. Lösen Sie den Rollsaum einfach mit einem Nahttrenner vorsichtig auf, bügeln Sie die Seide glatt und legen Sie einen zusätzlichen schmalen Streifen Nadelvlies von oben auf. Die Merinowolle auf der Unterseite filzt dann sehr schnell durch die Seide, verbindet sich mit dem Streifen und bildet so eine schöne Einfassung für den Schal.

③ „Malen" mit Seidenfasern

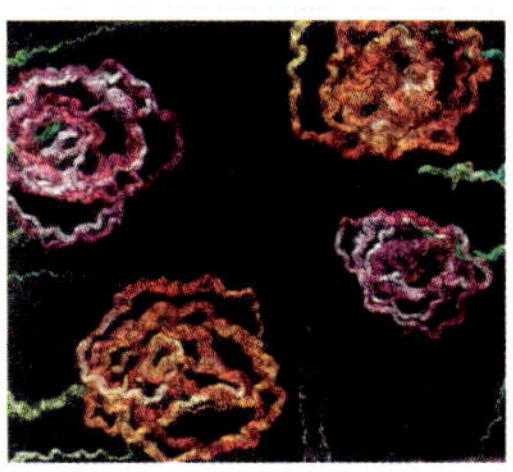

③ *„Malen" mit Seidenfasern*

Zum Einfilzen von schimmernden Glanzeffekten verwenden Sie Kammzug aus superfeiner Maulbeerseide. Damit lassen sich sogar Motive gestalten. Beachten Sie, dass sich die Seidenfäden nur auf Wolle auffilzen lassen, dazu reicht schon eine hauchdünne Lage. Seide auf Seide verbindet sich nicht miteinander. Streifenmuster entstehen, wenn Sie Seidenfasern auf den Wollkammzug auflegen und einarbeiten. Dazu zupfen Sie die Seidenfäden mit trockenen Fingern in feinste Stränge und legen sie in der gewünschten Stärke auf die noch trockene oder schon leicht angefilzte Wollschicht. Beim Filzprozess schrumpft die Wolle zusammen und zieht dabei die Seidenfasern mit; so entstehen die charakteristischen feinen Kräuselungen der Seidenfäden.

Selbst filigrane, edel glänzende Motive lassen sich anfertigen. Stilisierte Rosenblüten sind recht schnell und einfach gelegt und gefilzt. Hier wurden die Seidenfasern vor dem Filzen mehrfarbig in der Mikrowelle eingefärbt (als ganzer Strang, einen Schuss Essig nicht vergessen, es dauert ca. vier Minuten bei 600 Watt). Die Seide nach dem Trocknen in dünne Stränge zupfen, in Form legen und einfilzen. Trocken lassen sich die Seidenfasern deutlich besser auseinanderziehen und formen.

④ Nunofilz-Plissé

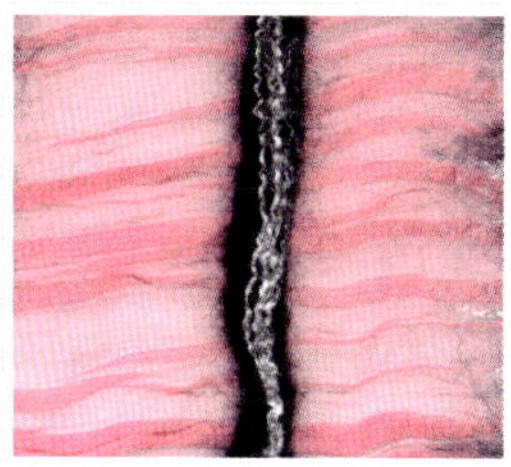

④ *Nunofilz-Plissé*

Dafür einen längs zusammengeschobenen Chiffonschal abschnittsweise mit fein gezupftem Kammzug (einlagig, hauchdünn) belegen. Die Wolle an beiden Enden etwas überstehen lassen und zu Fransen formen. Die Wollfasern durchdringen auch mehrere Lagen Chiffon problemlos und fixieren die Fältelungen dauerhaft.

Nach dem Filzen und Auswaschen der Seifenlauge sowie später nach jeder Wäsche sollte der noch feuchte Schal leicht in Längsrichtung gezogen und mit etwas Druck trocken gebügelt werden, um die Falten zusätzlich zu glätten und eine Plissé-Optik zu erhalten.

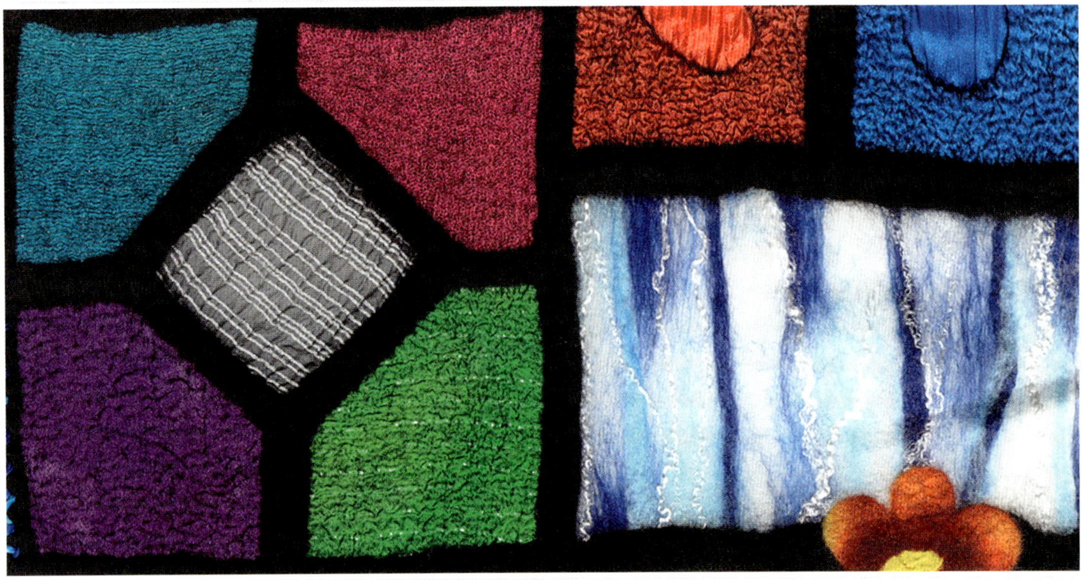

Claire Metz – Material und Wirkung.

⑤ Matt-Glanz-Effekte

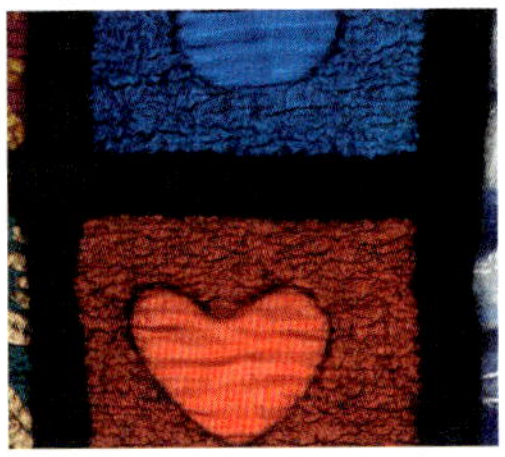

⑤ Matt-Glanz-Effekte

Pongé-Seide kräuselt sich beim Filzen zusammen. Dieser Effekt kommt besonders gut bei ganzflächig aufgefilztem Nadelvlies zur Geltung. Einzelne Aussparungen, z.B. in Form von ausgeschnittenen Motiven, bilden einen ausgefallenen Kontrast zwischen glatter und gefilzter Seidenstruktur. Pongé 05 und 06 filzen am schnellsten, Pongé 08 und Pongé 10 benötigen etwas mehr Geduld.

⑥ Luftig-leichter Nunofilz

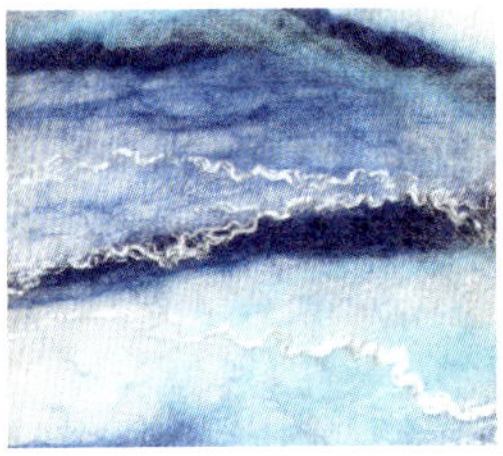

⑥ Luftig-leichter Nunofilz

Für dieses Muster naturweißen Chiffon dünn mit sehr fein ausgezupftem Wollkammzug belegen. Dazwischen einige Stellen komplett frei lassen, so entsteht ein sehr luftiger und leichter Nunofilz. Eine Lage Wolle in nur eine Richtung genügt bei extrafeiner Merinowolle (19,5 Mikron). Sie können die Wolle aber auch kreuzweise auslegen. Beeindruckende Glanzeffekte erzielen Sie mit einzelnen eingefilzten Seidensträngen. Maulbeerseide legt sich beim Filzen von ganz alleine in die typischen, dekorativen Wellenlinien.

⑦ Seidenvariationen

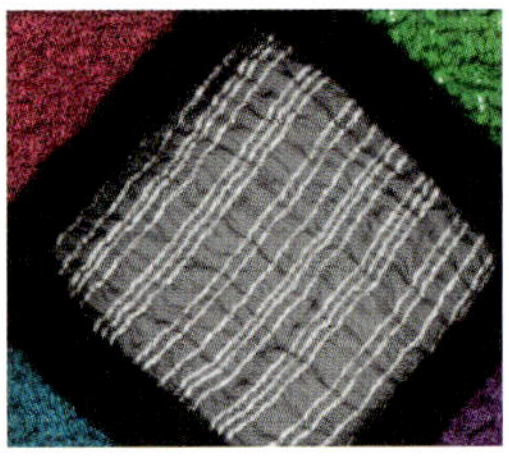

⑦ Seidenvariationen

Wie unterschiedlich die Oberflächen von Nunofilz bei der Kombination von eher ungewöhnlichen Seidenstoffen mit Nadelvlies sein können, zeigt dieses Beispiel. Es handelt sich um Dobby Etamine 12 mit beinahe metallischem Glanz, Crinkle Chiffon 05 Lurex, Chiffon 06 Silver und zweifarbig gefärbten Chiffon 16,5 Triple (Färbetipps siehe „Dévoré“).

⑧ Patchwork

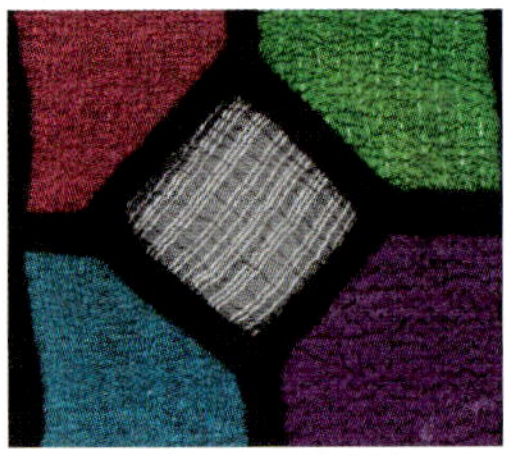

⑧ Patchwork

Dieses Beispiel ist eine Variante des Streifenmusters auf Seite 134. Allerdings werden hier auf ein flach liegendes Stück Nadelvlies die Seidenstoffe in Form von Quadraten verschiedener Größe aufgefilzt. So lassen sich die vielen kleinen Seidenreste sinnvoll verwenden, die sich mit der Zeit ansammeln. Die einzelnen Stücke können zur Sicherheit vor dem Bearbeiten aneinandergenäht oder -geheftet werden, dann verschieben sie sich beim Filzen nicht mehr. Mit dieser Technik lassen sich vielfältige geometrische Muster konstruieren. Besonders interessant wirken Designs mit durchbrochenen Mustern. Dafür einfach an der gewünschten Stelle vor dem Filzen ein entsprechendes Loch in die untere Lage Vlies schneiden und diese Schnittkanten von oben mit den bei Streifenmuster (Seite 134) beschriebenen schmalen Streifen belegen. Die Seide liegt also zwischen beiden Lagen Vlies und sollte an allen Seiten mindestens 1,5–2 cm größer sein als das ausgeschnittene Loch, um die Kanten stabil festfilzen zu können. Hier ist sorgfältiges und vorsichtiges Anfilzen besonders wichtig. Für ein Rautenmuster die Quadrate einfach um 45° drehen (vorher gerade Hilfslinien mit Kreide auf das Vlies aufmalen).

Claire Metz – Streifen und Motive.

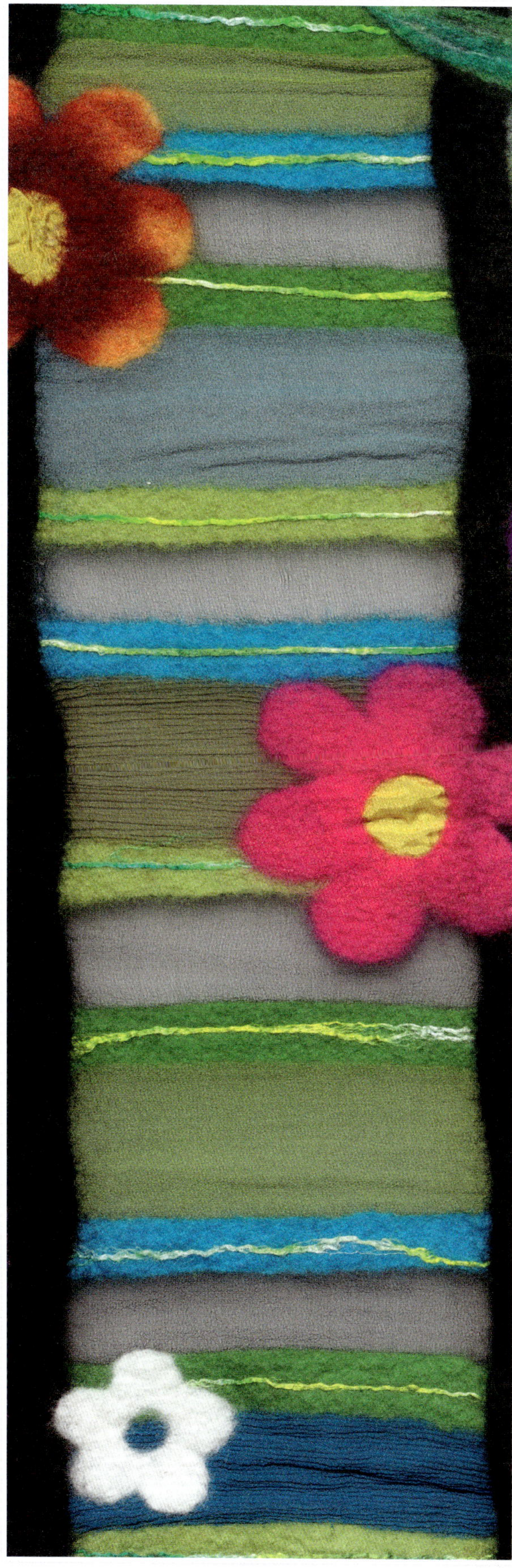

⑨ Dekorative Abschlüsse

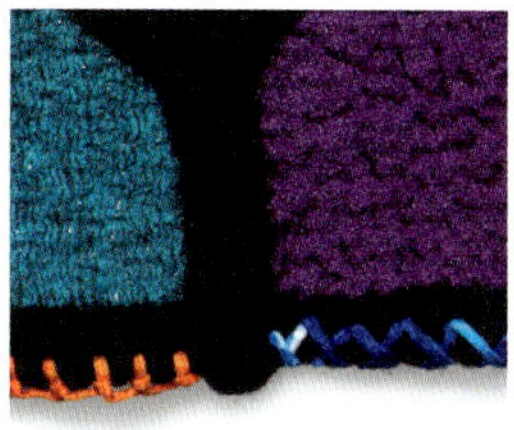

⑨ *Dekorative Abschlüsse*

An Säumen und Kanten von Schals und Bekleidungsstücken lassen sich mit handrollierten Seidenschnüren aus Pongé 05 in einfachen Stichen sehr dekorative Abschlüsse erzielen. Sogar ganze Motive oder Bilder, beispielsweise florale Muster, können aufgestickt werden. Die Schnüre lassen sich vor dem Sticken problemlos einfärben: Entweder gleichmäßig oder batikartig abgebunden im Kochtopf mit Seidenmal- oder Batikfarbe köcheln oder mit dampffixierbarer Seidenmalfarbe bemalen und noch feucht in der Mikrowelle bzw. trocken mit Dampf fixieren.

⑩ Nadelvlies-Motive

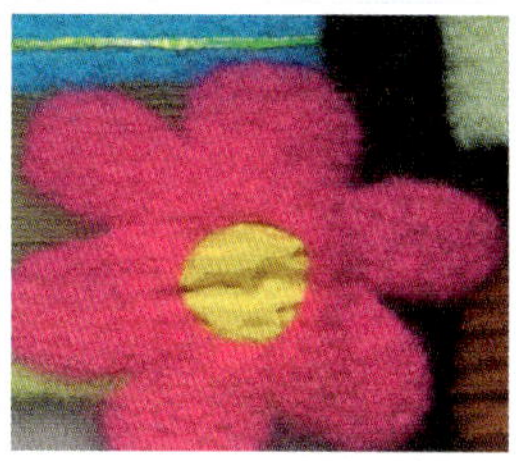

⑩ *Nadelvlies-Motive*

Sehr dekorativ sind aus Nadelvlies gestanzte Pads, die Sie in Naturweiß und farblich sortiert im Fachhandel erhalten. Die Pads lassen sich mühelos in wenigen Minuten auffilzen, auch von Kindern. Am einfachsten und schnellsten funktioniert das Filzen mit nur wenig Wasser auf feinem Chiffon. Mit verschiedenen Motiven in bunten Farben lassen sich Bilder zusammenstellen oder lebhafte Blumenwiesen-Schals filzen. Sie können die Pads vor dem Filzen mit Dampffixierfarben in der Mikrowelle färben (ca. zwei bis drei Minuten bei 600 W). Sie lassen sich aber auch nach dem Filzen mit Seidenmalfarbe beliebig bemalen, besprühen oder bedrucken. Auch eine Färbung des fertigen Schals in köchelnder Seidenmalfarbe im Kochtopf ist möglich.

Hinweis: Sie können Motive auch nur teilweise auffilzen, um die plastische Wirkung zu erhöhen. Decken Sie in dem Fall die Stellen, die nicht festgefilzt werden sollen, mit Klarsichtfolie ab.

⑪ Woll-Stoff-Streifen

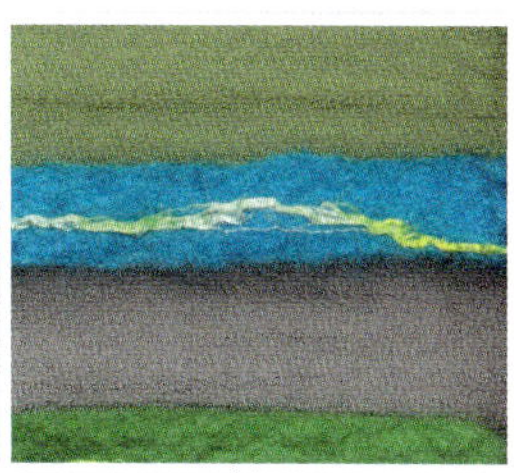

⑪ *Woll-Stoff-Streifen*

Für eine sommerlich leichte Nunofilz-Kreation einen dunklen Chiffon-Schal mit Querstreifen aus Chiffon in dazu passenden hellen Farben belegen. Die Ränder der aufgelegten Stücke werden mit schmalen Streifen aus Nadelvlies überdeckt und durch das Filzen unsichtbar festgehalten. Durch die Überlagerung von zwei Lagen transparentem Chiffon entstehen schillernde Changeant-Effekte. Eingefilzte Fäden aus gefärbter Maulbeerseide sorgen für Glanzlichter und unterstreichen die Streifenoptik. Auch für Vorhänge und Gardinen eine schöne Idee!

⑫ Filzrosen auf Chiffon

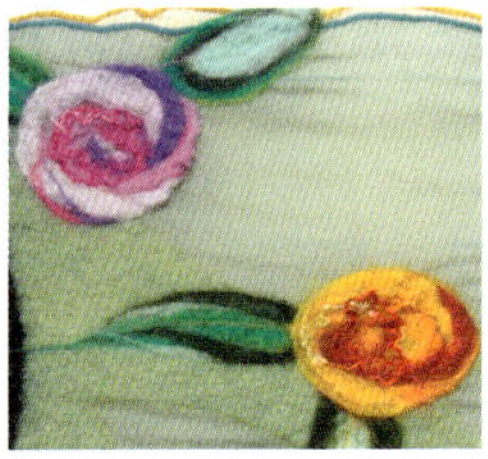

⑫ *Filzrosen auf Chiffon*

In wenigen Arbeitsschritten entstehen stilisierte Filzrosen auf Chiffon. Verwenden Sie möglichst dünne, verschiedenfarbige Stränge des Wollkammzugs, ca. 20 bis 25 cm lang. Diese drehen Sie zuerst leicht um die eigene Achse und danach zu einer flachen Rose. Dabei die Wolle nicht zu stark verzwirbeln, sonst filzt die Blüte nur mit sich selbst, aber nicht mit dem Untergrund zusammen. Die Blätter entstehen aus ca. 10 cm langen gezupften Wollsträngen in verschiedenen Grüntönen, die zur Hälfte zusammengefaltet und vor dem Filzen leicht unter die Blüten gelegt werden. Für beeindruckende Glanzeffekte in der eher matten Wolloberfläche sorgen eingefärbte oder naturweiße Seidenfäden. Filzen Sie die Blüten einzeln und anfangs erst vorsichtig unter einer dünnen Folie an, damit sich vor allem die Blattspitzen nicht verschieben können. Haben die Fasern begonnen, sich mit dem Chiffon zu verbinden, können Sie den Druck erhöhen und die Stelle auch von der Rückseite bearbeiten.

⑬ Sandwich-Technik

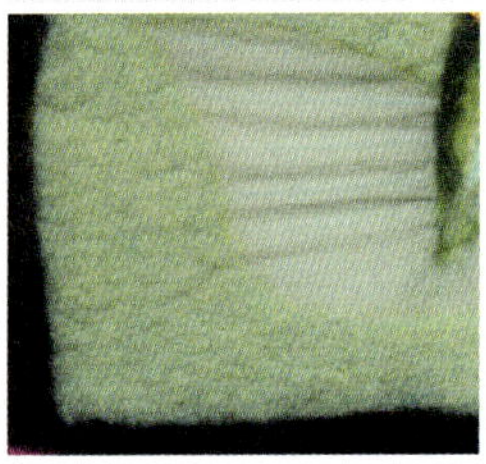

⑬ *Sandwich-Technik*

Eine Lage Nadelvlies wird zwischen zwei genau übereinanderliegenden Chiffonschals gefilzt. Dies ist besonders effektvoll, wenn das Vlies deutlich schmaler ist als die Chiffonschals und die Rollsäume der Schals dekorativ überstehen. Sehr eindrucksvoll wirken zusätzlich aus dem Nadelvlies geschnittene Motive. An diesen Stellen bilden die beiden Lagen Chiffon bei geschickter Farbauswahl einen zauberhaften transparenten Changeant. Für Fransen lassen Sie das Nadelvlies an den Enden überstehen und schneiden das Stück nach dem Filzen in die gewünschte Form.

⑭ Plissé-Effekt

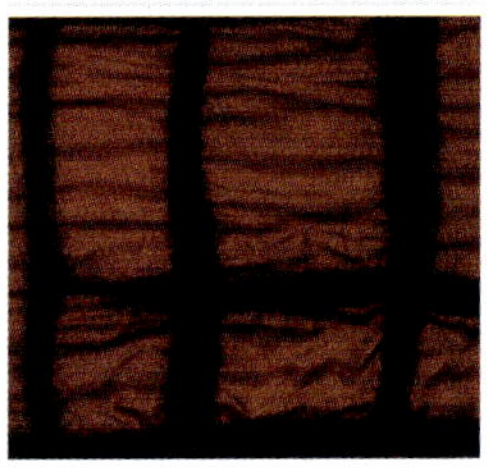

⑭ *Plissé-Effekt*

Bei dieser Technik werden zwei gleich große, fertig rollierte Seidenschals durch feine Kammzugstränge miteinander verbunden. Bei geschickter Farbauswahl entsteht eine wunderbar changierende Optik. Helle Pongé-Seide und dunkler Chiffon eignen sich besonders gut. Den Pongé-Schal flach auf Luftpolsterfolie auflegen. Feine Stränge aus Wollkammzug in der gewünschten Länge und Dicke gitterförmig auf den Stoff legen, dabei ruhig einige Enden ein paar Zentimeter über den Schal hinausragen lassen, so entstehen später kleine dekorative Fransen. Damit die in Form gelegte Merinowolle nicht verrutscht, besprenkeln Sie sie am besten schon vor dem Auflegen des Chiffonschals leicht mit Seifenwasser. Dann den Chiffonschal vorsichtig an den mit Wolle belegten Stellen mit den Fingern anfilzen. Die feinen Wollfasern verbinden sich sehr schnell mit dem Chiffon. Sobald die obere Lage sich verfestigt hat, können Sie den Schal kräftiger rollen und walken, denn die Pongé-Seide benötigt etwas mehr Druck und Bewegung.

⑮ Bilder malen

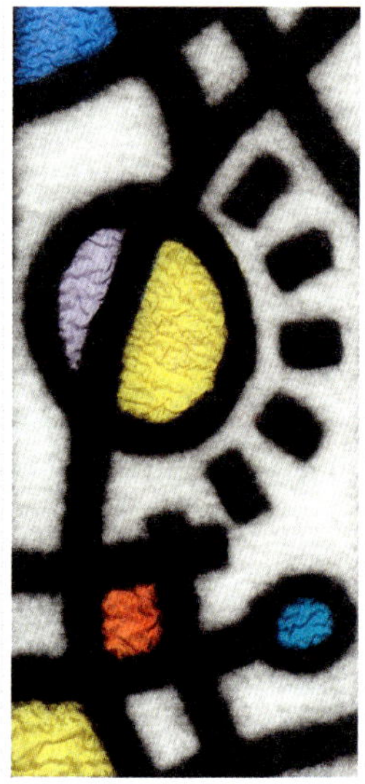

⑮ *Bilder malen*

Mit ein wenig Geduld und Fingerspitzengefühl lassen sich Bilder aus Nadelvlies malen. Hierfür bieten sich einfache geometrische Motive oder Muster an. Sie brauchen einige 1 bis 3 cm breite und beliebig lange Streifen aus schwarzem Nadelvlies. Je schmaler diese sind, umso feiner werden die gefilzten Linien. Viel schmaler als 1 cm sollten sie aus Stabilitätsgründen jedoch nicht sein. Das Motiv aus schwarzen Streifen dann von Hand auf ein weißes Nadelvlies auflegen, welches auf einem Trägermaterial, z. B. weißem Chiffon, aufliegt. Die leuchtend bunten Flächen können auf zwei verschiedene Arten hergestellt werden: entweder mit kleinen Stücken von farbigem Nadelvlies oder mit verschiedenen Resten farbiger Seidenstoffe. Optimal eignet sich leichte Pongé-Seide oder Chiffon. Schneiden Sie die einzelnen Stücke etwas größer als den jeweils sichtbaren Ausschnitt zu, damit die Ränder später beim Filzen von den schwarzen Streifen gut festgehalten werden. Dabei darauf achten, dass die schwarzen Streifen die farbigen Stellen komplett bedecken. Filzen Sie zuerst mit den Fingern vorsichtig an den Streifen entlang; diese verbinden sich recht schnell mit dem Vlies-Untergrund. Später mit etwas mehr Druck filzen, die Stellen mit aufgelegter Seide benötigen etwas mehr Bearbeitung. Sobald die Pongé beginnt, sich leicht zu kräuseln, ist das Werk fertig. Nach dem Auswaschen der Seifenlauge empfiehlt sich ein Spülgang in Essigwasser, um die Seide wieder zum Leuchten zu bringen.

⑯ Changierender Plissé-Effekt

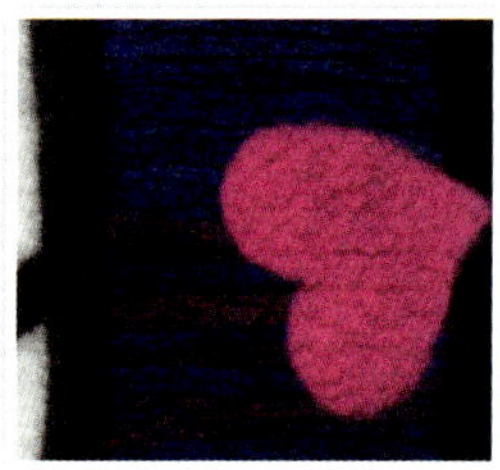

⑯ *Changierender Plissé-Effekt*

Einen sehr ansprechenden changierenden Plissé-Effekt erzielen Sie, indem Sie eine Lage Nadelvlies flach auf eine Filzunterlage legen und darauf in Längsfalten einen hellen Chiffon drapieren. Am besten die Seide vorher anfeuchten, dann bleiben die kleinen Fältchen in der gewünschten Form liegen. Darüber noch eine zweite Lage Chiffon legen, diesmal in einem sehr dunklen Farbton. Alles zusammen nur so lange filzen, bis die oberste Lage Chiffon mitsamt den Falten gut festhält. Filzen Sie länger, überdecken die durchdringenden Wollfasern die Seide so stark, dass der zweifarbige Changeant-Effekt verloren gehen kann.

(17) Muster aufsprühen

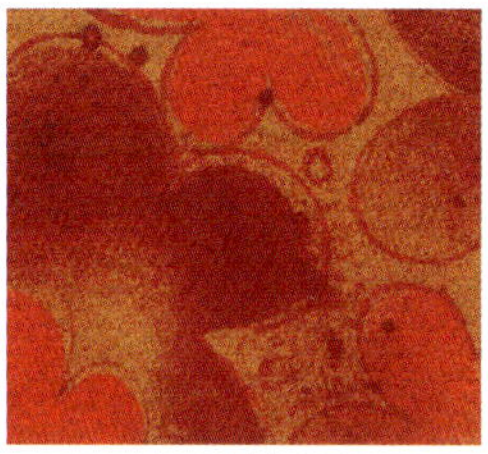

(17) *Muster aufsprühen*

Muster lassen sich mit einer speziell für die Textilkunst entwickelten Sprühflasche herstellen („Funpump"). Durch Pumpen mit der Kappe erzeugen Sie Druck: Hoher Druck bringt einen feinen Sprühnebel, geringerer Druck lässt gröbere Tupfen entstehen. Achten Sie darauf, dass der besprühte Stoff nicht zu feucht wird. Mit einem Haartrockner lassen sich besprühte Bereiche zwischendurch rasch trocknen. Im Beispiel wurde gelber Chiffon ganzflächig gleichmäßig mit rotem Nadelvlies befilzt. Nach dem Auswaschen der Seifenlauge und Trockenbügeln wurde mithilfe von verschiedenen Schablonen, der Sprühflasche und bügelfixierbarer Seidenmalfarbe ein lebhaftes Blumenmotiv aufgesprüht.

(18) Mit Gutta gestalten

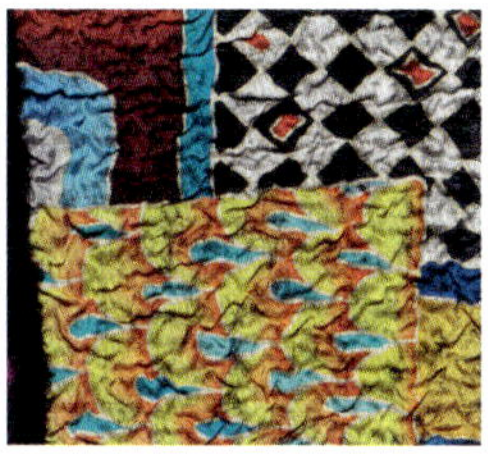

(18) *Mit Gutta gestalten*

Bei diesem Muster wurde ein bemalter Schal mit dezent schimmernden Linien aus Goldgutta und Nadelvlies verfilzt. Für das gleichmäßige Filzen von Pongé 08 wird etwas mehr Geduld und Erfahrung benötigt als für sehr dünne und leichte Seidengewebe wie Chiffon und Pongé 05. Die Pongé kräuselt sich durch das Zusammenziehen der Wolle in Längs- und Querrichtung. Dadurch entsteht eine neue, interessante Oberflächenstruktur. Den Seidenschal straff spannen (auf Seidenspannrahmen oder mithilfe von Fixierspray auf einer abwaschbaren Unterlage). Das Muster mit Gutta malen und nach dem Trocknen fixieren. Dann das Tuch ganzflächig auffilzen.

(19) Farbverlauf

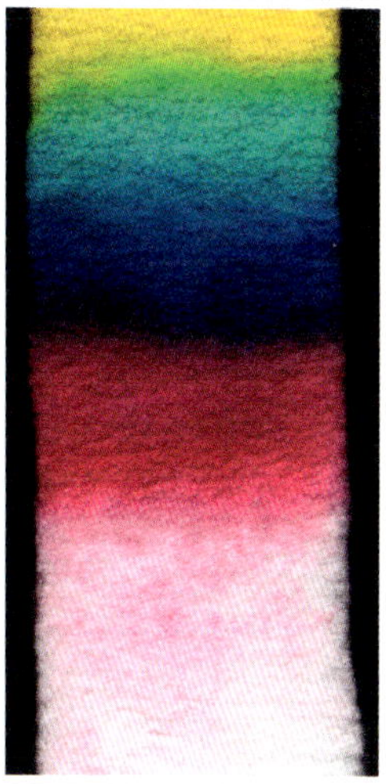

(19) *Farbverlauf*

Hier wurde Nadelvlies aus 70 Prozent superfeiner Merinowolle und 30 Prozent Maulbeerseide mit dampffixierbarer Seidenmalfarbe gefärbt. Diese färbt alle tierischen Fasern, also sowohl Wolle als auch Seide. Das Nadelvlies entweder im nassen oder trockenen Zustand mit der Sprühflasche („Funpump") besprühen, mit einem Pinsel bemalen, mit Stempeln bedrucken oder im Kochtopf einfärben. Sind die Werke noch feucht, können Sie diese zwischen Folie einrollen und in der Mikrowelle fixieren, oder Sie fixieren den Filz nach dem Bemalen und Trocknen mit Dampf.

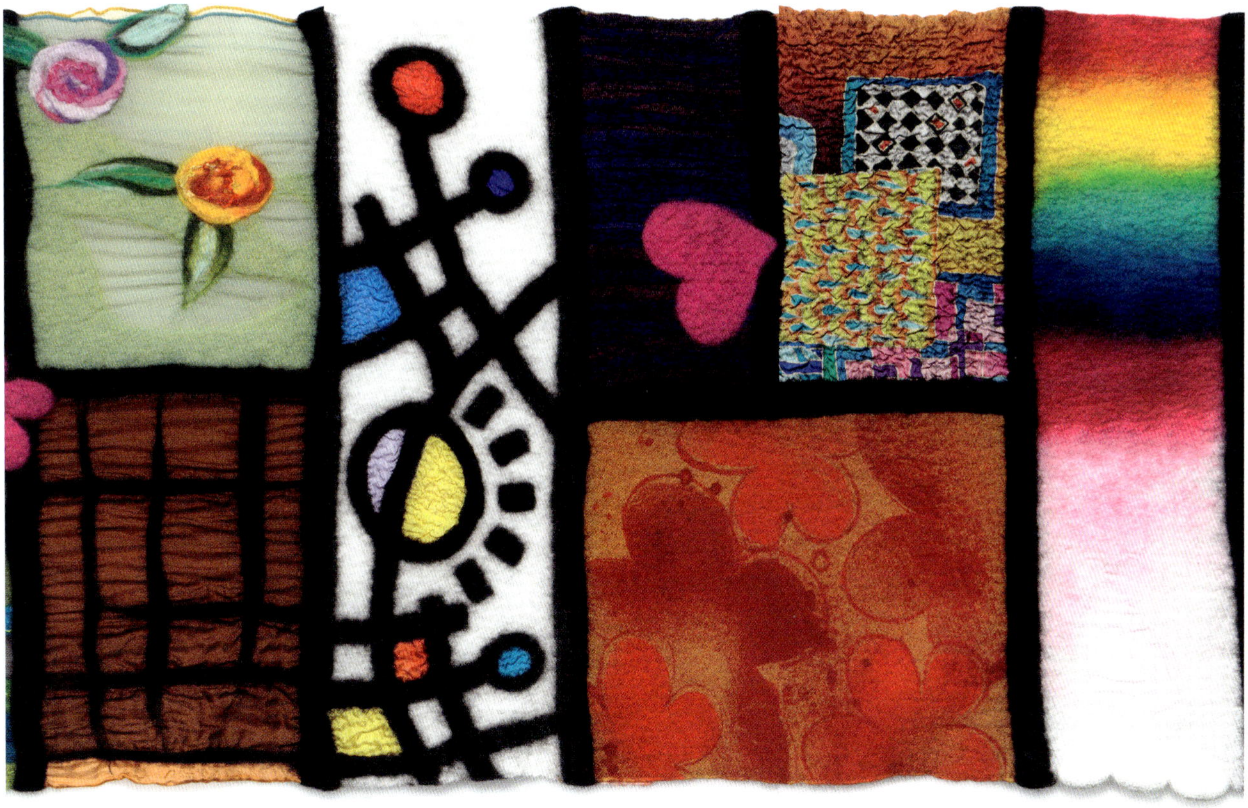

Claire Metz – Spiel mit Form, Struktur und Farbe.

⑳ Farbwirkung

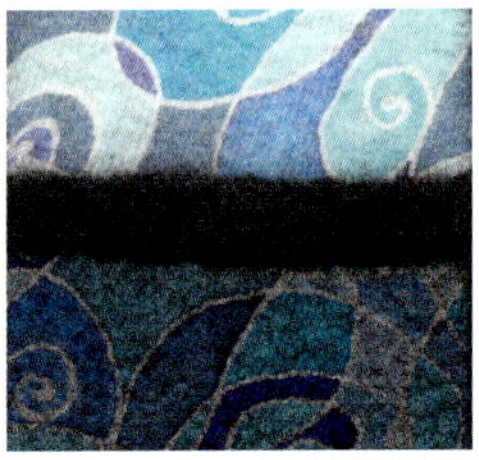

⑳ Farbwirkung

Die Farbe des Untergrundes hat direkten Einfluss auf die Farbwirkung. Die Farben des vorher bemalten Seidenchiffons leuchten auf schwarzem Nadelvlies intensiv, wirken kontrastreich und leuchtend. Auf weißem Nadelvlies erscheinen die gleichen Farbtöne gedeckt und dezenter.

㉑ Shibori-Färbung

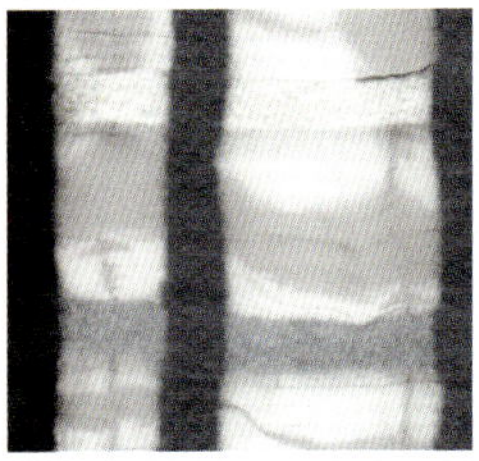

㉑ Shibori-Färbung

Das Grundmaterial ist ein Schal aus Organza 2,8, der in einer traditionellen Shibori-Technik gefärbt wurde: Den Schal zur Hälfte zusammenlegen und wie eine Ziehharmonika in Querrichtung zu einem 6 cm breiten Streifen zusammenfalten. Diesen wiederum zusammenfalten, bis ein ca. 6 cm x 6 cm großes Stück entsteht. Je exakter die Lagen übereinanderliegen, umso sauberer wird später das quadratische Muster. Ein Bügeleisen leistet beim Zusammenfalten gute Dienste.

Das kleine Päckchen nun flach zwischen zwei Brettchen oder flache Steine legen und so fest wie möglich zusammenschnüren. Dieses Sandwich in Wasser mit schwarzer dampffixierbarer Seidenmalfarbe so lange leicht köcheln, bis die Seide die gewünschte Farbintensität angenommen hat. Bei besonders straffer Wickelung dringt kein Farbstoff ins Innere und die Quadrate bleiben innen weiß, während die Kanten tiefschwarz werden.

Nach dem Färben unterschiedlich schmale Streifen aus Nadelvlies in Schwarz-, Weiß- und Grautönen kreuzweise auflegen und vorsichtig mit den Fingern festfilzen. In Kombination mit dem gefärbten Untergrund entsteht ein reizvoller, dreidimensionaler Matrix-Effekt.

㉒ Druckgrafik

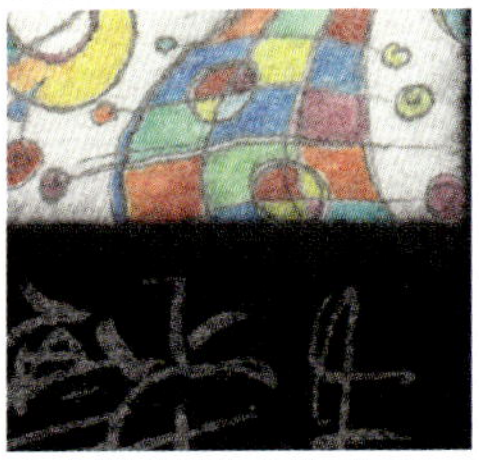

㉒ Druckgrafik

Eine Optik „wie gedruckt" entsteht durch die Verbindung von Nadelvlies und einem zuvor bemalten Chiffon oder Georgette. Die feinen Krepp-Gewebe erzeugen eine sehr glatte Oberfläche und verschwinden je nach Filzdauer fast vollständig in der Merinowolle, nur die Bemalung bleibt noch sichtbar. Besonders eindrucksvoll ist ein dunkles Motiv auf weißem Seidengrund in Verbindung mit weißem Nadelvlies oder die umgedrehte Variante: ein helles Motiv mit schwarzem Hintergrund auf schwarzem Vlies. Für das weiße Motiv wurde die Seide mit Aquarellgrund präpariert, das schwarze ist in der Wachstechnik entstanden.

㉓ Leinwandbindung

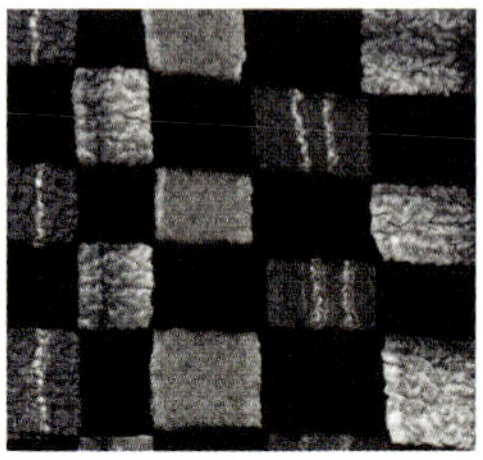

㉓ Leinwandbindung

Inspiriert von der einfachsten und ältesten Webebindung. Dazu liegen Längsstreifen aus Nadelvlies in der kompletten fertigen Länge eng nebeneinander (die Kettstreifen). Mit verschiedenen Seidenstoffen (oder Nadelvlies) wird nun Reihe um Reihe eine Art Schachbrettmuster gelegt bzw. gewebt. Das ist der sogenannte Schuss; immer abwechselnd geht es über und unter die Kettstreifen.

Bei einem Schal beginnen Sie am besten in der Mitte und arbeiten sich jeweils zu den Enden durch, das erleichtert das Durchfädeln. Ist das gewünschte Muster fertig gelegt, ebenfalls von der Mitte aus den zu filzenden Abschnitt mit warmer Seifenlauge besprenkeln und eine Reihe nach der anderen festfilzen.

Dieses Motiv eignet sich außerdem bestens für das bequeme Filzen in der → Waschmaschine oder im → Wäschetrockner. Meist wird bei dieser Technik der fertige Schal etwas größer als ursprünglich geplant. Um das zu verhindern und die Form zu behalten, empfiehlt es sich, das Leinwandmuster auf eine Lage Chiffon aufzufilzen.

㉔ Streifenmuster

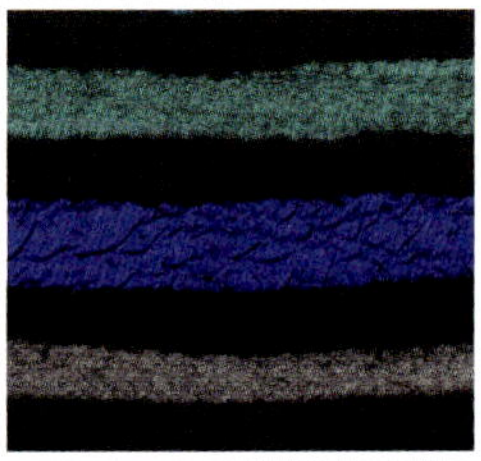

㉔ Streifenmuster

Seide in verschiedenen Farben und unterschiedlichen Qualitäten, bevorzugt Chiffon, Crinkle-Chiffon und leichte Pongé, längs in 4 –8 cm breite Streifen reißen oder schneiden und aneinandernähen. Die Naht muss nicht schön sein, sie soll nur halten und möglichst schmal sein. Crinkle-Stoffe ziehen sich bei Wasserkontakt und später beim Filzen in der Breite zusammen, deshalb diese etwa doppelt so breit wie die gewünschte Endgröße zuschneiden. Legen Sie das zugeschnittene Stück Nadelvlies flach auf Luftpolsterfolie und belegen Sie es mit dem angefeuchteten Streifen-Patchwork. Das Ganze nun leicht anfilzen und, wenn sich nichts mehr verschiebt, schmale Streifen aus Nadelvlies auf die Nähte auflegen. Diese lassen sich sehr leicht und schnell mit den Fingern festfilzen und bedecken die Nähte vollständig. Je schmaler diese Streifen sind, umso mehr bleibt hinterher von den Seidenstoffen sichtbar.

Der Schal wird ohne Fransen gefilzt, erst kurz vor Filzende werden sie nachträglich angebracht; dazu weitere Streifen der gleichen Breite aus Nadelvlies zuschneiden und auf eine Länge von 10 –20 cm auseinanderzupfen. Werden sie gezupft und nicht geschnitten, bilden sich beim Filzen die dekorativen abgerundeten Enden von ganz allein. Nun eine Reihe der Fransen anlegen und 2 bis 3 cm unter den Schal schieben. Von oben eine zweite Lage, ebenfalls überlappend, auflegen und Franse für Franse festfilzen. Besonders schön sieht es aus, wenn für die untere Lage Nadelvlies und die Unterseite der Fransen eine andere Farbe als für die obere Streifenreihe verwendet wird.

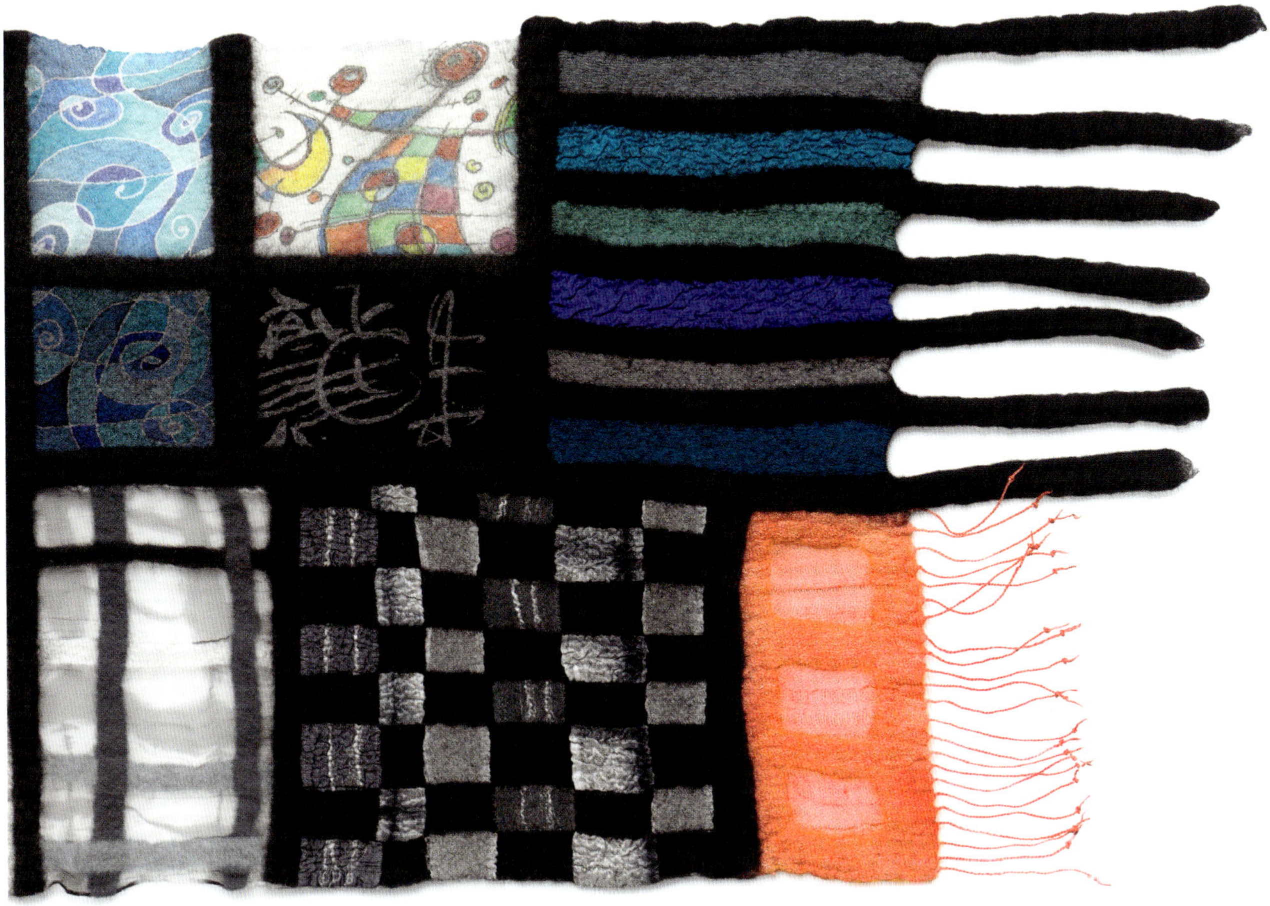

Claire Metz –Farben und Stoffe.

㉕ Leinen befilzen

Einzelne ausgesparte Flächen verdeutlichen den Unterschied zwischen glatter ursprünglicher Leinenoptik und verfilzter Oberfläche. Bei der Verwendung eines solchen Schals bietet es sich an, die Fransen gestalterisch einzubeziehen, solche ungewöhnlichen Kombinationen wirken besonders spannend.

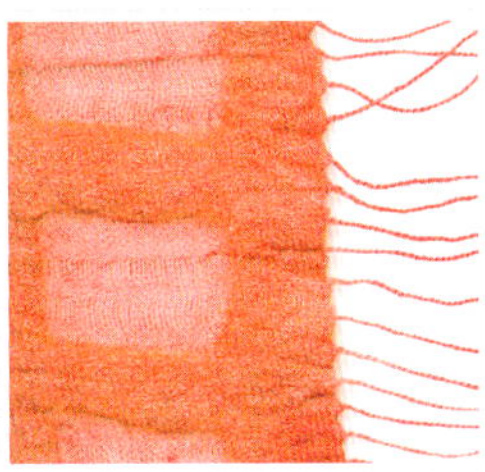

㉕ Leinen befilzen

Hinweis: Das für alle Muster des Schals verwendete Nadelvlies ist eine Woll-Seiden-Mischung aus 70 Prozent sehr feiner Merinowolle (19,5 Mikron) und 30 Prozent Maulbeerseide.

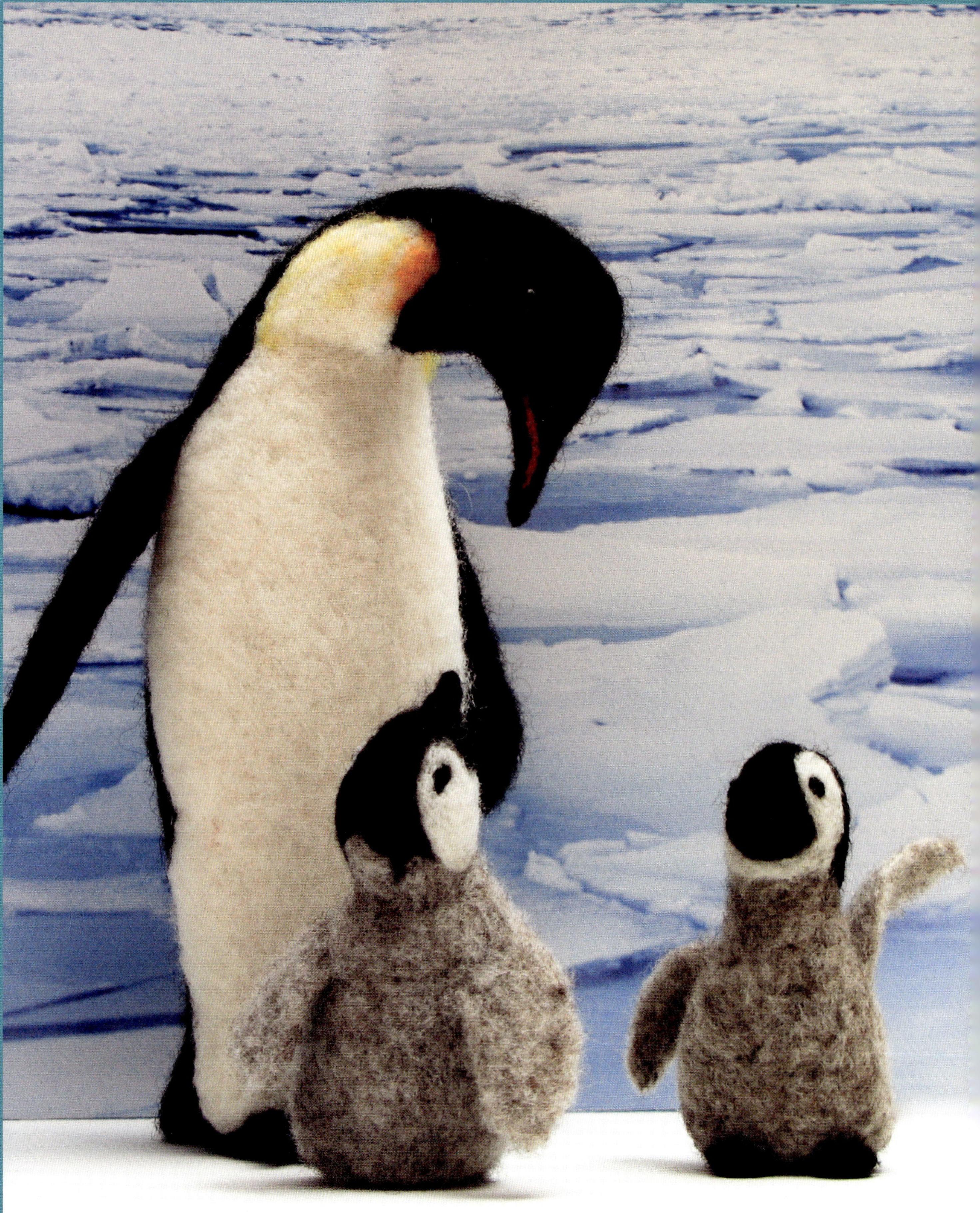

Andrea Rudolf – Kaiserpinguine
Trockenfilzen mit der Nadel, originalgetreue Nachbildung von Tieren.

Trockenfilzen

Das Trockenfilzen, auch Filzen mit der Nadel genannt, ist ein einfach zu erlernendes Hobby. Der Filz entsteht durch häufiges Einstechen der Nadel in den Wollbausch. Mit etwas handwerklichem Geschick können in dieser Technik bereits nach kurzer Zeit kleine Kunstwerke geschaffen werden – an jedem Ort, an dem Sie möchten, denn das Material wird trocken verarbeitet und es wird nur wenig Platz benötigt.

Anders als beim Nassfilzen werden die Fasern bei dieser Technik mechanisch miteinander verbunden, nämlich durch wiederholtes Stechen mit einer Filznadel in das Wollvlies. Mit der Zeit verschlingen sich die Fasern immer mehr ineinander und der Filz entsteht.

Beim Nadelfilzen lässt sich die Form, anders als beim Nassfilzen, während des gesamten Filzprozesses verändern, indem Partien häufiger bearbeitet oder Wolle hinzugefügt wird.

Nadelfilze lassen sich aus allen biegeweichen natürlichen und synthetischen Fasern herstellen. Das Augenmerk in diesem Buch liegt aber auf der Herstellung von genadelten Filzobjekten aus Schafwolle. Dabei werden ganz verschiedene Techniken zum Arbeiten mit der Nadel gezeigt: Vom freien Arbeiten über das Filzen mit Schablonen bis hin zu Filzapplikationen ist alles dabei.

Filzen mit der Nadel

Die Dichte von nassgefilzten, gewalkten Wollfilzen erreichen Nadelfilze zwar nicht ganz und es dauert etwas länger, die Gegenstände richtig fest und haltbar zu machen, als wenn man sie nass filzt, dafür lassen sich mit der Nadel detailreiche Figuren aufbauen und exakt Grenzen zwischen Farben ziehen.

Mit der Nadel lassen sich Muster und Formen sehr genau arbeiten: Sie können kleine Figuren anfertigen, Muster und Bilder auf fertigen Filz applizieren, Dekorationen für alle Jahreszeiten gestalten und vieles mehr. Das Erlernen der Technik ist ganz einfach, vieles gelingt intuitiv.

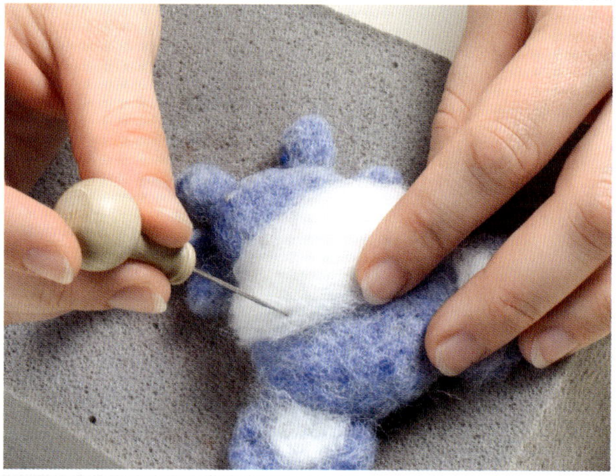

Wie Wolle beim Nadeln verfilzt

Beim Trockenfilzen verbindet sich die Wolle durch das Einstechen mit der Nadel. Mit jedem Stich werden Wollfasern von der Oberfläche ins Innere geführt. Dabei verdichtet sich die Figur allmählich. Je länger man fortfährt, desto kleiner und fester wird sie, da die Wolle schrumpft (um etwa 40 Prozent).

Die Form der Nadelspitze ist verantwortlich für den Verfilzungsprozess. An ihrer Spitze sind offene Kerben angeordnet, vergleichbar mit Widerhaken einer Harpune.

Beim Nadeln verfangen sich in den Kerben Fasern und werden ins Vliesinnere gezogen. Beim Herausziehen verbleiben diese Fasern in der Tiefe zurück. Dieser Vorgang wiederholt sich ständig, dabei verformen sich die Fasern, bilden Schlingen und Bögen, in die neue Fasern hineingeschoben werden. Durch unterschiedlich tiefes Einstechen verbleiben die Faserenden oder -schlingen auf unterschiedlichen Ebenen. Das Material wird in sich „verfilzt". Je häufiger eingestochen wird, desto mehr verschlingen sich die Fasern miteinander und desto fester wird der Filz.

Abhängig von der Faserart, der Nadelstärke, der Kerbenanordnung und -anzahl und der Dauer des Nadelns entstehen Filzflächen unterschiedlicher Dichte und Stärke.

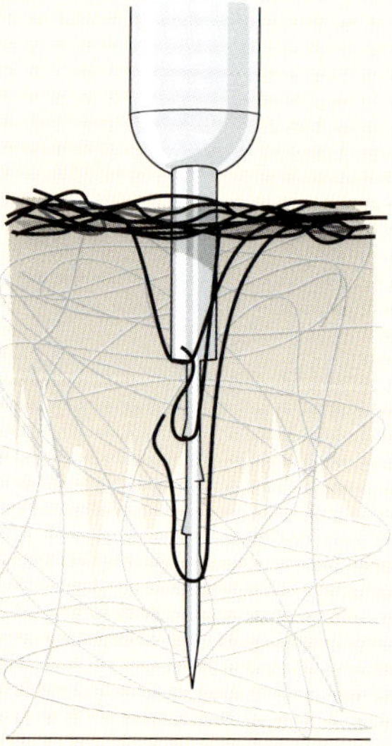

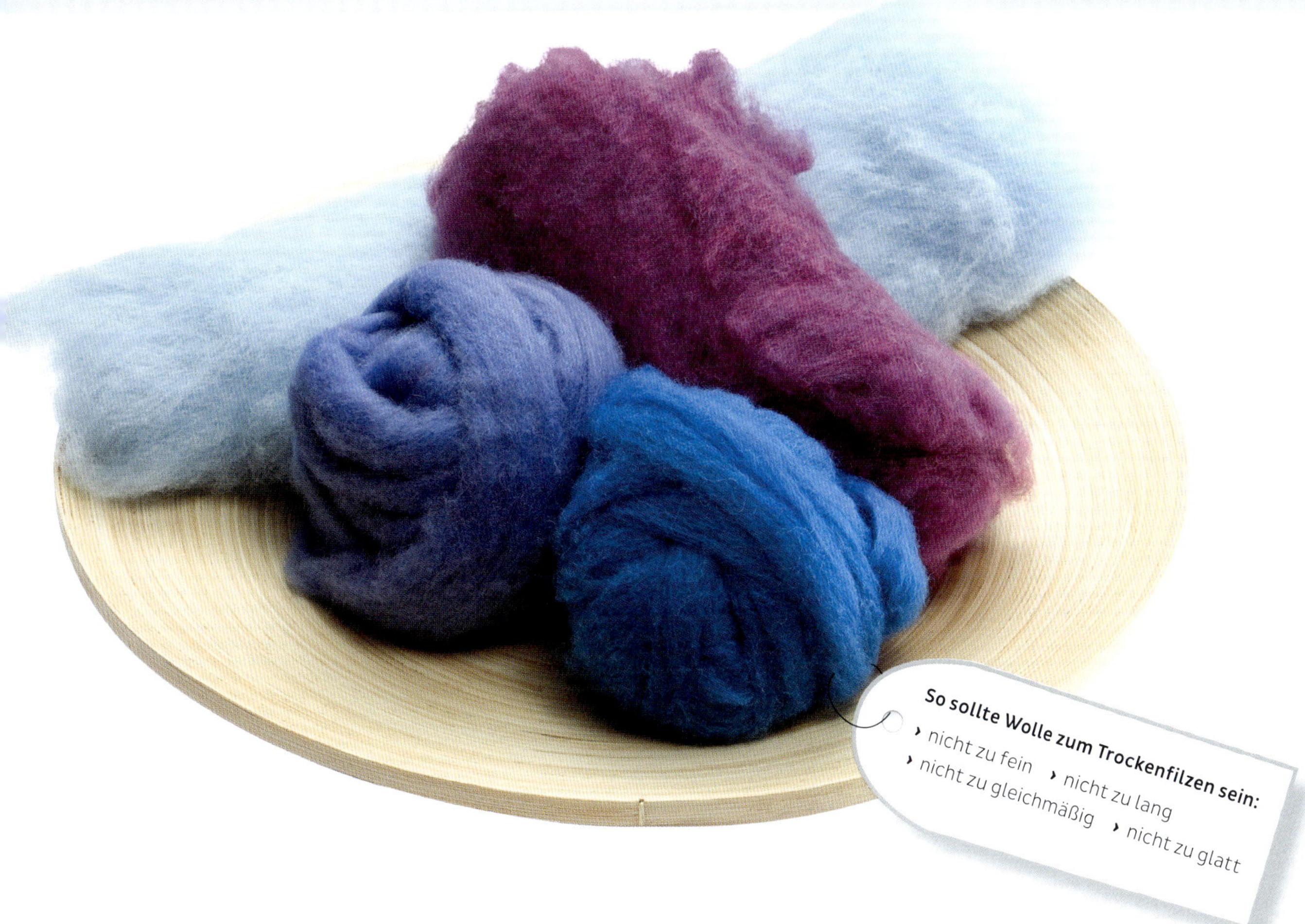

Die richtige Wolle

Im Prinzip kann man zum Nadelfilzen jede Wollart verwenden, die Auswahl erfolgt vielmehr danach, welchen Effekt man erzielen möchte. Entweder man kauft die Wolle bereits kardiert oder man wäscht und kämmt die Rohwolle selbst. Zum Ausprobieren genügt ein Päckchen abgepackte bunte → Märchenwolle in verschiedenen Farben. Allgemein ist diese mittelfeine Alpenwolle sehr gut zum Filzen mit der Nadel geeignet.

Wichtig ist, dass die Wolle locker ist, mit viel Luft zwischen den Fasern; dann lässt sie sich modellieren, ohne dass sie zu hart wird. Die Wolle einheimischer Schafrassen, zum Beispiel die Wolle des → Merinolandschafs oder oben genannte → Alpenwolle, eignet sich sehr gut zum Trockenfilzen.

Auch sollten die Wollfasern nicht zu lang sein und in unterschiedlichen Richtungen liegen, das verhindert die Streifenbildung. Kurze Vliesstücke lassen sich leichter wieder abziehen, wenn einmal etwas korrigiert werden muss. Dazu können Sie die Fasern zwischen den Händen zupfen und mischen; so entstehen auch Farbmelangen.

Am besten geeignet ist feine und mittlere Vlieswolle

→ Merinowolle im Kammzug eignet sich nicht gut für das Trockenfilzen, da die Fasern sehr langfasrig sind, eng aneinanderliegen und so leicht Streifen bilden. Aber Ausnahmen bestätigen die Regel: Für Tier- oder Menschenaugen sowie für Pferdehaare, Haare und Musterdetails wird diese Wolle gerne verwendet. Merinowolle im Vlies ist für das Filzen mit der Nadel geeignet, allerdings sollte die Nadelstärke der feinen Wolle angepasst werden. Man kann damit zum Beispiel zu grobfasrige Oberflächen überfilzen.

Für das Anfertigen von Tierreliefs oder ganzen Tieren mit Fell braucht man Rohwolle, die man als lose Wollbüschel (Locken oder Flocken) oder zusammenhängend bekommt.

Tipps: Kleine Mengen Wolle können Sie selbst → kardieren, so entstehen auch Melierungen und Farbmischungen, mit denen sich die natürliche Farbe des Tieres besser treffen lässt. Besonders schöne Wolllocken für Bärte, Mähnen und dergleichen aufbewahren.
Rohwolle gibt es in Filzwollhandlungen sowie in manchen Hofläden oder direkt beim Schafzüchter. Bei einigen Schafrassen ist die Wolle so lose, dass man sie direkt aus dem (gewaschenen) Vlies verwenden kann. Diese Wolle eignet sich gut zum Anfertigen des Kerns, sodass man dafür nicht auf teure kardierte Wolle zurückgreifen muss.

Arbeitsplatz

Das Filzen mit der Nadel lässt sich überall ausführen. Alles, was Sie benötigen, ist eine Unterlage aus dickem Schaumstoffpolster oder Polystyrol. Die Arbeitsfläche sollte mindestens 5 cm stark sein – zu Ihrer Sicherheit und zum Schutz der Nadel, denn diese bricht leicht, wenn sie auf einen festen Untergrund stößt.

Hinweis: Wenn Sie mit Ausstecherförmchen arbeiten (siehe Seite 148), eignet sich eine Unterlage aus Polystyrol (Styropor) gut. In diese können Sie das Förmchen hineindrücken und so während des Filzens fixieren, damit es nicht verrutscht.

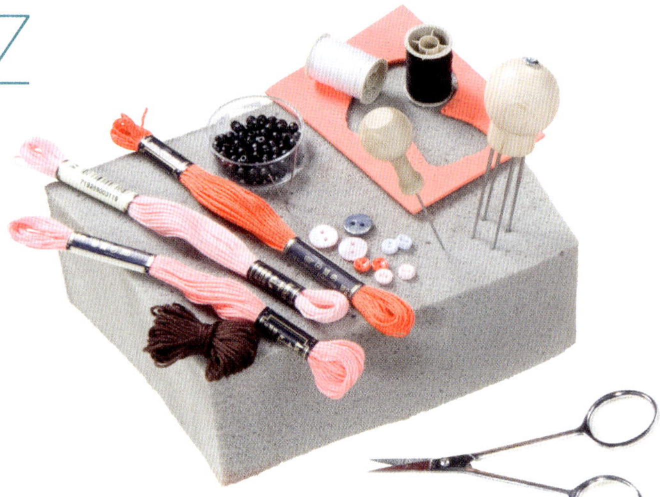

Dicke Unterlage, Filznadel und ein wenig Handarbeitszeug – mehr braucht man nicht zum Trockenfilzen.

Die Filznadel

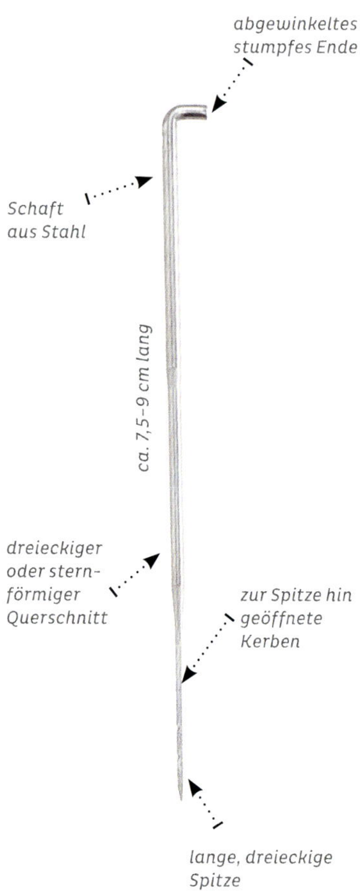

Filznadeln sind in verschiedenen Stärken erhältlich. Am Anfang genügen drei Nadeln: grob, mittel und fein.

Die grobe Nadel wird zum Vorformen des Objekts verwendet.

Die mittlere Filznadel ist die am häufigsten gebrauchte Nadel, sie dient dem Ausformen von Arbeiten. Man kann sie auch zum Vorformen einsetzen, dann dauert es lediglich etwas länger.

Mit einer feinen Filznadel werden Details gearbeitet und die Oberfläche wird geglättet.

Filznadeln sind vielseitig einsetzbar

Allgemein lassen sich Filznadeln für folgende Arbeiten beim Trockenfilzen einsetzen:

- plastische Trockenfilz-Arbeiten (Vorformen, Verhärten, Verfestigen, Ausarbeiten)
- An- und Auffilzen kleiner Teile an eine größere Fläche, beispielsweise Flächen, Schnüre
- Auffilzen von Mustern, wie Punkte
- Umfilzen von Pfeifenputzern/Chenilledraht
- Anheften abgelöster Filzteile
- dünne Bereiche verstärken (mit dünnen, am Rand sanft ausgefransten Vliesstücken)
- Löcher in Filzarbeiten flicken (oder in gestrickten Socken)
- Applizieren von Mustern und Flächen
- Wolllocken und Lockenwolle (Puppenhaare) annadeln
- Umrisse mit Garn aufbringen

Beim Nassfilzen lässt sich die Filznadel ebenso einsetzen:

- Vlies vor dem Nassfilzen befestigen
- Fasern während des Nassfilzens befestigen
- Umrisse definieren und verändern (Konturen nacharbeiten)
- Anheften abgelöster Filzteile (auch während des Nassfilzens)
- Verstärken dünner Bereiche und Flicken von Löchern (mit dünnen, am Rand sanft ausgefransten Vliesstücken)
- Wolllocken und Lockenwolle (Puppenhaare) annadeln
- Fasern um Pfeifenputzer und Draht befestigen

Leitsätze zur Nadelauswahl

Die Dicke der Nadel sowie die Anzahl, der Abstand, die Tiefe und der Winkel der Kerben bestimmen, für welche Anwendung die Nadel geeignet ist:

JE MEHR KERBEN EINE NADEL HAT, DESTO SCHNELLER FILZT MAN DAMIT.

Je weniger Kerben die Nadel hat, desto präziser kann man mit ihr arbeiten.

Je tiefer die Kerben sind und je größer der Kerbenwinkel ist, desto mehr Fasern werden transportiert. Die Nadel ist aber auch aggressiver und hinterlässt größere Löcher in der Filzoberfläche.

Je weniger Kanten mit Kerben versehen sind, desto leichter lässt sich dichter Filz durchdringen.

Nadeln mit sternförmigem Querschnitt durchdringen dichten Filz besonders mühelos und sind stabiler als solche mit dreieckigem Querschnitt.

Sind die Kerben auf einer Seite hintereinander aufgereiht, lässt sich mit der Nadel auch gut parallel zur Filzoberfläche arbeiten.

Nadeln, auf denen die Kerben spiralförmig auf der Arbeitsklinge angeordnet sind, arbeiten effektiver.

Je näher die Kerben an der Spitze sind, desto glatter wird der Filz.

Je nachdem, ob man die Nadel senkrecht oder schräg bis waagerecht hält, kann man tiefer oder flacher filzen. Einen Überblick, welche Filznadel wofür geeignet ist, geben die Leitsätze oben und die Tabelle auf Seite 142.

Filznadeln sind in Bastelläden, Wollgeschäften oder in den Bastelabteilungen von Kaufhäusern und Baumärkten erhältlich, außerdem im Internet bei den verschiedenen Anbietern von Filzwolle. Da sie abbrechen, verbiegen oder sich die Widerhaken abnutzen können, ist es praktisch, sich gleich mehrere Nadeln in den verschiedenen Stärken anzuschaffen.

Immer ein paar Nadeln auf Vorrat haben

Für das Filzen von größeren Flächen eignen sich Filznadelhalter für mehrere Nadeln (Mehrfachnadelhalter), von denen manche gleichzeitig zur Aufbewahrung der empfindlichen Nadeln verwendet werden können. Auch für einzelne Nadeln gibt es solche praktischen Halter aus Holz.

Am Anfang genügt eine Universalfilznadel mittlerer Stärke, um sich mit dem Filzen vertraut zu machen. Die Unterlage sollte dick genug und weich sein, damit die Filznadel einerseits nicht durch die Unterlage hindurchstechen kann und andererseits beim Einstechen nicht abbricht.

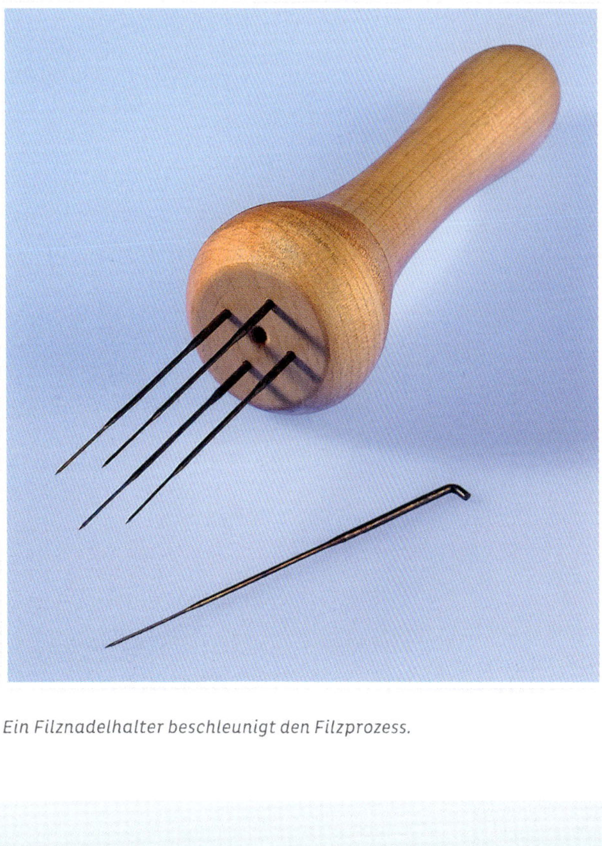

Ein Filznadelhalter beschleunigt den Filzprozess.

Die passende Nadelstärke

Die Nadelauswahl hängt von folgenden Kriterien ab: Ausgangsmaterial, Bearbeitungsstadium und Anwendung. Im Allgemeinen beginnt man das Projekt mit einer groben Filznadel, wechselt mit fortschreitendem Filzprozess – sobald die Nadel beim Einstechen Widerstand leistet – zur mittleren, bevor man den letzten Schliff mit einer feineren Nadel ausführt. Wählen Sie dickere Nadeln für gröbere Fasern und feinere Nadeln, wenn Sie mit feineren Fasern arbeiten.

Die Nadelgröße wird in Gauge (Abkürzung G oder gg; Aussprache: geidsch) angegeben, eine physikalische Maßeinheit, die beispielsweise für Kanülen gebräuchlich ist. Je höher der Gauge-Wert ist, desto feiner ist die Filznadel. Die Maßeinheit ist der amerikanischen Einheit für die Stärke von Drähten entlehnt. Die Zahl des Gauge-Wertes gibt dabei an, wie häufig ein Draht durch die Drahtziehmaschine läuft – je häufiger, desto dünner wird er. Eine Nadelstärke von 38 G entspricht einem Durchmesser von 0,1 mm.

	Filznadel	**Anwendung**
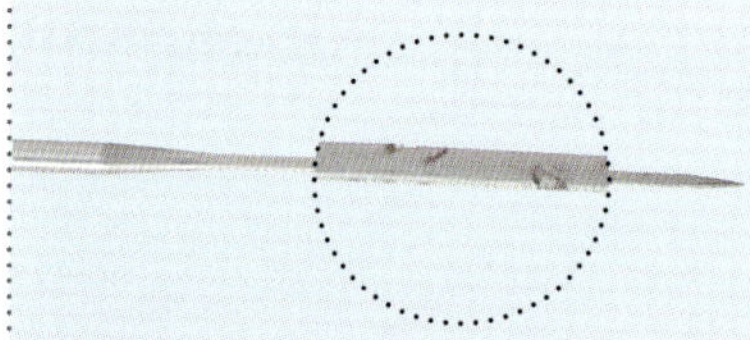	feine Nadel (ca. 40 Gauge)	› detaillierte Verzierungen › zum Glattfilzen der Oberfläche › für feine Wolle (Merinowolle) › dünne, spitze Nadel für festen oder harten Filz › geeignet für Geübte › entspricht „silver needle“ in Filzbüchern von Birgitte Krag Hansen
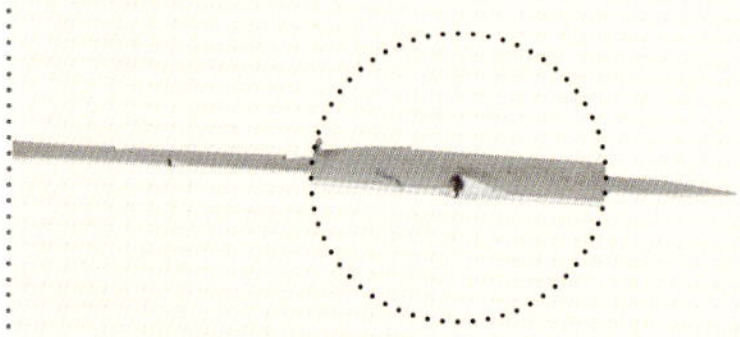	mittlere Nadel (ca. 36 Gauge)	› Universalnadel, für fast alle Filzarbeiten einsetzbar › gut zu Beginn von dreidimensionalen Projekten, um die Wolle rasch zu verdichten, für glatte Oberflächen nach dem Verfestigen auf eine feine Nadel wechseln › für festen und mittelharten Filz › für Kinder ab Mittelstufenalter › lange Version entspricht „ordinary needle“ bei Birgitte Krag Hansen
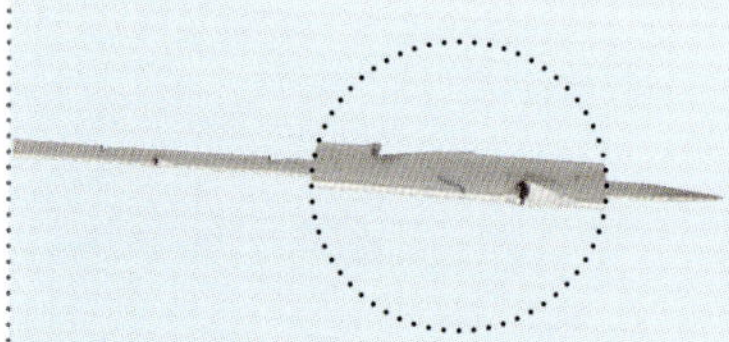	grobe Nadel (ca. 32 Gauge)	› für grobe und mittlere Wollen (nicht Merino- oder Angorawolle) › zum schnellen Verdichten von Fasern, Definieren von Entwürfen und Verbinden von Fasern zu Beginn der Filzarbeit durch asymmetrisches Einstechen › auch für Kinder geeignet, bricht seltener
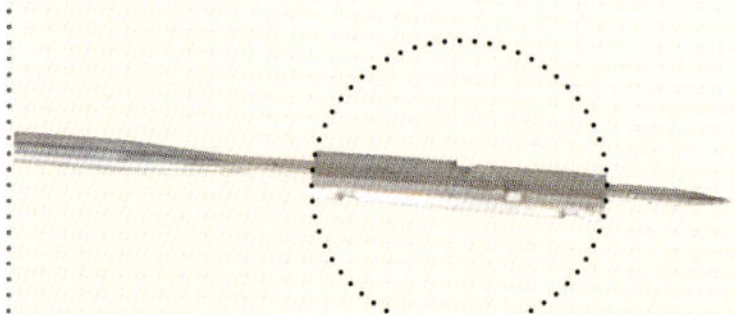	sternförmige Nadel fein	› Kerben sitzen näher an der Spitze als bei Dreiecksnadeln › nur zur Oberflächengestaltung (dringt nicht so tief ein) › für Gesichter (entspricht „star needle“ in Birgitte Krag Hansens Bücher) › zum Verdichten im frühen Stadium plastischer Arbeiten bei feinen Wollen › bricht aufgrund der feinen Spitze bei falscher Handhabung schnell
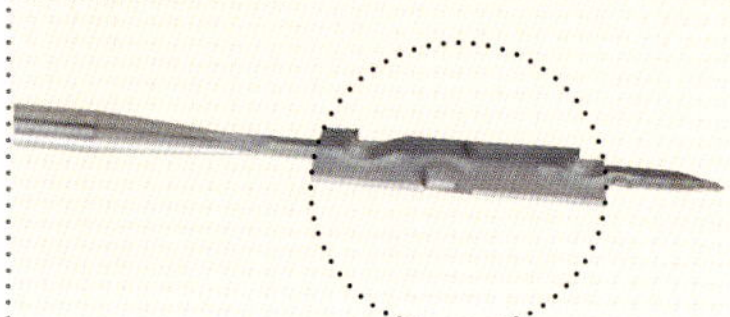	grob	› dickere, stabile, stumpfe Nadeln für gröbere Arbeiten, z.B. auf Styropor

Filznadeln von fein bis grob, unten zwei Spezialnadeln.

Basistechniken

Beim Trockenfilzen verbindet sich die Wolle durch das Einstechen mit der Nadel. Mit jedem Stich werden Wollfasern von der Oberfläche ins Innere geführt, allmählich verdichtet sich die Figur und je länger man fortfährt, desto kleiner und fester wird sie. Die Filzarbeit muss daher immer größer begonnen werden, als sie später werden soll. Da man beim Nadelfilzen jedoch – anders als beim Nassfilzen – jederzeit weitere Wolle auf- und ansetzen kann, empfiehlt es sich, die Figur moderat aufzubauen. Also nicht zu groß beginnen, lieber nach und nach weitere Wolle ansetzen. Ist das Werkstück zu groß, kann das Zuviel abgeschnitten und die Schnittkante noch einmal überfilzt werden. Das sollte mit einem dünnen, ausgerissenen Vliesstück mit zart auslaufenden Rändern geschehen, anderenfalls können sichtbare Übergänge entstehen.

Die Nadel zwischen Daumen und Zeigefinger halten

Die Nadel wird mit dem Häkchen zwischen Daumen und Zeigefinger gehalten und in einer senkrechten Bewegung in die Wolle gestochen. So weit einstechen, dass alle Widerhaken der Nadel in der Wolle sind. Vermeiden Sie krumme Bewegungen. Seitlicher Druck ist die Hauptursache für das Brechen der Nadeln. Zur Stabilisierung der Nadel setzen Sie den Mittelfinger unterhalb des Daumens und des Zeigefingers, knapp oberhalb der Arbeitszone mit den Widerhaken auf. Nach kurzer Zeit (ca. fünf bis zehn Minuten) hat sich die Form herausgebildet

Zwei Arbeitsmethoden haben sich bewährt:

- Stechen – Herausziehen – Stechen ...
- Stechen – Wackeln – Herausziehen – Stechen ...

Bei der ersten Methode wird die Nadel nach dem Einstechen wieder vollständig herausgezogen. Durch energisches Stechen verfilzt die Wolle tiefgründiger, zartes Stechen ergibt weniger sichtbare Einstichlöcher und eine glattere Oberfläche. Bei der zweiten Methode verbleibt die Nadel nach dem Einstechen in den Fasern und wird im Inneren wiederholt auf und ab bewegt, bevor sie herausgezogen wird. Das spart Kraft und die Wolle verfilzt schneller, jedoch bleiben sichtbare Löcher in der Oberfläche zurück.

Je regelmäßiger, desto gleichmäßiger

Regelmäßiges Stechen erzeugt gleichmäßige Oberflächen, durch ein gezieltes und wiederholtes Einstechen an der gleichen Stelle lassen sich Details oder Vertiefungen herausarbeiten. Mit kurzen, flachen Stichen wird nur die Oberfläche bearbeitet. Das Werkstück muss während des Arbeitens immer wieder gewendet werden, damit es nicht am Untergrund „festklebt". Befreien Sie die Unterlage hin und wieder von Wollfasern, damit keine andersfarbigen Fasern auf das neue Werkstück gelangen.

Hinweise: Der Filzprozess lässt sich etwas beschleunigen, indem Sie das Werkstück zwischendurch hin und wieder zwischen den Fingern kneten. Auch das Zusammendrücken der Wolle während des Filzens verringert die Filzzeit, da dabei mehr Fasern in den Kerben der Filznadel hängen bleiben: Mit einer Hand die Wolle zu einer festen Masse zusammendrücken, während mit der anderen genadelt wird.

Große Formen werden beim Trockenfilzen am besten mit der Hand gehalten. Bei kleinen Formen empfiehlt es sich, diese mit einer zweiten Nadel festzuhalten, damit man ohne Verletzungen präzise arbeiten kann. Das kann auch eine Stopfnadel sein.

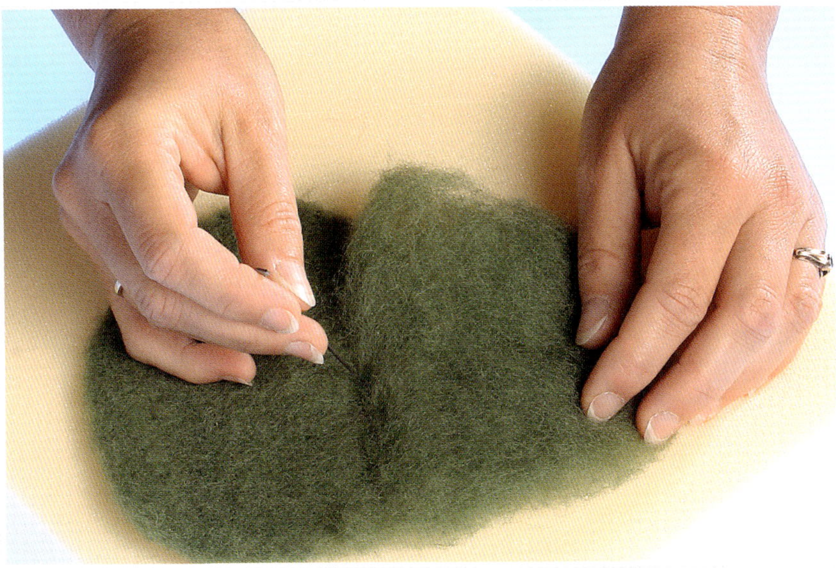

Beim Nadeln verdichtet sich die Wolle, die Fläche schrumpft und wird fester.

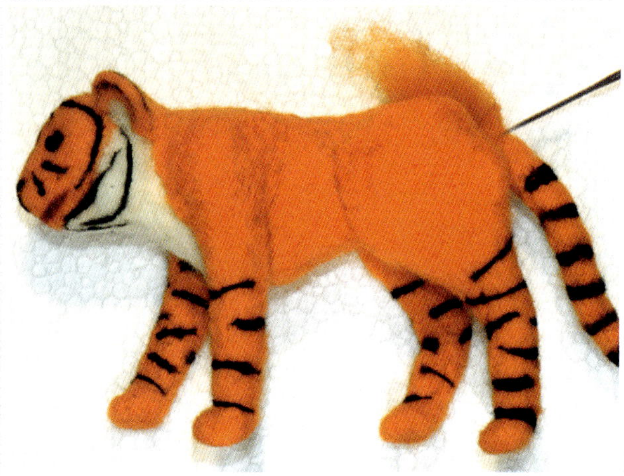

Die Ansatzstellen müssen ungefilzt sein.

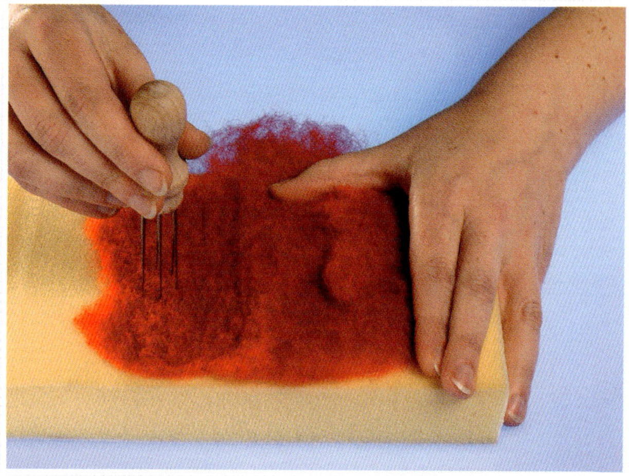

Flaches von vorn und hinten filzen.

Motivteile ansetzen

Werden Filzfiguren aus Einzelteilen aufgebaut, empfiehlt es sich, die Wolle an den Ansatzstellen ungefilzt zu lassen, sodass die Teile mit der Filznadel leicht an den gewünschten Stellen angebracht werden können.

Scharfe Kanten

Um dünnen Teilen wie Ohren oder Augenlidern scharfe Konturen zu geben, werden die Ränder zwischen den Fingern gefilzt: Das Filzstück tief zwischen Daumen und Zeigefinger halten, die Nadel vorsichtig hineinführen und auf und ab bewegen, ohne sie herauszuziehen („wackeln"). Wenn man das Werkstück tief genug zwischen den Fingern hält und die Nadel beim Bewegen darin belässt, verletzt man sich nicht so leicht.

Symmetrische Teile anfertigen

Symmetrische Teile, wie Ohren, Beine, Arme oder Flügel, sollten gleichzeitig vorbereitet und parallel bearbeitet werden. So behalten Sie den Überblick über Materialmenge und Bearbeitungsdauer. Das Resultat sind in Form und Größe übereinstimmende Teile.

Flaches filzen

Flaches wird auf dem Arbeitsuntergrund gefilzt. Dabei verbinden sich die Fasern zum Teil mit dem Untergrundmaterial. Es ist deshalb empfehlenswert, die Arbeit zwischendurch immer wieder zu wenden und auf der Rückseite ebenso zu bearbeiten. Dazu ziehen Sie das Werkstück langsam vom Untergrund ab und lösen eventuell anhaftendes Untergrundmaterial mit der Scherenspitze oder Ähnlichem. Verwenden Sie dazu auf keinen Fall die Filznadel, da diese brechen kann.

Beim Anfertigen von Flächen ist ein Mehrfachnadelhalter hilfreich. Er fasst, wie der Name sagt, mehrere Filznadeln, sodass eine größere Fläche auf einmal bearbeitet werden kann.

Schnüre fertigen

Für eine Schnur den Wollstrang auf die Unterlage legen, den Anfang etwas einschlagen und mit ein paar Nadelstichen fixieren. Den Strang dann fortwährend drehen und ringsum mit der Nadel bearbeiten.

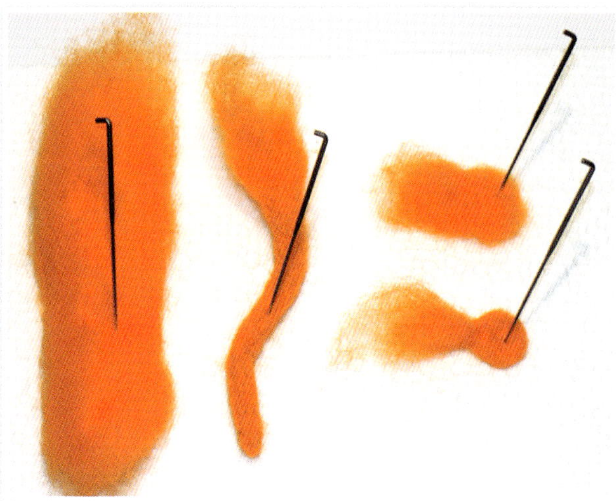

Symmetrisches immer gleichzeitig arbeiten.

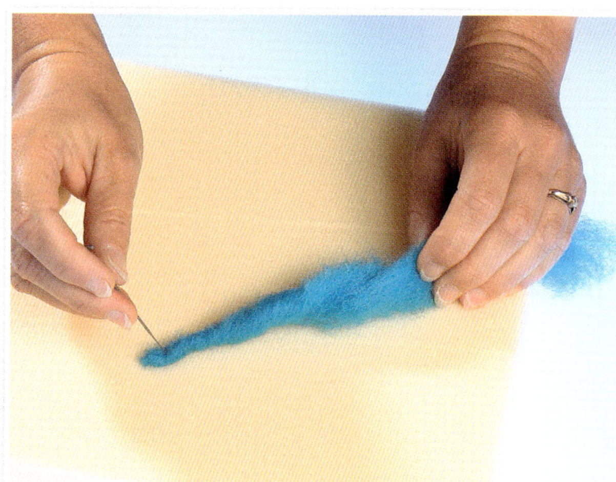

Schnüre fortwährend drehen.

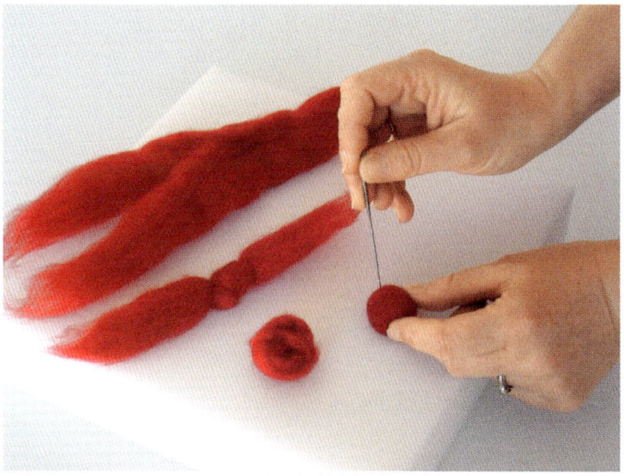

Kugeln filzen.

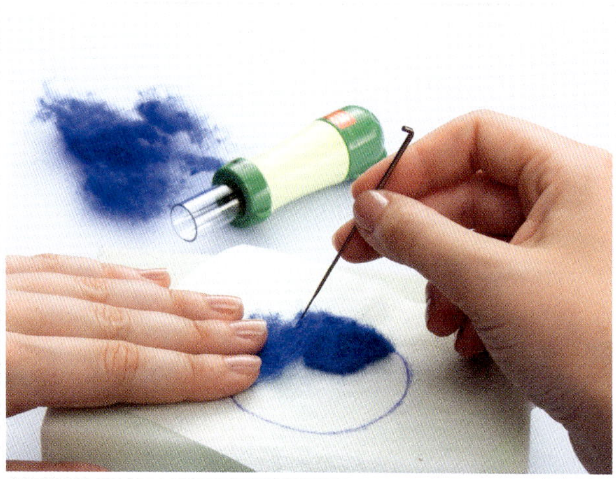

Flächen füllen.

Kugeln filzen

Wenn Sie eine Kugel filzen möchten, sollten Sie zunächst einen festen Kern schaffen. Dadurch verringert sich die Filzdauer. Es gibt zwei Möglichkeiten: Nehmen Sie einen Wollstrang und machen Sie mittig einen Knoten. Zuerst das eine Ende, dann das andere in entgegengesetzter Richtung um den Knoten wickeln. Die Form mit der Filznadel fixieren, bis eine etwas festere Kugel entstanden ist. Nach Bedarf weitere Wollflocken gleichmäßig um die Kugel legen und festnadeln, bis die gewünschte Größe erreicht ist.

Oder Sie nehmen ein Stück Wolle und rollen es zu einem festen Ball auf, den Sie mit ein paar Nadelstichen fixieren und dann gleichmäßig rundum filzen. Eventuell vorhandene Beulen durch mehrfaches Einstechen flach filzen und Löcher nicht vertiefen – so entsteht eine runde Form.

Hohlkörper filzen

Hohlkörper, wie man sie beispielsweise für Fingerpuppen verwendet, werden beim Nadelfilzen aus Flächen gefertigt. Dazu die Fläche nadeln und die Ränder ungefilzt lassen. Dann die Fläche in die gewünschte Form klappen und mit einem Bleistift oder Ähnlichem als Abstandshalter (damit die beiden Filzlagen nicht zusammengefilzt werden) zusammenfügen.

Flächen füllen

Beim Gestalten von Flächen, beispielsweise auf Bildern oder Applikationen, gehen Sie schrittweise vor. Nadeln Sie eine kleine Wollflocke mit ein paar Stichen fest und setzen Sie dann die nächste daneben. So fortfahren, bis die Fläche bedeckt ist. Nun werden zuerst die Ränder in Form gebracht (→ scharfe Kanten und → gleichmäßige Ränder), bevor mit einem Mehrfachnadelhalter oder einem Puncher (oben im Bild) die restliche Fläche fixiert wird. Natürlich lässt sich auch alles weiter mit einer Nadel fixieren, es dauert allerdings länger.

Erhöhungen arbeiten

Erhöhungen mit sanft abfallenden Kanten schafft man am besten, indem die Vliesstücke pyramidenartig übereinander gelegt werden. Mit dieser Methode lassen sich ganz nach Bedarf flache, hohe, breite oder schmale Erhöhungen anfertigen.

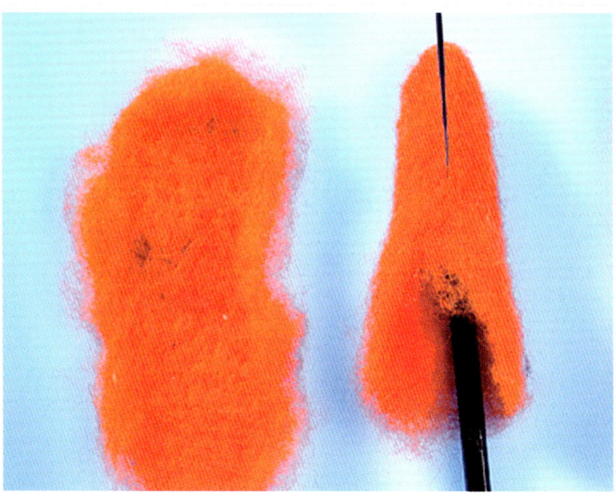

Hohlkörper filzen.

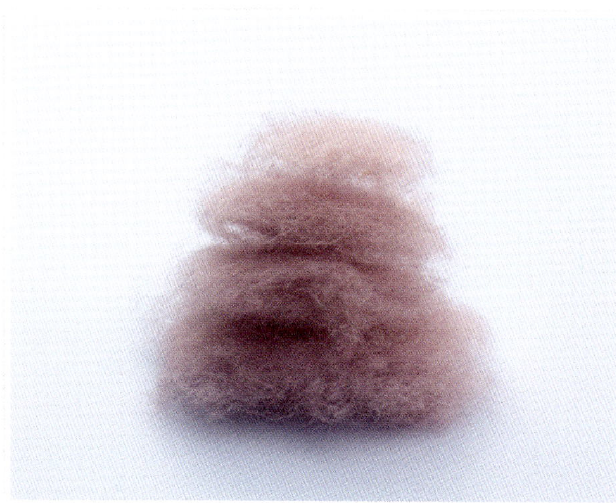

So legt man Wolle für Erhöhungen auf.

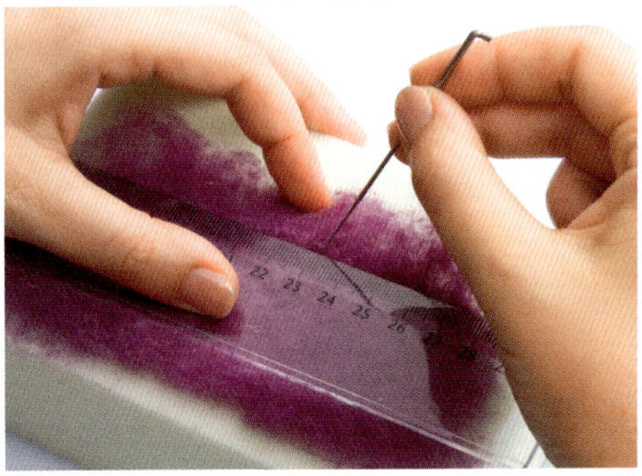

Für Ränder das Vlies einkerben …

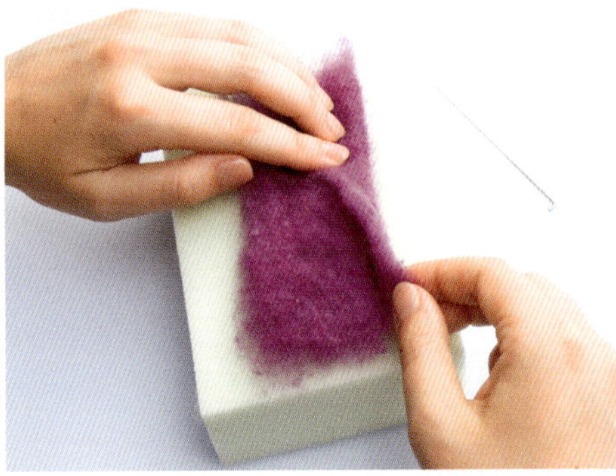

… umfalten und festnadeln.

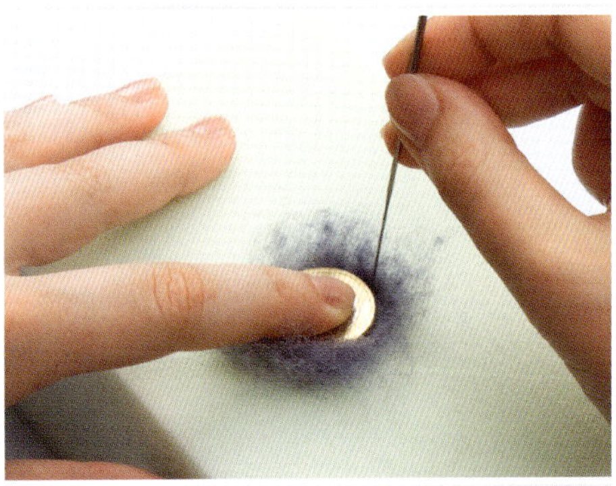

Geht ebenso bei Rundem.

Gleichmäßige Ränder

Die Vliesfläche läuft zu den Rändern hin dünner aus. Um gleichmäßige Ränder zu erhalten, hilft ein Trick: Der Filz wird, ähnlich wie Papier, das man falten möchte, eingekerbt und gefaltet. Das geht, indem man den Fingernagel entlang der Einstichlinie hält und so der Nadel den Weg weist. Wer Angst um seine Finger hat, kann ein Lineal für Geraden und einen Löffel, eine Münze oder dergleichen für Kurven verwenden. Danach den Filz entlang der Kante falten und den dünnen Rand vernadeln.

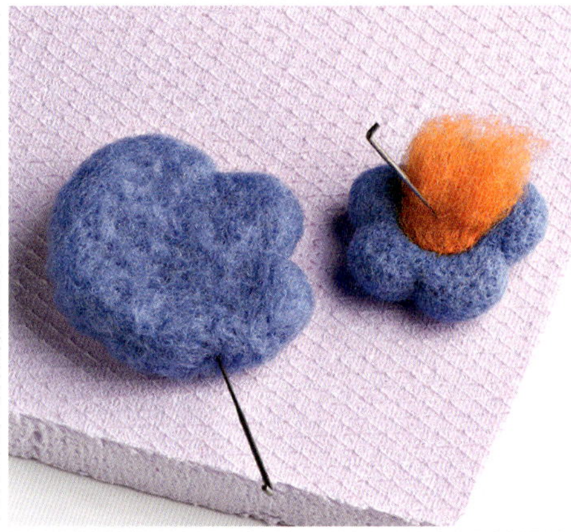

Oft einstechen gibt Vertiefungen.

Vertiefungen einarbeiten

Durch häufiges Einstechen an der gleichen Stelle lassen sich Vertiefungen einarbeiten (siehe Foto rechts oben). Das Werkstück dabei immer wieder drehen und gleichmäßig von allen Seiten bearbeiten.

Punkte und Linien auffilzen

Beim Aufbringen von Mustern empfiehlt es sich, die Wolle bereits vor dem Auffilzen in die gewünschte Form zu bringen. Möchte man Punkte auffilzen, zupft man ein Stückchen Wollvlies mehrmals durch und rollt es in der Hand zu einer kleinen Kugel (in der Größe des gewünschten Punktes), bevor man diese aufsetzt und mit gezielten Stichen annadelt.

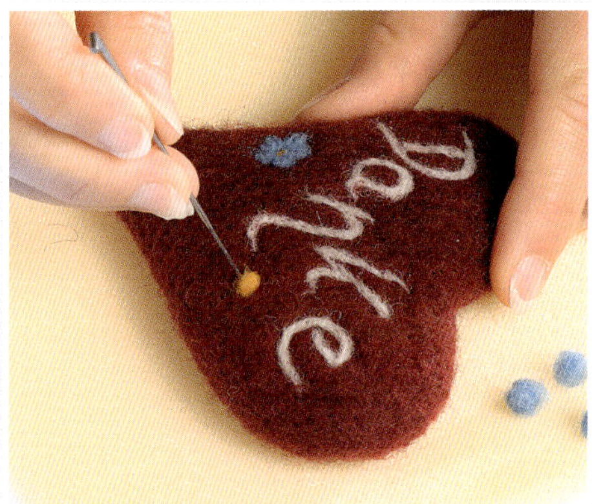

Punkte und Linien auffilzen.

Für Linien einen dünnen Wollstrang durch Reiben zwischen den Fingern zur Schnur formen. Beim Festnadeln ein Ende fixieren, bevor die restliche Schnur mit gezielten Stichen befestigt wird. Das Auffilzen von Ornamenten gelingt leicht, wenn das Muster mit einem auswaschbaren Markierstift auf den Filz gemalt wird, oder mit → Stickvlies. Beim Befilzen von Hohlkörpern einen Schwamm, etwas Styropor oder Ähnliches zwischen die Filzschichten legen.

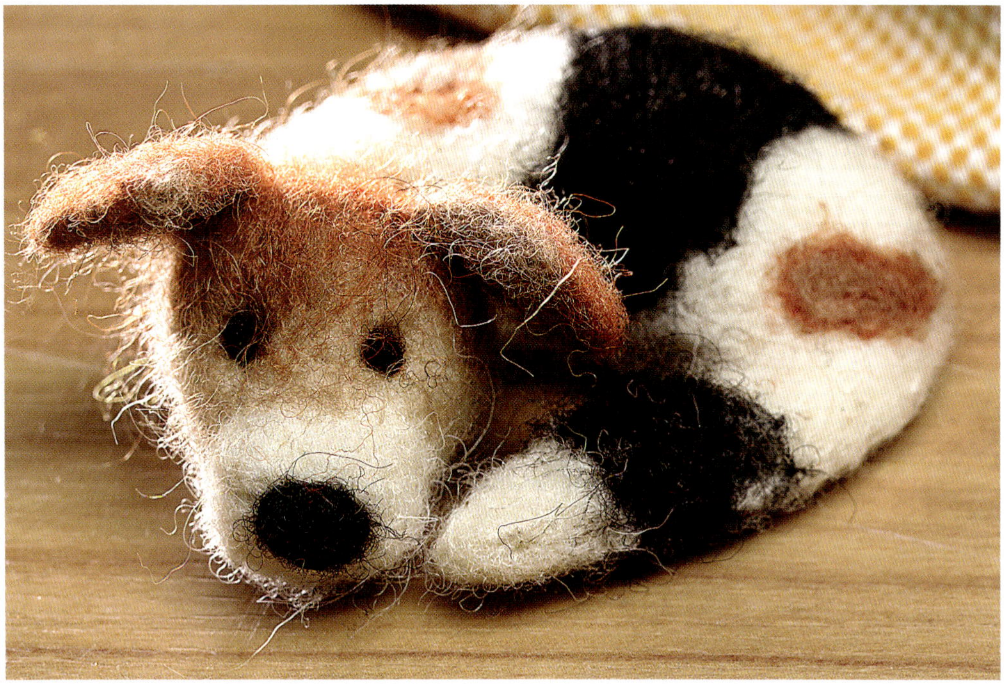

Die Grundform – ein vorn geknoteter Wollstrang, der u-förmig ausgearbeitet wird – kann für viele Tiere verwendet werden. Kopf- und Ohrenform sowie die Fellzeichnung machen den Charakter aus (Designs von Andrea Rudolf, Martina Häfner-Keßler und Karsten Selke).

Oberflächen nacharbeiten

Wenn das Werkstück die gewünschte Form und Größe hat, wird die Oberfläche nachgearbeitet. Sie hat nach dem Filzen mit grober und mittlerer Nadel noch deutlich sichtbare Löcher, die durch das Nacharbeiten mit einer feinen Nadel und kleinen, kurzen Stichen verschwinden. Es entsteht eine glatte Außenseite, an der man kratzen kann, ohne dass sich die Fasern verschieben.

Beim Nacharbeiten der Oberfläche empfiehlt sich auch das waagerechte Einstechen mit der Nadel, weil so manche Fasern noch besser erreicht werden. Damit sich die Form des Tieres nicht mehr verändert, mit einer Ahle oder einer Stopfnadel waagerecht in die Oberfläche einstechen und die „Haut" während des Bearbeitens mit der feinen Filznadel in der gewünschten Höhe halten. Stehen danach immer noch Fasern ab, kann man mit der Filznadel über die Oberfläche kreisen, wobei sich die Fasern in den Kerben verfangen, bevor man einsticht und sie so fixiert.

Tiere mit Fell (Wolllocken) werden nicht nachgearbeitet.

Die Oberfläche – glatt und haltbar.

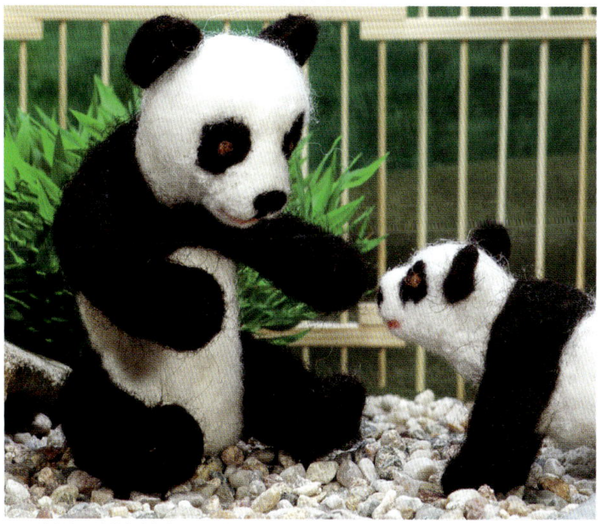

Kolorieren

Mit ganz kleinen, dünnen Wollflocken lassen sich Flächen kolorieren und ähnliche Effekte wie beim Aquarellieren erzielen. Damit das Ergebnis nicht streifig oder fleckig wird, muss man ein wenig üben. Die Wolle mit kleinen, ganz kurzen senkrechten Stichen aufnadeln. Sticht man zu tief, sammeln sich die Fasern rund um das Loch und die Kolorierung schaut nach Masern aus. Zum Schattieren die hauchdünnen Wollflocken Schicht für Schicht übereinanderlegen. Zu kräftige Farben lassen sich abdämpfen, indem man etwas von der Untergrundfarbe einmischt (Wolle melieren).

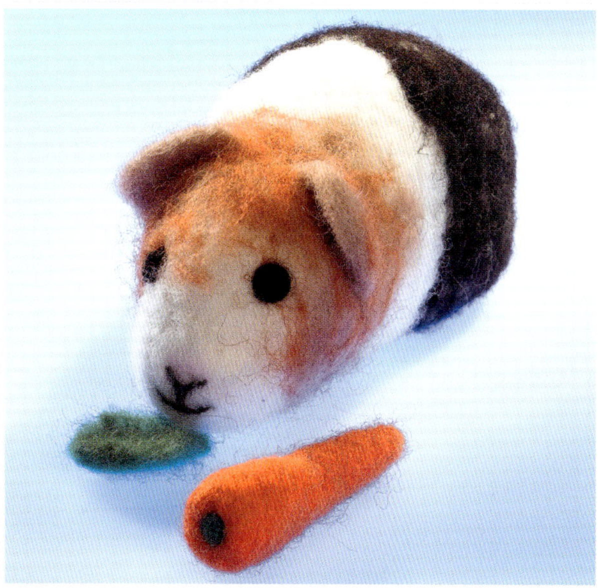

Trockenfilzen in Ausstechern

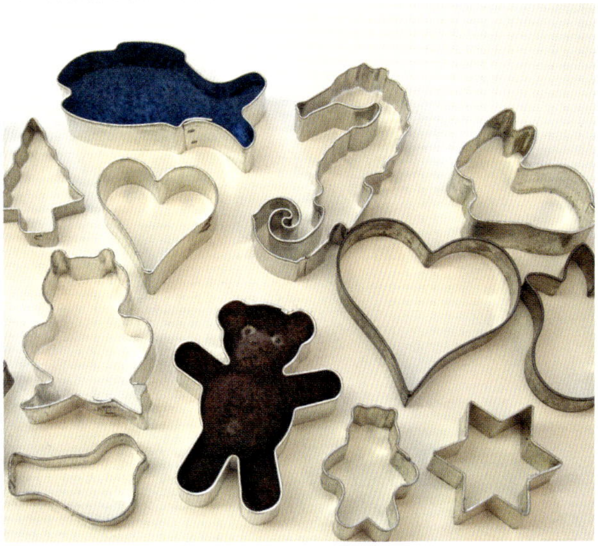

Die Auswahl ist groß.

Eine Ausstechform gibt die Grundform vor, zusätzlich wird durch sie die Verletzungsgefahr etwas gebannt. Nach genauer Einweisung können auch Kindergartenkinder damit arbeiten. In eine Unterlage aus Styropor kann die Ausstechform eingesteckt werden, damit sie beim Filzen nicht verrutscht. Auf einer Schaumstoffunterlage wird sie mit einer Hand festgehalten.

① Wolle einlegen

Die Ausstechform randhoch in mehreren dünnen Schichten mit Wolle füllen.

② Filzen

Den Ausstecher festhalten und die Fläche gleichmäßig nadeln, bis sich die Oberfläche verdichtet hat.

③ Wenden

Nun das Werkstück von der Unterlage lösen, wenden, umgedreht wieder in die Form legen und weiternadeln.

④ Ausformen

Um eine plastische Form zu erhalten, also die Form insgesamt oder stellenweise zu verdicken, gezielt Wollflocken aufgelegen. Für eine schöne Formgebung am Rand häufiger einstechen.

⑤ Nacharbeiten und verzieren

Wenn die gewünschte Form aufgebaut und die Wolle ausreichend verfestigt ist (auch am Rand), das Werkstück aus der Ausstechform nehmen und frei nacharbeiten. Dabei kann es mit Mustern versehen werden.

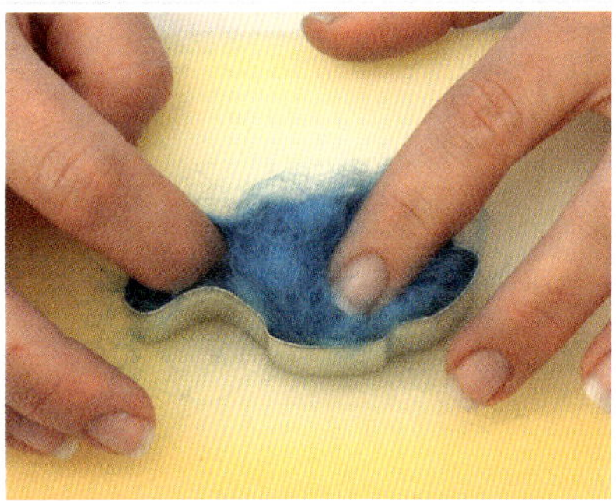

① Wolle einlegen.

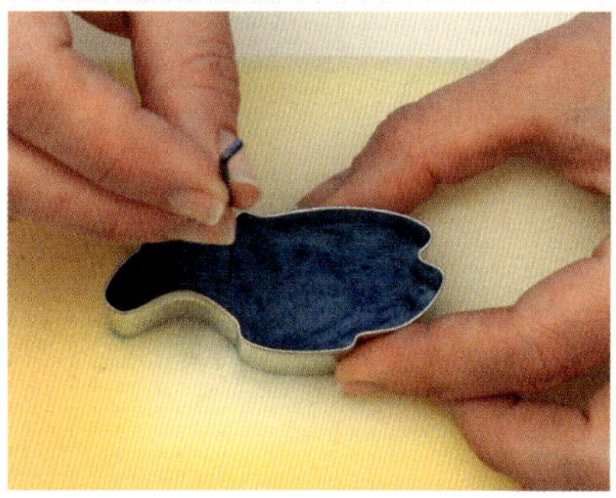

② In der Form filzen.

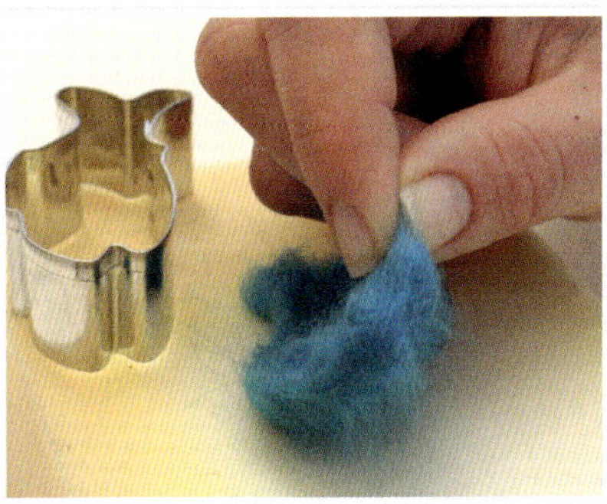

③ Werkstück abziehen und wenden.

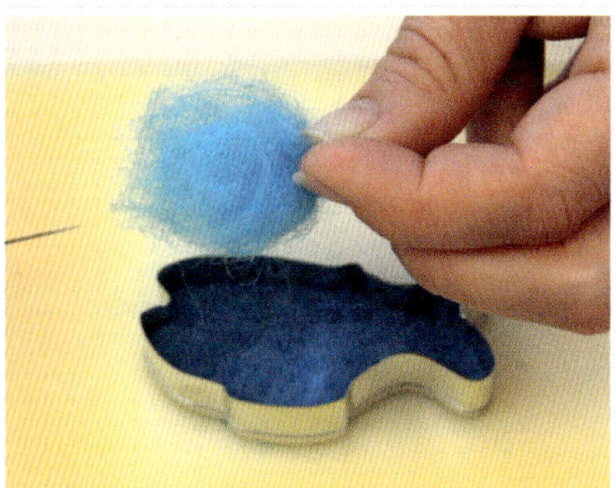

④ Mit Wollflocken ausformen.

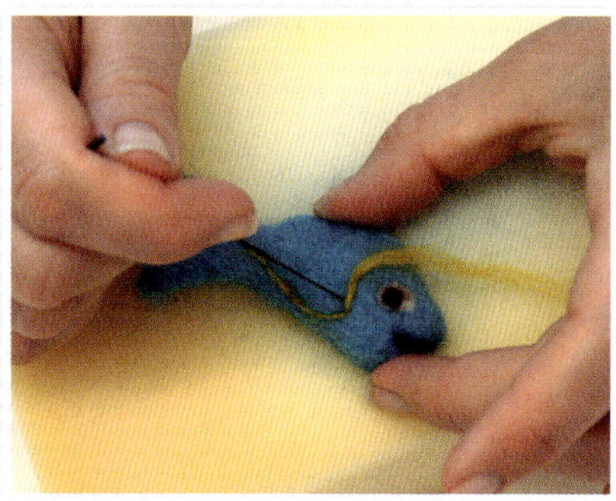

⑤ Mit feiner Nadel nacharbeiten und verzieren.

Trockenfilzen mit Schablonen

Auch mit Schablonen aus Moosgummi lassen sich vorgegebene Formen filzen.

Das gewünschte Motiv aus Moosgummi ausschneiden, sodass eine Negativschablone entsteht. Diese mit Stecknadeln auf der Unterlage fixieren und gleichmäßig mit Filzwolle auslegen. Dabei etwas mehr Filzwolle auflegen, sodass sie über die Ränder der Schablone ragt.

Die Wolle zunächst am Rand, danach in der Mitte mit der Filznadel bearbeiten, eventuell auch einen Mehrfachnadelhalter zu Hilfe nehmen. Anschließend das Werkstück vorsichtig von der Unterlage lösen, wenden und die zweite Seite bearbeiten.

Ist die Wolle verfestigt, das Motiv herausnehmen und die Kanten gegebenenfalls wie bei → gleichmäßige Ränder (siehe Seite 146) beschrieben nacharbeiten.

Hinweis: Die Form kann nachträglich aufgepolstert werden. Beim Aufpolstern vor allem mit senkrechten und leicht seitlichen Stichen von vorn und hinten filzen. Gleichmäßig rundum filzen, dann bleibt die Form gewahrt. Die Seitenkante des Motivs so wenig wie möglich bearbeiten, sonst verändern Sie die Form.

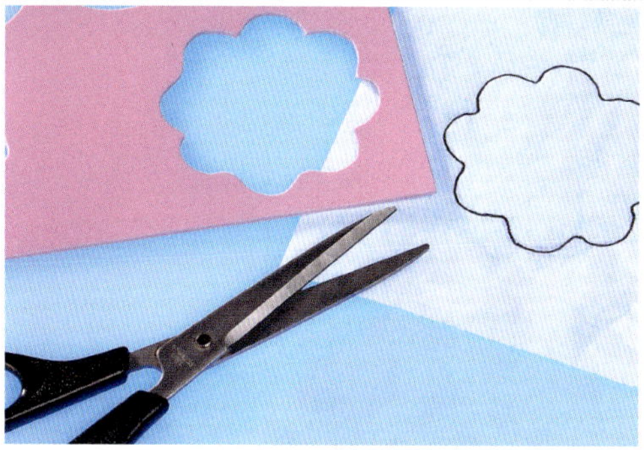

Eine Negativform aus Moosgummi zuschneiden.

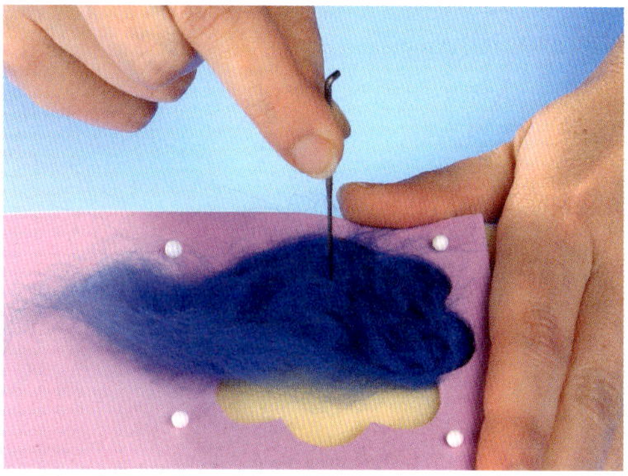

Darin wird gefilzt.

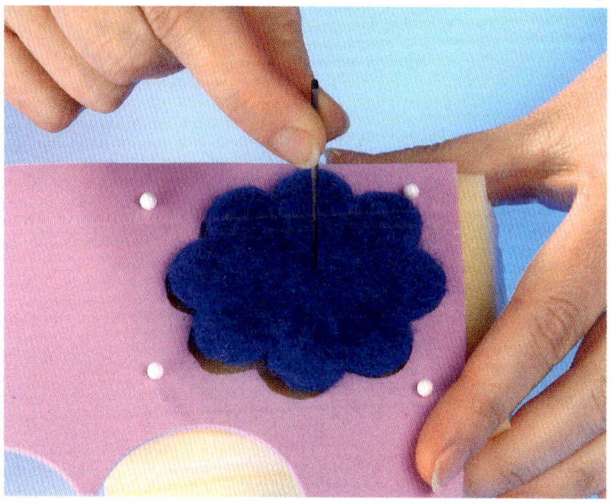

Zuerst den Rand bearbeiten, dann die Mitte.

Styroporformen umfilzen

Mit Styroporformen lassen sich schnell und mit wenig Materialverbrauch dekorative Filzobjekte anfertigen. Dazu wird eine blickdichte Schicht Wolle um die Form gelegt und mit einer mittleren Filznadel (oder Sternnadel) gleichmäßig bearbeitet. Achten Sie beim Umhüllen von Styroporformen darauf, dass nicht zu häufig auf einer Stelle eingestochen wird. Anderenfalls wird das Material bröselig und es können Vertiefungen und Verformungen entstehen.

Bei ganzflächigen Gestaltungen die Wolle zunächst um die Form legen und mit wenigen Stichen befestigen, bevor die Detailarbeit beginnt.

Bei Mustern schrittweise vorgehen und eine Fläche nach der anderen gestalten. Dazu einzelne Wollflocken auflegen, mit einigen Stichen entlang der Kontur befestigen, überstehende Fasern umgeschlagen und alles festnadeln. Bei Bedarf können jederzeit weitere Wollflocken ergänzt werden. Die Oberfläche abschließend mit einer feinen Nadel glätten.

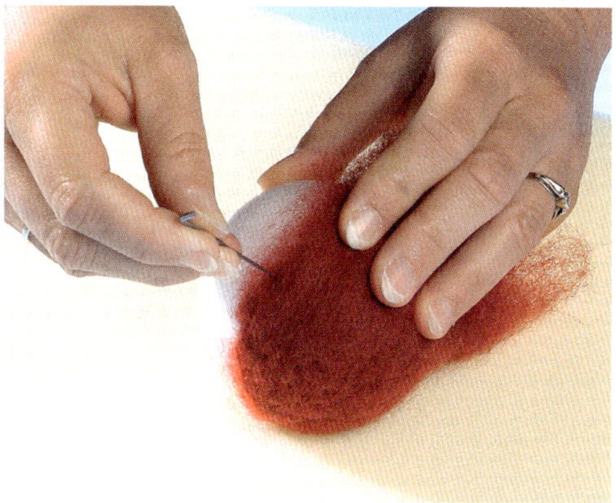

Ein Styroporkern gibt die Form vor.

Nach Vorlage filzen

Kaltwasserlösliches Stickvlies ist ein gutes Hilfsmittel beim Anfertigen von Applikationen, Bildern und hauchdünnen Nadelfilzarbeiten. Das Produkt ist von unterschiedlichen Anbietern im Fachhandel für Stickbedarf erhältlich, zum Beispiel Soluvlies® von Vlieseline oder Avalon® von Madeira.

Zeichnen Sie die gewünschte Vorlage auf das Vlies und schneiden sie das Motiv gegebenenfalls mit einem kleinen Rand aus, bevor Sie es auf den Untergrund legen. Nun können Sie direkt darauf nadeln; dabei haben Sie das Muster immer vor Augen. Nach dem Verzieren wird das befilzte Stoffteil einfach in kaltes Wasser gelegt, in dem sich das Stickvlies auflöst. Haben Sie die Fläche komplett übernadelt, kann das Stickvlies auch in der Arbeit verbleiben.

Bilder werden häufig in mehreren Ebenen gestaltet. Auch hier ist kaltwasserlösliches Stickvlies hilfreich, denn wenn der Hintergrund einmal übernadelt ist, sieht man das Muster für die nächste Ebene nicht mehr. Sie können es einfach auf ein neues Vliesstück zeichnen und dieses auf der gewünschten Stelle auflegen. Lassen Sie sich während des Arbeitens nicht von den freibleibenden Flächen des Stickvlieses irritieren. Das Vlies löst sich auf, wenn Sie das Werkstück in kaltes Wasser legen oder es ausspülen.

Auch separate, dünne Motivteile, die plastisch aufgesetzt werden sollen, lassen sich auf Stickvlies vorbereiten. Dazu wird das Stickvlies in die gewünschte Form geschnitten und mit einer hauchdünnen Schicht Wolle benadelt. Für sehr feine Arbeiten sollte man durch die Wollschicht hindurchsehen können. Die über die Form ragende Wolle wird, wie unter → scharfe Kanten und → gleichmäßige Ränder beschrieben, umgeklappt und festgenadelt.

Zum Nadeln von Flächen eignet sich ein Mehrfachnadelhalter. Die Motivteile dann auf das Bild setzen und, etwa bei Blüten, mit einer Kugel als Blütenmitte annadeln.

Hinweis: Stickvlies ist auch hilfreich, wenn Bänder, Effektwollen oder Ähnliches befestigt werden sollen.

Einfach die gewünschten Verzierungen auflegen, mit Stickvlies abdecken und dann festnadeln oder -nähen. Unter Wasser löst sich das Vlies auf, bis dahin kann ohne Hängenbleiben, sogar mit der Nähmaschine, gearbeitet werden.

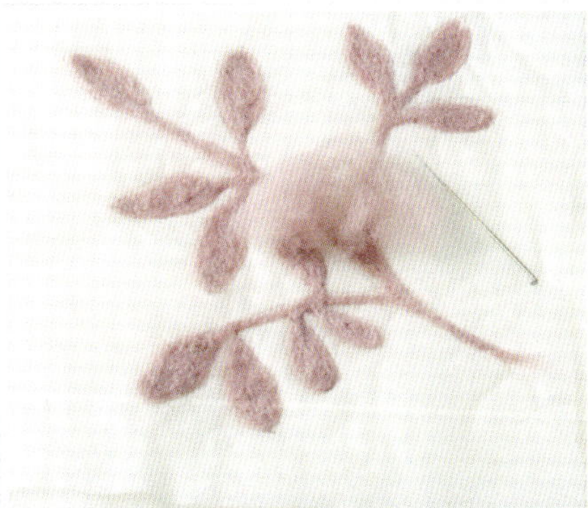

Stickvlies für vorlagengetreue Applikationen.

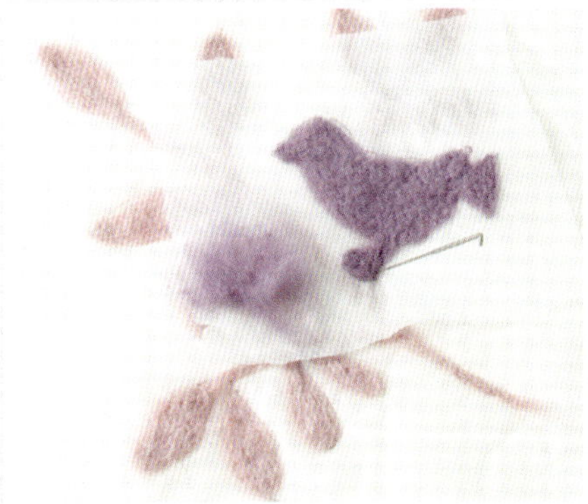

Auch schichtweises Arbeiten ist möglich.

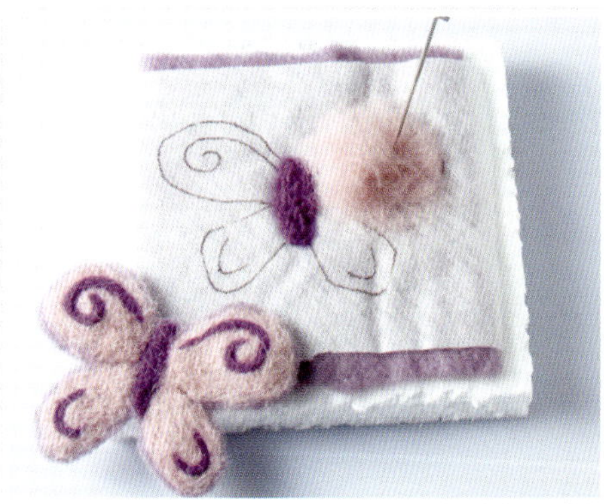

Kleine Ornamente auf Filz nadeln und ausschneiden.

Blüten und Ringe

Sie brauchen:

› Filzwolle für Blüte und Ring, je ca. 3 g › Filznadel › Nähnadel › Nähgarn und Perlen

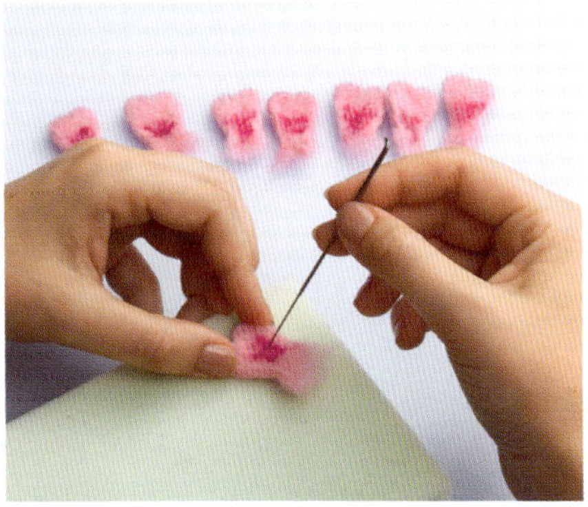

① *Blütenblätter filzen.*

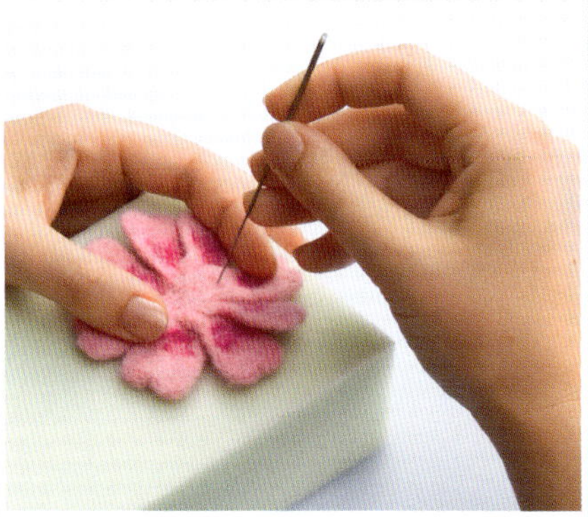

② *Blütenblätter verbinden.*

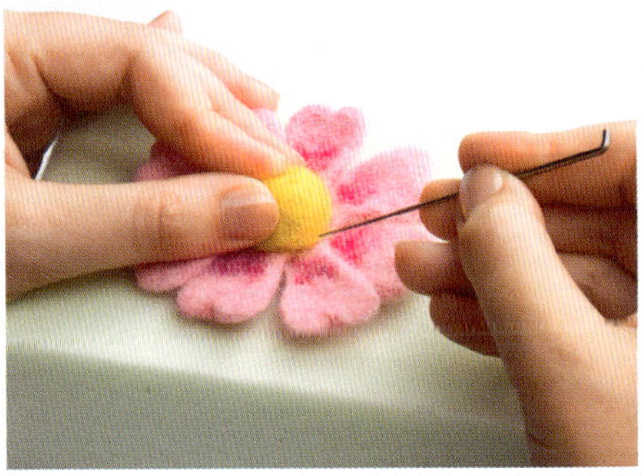

③ *Blütenmitte aufsetzen.*

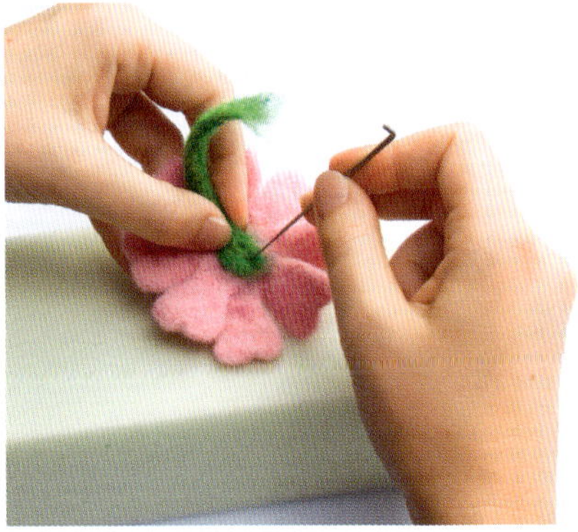

④ *Ringschiene anbringen.*

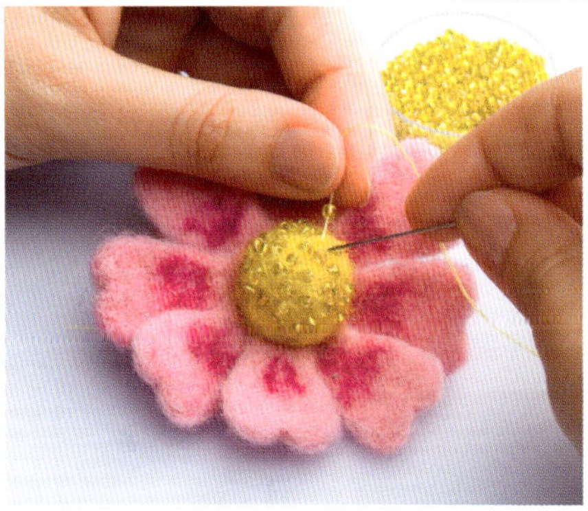

⑤ *Feinschliff.*

① Blütenblätter filzen

Zuerst die Blütenblätter einzeln filzen, dabei das untere Ende ungefilzt lassen. Für die Cosmea brauchen Sie acht Blütenblätter. Nach innen sind die Blätter mit einem dunkleren Farbton leicht koloriert. Nicht vergessen, die Kanten nachzuarbeiten (→ scharfe Kanten).

② Blütenblätter verbinden

Als Nächstes die Blütenblätter verbinden, indem sie überlappend zusammengesetzt und in der Mitte etwas vernadelt werden. Damit sich auf der Rückseite ein Ring anbringen lässt, sollten die Fasern noch nicht vollständig vernadelt werden.

③ Blütenmitte aufsetzen

Nun die Blütenmitte aufsetzen. Dafür eine ca. 2 cm große Kugel aus Wolle rollen, an der Oberseite ausarbeiten und dann mit einigen senkrechten, hauptsächlich aber seitlichen Stichen auf der Blüte befestigen.

④ Ringschiene anbringen

Danach den Ring anbringen. Dazu etwas Wolle zur Schnur filzen und an den Enden unverfilzt lassen. Ein Ende auf die losen Fasern auf der Blütenrückseite setzen und dort leicht anfilzen. Anschließend das andere Ende auflegen und ebenso anfilzen. Dabei beide Enden fest mit der Blüte verbinden und die Fläche vernadeln.

⑤ Feinschliff

Danach die Oberfläche mit einer feinen Nadel nacharbeiten. Den Blütenstempel mit Perlen besticken, um die Cosmea noch stärker an das natürliche Vorbild anzupassen.

Hinweis: Mit etwas Filzwolle lässt sich auch eine Broschennadel auf der Blütenrückseite anbringen. Die Nadel oberhalb der Mitte fixieren, damit die Blüte nicht abkippt.

Tiere und Figuren

Das Filzen von Figuren und Tieren ist die Königsdisziplin des Trockenfilzens. Hier fließt alles bisher Erfahrene ein. Und dennoch ist das Anfertigen von Figürlichem nicht allzu kompliziert, denn es lässt sich nach dem Prinzip „Viele Einzelteile ergeben ein Ganzes" bewältigen. Außerdem lassen sich, wie immer beim Trockenfilzen, jederzeit Korrekturen ausführen.

Die Körperform erfassen

Betrachten Sie den Körper des ausgewählten Tieres vor dem Filzen genau:

- Wie ist die Körperform, zum Beispiel länglich, gedrungen, breiter werdend?
- Welche Form hat der Kopf?
- Wie lang und dick ist der Hals?
- Wie verläuft die Rückenlinie?
- Wo sitzen die Gelenke an den Läufen?
- Wie kräftig sind die Beine im Vergleich zum Körper?
- Inwiefern unterscheiden sich Vorder- und Hinterbeine?
- Wie weit ist der Abstand der Beine zueinander?
- Hat das Tier einen Schwanz?

Hinweise: Vor dem Filzen einer Figur ist das Zeichnen eines Entwurfes hilfreich. Zum einen haben Sie dadurch während des Arbeitens ein Bild vor Augen, bei einer Zeichnung in Originalgröße gegebenenfalls sogar die Zielgröße. Zum anderen beschäftigen Sie sich beim Ausarbeiten der Zeichnung mit den wesentlichen Merkmalen der Figur (siehe auch Seite 112). Dabei kann das Tier auch stilisiert oder comicartig abgewandelt werden.

Die Grundform eines Tieres kann am einfachsten an einem liegenden Tier ausprobiert werden.

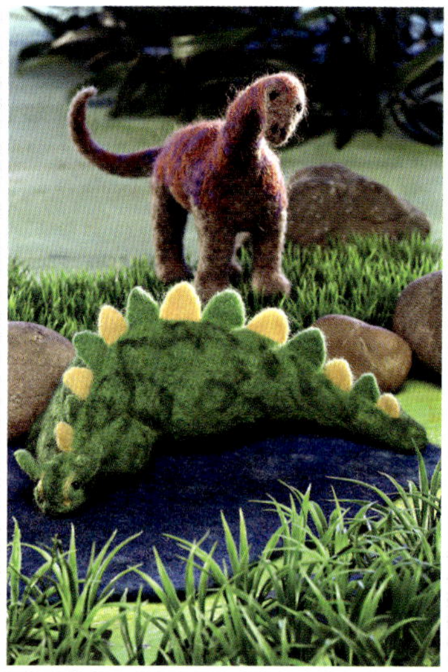

Naturalistisch: Dinosaurier.

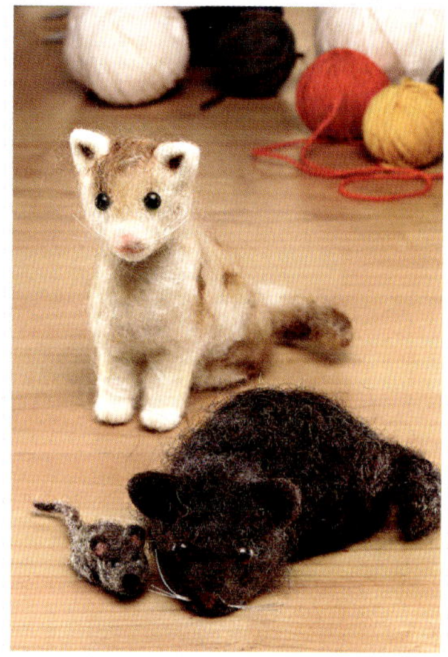

Von der Natur inspiriert, aber vereinfacht.

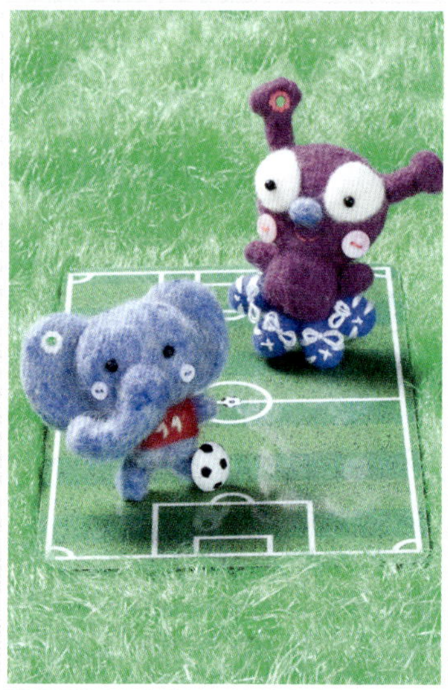

Comicartig durch veränderte Proportionen und Übertreibung bestimmter Merkmale.

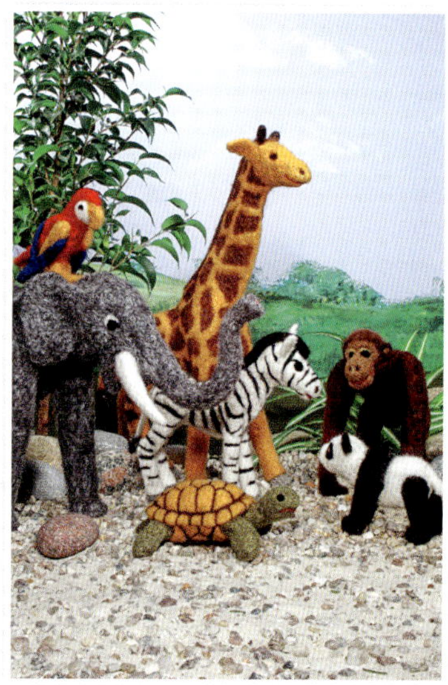

Bei den Zootieren stand die Natur Pate.

(Designs von Andrea Rudolf, Martina Häfner-Keßler, Monika Berger und Karsten Selke)

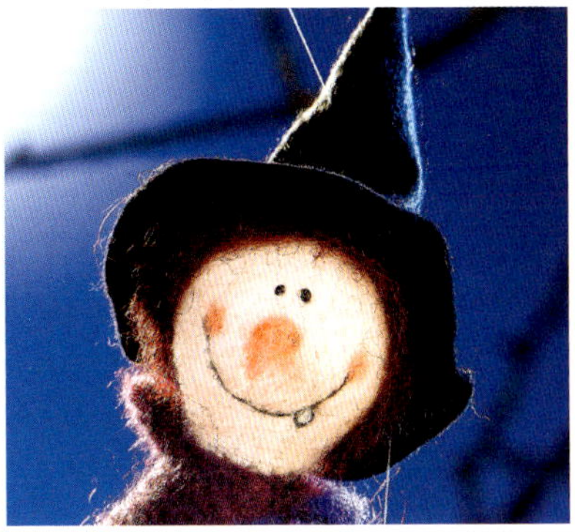
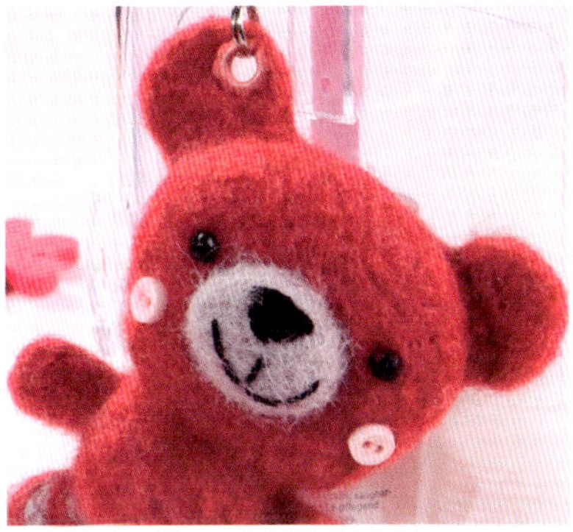
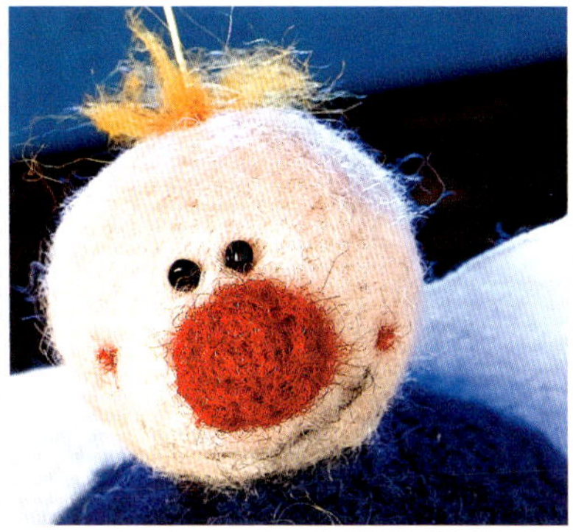

Figuren mit aufgestickten Gesichtszügen im Cartoonstil (von Heike Roland, Stefanie Thomas und Monika Berger).

Köpfe und Gesichter gestalten

Kopf

Dem Kopf wird ein Kreis bzw. eine Kugel als Form zugrunde gelegt. Betrachtet man beispielsweise Tiere genauer, so entdeckt man, dass manche Gesichtsformen durch eine tief sitzende Schnauze eine Dreiecksform (Katze) erhalten, andere Köpfe haben eine besonders breite, hohe Stirn (Elefant), wieder andere dicke Backen (Tiger) oder einen länglichen Kopf (Pferd). Betrachten Sie ein Gesicht immer auch im Profil, damit Sie den Aufbau der Schnauze sowie die Kopfform besser erkennen.Auch Menschen haben längliche, runde, herzförmige, eckige usw. Gesichter.

Ohren

Ein entscheidendes Merkmal einer Figur ist die Form ihrer Ohren. Viele Tierohren sind unten wie eine Röhre geformt und werden nach oben hin breiter. Manche sind abgerundet (Bär), andere spitz (Katze, Fuchs). Im Vergleich zu menschlichen Ohren sitzen sie weiter oben am Kopf.

Runde Ohren lassen sich mithilfe einer Münze fertigen (→ gleichmäßige Ränder). Die Fasern nach innen umschlagen und eher seitlich nadeln, damit sie auf der Rückseite nicht heraustreten. Die Form sollte gut zusammenhalten, aber noch nicht fest vernadelt sein. Die Scheibe in der Mitte durchschneiden und jedes der beiden gewonnenen Ohren aufsetzen. Vorher eine Stecknadel in die Mitte des Kopfes stecken, damit die Ohren symmetrisch sitzen.

Das Ohr zuerst oben, dann im gewünschten Abstand (je nach Rundung) unten, danach in der Mitte annadeln. Das zweite Ohr anhand der Nadel positionieren und fixieren. Sitzt es doch einmal ein wenig zu weit vorn oder hinten, lässt es sich zurechtdrücken und mit der Nadel an der gewünschten Stelle fixieren.

Hinweis: Für spitze Ohren ein Viereck filzen und diagonal teilen.

Augen

Die Augen lassen die Figuren lebendig aussehen, vor allem, wenn sie kleine, weiße Lichtflecken haben.

Man kann Augen aus kleinen Filzkugeln aufsetzen, Perlen annähen oder beide Techniken kombinieren. Comicartig sehen größere Kugeln – Glubschaugen – aus. Dafür filzt man lockere Kugeln, die man mit seitlichen Stichen fixiert, bevor sie auf der Figur verdichtet werden.

Nase

Für die Nase eine kleine Kugel filzen, die an den Kopf angesetzt und mit seitlichen Stichen fixiert wird. Dann kann man sie bei Bedarf ausarbeiten.

Mund

Der Mund wird aus einem dünnen Wollstrang aufgefilzt oder mit engen Steppstichen mit Nähgarn aufgenäht. Etwas Wangenrot oberhalb der Mundwinkel gibt Frische.

Schnauze

Die Schnauze eines Tieres wird entweder gleich mitgefilzt oder separat auf den Kopf aufgesetzt. Dazu die Wolle zusammenrollen, sodass die Fasern an einem Ende lose sind. Diese Wollfasern wie die Wurzeln eines Baumes ausbreiten (damit die Rolle von allen Seiten gleich gut hält) und die Schnauze an den Kopf nadeln.

Ist die Schnauze groß, sieht das Tier groß und stark aus, ist sie klein, sieht es klein und niedlich aus. Charakteristisch ist die Schnauzenspitze. Sie hat bei Tieren eine dreieckige Form. Die Nasenflügel unterscheiden sich von Tier zu Tier.

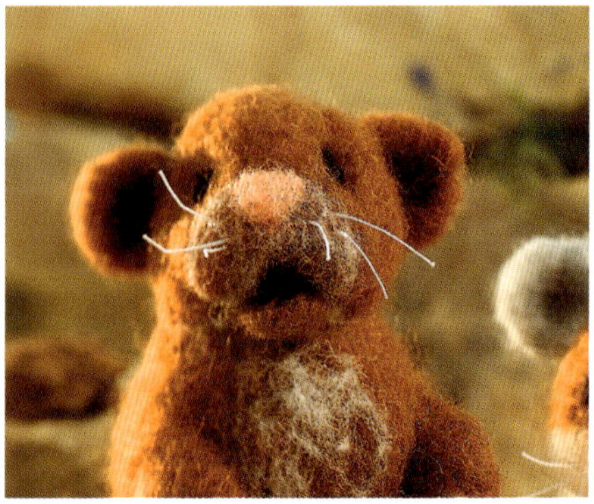

Unterlippe

Deutlich ausgeprägte Unterkiefer lassen sich besser separat filzen und an die Figur ansetzen, als aus der Wolle für die Schnauzenpartie herausarbeiten. Dafür wird ein längliches Filzstück angesetzt, dessen oberer Rand wulstig ausgearbeitet ist. Diese Wulst sollte gerade so lang sein, dass sie – unter Einbezug der gewünschten Mundtiefe – von der linken zur rechten Wange reicht. Rund um die Wulst werden Fasern zum Fixieren und Ausarbeiten des Übergangs von Unterlippe zu Kopf benötigt.

So geht's: Eine Wulst in der benötigten Länge filzen und auf ein etwas längeres, in der Mitte eingekerbtes Stück Filzwolle legen. Dieses umklappen, sodass die Wulst in der Mitte eingepackt ist, und zusammenfilzen. Unten und an der Seite die Randfasern lose lassen.

Die Unterlippe unterhalb der Schnauze mit einem kleinen Abstand positionieren, die losen Fasern federartig auslegen, an den Seiten mit Stecknadeln fixieren und festfilzen.

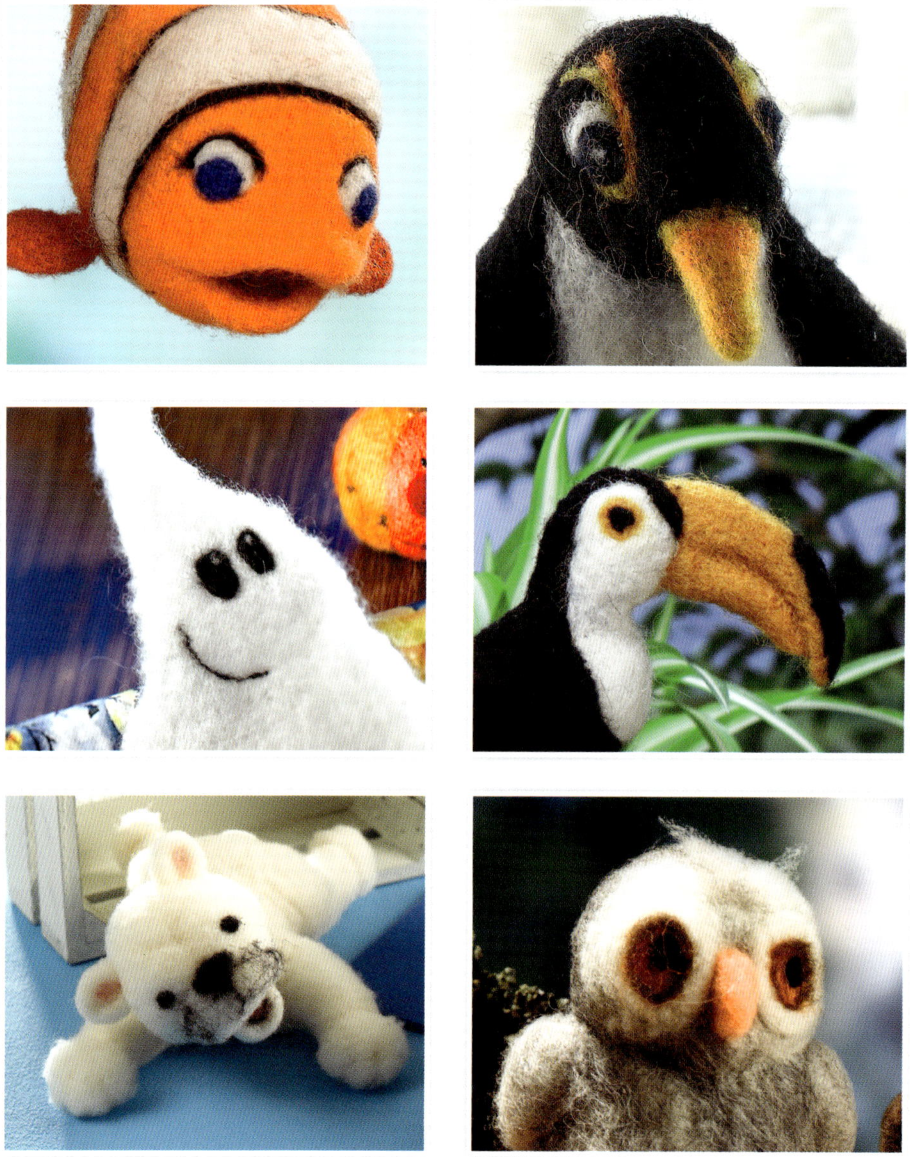

Tiere und Gesichter.

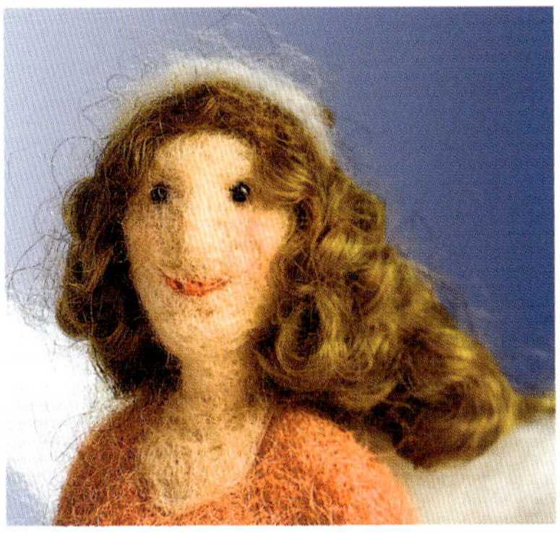

Angefilzte Puppenhaare.

Haare

Für die Haare lassen sich Strangwolle und Rohwolllocken verwenden, ebenso Lockenwolle (siehe Abbildung). Das Material einfach nacheinander von unten nach oben dachziegelartig auflegen und mit festnadeln.

Für Haare aus kardierter Wolle benötigt man Kammzug oder Kardenband, da alle Wollfasern gleich ausgerichtet sein sollten. Einen dünnen Strang nehmen und in der Mitte des Kopfes auflegen. Mit einer Hand festhalten und mit der anderen die Wolle mit gezielten Stichen in einer Geraden über den Kopf festnadeln. Dabei werden die Fasern in den Kopf gedrückt und fixiert. Zum Test beide Strangenden anheben.

Für fülliges Haupthaar nun auf einer Seite nahe zum ersten Strang einen neuen Strang anlegen und befestigen. Auf der anderen Seite wiederholen und so abwechselnd fortfahren, bis die gewünschte Haarmenge erreicht ist. Danach das Haar auf die gewünschte Länge abschneiden.

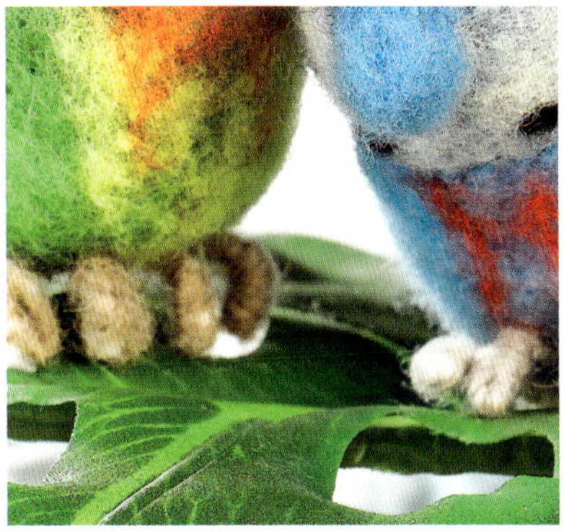

Fein ausgearbeitete Krallen.

Finger, Pfoten und Klauen

Die Gliedmaßen werden am einfachsten an die Grundform angesetzt. Bei menschlichen Figuren und Tieren mit dünnen Beinen ist ein Gerüst aus Draht (Wickeldraht oder Elektrikerdraht, bei größeren Formen auch Chenilledraht) empfehlenswert. Damit lassen sich auch Finger, Pfoten und Klauen detailliert ausarbeiten.

Wichtig ist, dass sich die Drahtenden im Körper befinden und der Draht nach unten hin geschlossen ist, eine Schlaufe bildet. Zum einen rutscht so die Wolle nicht hinunter, zum anderen besteht keine Verletzungsgefahr.

Den Draht in die benötigte Anzahl Schlaufen biegen und die Drahtenden miteinander verdrehen. Sie müssen so lang sein, dass man sie in den Körper stecken kann. Nun ein dünnes Stück Wolle nehmen und ein Ende spitz rollen, sodass es sich leicht durch die Schlaufe führen lässt. Durchziehen und zuerst nur die Klauen oder Krallen fest mit dem Wollstrang umwickeln. Erst danach die ganze Form einpacken. Bei Bedarf neue Wolle wie oben beschrieben ansetzen. Nach dem Umwickeln die Form gründlich mit gezielten Stichen filzen.

Schwänze

Um einen festen Schwanz anzufertigen, beispielsweise für eine Katze, rollt man ein Stück Vlies zu einer festen Rolle, die an einem Ende lose ist (zum Anfilzen). Für einen losen Schwanz, wie für den Schweif eines Pferdes, nimmt man Merinowolle oder Rohwolle, legt sie doppelt und filzt sie an der Faltkante mit gezielten Stichen fest. Schwänze haben öfters eine buschige Quaste. Dazu ein Stück Wolle, doppelt so lang wie der gewünschte Schwanz, nehmen; die Fasern verlaufen in eine Richtung. Den oberen, festen Teil des Schwanzes nadeln, sodass er zusammenhält. Dann um diesen Teil ein Stück Vlies mit kreuz und quer liegenden Fasern legen und rundum festnadeln. Dies sorgt für eine schöne Oberfläche, anderenfalls würde der Schwanz streifig werden. Die Wolle an der Ansatzstelle locker lassen. Ein buschiger Schwanz, wie der eines Eichhörnchens, entsteht, indem man ein Stück Elektrikerdraht mit einer Lage Wolle verkleidet und dann mit Rohwolle befilzt. Der Draht muss weit genug aus dem Schwanz ragen, damit er in den Tierkörper gesteckt werden kann.

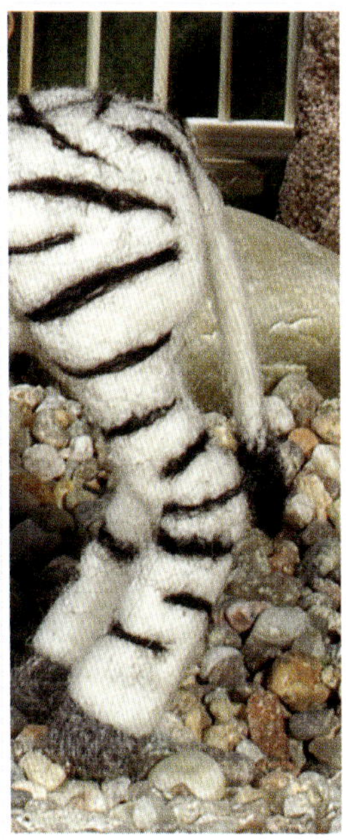

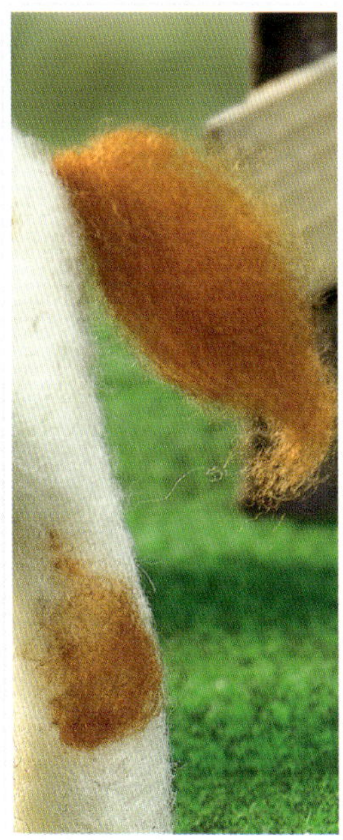

Figuren mit Drahtkern

Aus Chenilledraht können Sie ein „Skelett“ fertigen, um das die Filzwolle gewickelt wird. So entsteht eine Grundform, die durch Umwickeln beliebig ausgepolstert werden kann. Die Technik ist vor allem für stehende Figuren geeignet.

Chenilledraht, der auch unter den Namen Biegeplüsch und Pfeifenputzer bekannt ist, lässt sich zum Trockenfilzen problemlos verwenden. Anders als beim Nassfilzen muss man hier kein Rosten des Drahtes befürchten (weshalb man beim Nassfilzen auf Kupferdraht im Kunststoffmantel zurückgreift). Der Vorteil dieses leicht biegsamen Materials: Die Wolle haftet an den Härchen und verrutscht nicht so leicht.

Verwenden Sie zum Umwickeln am besten Vlieswollestreifen. Kammzug und langfasrige Merinowolle sind nicht gut geeignet.

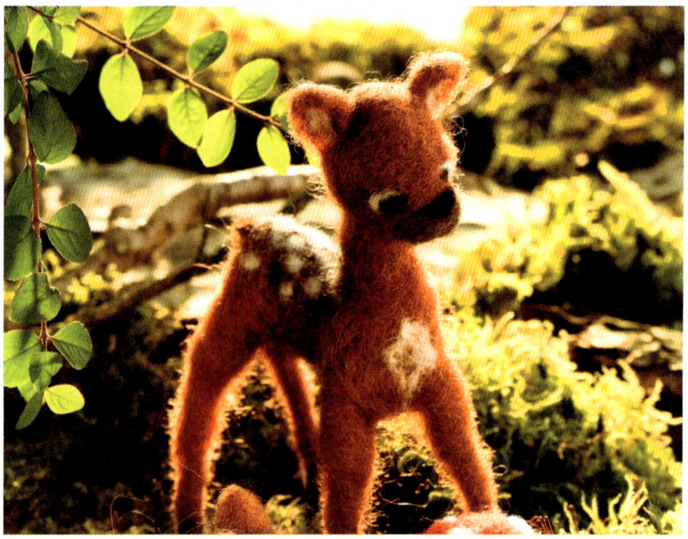

Ein Drahtskelett gibt die Form für das Kitz vor.

① Das Gerüst aus Rückenlinie und Kopf zurechtbiegen, Beine und gegebenenfalls Hörner oder Schwanz werden durch Umschlingen angesetzt.

② Nun mit schmalen Wollstreifen umwickeln. Etwa ab der Mitte einer Gliedmaße den Draht nach unten hin dünn herumschlingen. Wird zu viel Wolle verwendet, verbindet sich diese schlecht mit dem Chenilledraht. Die Wolle beim Wickeln nicht verdrehen, sondern die Streifen dicht nebeneinanderlegen.

③ Das untere Drahtstück dann mit einer Spitzzange umbiegen. Das Endstück erneut mit Wolle umwickeln und so an den anderen Gliedmaßen fortfahren. Die Wicklung jeweils bis zum Rücken fortführen.

④ Den Schwanz, dann den Kopf wickeln. Am Kopf den Strang mehrmals durch die Chenilledrahtschlaufe führen, danach um die Schnauze herum um den Kopf wickeln. Den Kopf bis zur gewünschten Dicke umwickeln (mehr Wolle kann jederzeit dazugegeben werden).

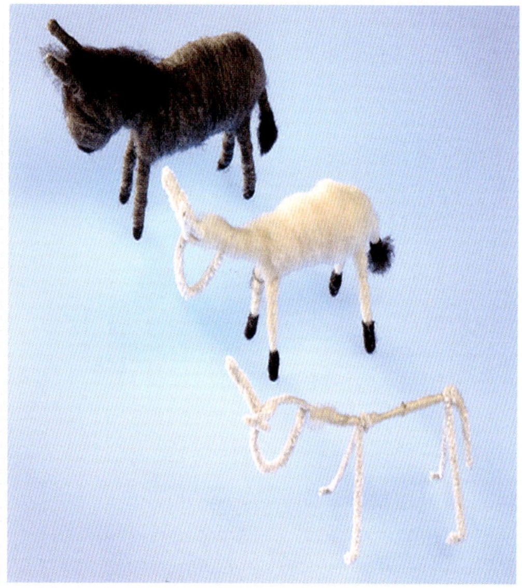

Aufbau für einen Esel.

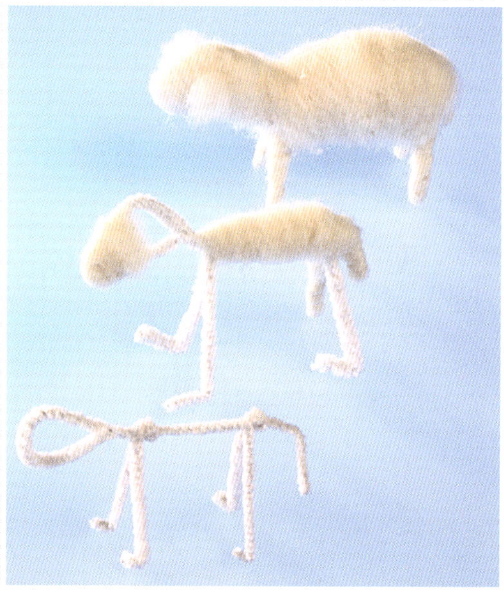

Aufbau für ein Schaf.

⑤ Um die Wolle am Drahtskelett zu fixieren, zwischendurch mit der Filznadel einstechen. Das Ganze so oft wiederholen, bis die Figur ausreichend dick gepolstert ist und die gewünschte Form hat. Details, wie die Ohren, werden separat gefilzt und angesetzt.

Figuren in Aufbautechnik

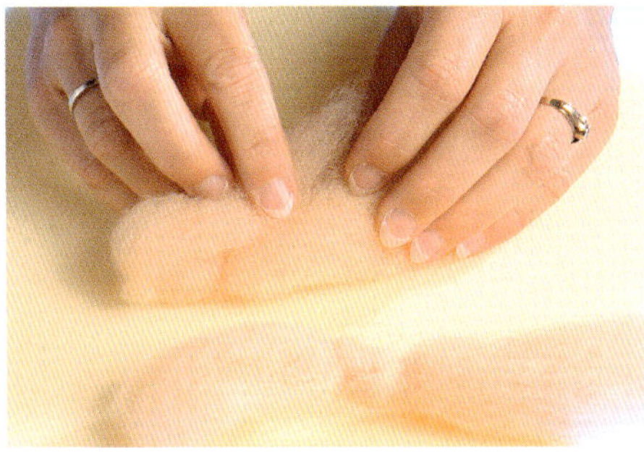

① *Körper vorbereiten.*

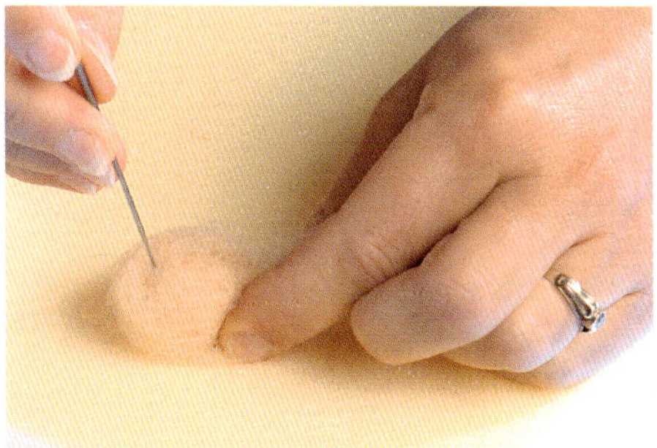

② *Kopf nadeln.*

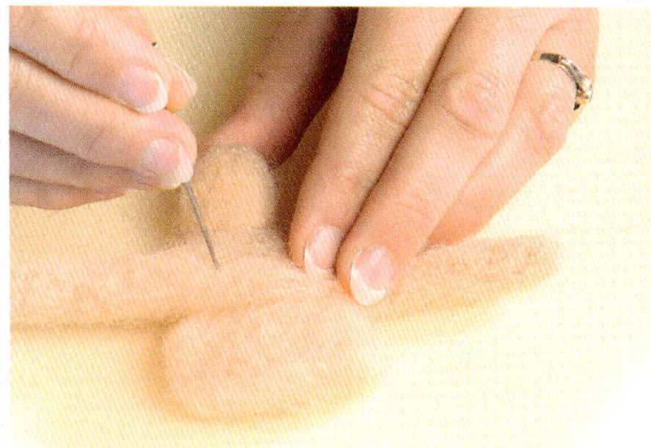

③+④ *Arme ansetzen.*

Bei menschlichen Figuren werden die Gliedmaßen an einen Torso aus Filzwolle angesetzt. Die Arme sind etwa doppelt so lang, wie der Oberkörper breit ist (Stranglänge also fünfmal Oberkörperbreite). Die Beine sind noch etwas länger als die Arme. Eine kleine Figur von 15 cm Höhe wird so gefertigt:

① Zuerst einen Knoten im oberen Bereich des Wollstrangs (25 cm x 4 cm) machen.

② Das kurze Ende über den Knotenpunkt nach unten klappen, in Halshöhe mit gezielten Stichen fixieren, dann wieder nach oben klappen und am Hinterkopf annadeln. Den Kopf gleichmäßig rundum nadeln. Bei Bedarf weitere Wollflocken auflegen.

③ Für den Oberkörper die Wolle des Strangs nach hinten umklappen und locker in Form nadeln.

④ Das Armstück (20 cm x 2,5 cm) vornadeln, auflegen und annadeln. Die Armenden entweder spitzrund zulaufend wie hier ausarbeiten oder – für kleine Fäuste – die Wollstrangenden umklappen und flachrund nadeln; der Strang muss dann 3–4 cm länger sein.

⑤ An die Beine Schuhe filzen. Um einen Stiefelschaft zu erhalten, das Bein in der gewünschten Farbe ummanteln. Die Beine mit den offenen Enden an den Körper filzen.

⑥ Danach die Kleidung anbringen. Das erfolgt entweder durch Umwickeln der Partien oder – wie beim Rock – durch Ansetzen vorgefilzter Teile. Beim Rock ist es eine Fläche, die zu einer Kegelform zusammengenadelt und dann am Rand an der Taille festgefilzt wird.

⑦ Die Haare strähnchenweise aufnadeln oder, das geht schneller, auflegen und mit ein paar Stichen kranzförmig fixieren. Eventuell weitere Strähnen anbringen.

⑧ Für die Nase eine kleine Kugel filzen und aufsetzen. Die Augen und den Mund aus vorgeformten Wollkugeln aufsetzen und feststechen.

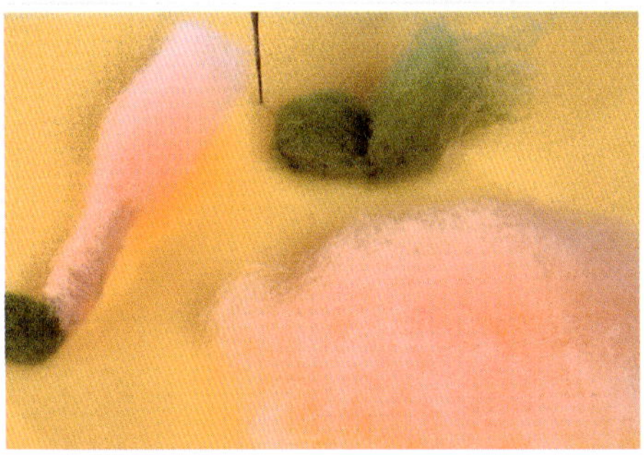

⑤ *Beine mit Schuhen anfertigen.*

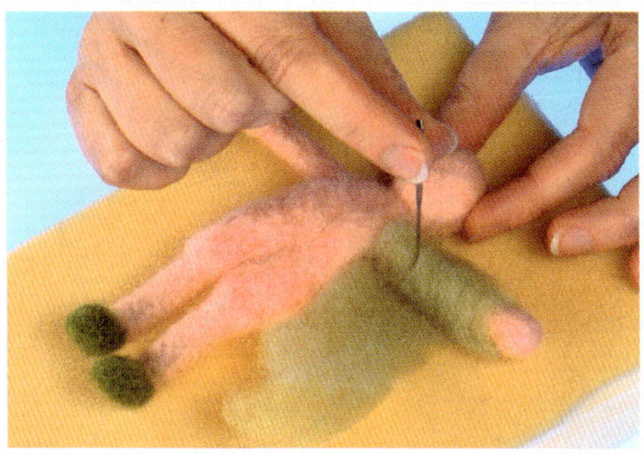

⑥ *Figuren ankleiden.*

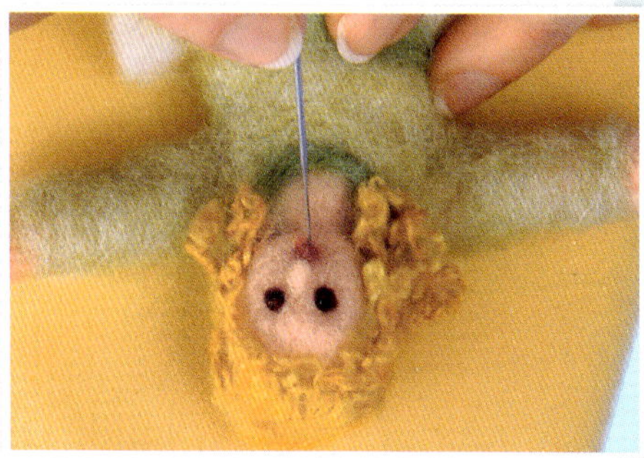

⑦+⑧ *Haare ansetzen und Gesicht ausarbeiten.*

Tiere in Aufbautechnik

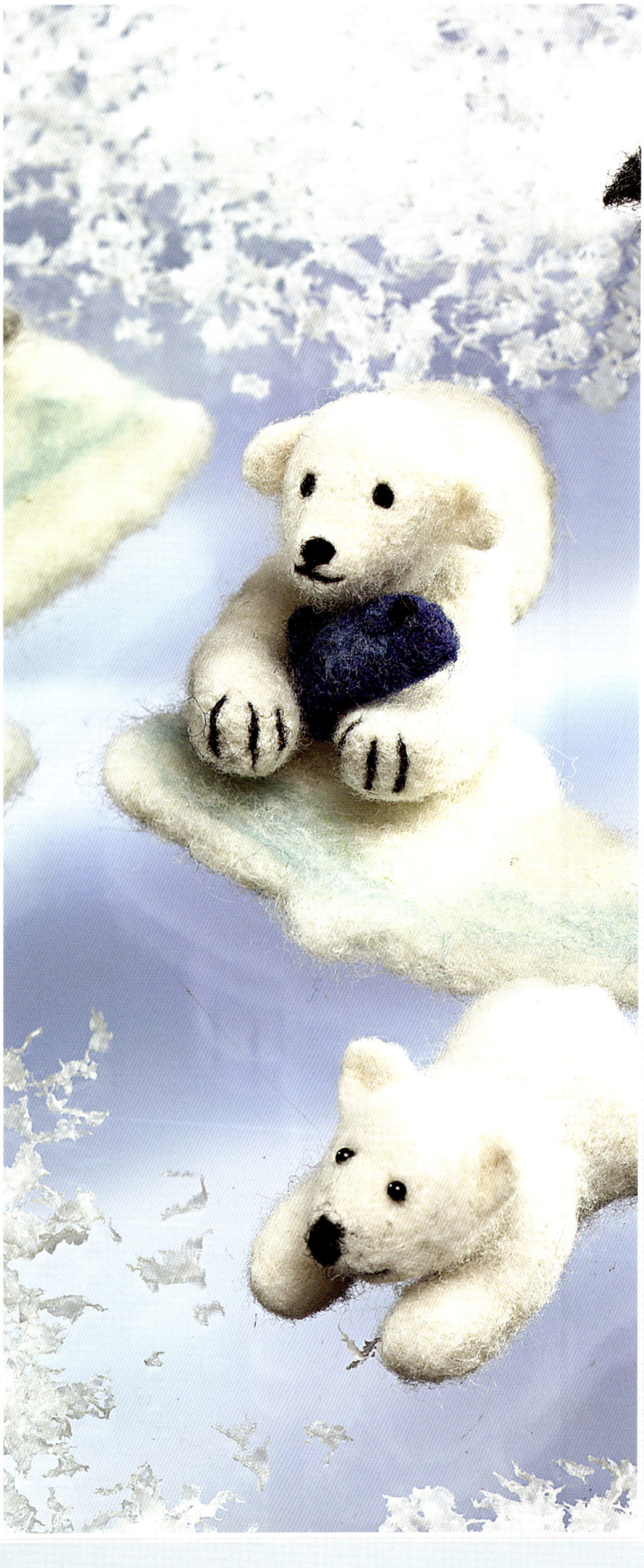

Bei dieser Methode wird ein Grundkörper gearbeitet, an den vorgefilzte Gliedmaßen und andere Details angesetzt werden. Ihre Ansatzstellen sind jeweils unverfilzt und werden beim Ansetzen aufgefächert, wodurch sich fließende Übergänge arbeiten lassen. Muskelpakete entstehen durch gezieltes Auflegen weiterer Wollstücke (siehe auch Erhöhung arbeiten, Seite 145).

Als Spielzeug für Kinder sollten die Figuren fest gefilzt werden, damit sie unbeschadet eine 30°C-Wäsche in der Waschmaschine (im Wäschesack) überstehen.

Sie brauchen:

› Vlieswolle, ca. 40 x 30 cm › grobe und mittlere Filznadel › ggf. Rocailles in Schwarz › Nähnadel und Faden

1. Ein Stück Vlieswolle, ca. 40 x 30 cm, dritteln. Für das Grundgerüst in die vordere Hälfte eines Streifens einen lockeren Knoten machen. Das lange Ende soll noch etwa 20 cm lang sein. Das kurze Stück vorn auf die Unterseite des Kopfes umklappen, dabei darauf achten, dass die schöne, glatte Seite des Knotens nach oben sichtbar ist. Hat das Tier eine Schnauze, die Wolle nicht glatt umschlagen, sondern für die Schnauze eine „Beule" stehen lassen. Vorgefilzte Schnäbel können in den Knoten gezogen werden.

2. Das lange Stück in der Mitte Richtung Unterseite umschlagen, dies wird später der Körper.

3. Nun die Form mit einer groben oder mittleren Nadel und vorsichtigen Nadelstichen rundum stabilisieren. Hat das Tier einen längeren, dünnen Hals, dies gleich beachten, ebenso wie besonders flach liegende Köpfe (schlafende Tiere). Die Wolle dementsprechend länger bzw. dünner ziehen oder in Form drücken.

4. Dann mit der Formgebung beginnen und Schnauze, Hinterteil und Hals andeutungsweise ausarbeiten. Weiter ausgearbeitet wird der Körper durch das Auflegen von Vliesstücken (zweites Wollstück verwenden). An den Ansatzstellen der Gliedmaßen noch nicht so stark aufbauen, hier wird die Figur durch das Ansetzen noch voluminöser. Etwas Wolle für später übriglassen.

Eisbären von Andrea Rudolf und Martina Häfner-Keßler.

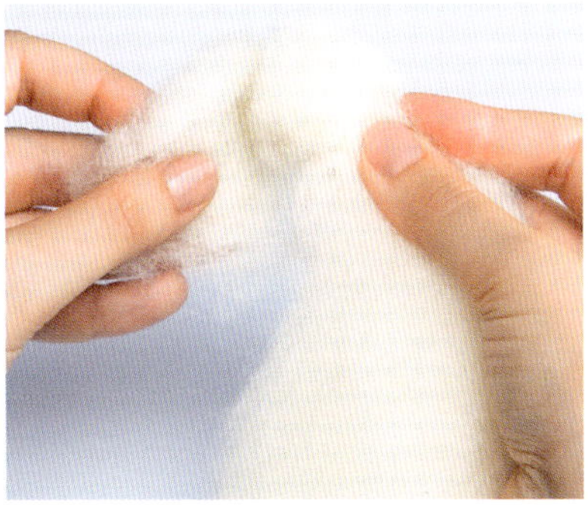

① *Den Wollstrang vorbereiten.*

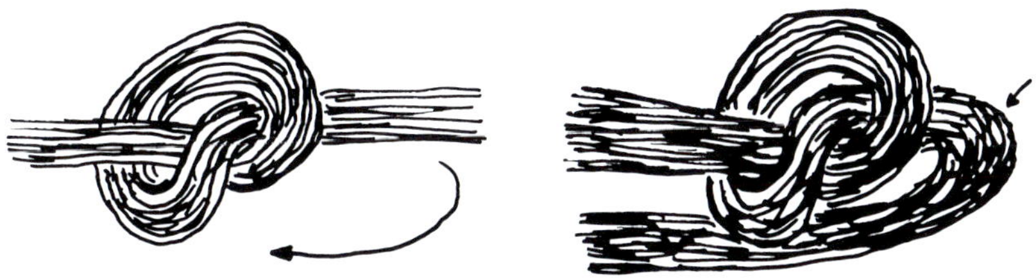

Anfertigen der Schnauze.

⑤ Als Nächstes vom dritten Vliesstück etwas Wolle für die Ohren beiseite legen. Dann wird es für die Vorderbeine aufgeteilt (bei vier Beinen braucht man die doppelte Wollmenge). Jedes Vliesstück, ca. 25 cm lang, halbieren und zur Schlaufe legen. Die geschlossene Schlaufenseite ergibt die Tatze. Die Wolle in die gewünschte Form legen und zu zwei Dritteln ausarbeiten. Die restlichen Fasern bleiben zum Ansetzen lose. Damit die Beine nicht zu lang und zu flach werden, gleichmäßig rundum und von vorn, von den Tatzen her, nadeln.

⑥ Die fertigen Vorderbeine neben dem Körper platzieren, sodass die Pfoten etwa in gleicher Höhe mit der Schnauze enden. Das ungefilzte Wollstück vorsichtig auffächern, damit ein schöner Übergang entsteht, und annadeln.

⑦ Für das Ohr eine Wollschlaufe legen und halbrund nadeln, die Unterkante lose lassen. Das Ohr ansetzen und auf den Körper filzen, bei Bedarf noch kleine Flocken auflegen. Oder die Ohren aus Halbscheiben anfertigen.

⑧ Nun rundum, vor allem an den Ansatzpunkten der Beine, noch Wolle auflegen und die letzten Feinheiten ausarbeiten. Die Augen aus kleinen Kügelchen und die Linien aus verzwirbelten Wollfasern mit gezielten und vorsichtigen Nadelstichen aufbringen. Alternativ schwarze Rocailles als Augen aufnähen.

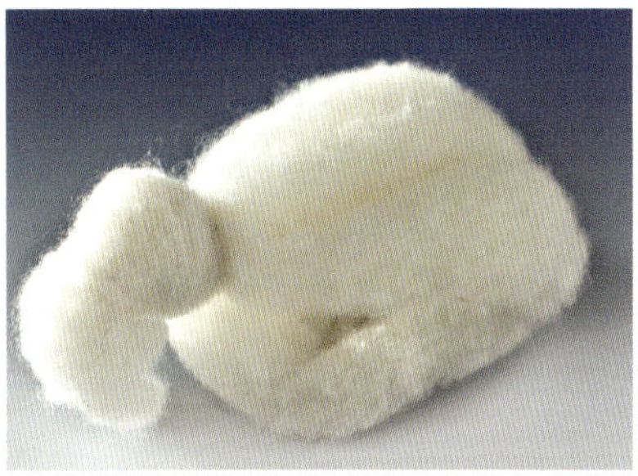

② *Der Körper nimmt Form an.*

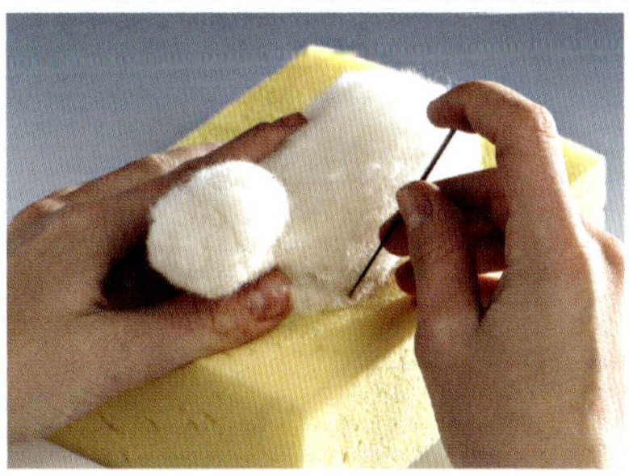

③ *Das Tier mit der groben Nadel vorformen.*

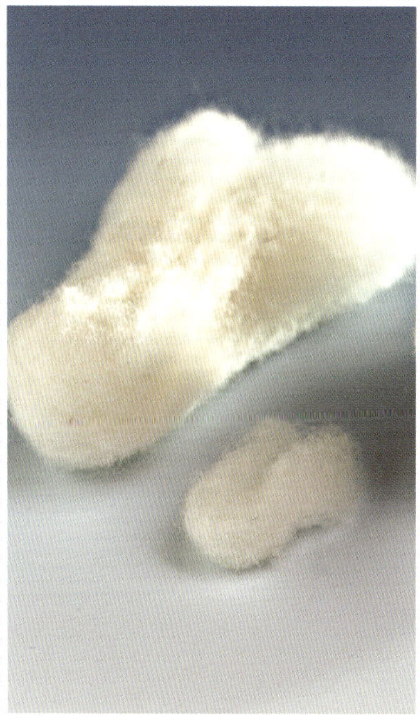

⑤ *Die Wolle für Beine und Ohren.*

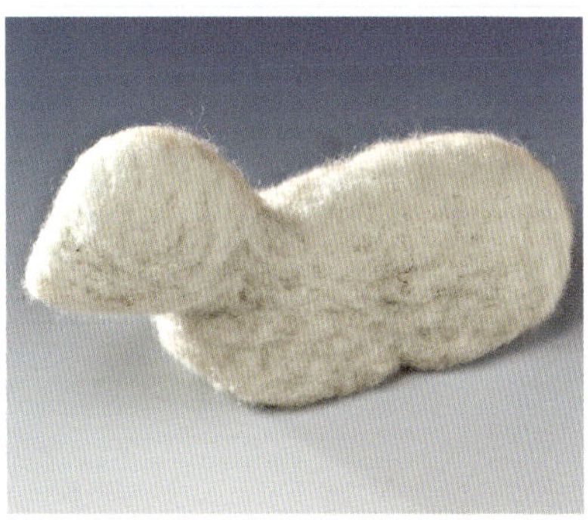

④ *Die Umrisse werden deutlich.*

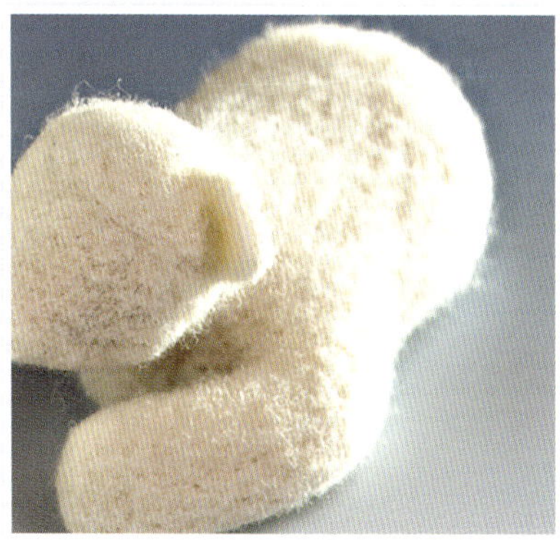

⑥+⑦ *Das erste Bein und das erste Ohr sind angebracht.*

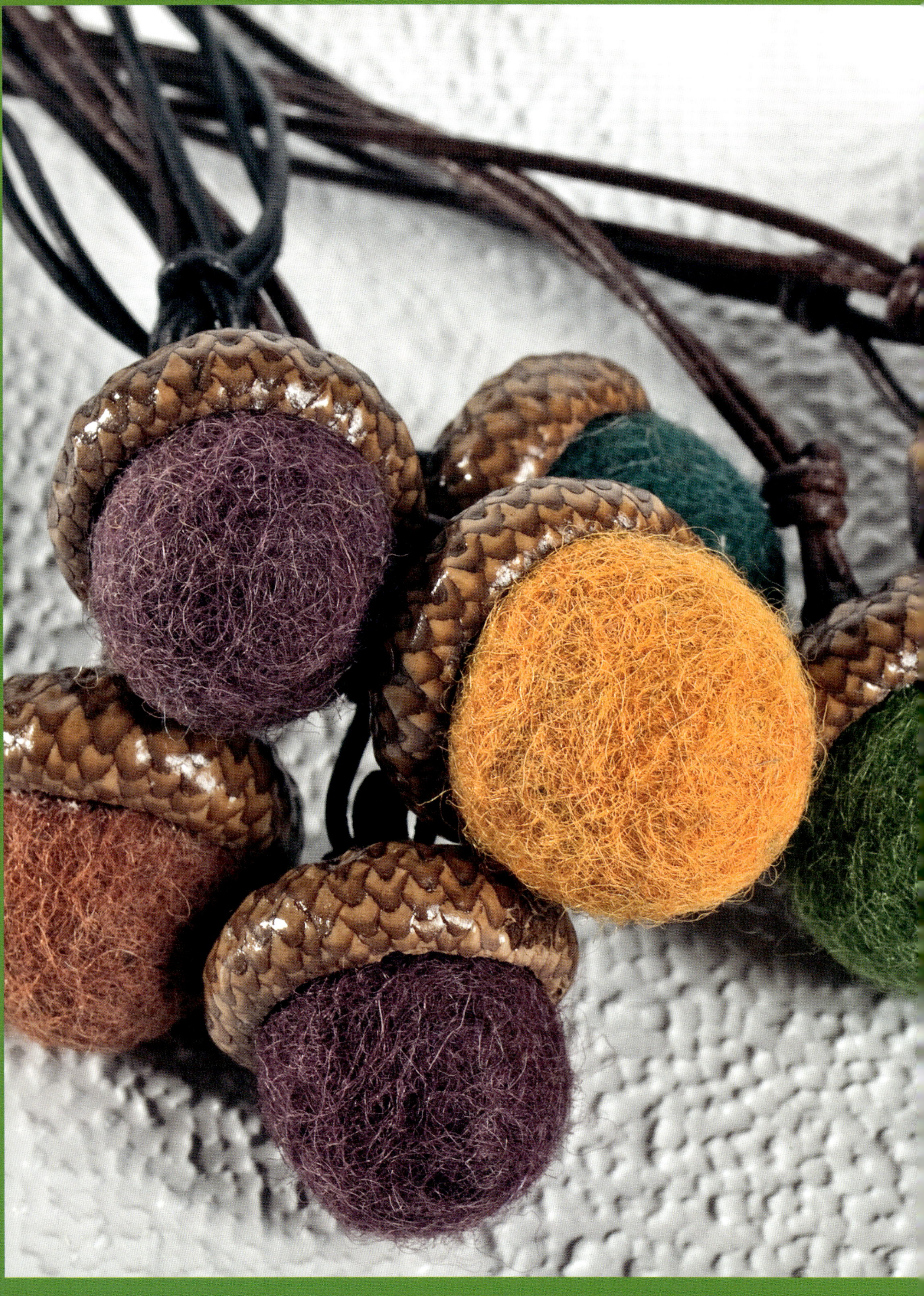

Tipps & Tricks

Die Grundlagen des Filzens zu kennen, ist das eine. Das i-Tüpfelchen liegt jedoch in der Kenntnis über Wolllagerung und -pflege, Farbtheorie, Zierstiche und professionelle Schmuckfertigung. Solches Hintergrundwissen unterscheidet den Profi vom Laien. Und Sie werden sehen, es ist ganz einfach, ein bisschen besser zu sein als die meisten!

Das Filzen ist nicht nur bei „Großen" beliebt, auch Kinder freuen sich über kreatives Schaffen mit Schafwolle. Sie entsprechend ihrem Alter und Können zu fordern und fördern, ist wichtig, damit weder Langeweile noch Frust durch Überforderung aufkommen. Aus diesem Grund finden Sie auf den nächsten Seiten auch Tipps zum Filzen mit Kindern.

Manche filzen, weil es ihnen Freude und Ablenkung bereitet. Andere möchten mit ihren Werken ein paar Euro dazuverdienen oder sogar ihr berufliches Einkommen bestreiten. Durch das Internet ist es einfacher geworden, sich selbstständig zu betätigen und ein Geschäft zu eröffnen. Auf der letzten Seite dieses Kapitels erfahren Sie, wo sich die virtuellen Marktplätze im World Wide Web befinden.

Wolle lagern

Motten sind die größte Gefahr, weil sie sich unter vorteilhaften Bedingungen schnell vermehren. Außerdem muss man auf der Hut sein vor Pelzkäfern, die im Frühjahr durch offene Fenster ins Zimmer fliegen. Vorsicht also beim Lüften von Räumen, in denen Wolle aufbewahrt wird!

Kaufen Sie nicht mehr Wolle ein, als Sie in einem Jahr verbrauchen können, und bewahren Sie diese kühl und gut verschlossen auf. Kontrollieren Sie die Säcke regelmäßig, vor allem im Frühjahr, wenn die Motten zum Leben erwachen.

Wolle, die man längere Zeit aufbewahren möchte, sollte vorher gewaschen werden, denn Mottenlarven ernähren sich nicht nur vom Wollprotein, sondern auch vom Fett in der Wolle, vor allem schmutzige Stellen mögen sie gern.

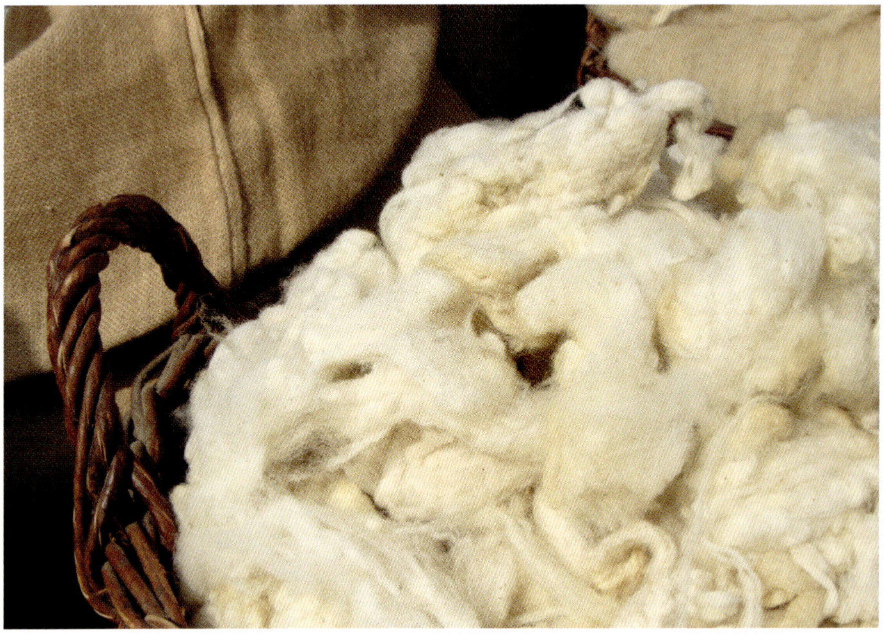

Motten lieben Filzwolle – dank der Tipps auf dieser Seite können Sie vorbeugen.

Filz pflegen

Vor Insektenbefall schützen

- Die Dinge benutzen, bewegen und an hellen Plätzen aufbewahren, das schützt am besten vor Motten.
- Motten mögen Schmutz, also die Filzteile waschen, wenn sie schmutzig sind.
- Auch das Lüften tut gut: am besten an einem frostigen, sonnigen Wintertag, optimalerweise bei Temperaturen um minus 20 °C. Motten mögen weder Sonne noch Kälte, der Wolle schadet hingegen Kälte und milde Sonnenbestrahlung nicht.
- Nach einem Mottenbefall alles reinigen und eventuell mit Insektenvernichtungsmittel besprühen.
- Prophylaktisch können Sie Filzarbeiten mit Neemöl behandeln, es verflüchtigt sich nach einigen Wochen und sollte immer mal wieder aufgefrischt werden. Das natürliche Textilschutzmittel wird aus Samenkernen des indischen Neembaums gepresst und ist für den Menschen unschädlich (anders als beispielsweise Mottenkugeln).

Wollprodukte pflegen

- Statt einer Wäsche genügt es meistens, das Stück zu lüften und regelmäßig zu entstauben (ausschütteln, ausklopfen, absaugen).
- Waschen lässt sich Filz mit einem milden Wollwaschmittel von Hand bei 30 °C, Sie können ihn aber auch im Wollwaschgang der Waschmaschine mitwaschen. In das letzte Spülwasser einen Schuss Essig geben, dann schleudern und feucht in Form ziehen, zum Trocknen wenn nötig ausstopfen. Wer keine Schleuder hat: Den Filz einfach in ein Handtuch geben und fest kneten/darauf herumtreten.
- Durch den Gebrauch entstehen kleine Knötchen auf der Oberfläche. Diese nicht abrupfen (dabei ziehen Sie weitere lose Fasern aus dem Stoff, die dann wiederum pillen), sondern vorsichtig mit der Schere abschneiden oder abrasieren.

Die wichtigsten Stickstiche

Der Vorstich

heißt auch waagerechter Stich, liegender Stich, Heftstich oder Reihstich. Er ist der einfachste Stich. Durch verschiedene Stichlängen und Reihen entstehen hübsche Muster.

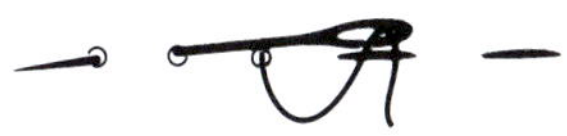

Der Spannstich

heißt auch senkrechter Stich, stehender Stich, Plattstich, Flachstich, Wickelstich oder Gobelinstich. Muss aber gleichmäßig gearbeitet werden, damit er gut aussieht.

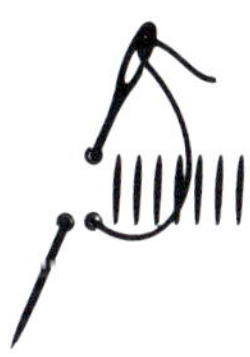

Der Steppstich

ist ein wichtiger Linienstich. Er besteht aus gleichlangen, ganz eng aneinander stoßenden Stichen. Wenn zwischen den Stichen eine Lücke gelassen wird, heißt er Rückstich oder Hinterstich.

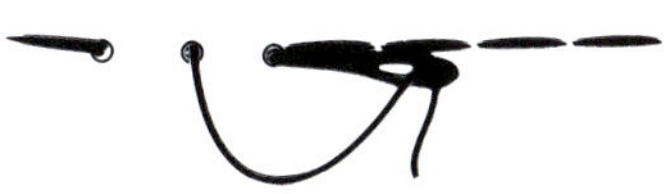

Der Stielstich

ist ein sehr dekorativer Linienstich. Wird gerne für Stiele und Zweige verwendet. Auf der Rückseite sieht er aus wie der Steppstich.

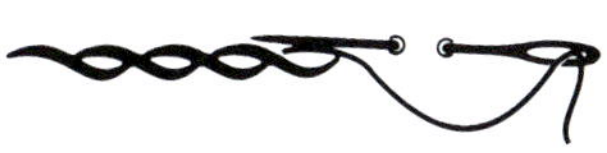

Der Überfangstich

heißt auch Aufnähstich, Überwindelstich, Klosterstich oder Sparstich. Mit ihm lassen sich nicht nur Stickgarne, sondern auch dicke Schnüre, Luftmaschenketten, Leder- oder Metallstreifen aufnähen.

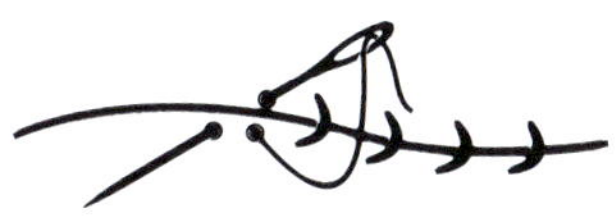

Der Kettenstich

kann von oben nach unten und von rechts nach links gearbeitet werden. Er eignet sich sehr gut für Bogen- und Blütenformen. Als Blüte angeordnet, heißt er Margeritenstich.

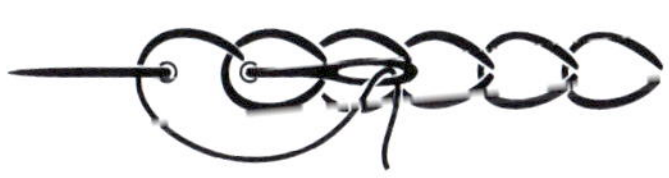

Der Zickzackstich

ist sehr beliebt und dekorativ. Er lässt sich in der Höhe und in der Breite verändern und sowohl für Bordüren als auch für Flächenfüllungen verwenden.

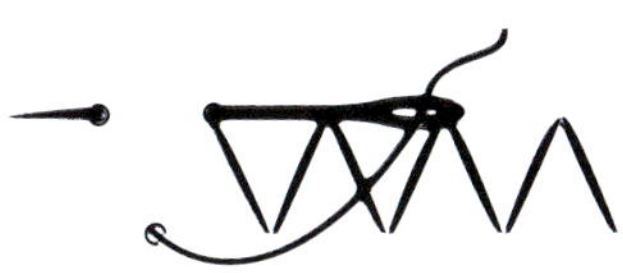

Der Kreuzstich

besteht aus zwei Einzelstichen, die sich kreuzen. Zuerst den Grundstich von links unten nach rechts oben und darüber den Deckstich von links oben nach rechts unten sticken. In der Geschichte der Stickerei spielt der Kreuzstich eine ganz wichtige Rolle.

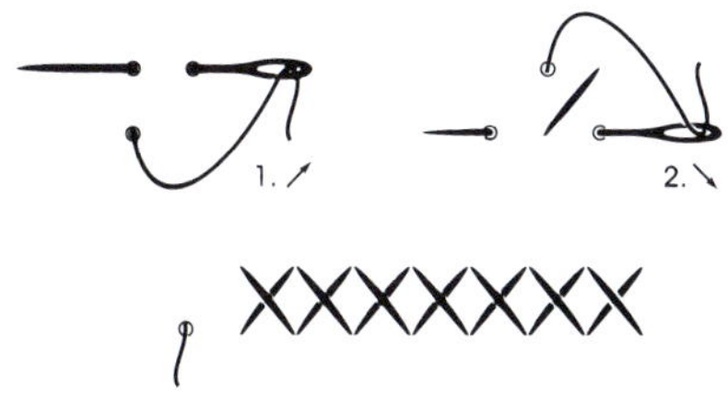

Der Schlingstich

hat seinen Namen davon, dass beim Sticken immer eine Schlinge unter die Nadel gelegt werden muss. Man nennt ihn auch Feston- oder Langettenstich. Er wird gerne als Kantenabschluss verwendet.

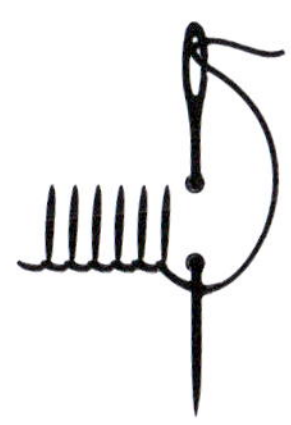

Der Sternstich

besteht aus vier Einzelstichen. Er ist als Reihe oder Einzelmotiv sehr dekorativ. Die schrägen Stiche lassen sich so verändern, dass jeder Stern ein Quadrat ausfüllt.

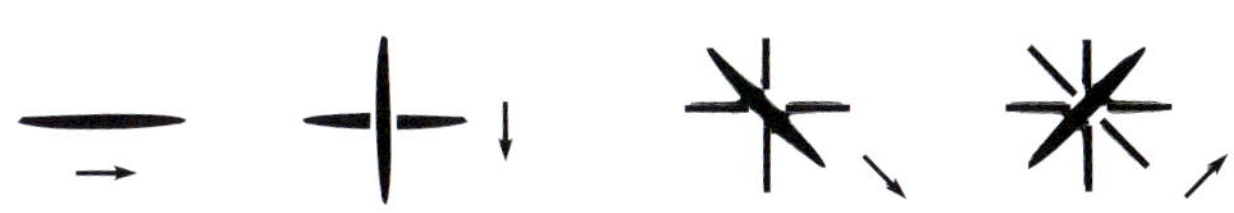

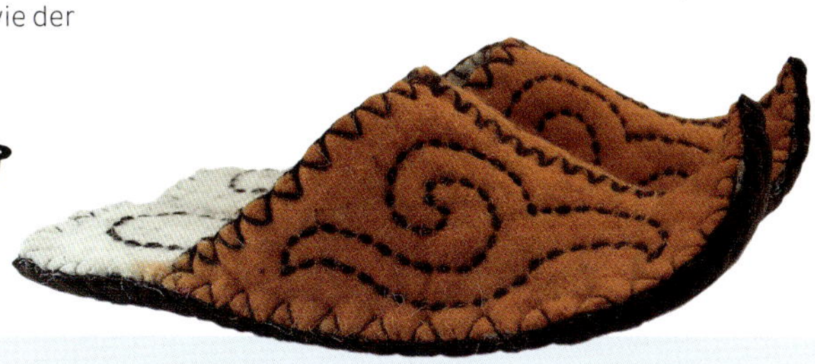

Mongolische Pantoffeln: kunstvoll zusammengenäht und bestickt.

Professionelle

Gewusst wie, und schon entstehen aus kleinen Filzaccessoires aparte Schmuckstücke. Damit sie lange Freude bereiten, sollten sie hart gefilzt und der Verschluss fest angebracht sein. Als Kette eignet sich Schmuckdraht (nylonummantelter Stahldraht), den Sie in Stärken von 0,3 bis 0,6 mm erhalten, ohne Ummantelung bis 3 mm. Er ist in Silber und Gold auf der Rolle oder als Zuschnitt erhältlich. Tipp: Behandeln Sie den Draht pfleglich, er bekommt leicht Knicke.

Zum Fixieren der Schmuckteile benötigen Sie Quetschperlen, die mit einer schmalen Zange zusammengedrückt werden. Sie sind 2 bis 3 mm groß und in Silber, Gold und Schwarz erhältlich.

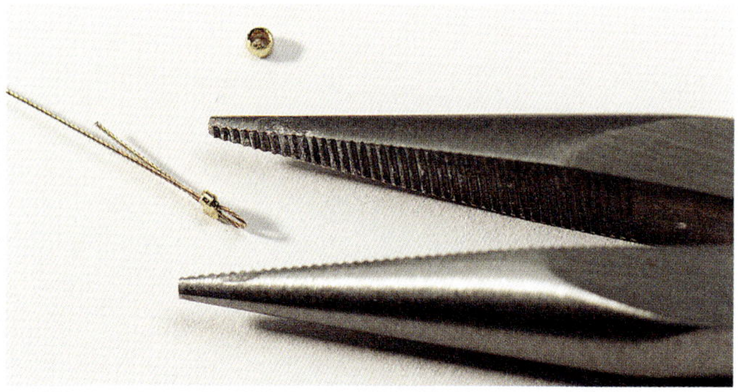

Eine Verschlussöse anfertigen.

Verschlüsse

(1) **Röhrensteckverschluss** – Stahldraht einstecken und die Hülsenenden mit einer Flachzange kräftig zusammendrücken.

(2) und (3) **Schraubverschlüsse** – Öse öffnen, Kettenöse einhängen, Öse des Verschlusses schließen.

(4) und (5) **Magnetverschluss und Karabinerverschluss** – beim Anfertigen der Verschlussöse mit einfassen.

(6) **Spaltringe** – lassen sich zum Schluss auffädeln, machen Ketten längenverstellbar.

(7) **Endkappen** – zum Einkleben von Filzschnüren.

Verschlussöse anfertigen

Ösen, in die Verschlüsse eingehängt werden, lassen sich mit Quetschperlen anfertigen. Und so wird's gemacht: Eine Quetschperle auffädeln, ca. 2 cm des Drahtendes nach unten knicken und die entstandene Schlaufe zusammendrücken. Die Quetschperle über beide Drähte nach oben schieben, sodass Sie eine ca. 3 mm große Öse erhalten, und zusammendrücken. Das überstehende Ende knapp abschneiden. Um es ganz zu „verstecken", kann man (vorher) eine zweite Quetschperle auffädeln, darüberschieben und fixieren. Auch bei mehrreihigen Ketten wird nur ein Drahtende zur Öse geformt, die übrigen werden zwar mit in die Quetschperle eingeschoben, aber nach dem Fixieren ca. 2 mm darüber abgeschnitten.

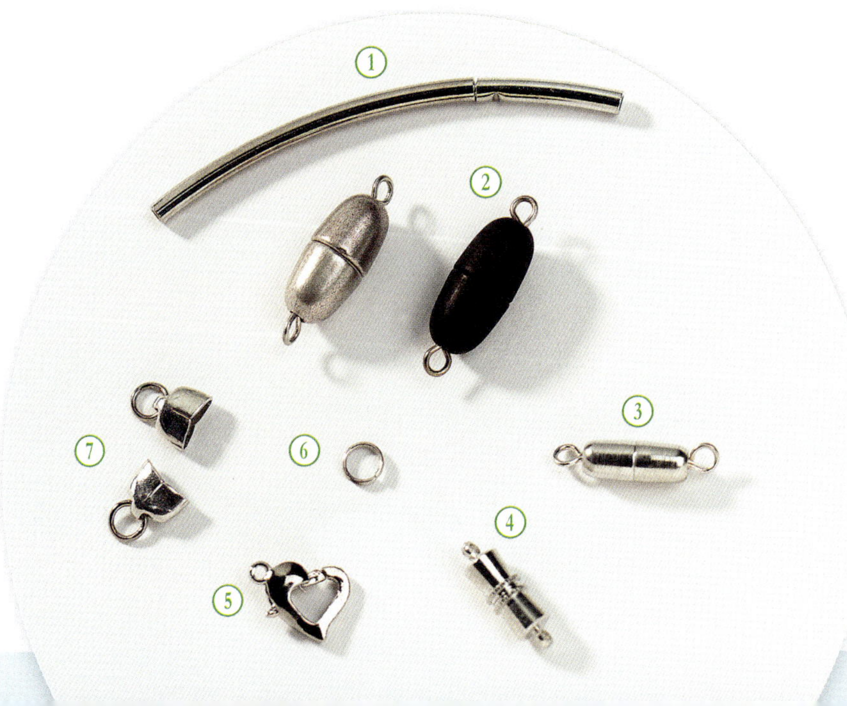

Schmuckfertigung

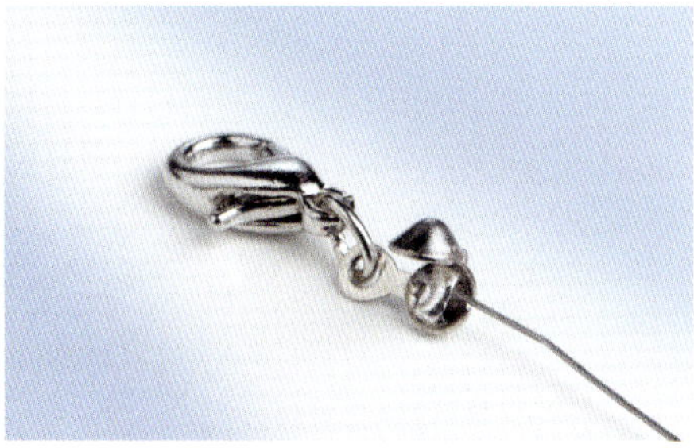

Aufbau mit Quetschkalotte, Biegering und Karabinerverschluss.

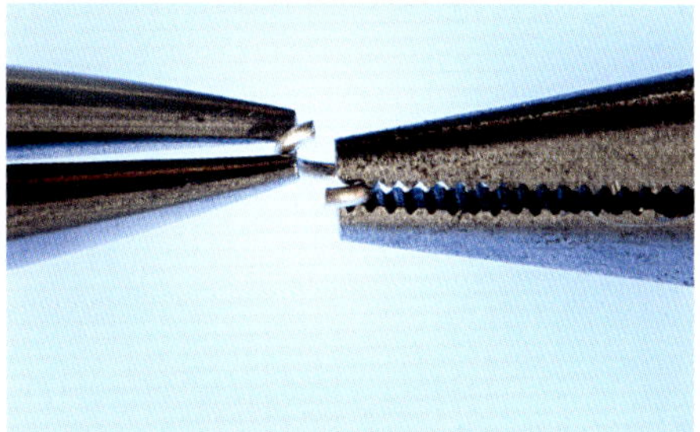

Einen Biegering öffnen.

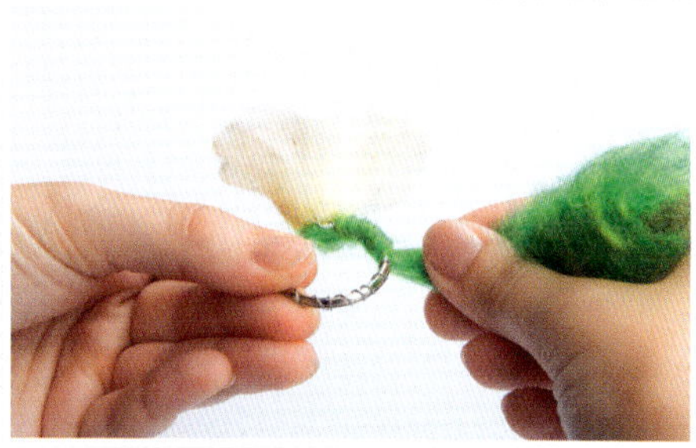

Nachträglich eine Ringschiene anbringen.

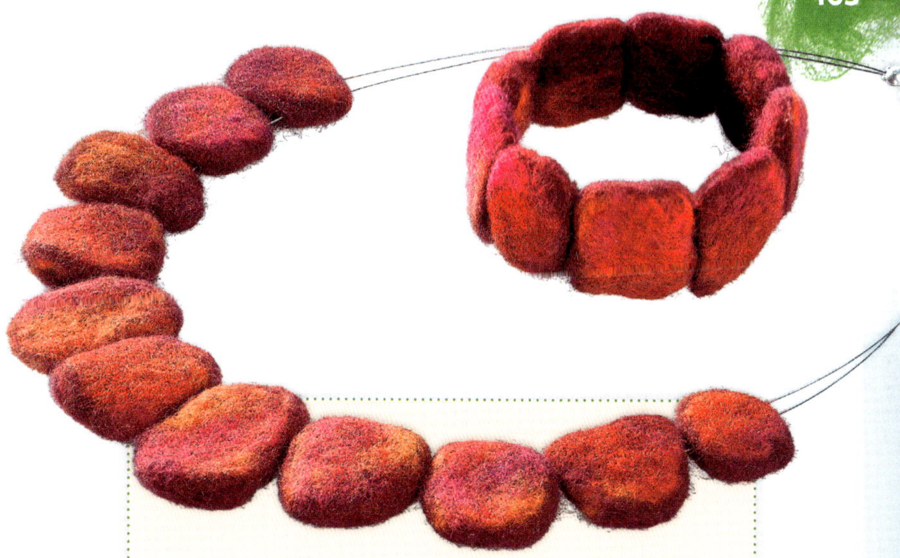

Verschluss anbringen

Das Drahtende mit einer Quetschperle bestücken, diese mit einer Flachzange zusammendrücken (fest). In eine Quetschkalotte einlegen, positionieren, dann diese ebenso zusammendrücken (vorsichtig). Die Quetschkalotte mit einem Biegering am Verschluss anbringen.

Biegeringe öffnen und schließen

Zum Öffnen einen Biegering mit zwei Zangen (Flachzange/Rundzange) greifen und unbedingt nach vorne und hinten aufbiegen. Wenn sie ihn seitlich auseinanderziehen, verliert er seine Form. Zum Schließen in die Gegenrichtung wieder zubiegen.

Fingerring anbringen

Würden Sie ein kleines Filzstück gerne am Finger tragen? So können Sie nachträglich einen Ring anbringen: Mithilfe einer Nadel Silberdraht durch die Rückseite des Filzstückes ziehen. Einen Ring, ca. 3 mm größer als der Fingerdurchmesser, an den Filz drücken und fest mit dem Draht umwickeln (gegengleich). Dann den Ring gleichmäßig mit dünnen Wollflusen bewickeln. An der Rückseite des Filzelementes den noch sichtbaren Drahtring mit Wollflusen abdecken und diese annadeln. Die Ringschiene dann ausgiebig zwischen Daumen und Zeigefinger filzen, zwischendurch auf den seifig nassen Finger stecken und drehend bearbeiten.

Kettenlängen

Die Längenangabe einer Kette berechnet sich aus dem Halsumfang, dabei wird berücksichtigt, wie halsnah oder -fern die Kette sitzen soll, und dem Verschluss.

halsnahe Kette	42 bis 45 cm
kurze Kette	45 bis 50 cm
kurze Longkette, einreihig getragen oder Layer-Look	60 bis 70 cm
Opera-Länge	90 bis 100 cm
Longkette, Layer-Look	160 cm

Filz und Farbe

Farben mischen

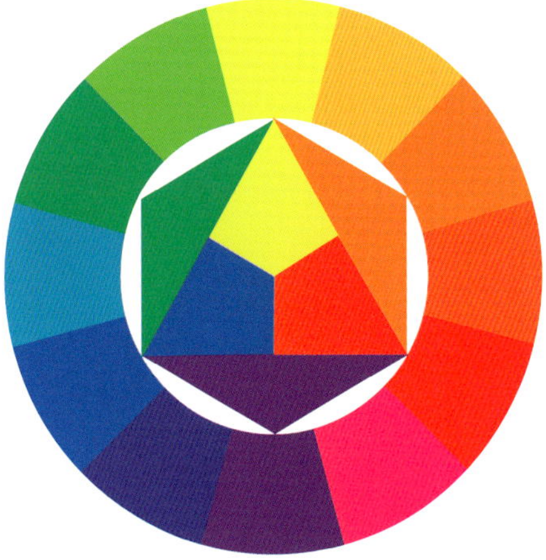

Im Innern des Farbkreises stehen die Grundfarben (Rot, Gelb, Blau). Aus der Mischung zweier Grundfarben entstehen Sekundärfarben (Orange, Lila, Grün). Alle weiteren Farbmischungen entstehen aus der Mischung von Grund- und Sekundärfarben.

Der Filzvorgang hat einen entscheidenden Einfluss auf die Wirkung von Farben, beeinflussen sich die verschiedenfarbigen Fasern doch gegenseitig. Es ist beinahe, als male man dünne Farbschichten übereinander. Und so kann man die Farbtheorie auch hier anwenden: Eine durchscheinende Schicht blaue Wolle auf einer gelben Fläche verbindet unser Auge zu Grün.

Die Fasern lassen sich auch vor dem Filzen mischen, durch vielmaliges Zupfen von Hand oder mit der Karde (→ Wolle melieren, → Kardieren). Wie Malfarben lassen sie sich dabei auch mit Weiß und Schwarz abmischen.

Farbmischungen im Stile der Pointillismus-Malerei eines Georges Seurat lassen sich mit trockenen Fasern anfertigen: Einfach in kleine Stücke schneiden, vermischen und auf die Wollfläche streuen.

Sanfte Farbkombinationen

Ganz ohne Kontrast sind Farbverläufe innerhalb einer Hälfte des Farbkreises. So wirken Farbverläufe von Gelb bis Orange warm und leuchtend, von Violett bis Blau beruhigend und kontemplativ.

Sanft kombinieren lassen sich Pastellfarben, allerdings kommen diese nur in der Nähe des Betrachters optimal zur Geltung. Durch solche mit Weiß „gemischten" Farben wird die Leuchtkraft der Farben abgemildert, sie wirken ruhig, selbst wenn man sie, wie Apricot mit Flieder, kontrastreich kombiniert. Weiß ist zwar keine Pastellfarbe, es erfüllt aber in Kombination mit hellen und silbrig schimmernden Flächen den selben Zweck.

Kontrastreiche Kombinationen

Kontrastreiche Kombinationen erscheinen aufregend, spannend, lebhaft und leuchtend. Kontrastreich bedeutet nicht beliebig bunt. Bereits zwei Farben, die sich im Farbkreis gegenüberstehen, reichen aus, um sich gegenseitig zur höchsten Farbintensität zu verstärken, beispielsweise Gelb- und Orangetöne mit Blautönen oder leuchtendes Rot mit saftigem Grün. Dabei hängt die Kontrastwirkung vom Anteil der jeweiligen Farbe ab: Ein wenig Blau auf einer gelben Fläche unterstreicht deren freundlichen, hellen Eindruck. Verziert man eine blaue Fläche mit Gelb, strahlt das ruhige Blau intensiver. Sind beide Farben hingegen mit demselben Farbanteil vertreten, wirkt die Gestaltung rasch fade und eintönig.

Farbwirkung

Rot
Wärme und Leidenschaft, aber auch Aggression. Am besten nur punktuell oder als Mischton einsetzen.

Grün
Die Farbe der Natur, Beruhigung, die Farbe der Mitte, neutral, zwischen allen Extremen.

Blau
Entspannung, Weite, Tiefe, Heiterkeit. Die beliebteste Farbe von Männern und Frauen, mit allem kombinierbar.

Gelb
Hebt die Stimmung, fördert die Konzentration, wirkt belebend, nicht für meditative Zwecke geeignet.

Lila
Beruhigung, Inspiration, im Zusammenspiel mit Gelb Belebung. Ob es kalt oder warm wirkt, hängt vom Vorherrschen von Blau oder Rot ab.

Orange
Strahlen und Wärme. Kann gut als Kontrastfarbe eingesetzt werden.

Mit Pflanzen färben

Das Färben mit Pflanzenfarben gibt einen tiefen Einblick in das Naturgeschehen. Auch wird den Farben der Natur eine besänftigende Wirkung nachgesagt; gut für aufgewühlte Gemüter und kleine Zappelpeter. Um die Magie zu erleben, genügt es fürs erste, Pflanzen beim Spazierengehen und im Garten oder im Haushalt zu sammeln. Einmal ausprobiert, kann man sich dem Bann kaum mehr entziehen, mit immer neuen Blättern, Früchten und Schalen Farbbäder herzustellen. Vor allem, weil das, was man sieht, nur selten der Farbe entspricht, welche die Wolle nach dem Färben haben wird. Oder hätten Sie gedacht, dass grüne Walnusshüllen die Wolle braun färben?

Nach einigen Färbeversuchen werden Sie bald ein Gefühl dafür entwickeln, wie viel Färbematerial Sie benötigen und ob trockene Pflanzen oder frische Pflanzen dem gewünschten Farbton näher kommen. Allgemein gilt:

- Von frischen Pflanzen braucht man meist doppelt soviel wie von getrockneten.
- Das Farbbad sollte immer soviel Wasser enthalten, dass die Wolle frei schwimmen kann.
- Häufig wird die Wolle im Beizbad vorbereitet – zum Beispiel mit ungiftigen Kalialaun. Dadurch werden die Farben licht-, reib- und waschecht. Als Dosierrichtlinie gilt: 15 % des Gewichtes der trockenen Wolle für helle, 25 % für dunkel Farbtöne.
- Neben Kalialaun wird dem Beizbad Weinstein (Weinsteinrahm) zugegeben. Das Kristall setzt sich bei der Lagerung von Wein ab. Das Hilfsmittel erhöht die Leuchtkraft einer Farbe. Das Verhältnis von Kalialaun zu Weinstein beträgt 4:1.
- Das Beizmittel stets in kaltem Wasser auflösen. Die Wolle nie sprudelnd kochen, sondern langsam erhitzen (bis maximal 80 °C) und sanft köcheln lassen.
- Die Farblösung stets in frischem Wasser ansetzen.

Hinweise: Wer sich intensiver mit dem Thema „Natürlich färben“ auseinander setzen möchte, dem sei das gleichnamige Buch der Autorinnen Eva Lambert und Tracy Kendall empfohlen.

Das Internetlexikon Wikipedia (www.wikipedia.de) bietet unter dem Stichwort „Färberfarben“ eine umfangreiche Linkliste zur vertiefenden Lektüre.

Kaltfärbung mit Walnuss

Ein schöner Braunton entsteht durch das Färben der Wolle mit Wallnussschalen. Walnussbäume findet man vor allem auf Bauernhöfen, nahe alter Villen, in Pfarrgärten und Biergärten. Zum Färben verwendet werden die grünen Hüllen, welche die Nuss umhüllen. Die Hüllen öffnen sich Ende September/Anfang Oktober und die Nüsse fallen heraus. Dann ist es Zeit, die Hüllen zu sammeln. Die Schalen enthalten viele Gerbstoffe, deshalb ist beim Färben kein Vorbeizen notwendig. Tragen Sie beim Sammeln und Färben Handschuhe, sonst wird nicht nur die Wolle nussbraun!

Sie brauchen:

- 500 g Schalen pro 50 g Wolle
- Wäschesack
- großen Eimer
- kaltes Wasser
- langen Löffel oder Stock

① Die Schalen hacken und in einen großen Wäschesack füllen. Die Schalen ein bis zwei Tage in kaltem Wasser einweichen, zwischendurch immer mal wieder bewegen.

② Dann die Wolle für mindestens zwei Tage in die Farbflotte geben und gelegentlich bewegen. Sie muss immer gut mit Wasser bedeckt sein. Danach herausnehmen, spülen und trocknen. Die Wolle ist nun nussbraun.

③ Das Farbbad kann noch zweimal zum Warmfärben verwendet werden, indem man die Schalen auskocht und die Wolle danach etwa eine halbe Stunde mitkocht. Der Braunton wird jedes Mal ein bisschen heller.

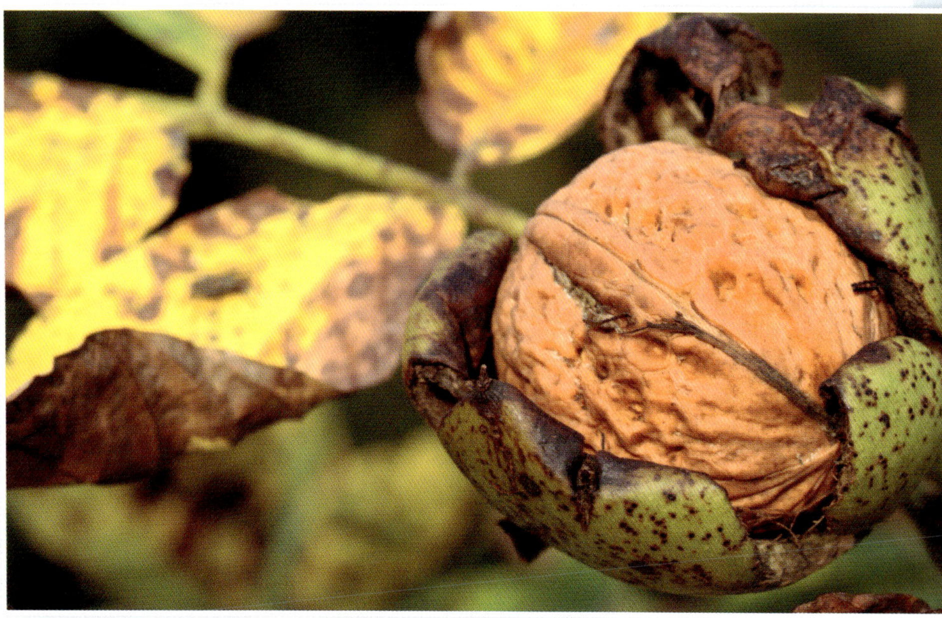

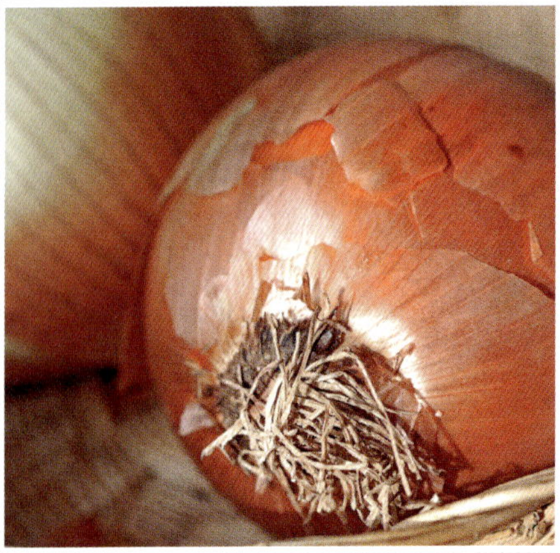

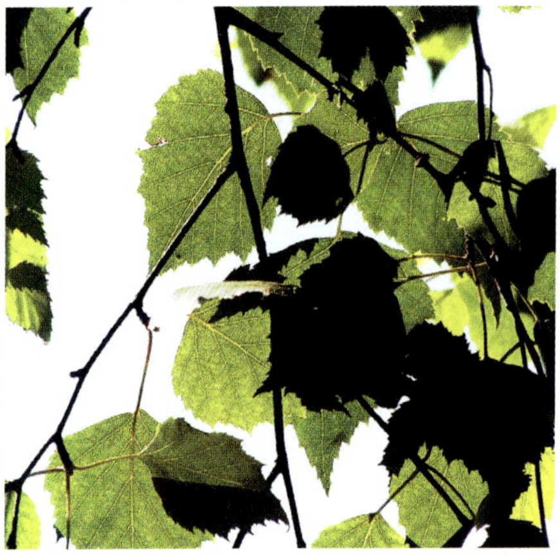

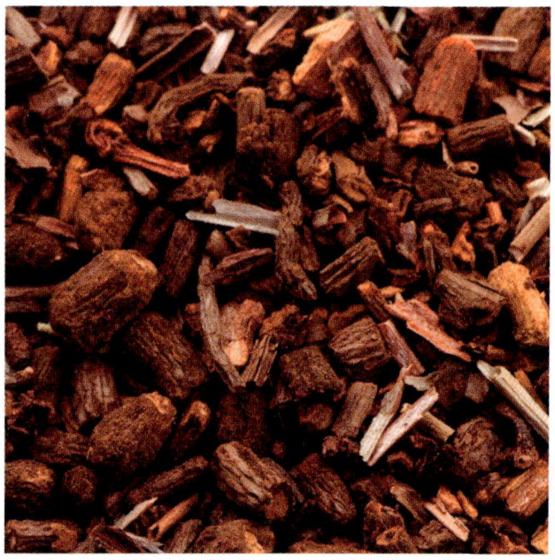

Heißfärbung mit Zwiebel und Birke

Gelbtöne sind in vielen Pflanzen enthalten, beispielsweise in Zwiebelschalen und in Birkenblättern. Die Färbung gleicht sich, allein die Menge an Material ist unterschiedlich.

Sie brauchen:

› mindestens 500 g braune Zwiebelschalen (äußere Haut) oder 1 kg frische Birkenblätter pro 500 g Wolle › 30 g Kalialaun › 8 g Weinstein › großer Topf › Sieb, Wasser › langer Löffel oder Stock

① Wolle beizen

Für die meisten Färbungen wird die Wolle zuerst gebeizt, erst durch das Beizen kann die Farbe dauerhaft angenommen werden. Dafür Kalialaun und Weinstein in heißem Wasser auflösen, die Wolle einlegen, vorsichtig herunterdrücken und eine Stunde kochen. Nicht rühren, sonst verfilzt die Wolle (→ Färben). Je mehr Beizmittel verwendet wird, desto dunkler werden die Farben. Tipp: Lieber weniger Beize nehmen und bei Bedarf nachfärben! Die Wolle trocknen lassen.

② Pflanzenbrühe ansetzen

Die Pflanzenteile – nach Möglichkeit frisch, aber mit getrockneten geht es ebenso – über Nacht einweichen. Am nächsten Tag eine Stunde lang in diesem Wasser kochen. Den Sud durch ein Sieb gießen und auffangen.

③ Wolle färben

Die vorgebeizte Wolle befeuchten und im Pflanzensud zum Kochen bringen. Nicht rühren, sondern am besten mit Löffeln leicht anheben und wieder herunterdrücken. Sobald der Sud kocht, die Hitze reduzieren und noch etwa eine Stunde köcheln lassen. Danach solange klarspülen, bis das Spülwasser klar bleibt. Die Wolle zum Trocknen auslegen.

Färben mit Trockenpflanzen

Einen warmen Rotton erhält man durch das Färben mit Krapp (Färberkrapp, Rubia tinctorum), auch Echte Färberröte genannt. Krapp wurde bereits im 3. Jahrtausend vor Christus von den Ägyptern zum Färben von Stoffen verwendet. Zum Färben wird der Wurzelstock der Pflanze verwendet, der rote Farbstoff bildet sich erst beim Trocknen. Geschnittene Krappwurzel erhalten Sie als Filzzubehör (→ Material).

Sie brauchen:

› 500 g getrocknete Krappwurzelstücke pro 500 g Wolle › 30 g Kalialaun › 8 g Weinstein › großer Topf › Sieb › Wasser › langer Löffel oder Stock

Die Krappwurzel zerkleinern, über Nacht in einem Wäschesack in Wasser einweichen. Das Ganze am nächsten Tag langsam zum Kochen bringen und etwa eine Stunde lang auskochen. Dann die Krappwurzeln herausnehmen und das zuvor gebeizte Färbegut einlegen. Für etwa 30 Minuten bei maximal 80 °C färben.

Filzen mit Kindern

Was Kinder beim Filzen lernen

Filzen ist kinderleicht! Am leichtesten fällt es Kindern, Dreidimensionales wie Kugeln und kleine Bälle in ihren Handflächen zu formen. Sie formen und kneten Material intuitiv. Etwas Flaches, Bildhaftes anzufertigen, ist für sie schwieriger und erfordert eine besser entwickelte Feinmotorik.

Beim Arbeiten mit Kindern ist es wichtig, Handgriffe zu übertreiben, sodass sie gut verstehen, wie Dinge gemacht werden. Feine Merinowolle filzt schnell und verzeiht kleine Fehler.

Nassfilzen – Vom Ball zum Täschchen

Das erste Experiment im Nassfilzen sollte ein → Ball sein. Wichtig ist, dass die Form von Anfang an nicht zu groß aufgebaut wird, sie muss in der kleinen Kinderhand Platz haben. Die Wolle zu einem richtig harten Knäuel wickeln, in einer kleinen Schüssel mit Seifenlauge befeuchten und zwischen den Handflächen rollen. Gerne umwickeln die Kinder die Kugel nach dem Anfeuchten mit verschiedenen Wollschichten, um mehrfarbige Bälle zu erhalten.

Das sanfte Streicheln beim Anfilzen kann mit dem Streicheln eines Kükens, das Rollen des Balls beim Walken mit dem Rollen eines Knödels verglichen werden.

Manchmal kommt eine andere Form heraus, als ursprünglich angedacht. Schauen Sie in solchen Fällen gemeinsam mit dem Kind, was die Wolle werden wollte. In Falten entdecken Kinder leicht einen Mund, schlaffe Wollfetzen sind eine Zunge, die ihnen die Form entgegenstreckt. All das sind keine Fehler, sondern liebenswerte Eigenheiten, welche das Objekt einzigartig machen.

Eine weitere einfache „Zauberei" ist das Filzen von → Schnüren aus Kammzugsträngen. In Kinderhänden werden daraus keine faden Fäden, sondern Schlangen, Würmer oder Aale.

Schmuckstück und Spielzeug zugleich ist ein → Ring, er ist in wenigen Minuten gemacht. Fingerringe entstehen aus dünnen Strähnen des Kammzugs, die das Kind um Zeige- und Mittelfinger wickelt, in sehr warmer Seifenlauge anfeuchtet und durch vorsichtiges, aber schnelles Auf- und Abbewegen auf den Fingern filzt. Nach kurzer Zeit passt nur noch ein Finger in den Ring. Größere Ringe für Armreifen entstehen, indem man einen fingerdicken, vier Handspannen langen Strang Wolle über vier Finger (Hand ohne Daumen) wickelt. Nach dem Befeuchten des Ringes mit Seifenwasser können Kinder ab sieben Jahren noch einfache Verzierungen auf die nasse Wolle pressen. Den Ring auf der Handfläche einer Hand mit den Fingern der anderen Hand rundum gleichmäßig in kleinen Rollbewegungen filzen.

Nach einer Weile können Kinder Teile während des Filzens zusammensetzen, beispielsweise ein Tier mit langem Schwanz anfertigen wie eine Maus. Mit dem Filzen des Schwanzes beginnen (→ Schnur), er behält ein ungefilztes Ende. Um diese trockene Quaste herum die Wolle für den Körper wickeln und das Wollknäuel zwischen den Händen rund rollen. Die Vorderseite spitz reiben. Für die Ohren flache Scheiben zwischen den Handflächen filzen und diese, wie auch Augen und Nase, annähen.

Bilder lassen sich am besten mit Wollvlies anfertigen. Die Arbeit sollte bei kleinen Kindern (ab drei Jahren) nicht größer als zwei Handflächen sein. Kinder im Grundschulalter können in kleinen Gruppen Teppiche von 60 x 80 cm herstellen. Das Muster sollte anfangs ganz einfach sein und sich nicht mehrmals an der gleichen Stelle überschneiden, erst im Grundschulalter sind kompliziertere Muster bewältigbar. Zuerst das Muster auf einem angefeuchteten Untergrund mit Wollfasern auslegen, darauf die Hintergrundwolle schichten und in der Reibetechnik verfilzen.

Schnelle Erfolgserlebnisse für Kinder dank einfacher Formen.

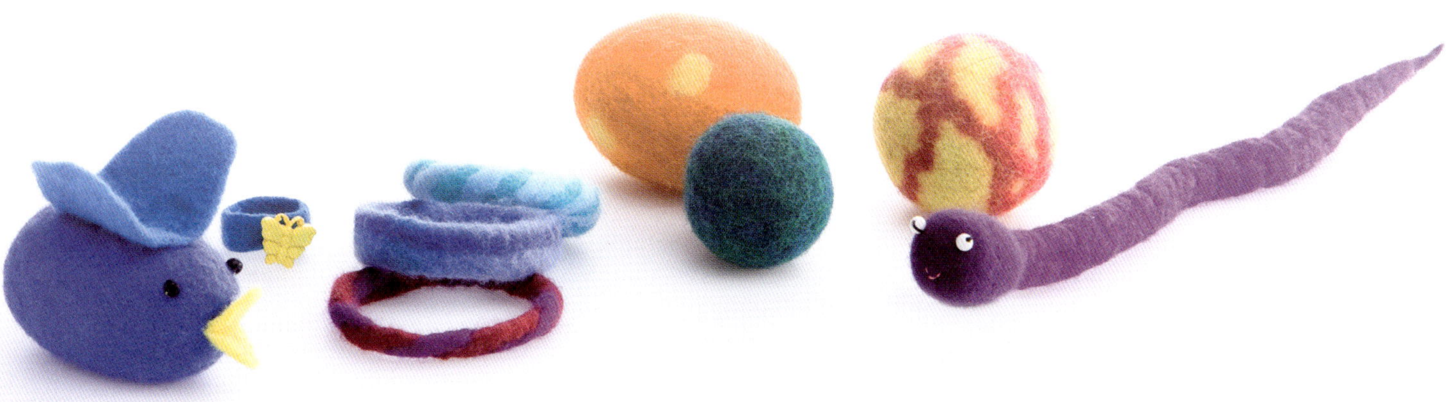

Das Walken von Hand beginnen: Das Werkstück in beide Hände nehmen und es zwischen den Handflächen reiben und wringen, als wollte man es waschen. Wo gerieben wird, verfestigt sich der Filz, deshalb immer wieder herumdrehen und jede Stelle bearbeiten; insgesamt dauert das etwa zehn Minuten.

Kinder ab dem Vorschulalter können bereits kleine → Täschchen fertigen. Sie sollten anfangs nur handflächengroß sein, ab acht Jahren kann die Form dann zwei Handflächen groß sein.

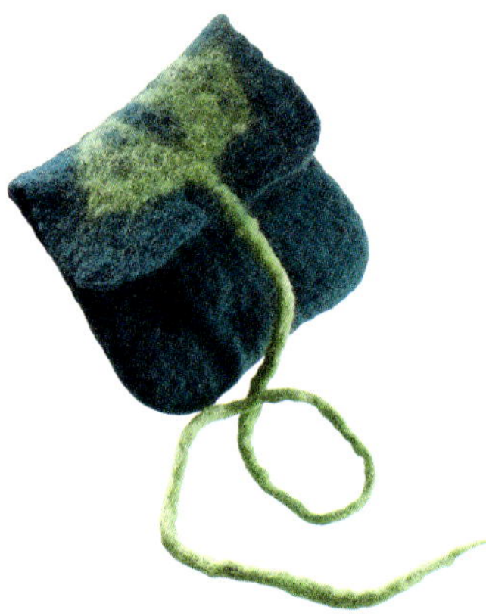

Trockenfilzen mit Hilfsmitteln

Erste Erlebnisse im Trockenfilzen sammeln Kinder beim Filzen mit Ausstechern (siehe Seite 148). Aus den kleinen Figuren entstehen dekorative Anhänger als Raumschmuck und modisches Accessoires. Durch → Umfilzen von Styroporformen, wie Eiern, Kugeln und Herzen, können Weihnachts- und Osterschmuck sowie Geschenke für den Muttertag gemacht werden.

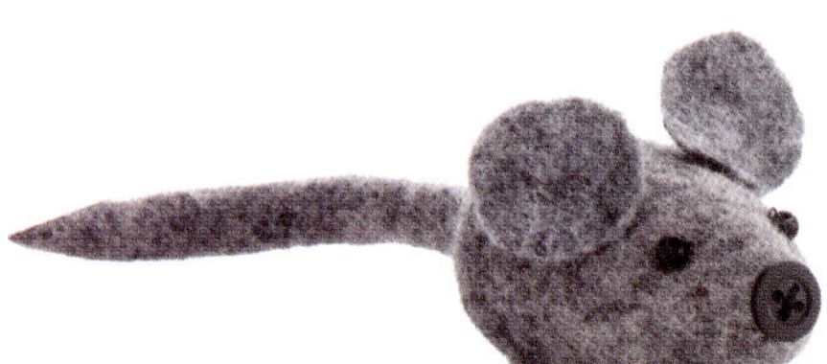

Figuren im Baukastenprinzip

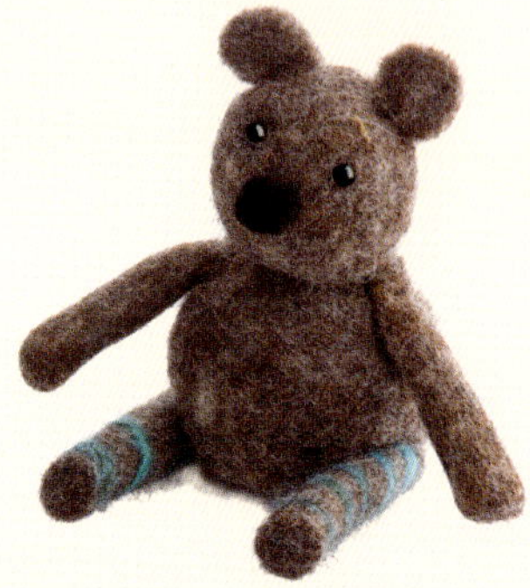

Aus Bällen, Schnüren und Eiern lassen sich Figuren zusammennähen. Zum Zusammennähen braucht man vier ca. 40–50 cm lange Stücke Zahnseide, festen Zwirn oder Schmuckdraht.

① Jedes Auge auf die Mitte eines Fadens fädeln oder mit einem Einbindeknoten anbringen. Die Nadel von einem Auge zur Rückseite des Kopfes in Nackennähe führen. Mit dem zweiten Faden ca. 5 mm neben der ersten Stelle ausstechen. Beide Fäden zusammenziehen und verknoten. Die Enden hängen lassen, sie werden zum Fixieren des Körpers benötigt.

② Zum Fixieren des Körpers einen der Fäden nehmen und wie abgebildet durch den Körper führen. Die Nadel muss länger als der Körper sein (Teppichnadel). Dann in das gleiche Loch zurückstechen, ca. 5 mm neben dem oberen Einstichloch wieder ausstechen. Dadurch ist die Nähstelle an der Unterseite der Figur nicht sichtbar, der Faden verfängt sich innerhalb der Figur.

③ Das Fadenende mit dem Faden vom zweiten Auge verknoten. Die Fadenenden nicht abschneiden, sondern jedes einzeln in die Nadel fädeln und in den Körper ziehen. Sind die Fäden noch recht lang, die Nadel durchstechen, anziehen, dabei den Filz zusammendrücken und abschneiden. Das Fadenende rutscht in den Körper.

④ Arme und Beine werden ähnlich fixiert, Fadenführung siehe Abbildung. Die Fadenenden zusammenknoten und vernähen.

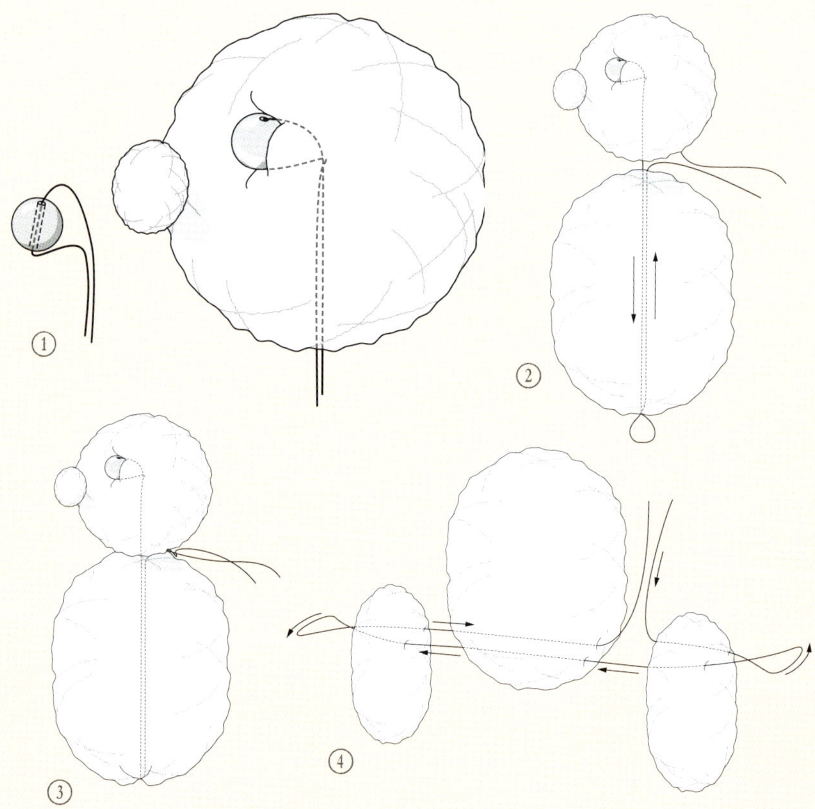

Im Baukastenprinzip entsteht aus Schnüren, Kugeln, Eiern und Scheiben eine Figur.

Filzen Online/Offline

Online-Marktplätze

Das eigene Geschäft zu eröffnen, ist dank Internet so einfach wie noch nie. Die bekanntesten Handmade-Marktplätze sind:

- **www.etsy.de** – Das Original aus den USA. Hat seit 2010 auch einen deutschen Blog.
- **www.dawanda.de** – Die deutsche Plattform, schon beinahe so bekannt wie das Original. Nicht verpassen: Den Dawanda-Blog sowie die Länderversionen Dawanda Frankreich und Dawanda England.
- **www.vondir.de** – Marktplatz für Handgemachtes.
- **www.kunsthandwerkerportal.de** – Hat keine Shopfunktion, ist aber ein guter Platz, um sich und sein Geschäft zu präsentieren. Mit Suchfunktion nach verschiedenen Kunsthandwerken.

Soziale Medien/Netzwerke

- **www.instagram.com**
  Eine der größten sozialen Plattformen zum Teilen von Fotos und Videos. Mischung aus Microblog und audiovisueller Plattform.
- **www.pinterest.com**
  Soziales Netzwerk zum Erstellen und Teilen von Bilderkollektionen. Sehr gute Inspirationsquelle, Suche nach Stichworten ist möglich.
- **www.bloglovin.com**
  Für alle, die Blogs lieben. Der RSS-Feedreader informiert regelmäßig per E-Mail über Neuigkeiten aus den Lieblingsblogs.
- **www.flickr.com** – Audiovisuelle Plattform mit Community-Elementen zum Hochladen, Teilen und Kommentieren von Bildern und Videos. Perfekt als Inspirationsquelle.

Vereine und Verbände

- **www.filznetzwerk.de** – Filznetzwerk für den deutschsprachigen Raum. Mit Galerie von Mitgliederarbeiten, umfangreicher Linkliste und Veranstaltungshinweisen.
- **www.feltmakers.com** – International Feltmakers Association wurde 1984 unter Präsidentschaft von Mary Bukett („The Art of Feltmakers") gegründet für einen weltweiten Austausch aller Filzinteressierten (englischsprachig).
- **www.etn-net.org** – European Textile Network bietet weltweiten Veranstaltungskalender (englischsprachig).
- **www.bundesverband-kunsthandwerk.de** – Der deutsche Bundesverband zum Kunsthandwerk.
- **www.filzszene-gr.ch** – Verein Filzszene Graubünden. Ziel des Vereins ist das Entwickeln und Fördern des Filzens in der Schweiz.

Filzausbildung

- **www.filzausbildung.de** – Filzkurse und Studienreisen mit den ungarischen Filzkünstlern Mari Nagy und István Vidák.
- **www.filzschule.de** – Filzschule Oberrot, Baden-Würt-temberg. Die Ausbildung „Filz-in-Filz" beinhaltet sechs Sechs-Tages-Kurse, in der Sommerakademie lernt man in zwei Wochen Grund- und Spezialtechniken.

Zeitschriften für Filzinteressierte

- **„filzfun"** – Zeitschrift für Filzbegeisterte, erscheint vierteljährlich im Maro-Verlag.
- **„Das Lavendelschaf"** – Zeitschrift für Kräuter, Textil und Natur. Alte Handarbeiten wie Spinnen, Weben, Filzen, Färben und Stricken, ergänzt durch altes Wissen über Kräuter, Ökologisches, Rezepte, Anleitungen und Portraits.
- **„Felt Matters"** – Zeitschrift der International Feltmakers Association (englischsprachig), Bezug über www.feltmakers.com

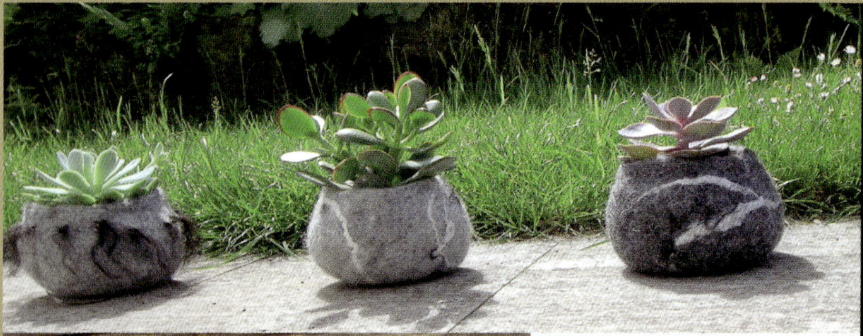
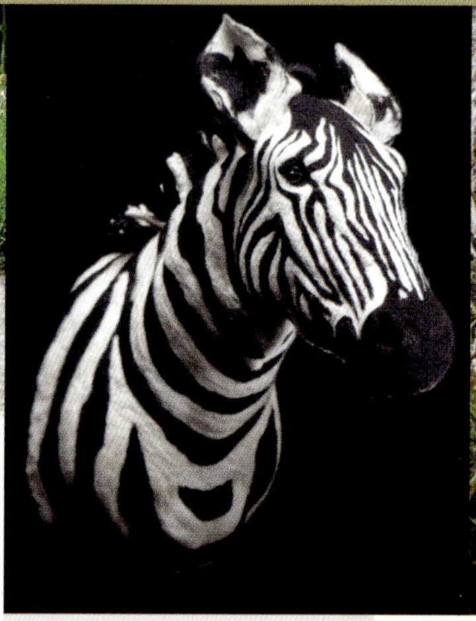
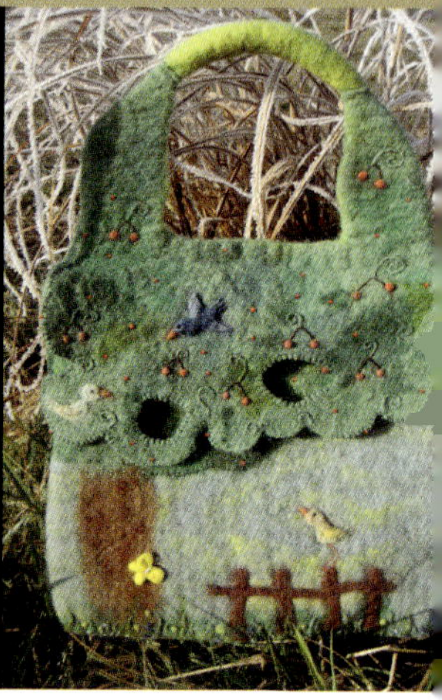
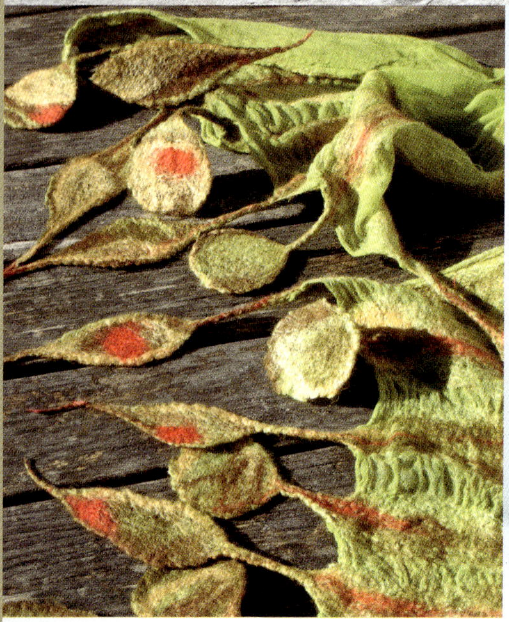
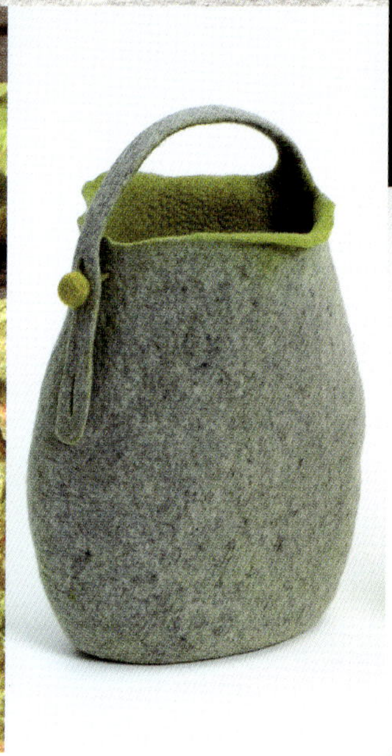
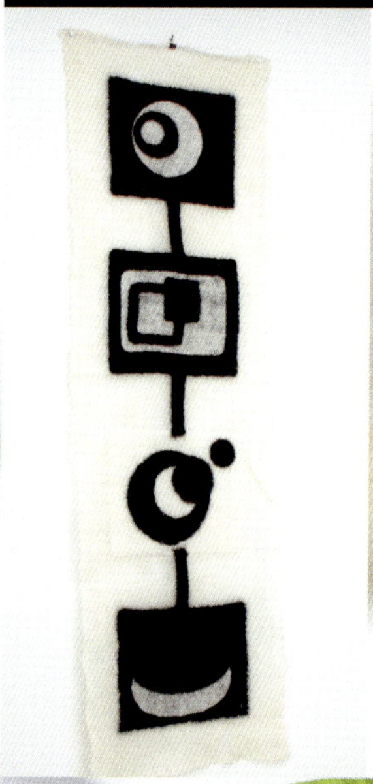
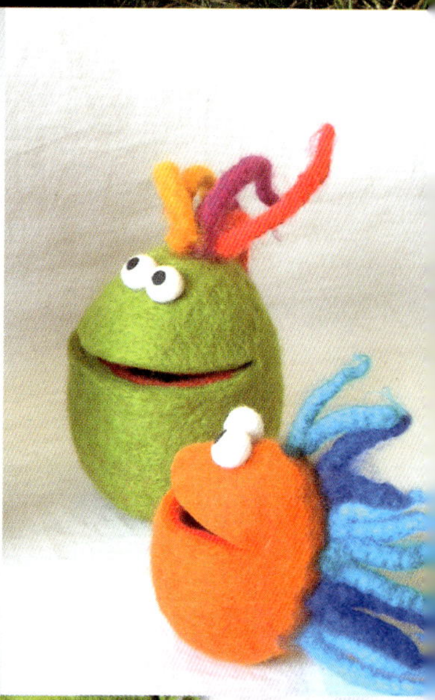
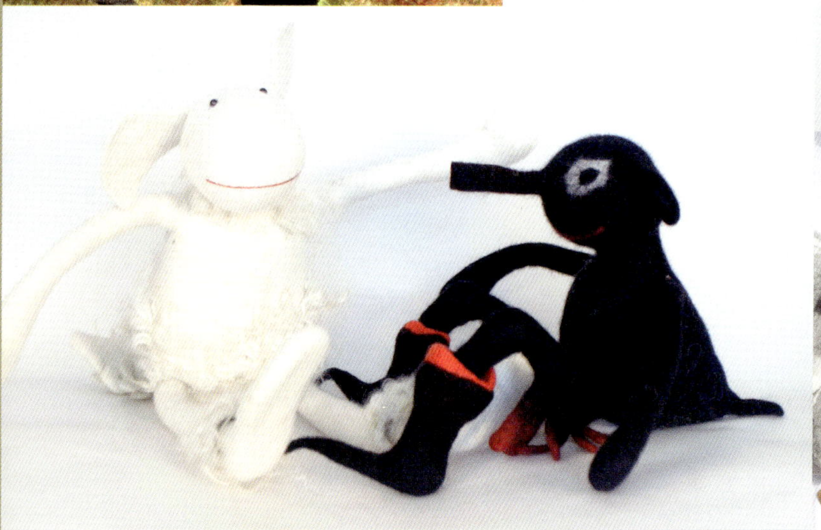
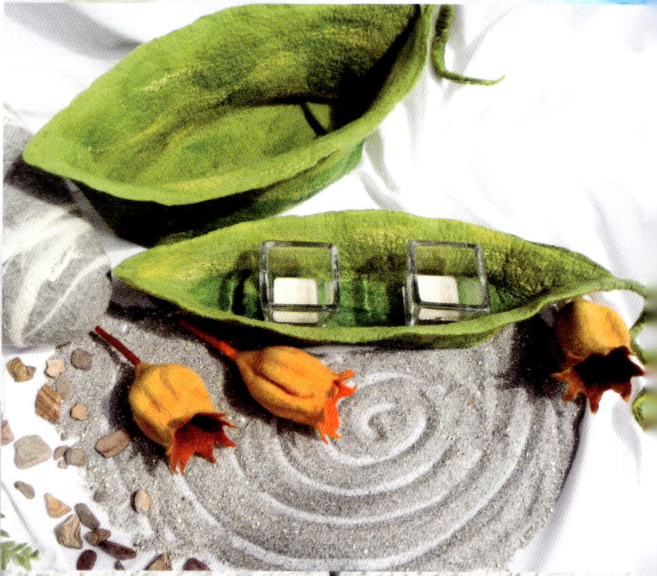
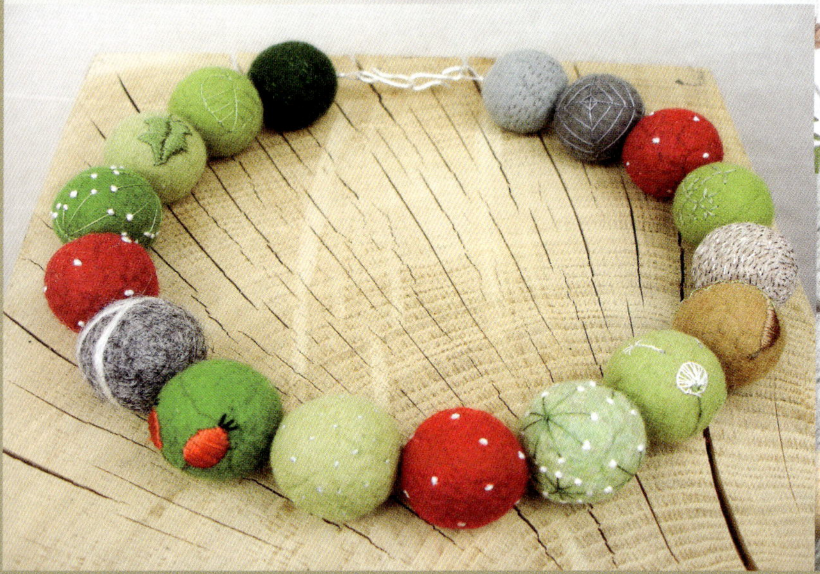
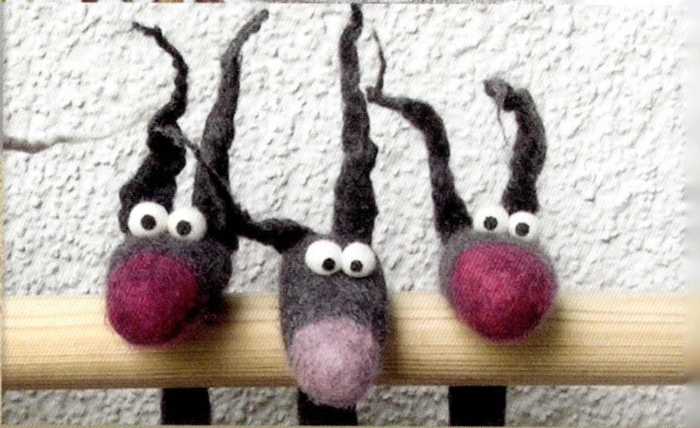

Galerie

Die Grundvoraussetzung für das Gelingen eines Werkes ist handwerkliches Können, es prägt die Ausdrucksfähigkeit eines Künstlers entscheidend. Hinzu kommen Experimentierfreude und Fantasie sowie die immerwährende Suche nach neuen Ausdrucksformen. Sie begleiten einen Künstler tagtäglich, sein Leben lang. Alles um ihn herum ist Inspiration. Gesehenes, Gehörtes, Erlebtes werden künstlerisch verarbeitet und fließen in die eigenen Werke ein.

Auf den folgenden Seiten stellen 13 Filzkünstlerinnen die Ergebnisse ihrer künstlerischen Auseinandersetzung mit dem Material Wolle vor. Ob stilvolle Accessoires, liebevoll gearbeitetes Spielzeug oder ausdrucksstarke Kunstobjekte – Filzwolle bietet unendliche Möglichkeiten für immer neue Ideen.

Tatjana Seehoff

Tatjana Seehoff, www.tys-werkstatt.de

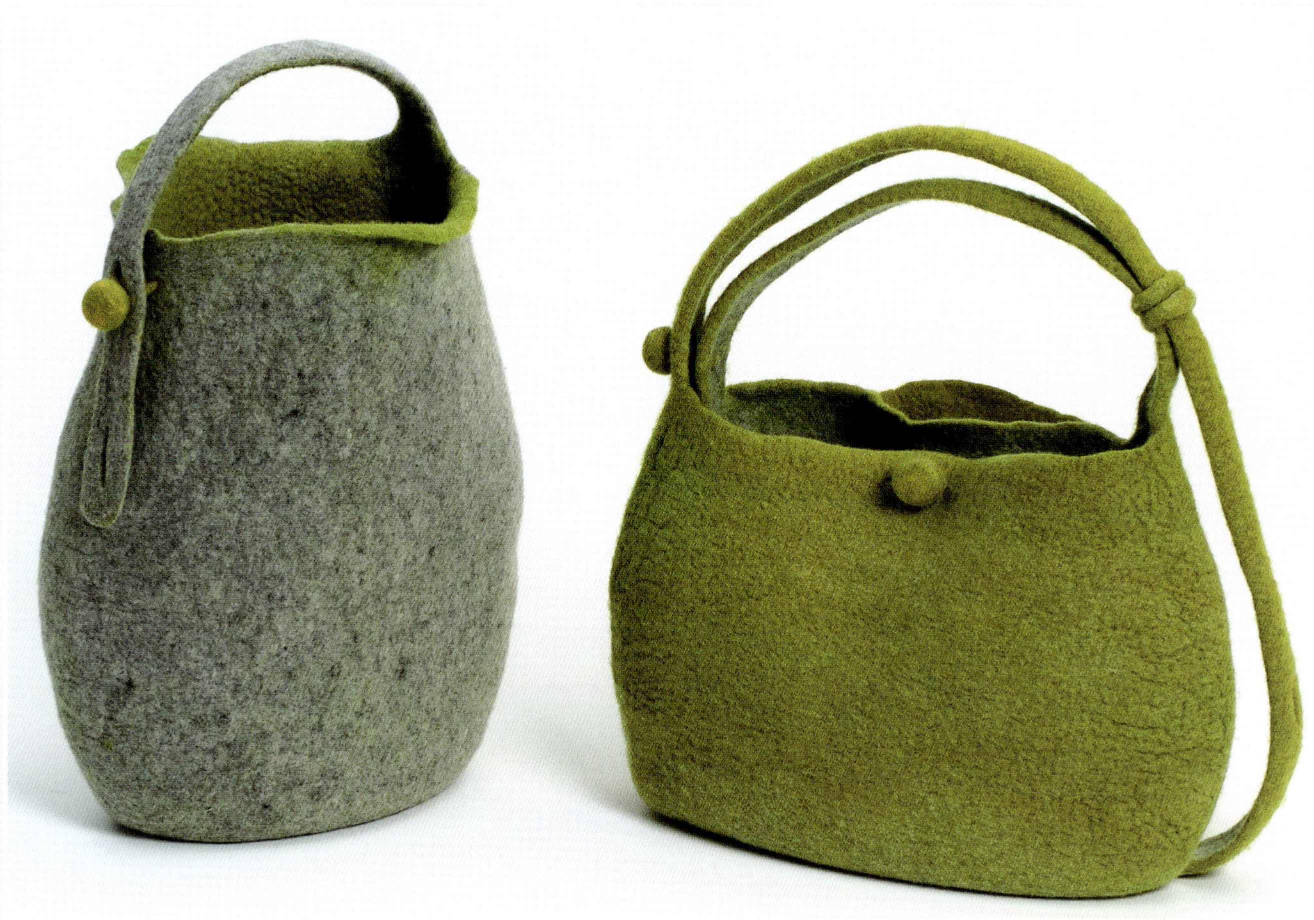

Taschen – Nass-/Holhkörperfilzen, australische und deutsche Merinowolle.

Katharina Sophia Wagner

Katharina Sophia Wagner, Art zu Leben, www.art-zu-leben.de

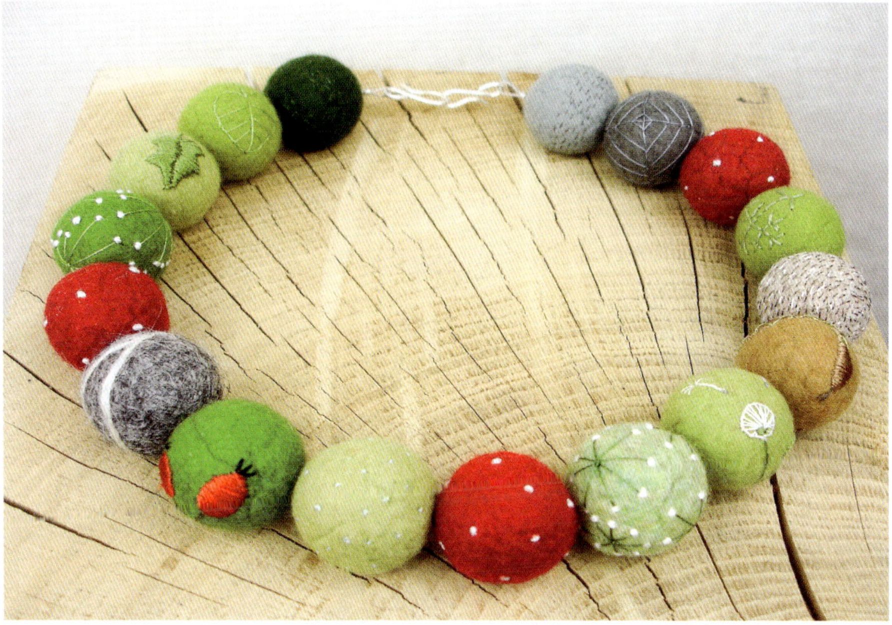

Märchenkette „Wichtelkinder" – feste Filzperlen, nass gefilzt, bestickt mit Glanzfäden und Nähgarn.

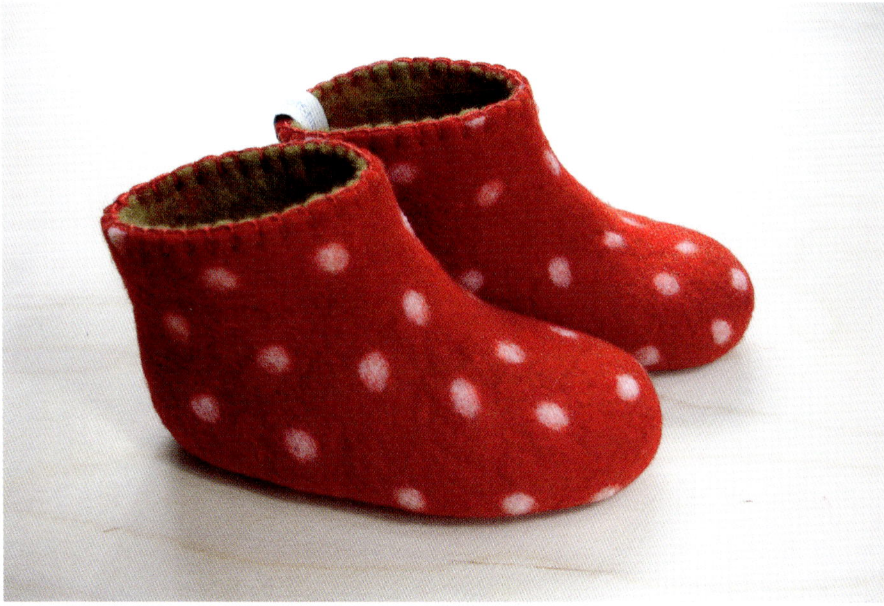

Stiefel – Nassfilzen/Hohlfilzen, extrafeine Merinowolle, Latexsohle.

Annette Block

Annette Block, www.Filzfreunde.de

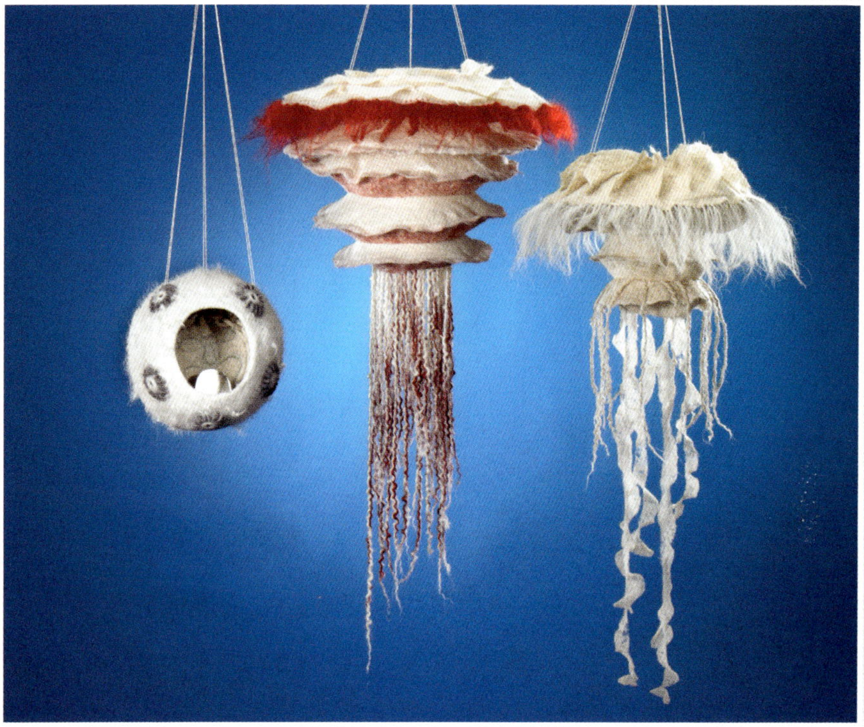

Medusen – Objekte in Hohlfilztechnik aus Brasil-, Wensleydale-, Bergschaf-, Merino-, Heideschnucken- und Mohairwolle, Glassteine.

Arbeit für die internationale Wanderausstellung „Das Klima wandelt sich" (Italien, Deutschland, England 2010–2012).

Susanne Wetzel

Susanne Wetzel, Viecheria – Figuren, Puppen, Viecher – Unikate nahtlos handgefilzt

www.viecheria.de

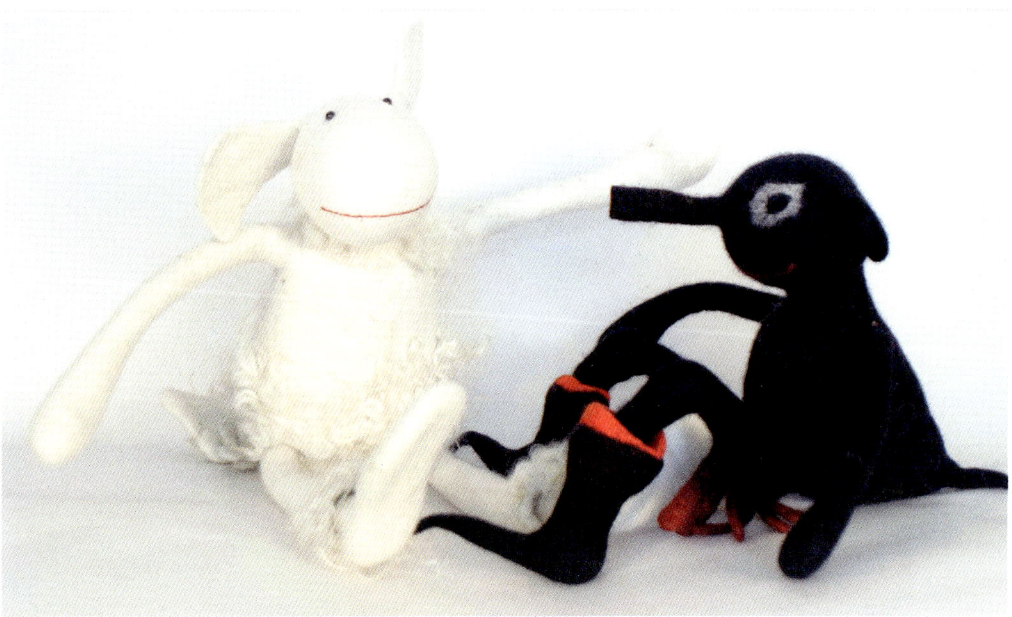

Schaf und Floh – Merinowolle im Vlies, Nassfilzen mit gewickeltem Wollkern.

Monica Blattmann-Hubli

Monica Blattmann-Hubli, Schweiz,
www.filz-t-raum.ch
Ausstellungen und Filzkurse international

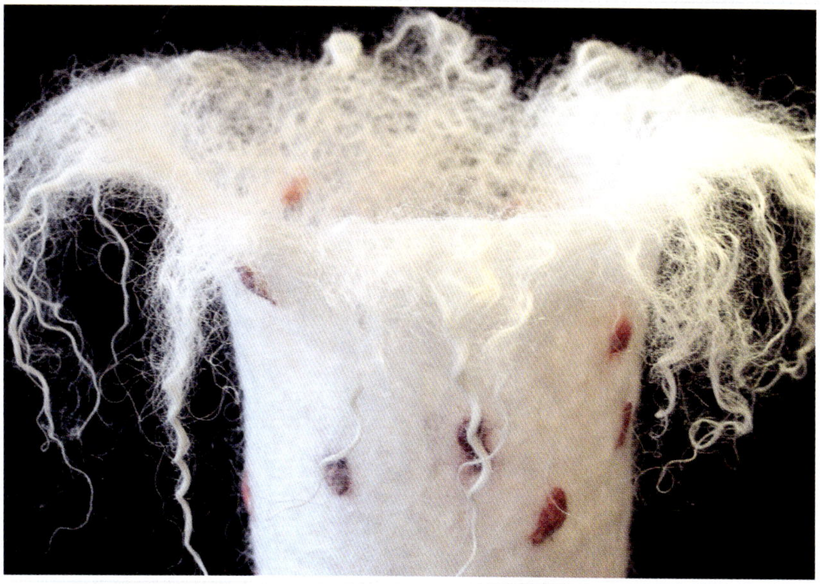

Kleinskulptur in Weiß-Rot – Gefäß in Hohlfilztechnik, Wollvlies und Locken vom Walliser Schwarznasenschaf, Merino.

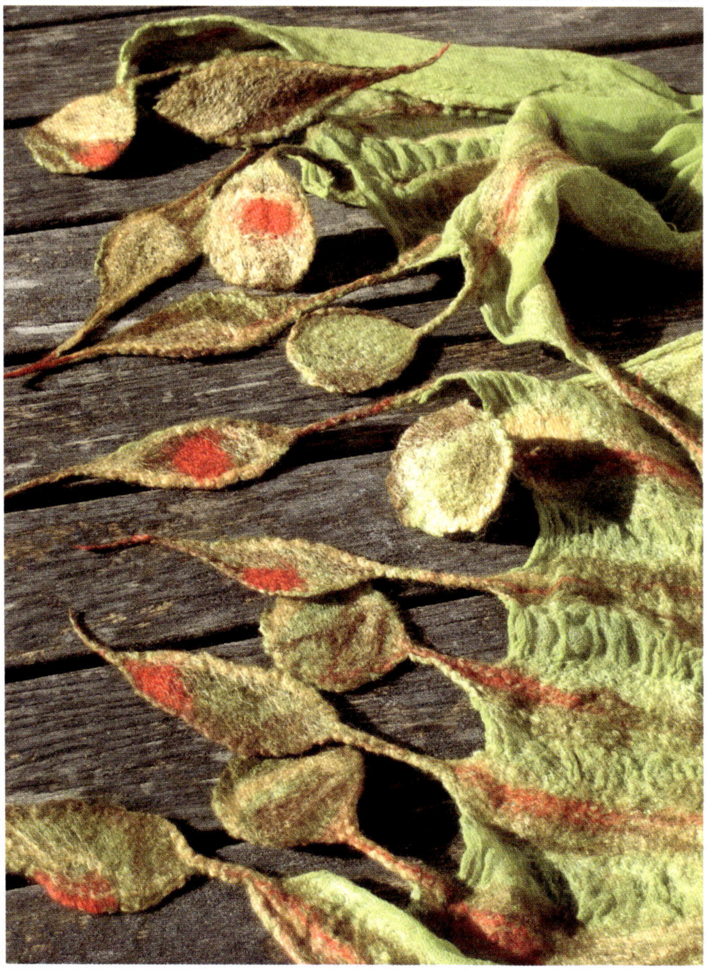

Grüner Seidenschal – Nunofilzen, Seidenmerino (50 % Seide, 50 % Merino) auf Chiffonseide.

Barbara Glünkin

Barbara Glünkin, Filzatelier tragbAR(T), www.tragbart.ch

Verkauf von Filzaccessoires auf Märkten und im Atelier (nach telefonischer Vereinbarung), Kursangebote, einjähriger Filzlehrgang, Tageskurse im Atelier

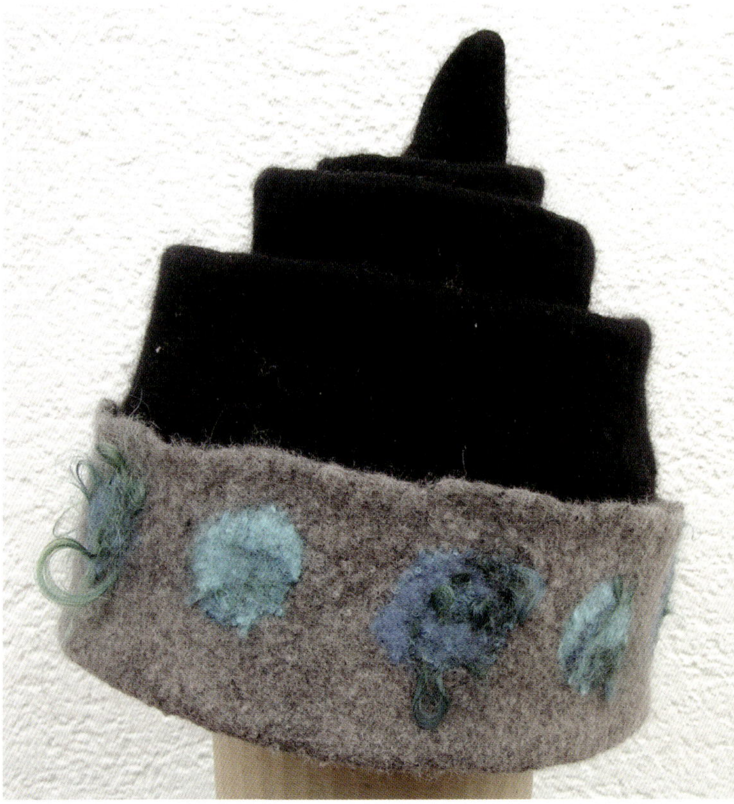

Ziehharmonika-Hut – Hohlfilzen um Spitzhut-Schablone (75 cm hoch, 44 cm breit), Unterkante umgekrempelt, Zipfelform in die gewünschte Anzahl Falten ausformen und die Faltenkanten durch Reiben und Dämpfen fixieren, Merinokammzug, mit Flocken verziert.

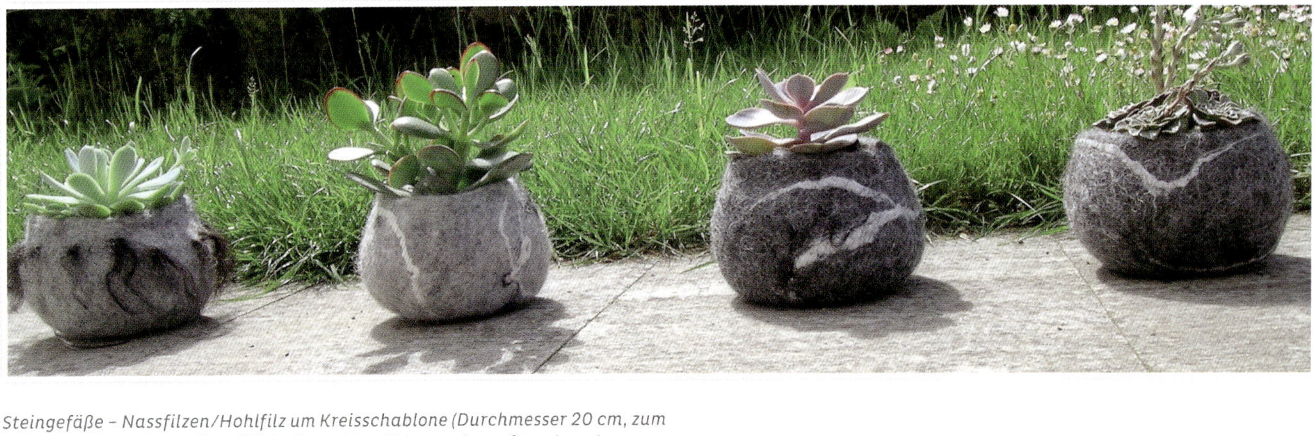

Steingefäße – Nassfilzen/Hohlfilz um Kreisschablone (Durchmesser 20 cm, zum Ausformen im nassen Filzgefäß Ballon satt aufblasen, darauf trocknen), raue Walliserwolle, Flocken und Leinen- oder Seidenfasern für Steinstruktur.

Ricarda Aßmann

Ricarda Aßmann, www.filzfrau.de
Autorin des Künstlerinnen-Porträtbuches „FilzFrauen“ (Maro-Verlag)

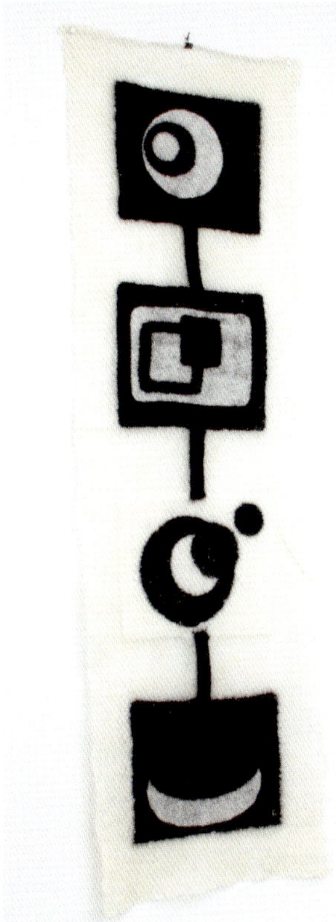

Space-Age – transparentes Wandobjekt aus Wensleydale-, Australmerino- und südamerikanischer Merinowolle, Mustergebung mit Vorfilzen.

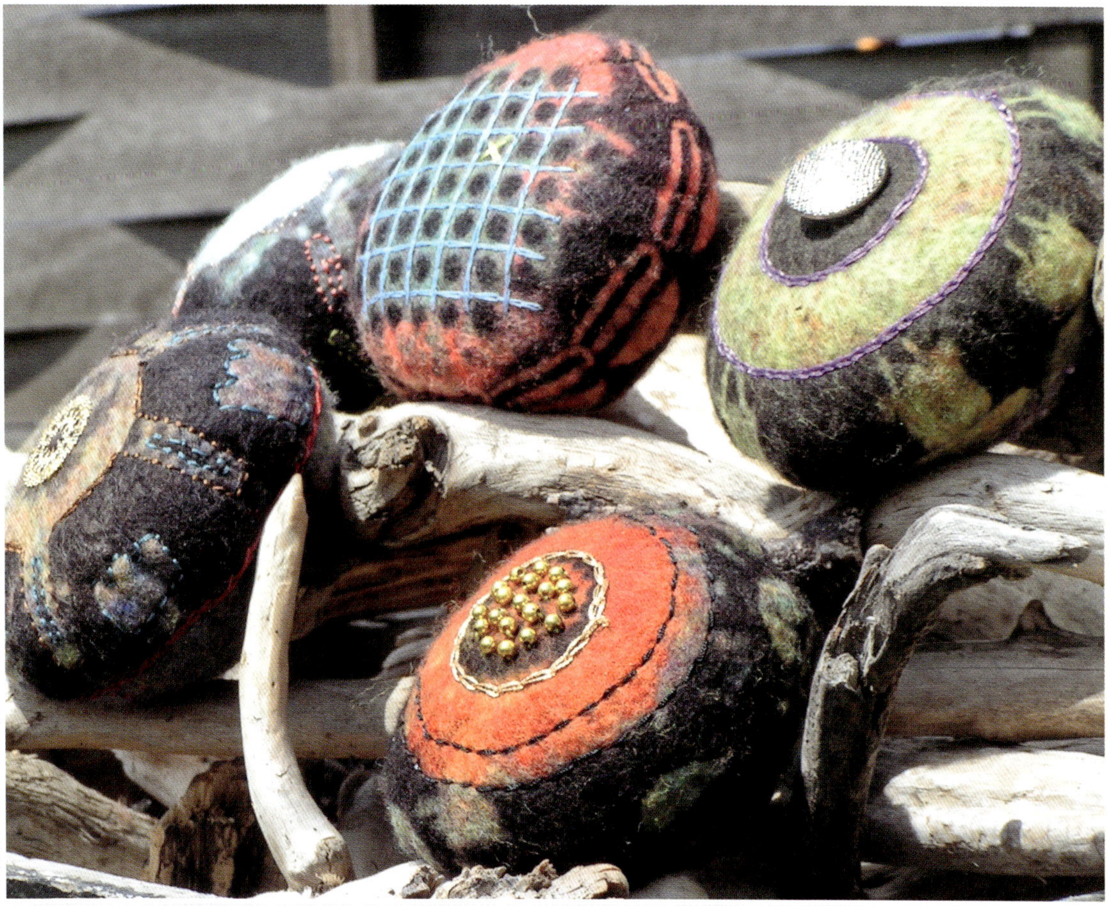

Seelchen – Mixed-Media-Objekte in Hohlfilztechnik, Australmerinowolle im Kammzug, gefärbt in Reserviertechnik, bestickt.

Dr. Miriam Stark

Dr. Miriam Stark, StarkeBeest – Raumprägende, imposante Wohnobjekte, www.starkebeest.com

Wandkopf Dachs – Nadelfilzen, Nassfilzen, Merino-Biowolle, Montageschaum, Holz, Glasaugen.

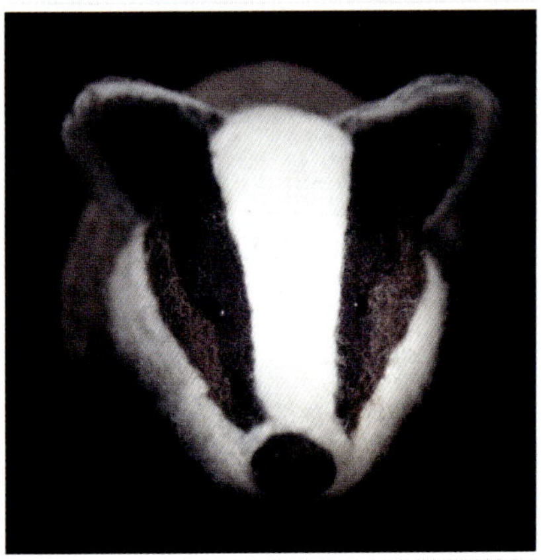

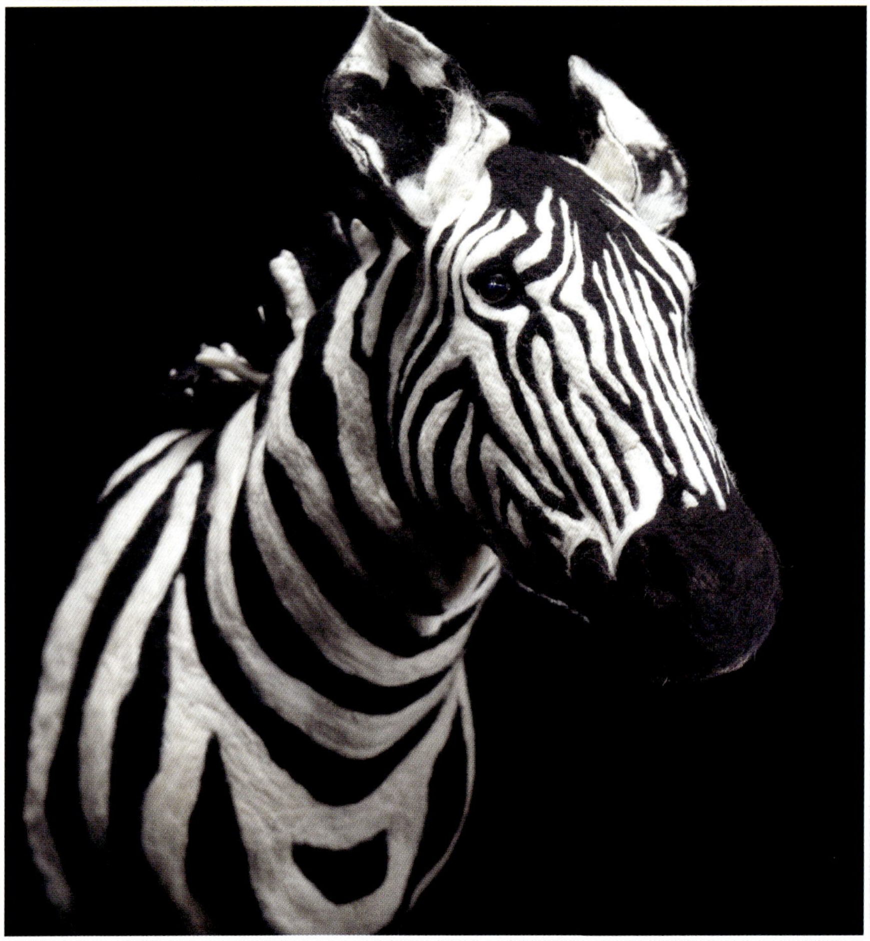

Wandkopf Zebra – Nadelfilzen, Nassfilzen, Merino-Biowolle, Montageschaum, Glasaugen.

Sandra Jasmin Fuchshofen

Sandra Jasmin Fuchshofen, ElfenzARTes und Verwunschenes
in Bergisch Gladbach, www.elfenzartes.de

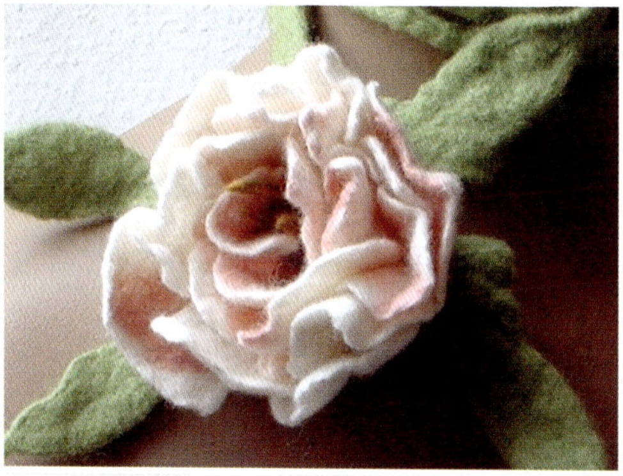

Rosenkringeley – Ranke mit Rosenblüte und Blättern Handfilz, nahtlos gefilzt aus 100% feinster Merinowolle, multifunktional tragbar als Gürtel, Halsblume, Haarschmuck; Raumgestaltungselement.

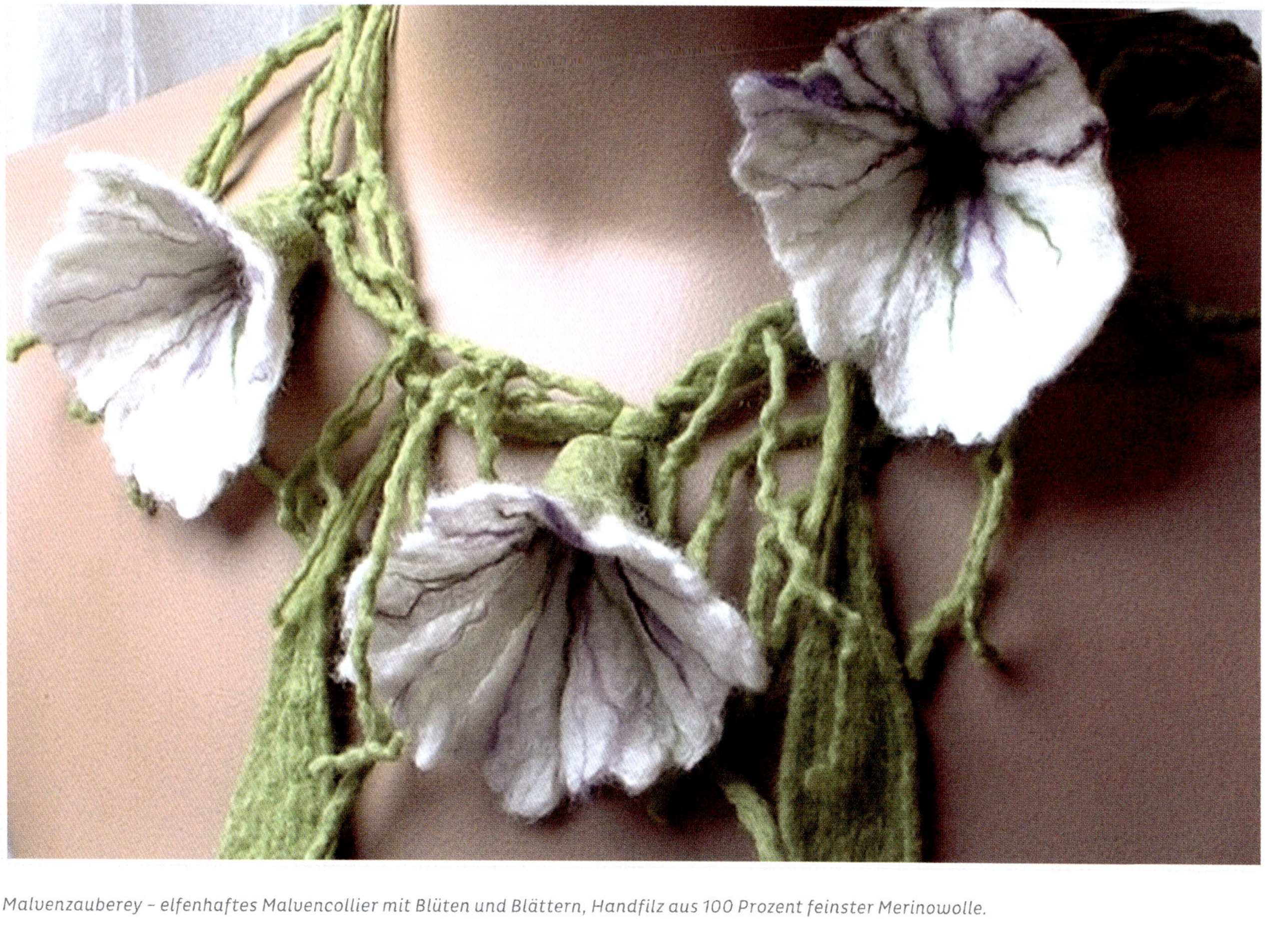

Malvenzauberey – elfenhaftes Malvencollier mit Blüten und Blättern, Handfilz aus 100 Prozent feinster Merinowolle.

Monika Flügel

Monika Flügel, Farbenzauber-Filzdesign,
www.Farbenzauber-Filz.de

Die Filzratte Rasputin ist Held des Buches „Rasputin die Leseratte – Eine abenteuerliche Rattengeschichte" (von Monika Flügel mit Illustrationen von Susanne Sommer-Fartmann, Verlag Edition LesArt).

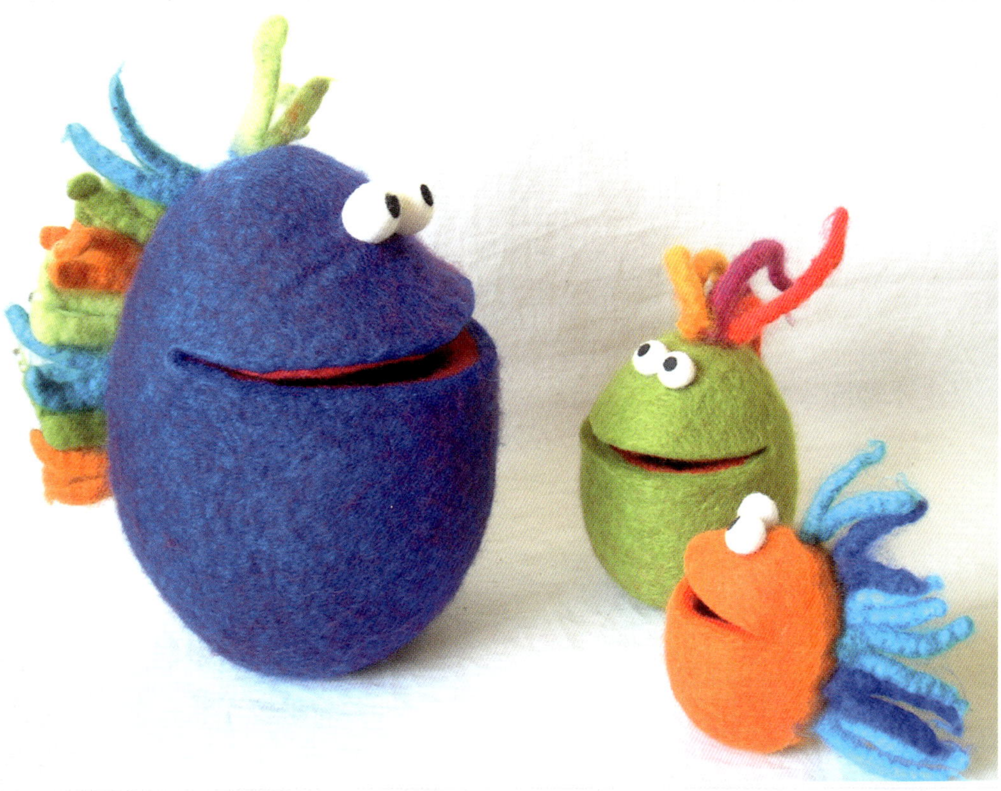

Schätze- und Geheimnis-fresser-Monster – Nassfilzen über Hohlform, Merinowolle im Kammzug und Vlies.

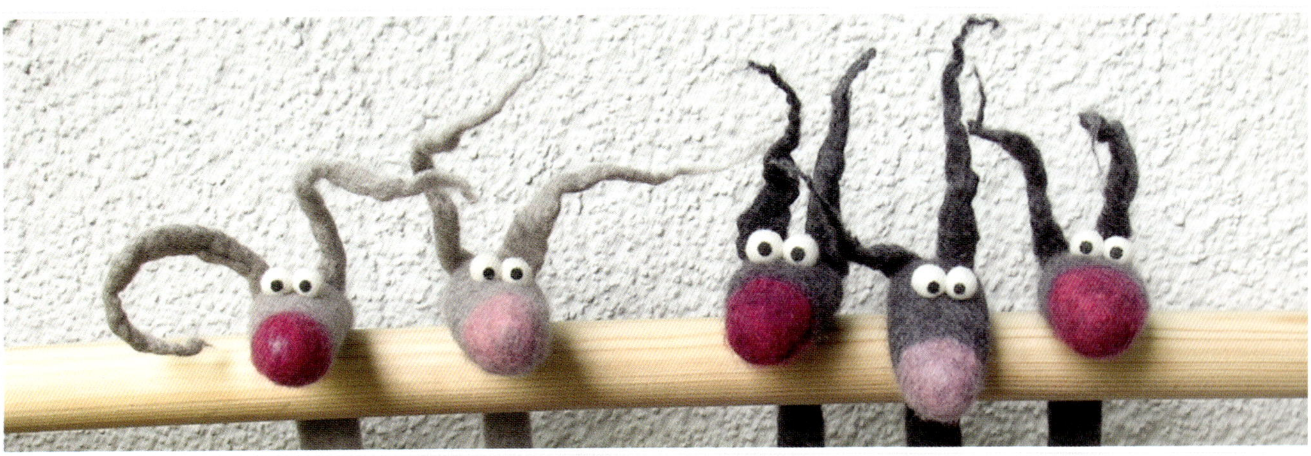

Rasputin, die Leseratte – Form frei mit der Hand gelegt, Nass- und Nadelfilzen in Kombination, Merinowolle im Kammzug und Vlies.

Martina Häfner-Keßler

Martina Häfner-Keßler hat zusammen mit Andrea Rudolf mehrere Bücher zum Filzen beim frechverlag veröffentlicht. Das erste erschien 2003.

info@filzundfädel.de

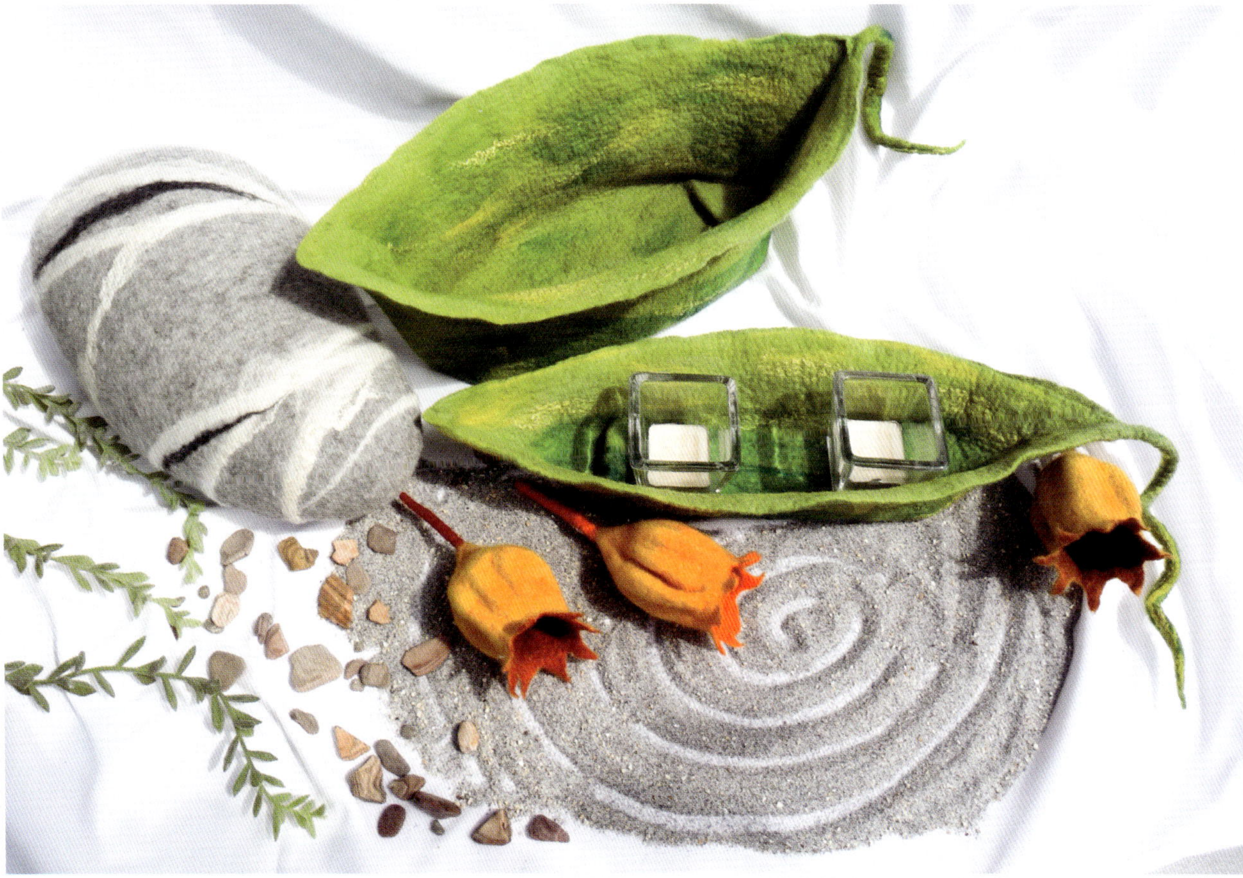

Nassgefilzte Naturinspirationen – Nassfilzen mit Merinonadelvlies, Merinowolle, Maulbeerseide.

Inga Dünkelberg-Niemann

Leitet die Filz.Kunst.Schule aki n. in Düsseldorf,
Autorin von „Kreativworkshop Filzen".

www.aki-filz.de

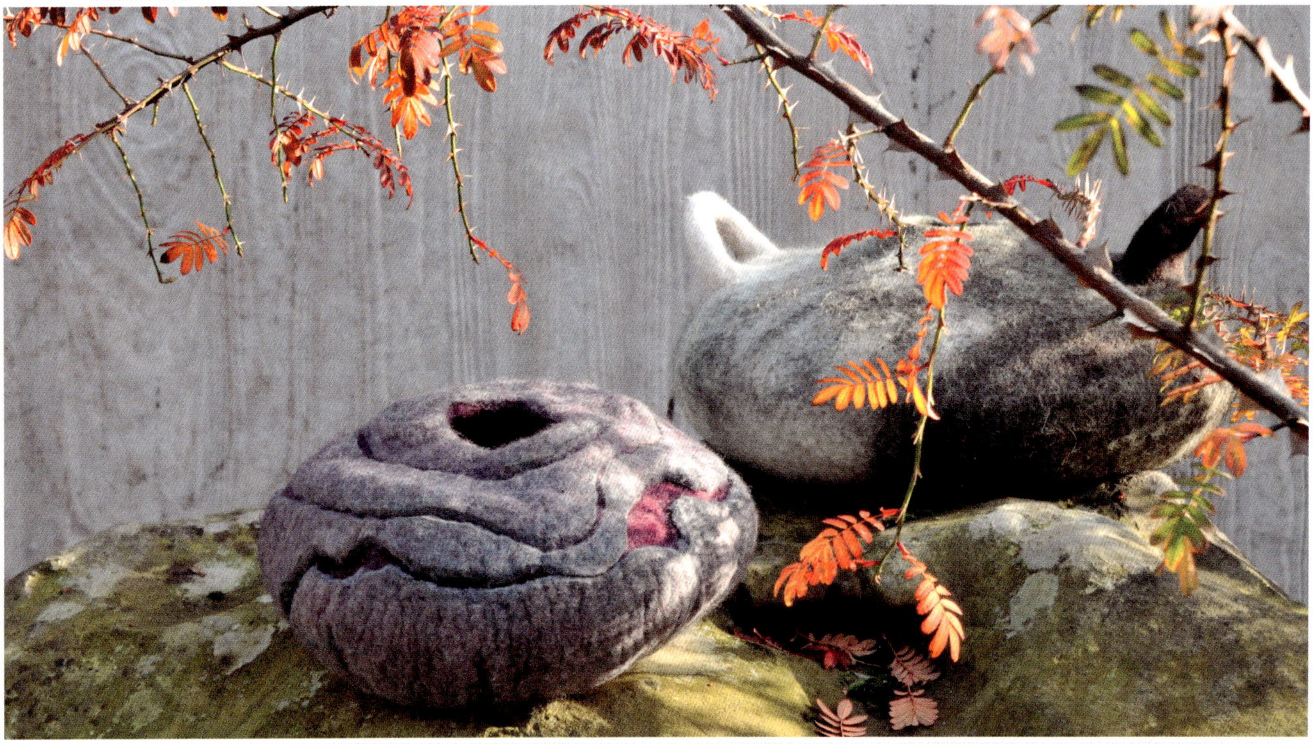

Filzschale – klassische Hohlkörpertechnik (45 cm Durchmesser), Rillen in Camouflagetechnik; Bergschaf, Gotlandwolle sowie handgefärbte Merinowolle für die Außenhaut.

Strukturschal – mit großen Stricknadeln locker gestricktes Mohairgarn mit in Shibori-Technik eingebundenen Merino-Filzkugeln, nassgefilzt, anschließend handgefärbt.

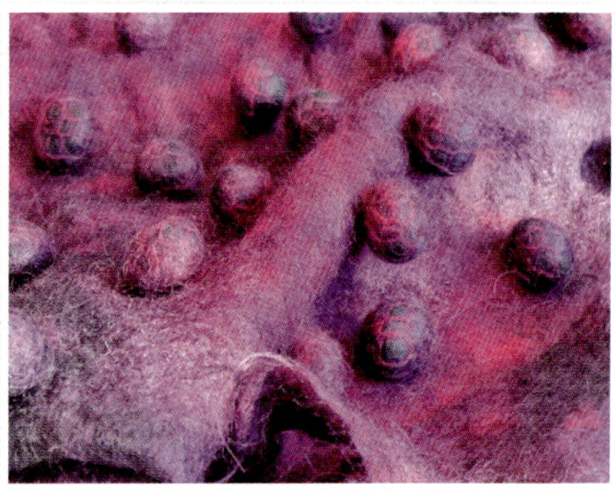

Corinna Nitschmann

Corinna Nitschmann – Faserbändigerin & Filzkünstlerin, Expertin für Online-Filzunterricht, www.cornit.info.

Ausstellungen in Ungarn, Frankreich, Deutschland, Österreich, Polen, Südkorea

www.corinna-nitschmann.blogspot.com

Zauberwaldtasche – Nassfilzen/Hohlfilz, Nunofilzen, freies Sticken, Relieftechnik.

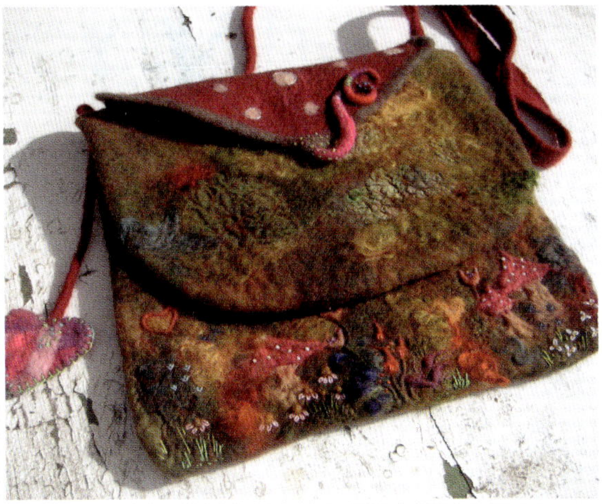

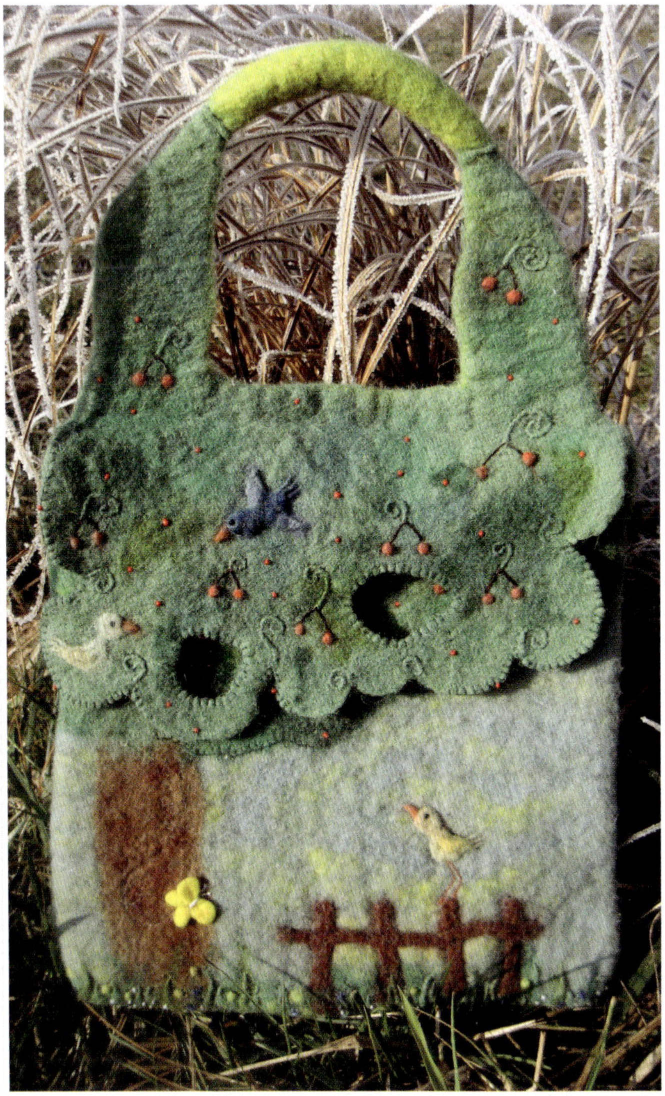

Kirschbaumtasche – Nassfilzen/Hohlfilz, freies Sticken, Relieftechnik.

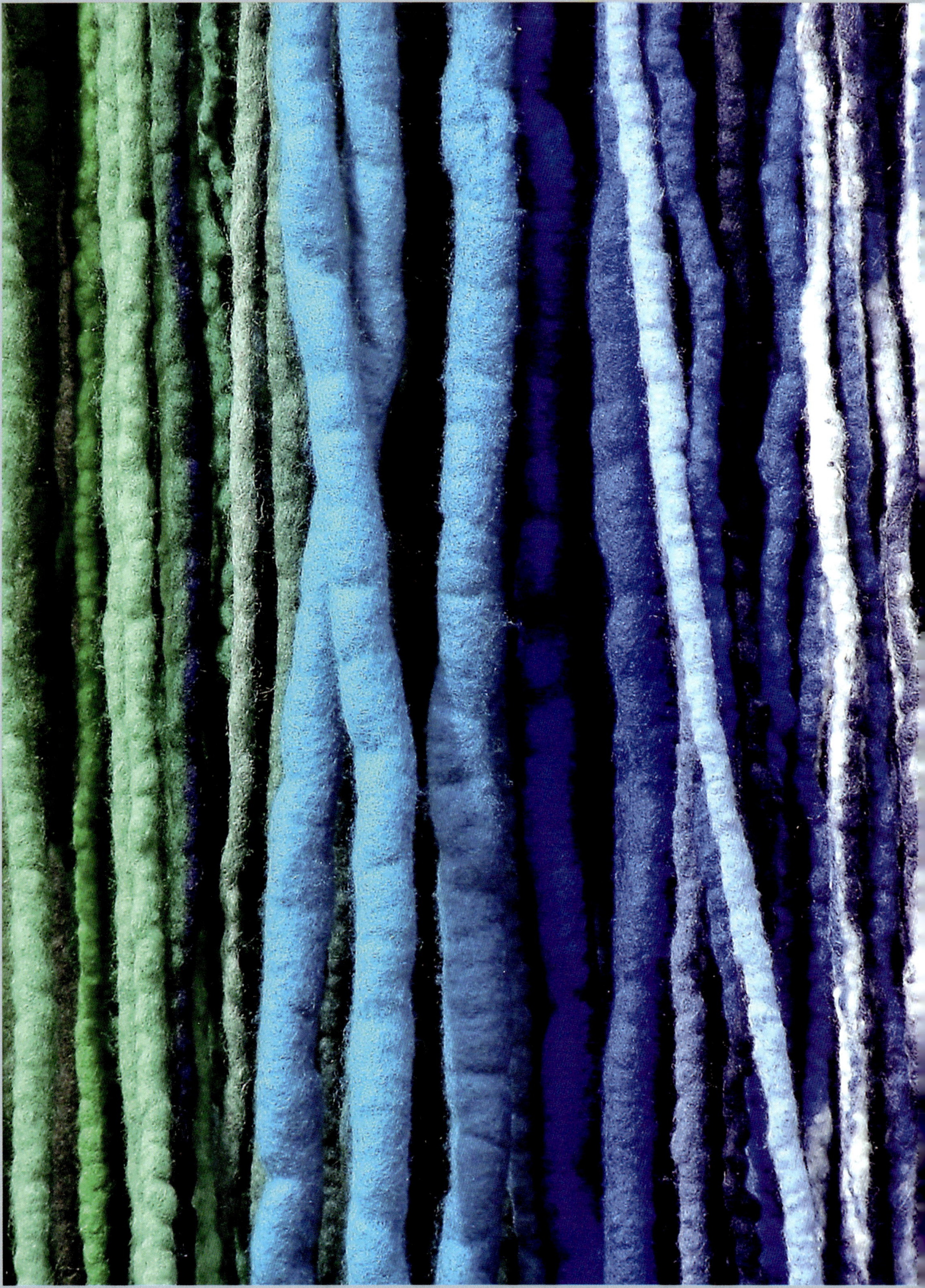

Glossar & Index

Im Glossar sind nochmals die wichtigsten Schlagworte aus dem Buch mit entsprechenden Erklärungen kurz, knapp und verständlich zusammengefasst. So können Sie sich einen schnellen Überblick verschaffen.

Dem gezielten Nachschlagen im Textteil des Buches dient der Index, der wichtige Begriffe auflistet und mit den entsprechenden Seitenzahlen im Buch vermerkt.

Index

Monique Rahner

Jahrgang 1975, arbeitete nach dem Studium der Germanistik und Kunstgeschichte an der Otto-Friedrich-Universität Bamberg viele Jahre als Lektorin, Produktmanagerin und stellvertretende Programmleitung im frechverlag.

Schöpferisch tätig sein ist für sie seit jeher wohltuender Ausgleich, daraus zieht sie Energie und Ideen für ihre Arbeit.

Danksagung
Viele der Arbeitsfotos und Modelle sind von Katja Bayer, Petra Dechêne, Martina Häfner-Keßler, Andrea Rudolf, Lydia Klös und Karsten Selke. Ihnen und den anderen „stillen Helfern" sage ich herzlichen Dank!

Für die großzügige Unterstützung mit Text- und Bildmaterial für das Kapitel Nunofilzen danke ich Ralph Bleicher, Schmidt & Bleicher OHG (www.ideen.com). Die dort gezeigten 25 Nunofilztechniken stammen von Claire Metz, auch an sie geht mein herzlicher Dank.

Susanne Wetzel danke ich für ein wunderbares Viecheria-Filzwochenende in Göttingen, und ich freue mich, die von ihr entwickelte Technik des Figurenfilzens in diesem Buch vorstellen zu dürfen.

Dankeschön an Lucy fürs Mitmachen beim Testfilzen.

Den Firmen Filzrausch, Wollknoll, Schmidt & Bleicher, Das Wollschaf und Traub Wolle danke ich für die zur Verfügung gestellten Filzwollen und Hilfsmittel. Danke an Frieder Glatzer (Filzrausch) für die Hilfe bei den Wollbeschreibungen auf Seite 44/45.

Ein riesengroßes Dankeschön auch an alle Künstlerinnen, die ihre Arbeiten für die Galerie zur Verfügung gestellt haben.

Hilfestellung zu allen Fragen, die Materialien und Kreativbücher betreffen:
Frau Erika Noll berät Sie. Rufen Sie an: 0711 / 123 757 20* *normale Telefongebühren

FOTOS: frechverlag GmbH, 70499 Stuttgart; Ricarda Aßmann (S. 52, 179); Monica Blattmann-Hubli (S. 177); Katja Bayer und Michael Speier (S. 74 unten, 76 unten rechts, 77 oben Mitte, unten rechts, 78 Mitte und oben, 79 rechts, 82 oben Mitte, oben rechts, 84 links, oben Mitte und oben rechts, 88 oben rechts und Mitte, 90 links, 92 rechts unten, 95 links, rechts, 100 Mitte und links, 101 Mitte oben und rechts, 120 Mitte, 148); Udo W. Beier (S. 174); Bibliographisches Institut GmbH, Mannheim (S. 14); Bildunion: Lemmiu (S. 11, 39), Claudia Otte (S. 32), Erwino Photodesign (S. 160); Annette Block (S. 176 oben); Daniel Bodenmann (S. 18 links, 91); Inga Dünkelberg-Niemann (S. 184); Monika Flügel (S. 182); fotolia: Pali A. (S. 168 Mitte), Ambrose (S. 28), Chiakto (S. 15 rechts Mitte), Clearviewstock (S. 15 Mitte links), Christa Eder (S. 43 rechts), flytime (Seite 49 2. von unten); Matthias Geipel (S. 186), Axel Gutjahr (S. 43 unten), Olga Guzhevnikova (S. 110 unten), Mdkhat Izmaylov (S. 163), Inge Knol (S. 168 links), Gerhard Krumpl (S. 49 unten), Christopher Meder (S. 42), Photocharts (S. 56), Piga (S. 19), PSp (S. 9, 51), Can Sandikcioglu (S. 110 oben rechts), Siegmar (S. 167), Roman Sigaev (S. 105), snow-wons (S. 49 oben), Visuelldesign (S. 48); Sandra Jasmin Fuchshofen (S. 181); Barbara Glünkin (S. 94, 178); Sabine Göthel (S. 118 rechts); Martina Häfner-Keßler (S. 183); Bärbel Hohnstädt (S. 23); iStockphoto: esemelwe (S. 31), Ideeone (S. 162), kycstudio (S. 40), Baldur Tryggvason (S. 49 2. von oben); Asheah Khodabakshi, Schwäbisch Gmünd (S. 138, 140 rechts, 152 Mitte unten, 153 Mitte); lichtpunkt, Michael Ruder, Stuttgart (Titelbild, S. 2, 4, 6/7, 12, 26, 47 Mitte, 50, 58, 59, 60/61, 62/63, 67 links, 73 oben, 78 unten, 79 Mitte, 81, 82 links, Mitte unten, Mitte rechts, 85, 86 rechts, unten, 90 Mitte unten, 106–108, 109 links, 119, 139, 140 links, 142, 145 rechts, 146 links, 150, 151, 154 Hamster, Eisbär, Eule, 156 links, 159 links, 165 rechts, 168 rechts, 169, 170 links und rechts oben); Claire Metz/Schmidt & Bleicher OHG (S. 128–135); Volker Neukampf (S. 115, 117, 176 unten); Corinna Nitschmann (S. 122, 185); Photocase: Rebecca (S. 83 rechts); Andrea Rudolf (S. 136); Schmidt & Bleicher OHG (S. 124/125); Karsten Selke, Wernigerode (S. 144 links, 147 Mitte, 152 unten rechts, 154 Mitte rechts, 155 unten rechts); Dr. Miriam Stark (S. 180); Margarete Steiff GmbH (S. 18); The State Hermitage Museum, St. Petersburg, Photograph ©The State Hermitage Museum/Photo by Vladimir Terebenin, Leonard Kheifets, Yuri Molodkovets (S. 16/17); Ullrich & Co., Renningen, (S. 22, 46, 47 links und Mitte, 64, 65, 66, 67 rechts, 71, 72, 73 unten, 74 oben, Mitte, 75, 76 links, unten rechts, 77 Mitte oben und unten, 2. von unten rechts, 79 links, 80, 83 rechts oben, 86 oben links und Mitte, 87, 88 unten, 89, 90 unten, 92 Mitte, oben rechts, 93, 94 links, rechts, 96, 97, 98, 99, 100 links oben, 101 unten, 102, 103, 104, 109 rechts, 110 Mitte, 112, 113, 114, 115 links, 118, 120 links, 126, 127, 141, 143, 144 oben rechts, unten rechts, 145 oben, links unten, 146 rechts, 147 oben Mitte und unten, 149, 152 oben, 153 rechts, links, 154 Fisch, Pinguin, Gespenst, 155 oben, unten rechts, 156 rechts, 157, 158, 159, 159 Mitte, rechts, 164, 165 links, Mitte, 170 links); Katharina Sophia Wagner (S. 175); Veronika Winkler (S. 24/25); Wollknoll GmbH (S. 38, 44/45)

KONZEPT UND REDAKTION: Monique Rahner

REIHENKONZEPTION: Hannelore Irmer-Romeo

PRODUKTMANAGEMENT UND LEKTORAT: Susanne Pypke, Bianca Drotleff

DESIGNENTWICKLUNG UND LAYOUT: Katrin Röhlig

ILLUSTRATIONEN: Arnold & Domnick, Leipzig (außer S. 94, 111 oben rechts, 159, 163)

DRUCK UND BINDUNG: Print Best OÜ

Überarbeitete Neuauflage von TOPP 5091

5. Auflage 2025

produktsicherheit@frechverlag.de

ISBN 978-3-7724-7699-0 • Best.-Nr. 7699

FSC
www.fsc.org
MIX
Papier | Fördert gute Waldnutzung
FSC® C129413

Penguin Random House Verlagsgruppe
FSC® N001967